俄羅斯科學院東方文獻研究所
中國社會科學院民族學與人類學研究所 編
上海古籍出版社

俄羅斯科學院東方文獻研究所藏黑水城文獻

㉘

西夏文

佛教部分

上海古籍出版社
二〇一九年·上海

圖書在版編目（CIP）數據

俄藏黑水城文獻.28，西夏文佛教部分/俄羅斯科學院
東方文獻研究所，中國社會科學院院民族學與人類學研究所，
上海古籍出版社編.—上海：上海古籍出版社，2019.1
（2021.3重印）
ISBN 978－7－5325－9088－9

Ⅰ.①俄…　Ⅱ.①俄…　②中…　③上…　Ⅲ.①出土文
物-文獻-額濟納旗-西夏-圖録②佛教-文獻-額濟納
旗-西夏-圖録　Ⅳ.①K877.92

中國版本圖書館 CIP 數據核字（2019）第 017094 號

國家古籍整理出版專項經費資助項目
俄藏黑水城文獻自第十五册起受中國社會科學院出版基金資助

俄藏黑水城文獻 ㉘

編　者　俄羅斯科學院東方文獻研究所
　　　　中國社會科學院民族學與人類學研究所
　　　　上海古籍出版社

主　編　史金波（中）
　　　　魏同賢（中）
　　　　E.И.克恰諾夫（俄）

出　版　上海古籍出版社
　　　　中國上海瑞金二路 272 號郵政編碼 200020

印　製　上海麗佳製版印刷有限公司

© 俄羅斯科學院東方文獻研究所
　中國社會科學院民族學與人類學研究所
　上海古籍出版社

開本 787 × 1092 mm　1/8　印張 44.5　插頁 24
二〇一九年一月第一版　二〇二一年三月第二次印刷
ISBN 978－7－5325－9088－9/ K·2594
定價：一二〇〇圓

Памятники письменности из Хара-Хото хранящиеся в Институте восточных рукописей РАН

㉘

Коллекции буддийской части тангутского языка

Институт восточных рукописей
Российской академии наук
Институт национальностей и антропологии
Академии общественных наук Китая
Шанхайское издательство "Древняя книга"

Шанхайское издательство
"Древняя книга"
Шанхай 2019

Памятники письменности
нз Хара-Хото хранящиеся в России ㉘

Составнтели
Институт восточных рукописей РАН
Институт национальности и антропологии
АОН Китая
Шанхайское издательство
"Древняя книга"

Главные редакторы
Е. И. Кычанов (Россия)
Ши Цзинь-бо (Китай)
Вэй Тун-сянь (Китай)

Издатель
Шанхайское издательство
"Древняя книга"
Китай Шанхай ул. Жуйцзиньэр 272
Почтовый индекс 200020

Печать
Шанхайская гравировальная и полиграфическая компания
"Ли Цзя" с ограниченной ответственностью

© Институт восточных рукописей РАН
Институт национальности и антропологии
Академии общественных наук Китая
Шанхайское нздательство "Древняя книга"

Формат 787 × 1092 mm 1/8
Печатный лист 44. 5
Вкладка 24
Первое издание Ⅰ. 2019г.
Вторая печать Ⅲ. 2021г.

ISBN 978 − 7 − 5325 − 9088 − 9/К · 2594
Цена: ￥2200. 00

Heishuicheng Manuscripts Collected in the Institute of Oriental Manuscripts of the Russian Academy of Sciences

㉘

Tangut Buddhist Manuscripts

The Institute of Oriental Manuscripts of
the Russian Academy of Sciences
Institute of Ethnology and Anthropology of
the Chinese Academy of Social Sciences
Shanghai Chinese Classics Publishing House

Shanghai Chinese Classics Publishing House
Shanghai, 2019

Heishuicheng Manuscripts
Collected in Russia
Volume ㉘

Participating Institutions
The Institute of Oriental Manuscripts of
the Russian Academy of Sciences
Institute of Ethnology and Anthropology of
the Chinese Academy of Social Sciences
Shanghai Chinese Classics Publishing House

Editors-in-Chief
Shi Jinbo (on Chinese part)
Wei Tongxian (on Chinese part)
E. I. Kychanov (on Russian part)

Publisher
Shanghai Chinese Classics Publishing House
(272 Ruijin Second Road, Shanghai 200020, China)

Printer
Shanghai Pica Plate Making & Printing Co., Ltd

© The Institute of Oriental Manuscripts of
the Russian Academy of Sciences
Institute of Ethnology and Anthropology of
the Chinese Academy of Social Sciences
Shanghai Chinese Classics Publishing House

8 mo 787×1092mm 44.5 printed sheets 24 insets
First Edition: January 2019   Second Printing: March 2021
ISBN 978 - 7 - 5325 - 9088 - 9/K · 2594
Price: ￥2200.00

俄藏黑水城文獻

主　編　　史金波（中）

魏同賢（中）

Е.И.克恰諾夫（俄）

編輯委員會（按姓氏筆畫爲序）

中方　　　魏同賢

聶鴻音

李偉國

李國章

白　濱

史金波

俄方　　　Е.И.克恰諾夫

孟列夫

К.Б.克平

執行編輯　蔣維崧

俄藏黑水城文獻㉘

本卷主編　史金波
　　　　　Е.И.克恰諾夫

本卷副主編　聶鴻音　蘇航　魏文

責任編輯　蔣維崧

裝幀設計　嚴克勤

攝　　影　嚴克勤

技術編輯　耿瑩褘

Памятники письменности
из Хара-Хото хранящиеся в России ㉘

Главный редактор этого тома
Е. И. Кычанов
Ши Цзинь-бо
Заместитель главного редактора этого тома
Не Хун-инь
Су Хан
Вэй Вэнь

Ответственный редактор
Цзян Вэй-сун
Художественный и технический редактор
Янь Кэ-цинь
Фотограф
Янь Кэ-цинь
Технический редактор
Гэн Ин-и

Heishuicheng Manuscripts

Collected in Russia

Volume ㉘

Editor-in-Chief for this Volume
Shi Jinbo
E. L. Kychanov
Deputy Editor-in-Chief for this Volume
Nie Hongyin
Su Hang
Wei Wen
Editor-in-Charge
Jiang Weisong
Cover Designer
Yan Keqin
Photographer
Yan Keqin
Technical Editor
Geng Yingyi

一　**Инв**.No.835　正理虚空幢要門卷末題記

二　**Инв**.No.912　正理虚空幢要門解惑卷末

三　Инв.No.5933　除正理意之障卷第六末

四　Инв.No.41　五部經卷首經圖序

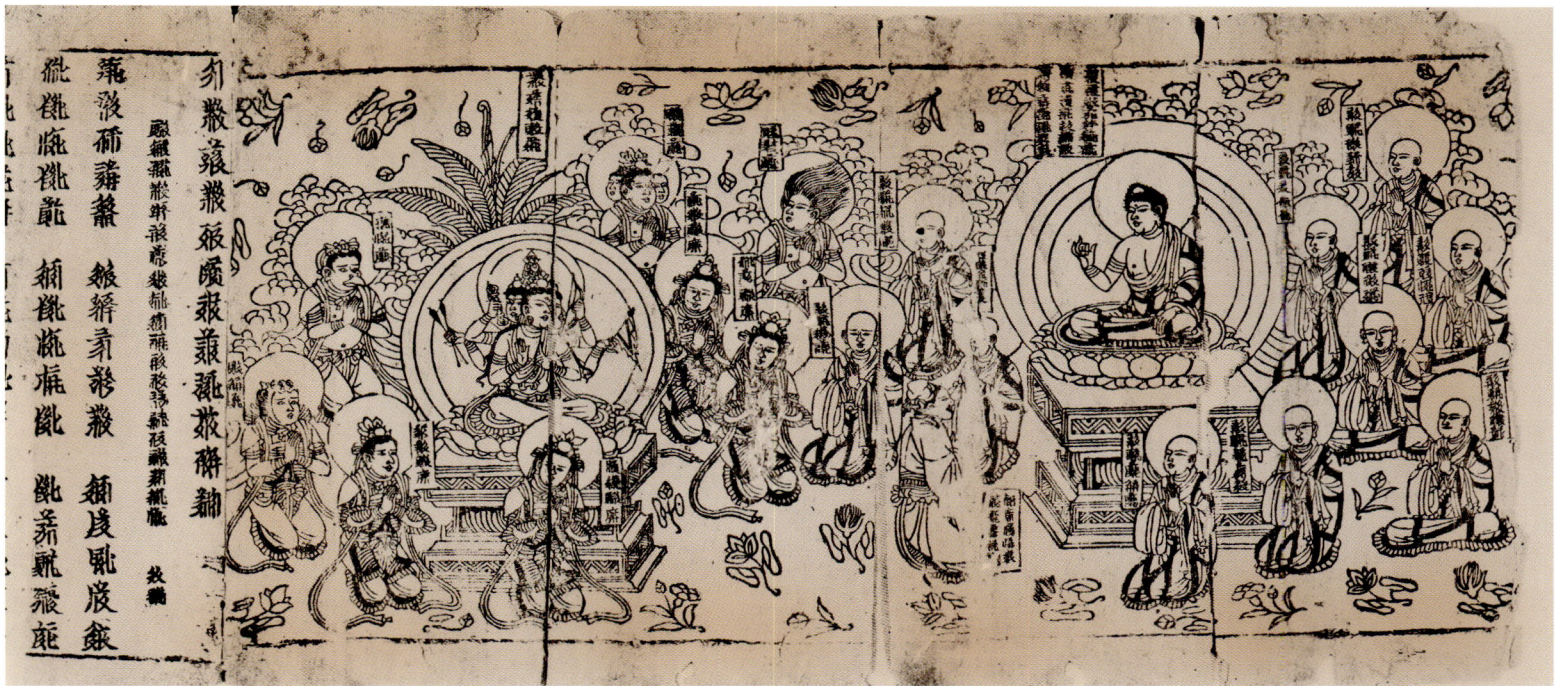

五　Инв.No.32　聖大乘守護大千國土經中卷卷首經圖

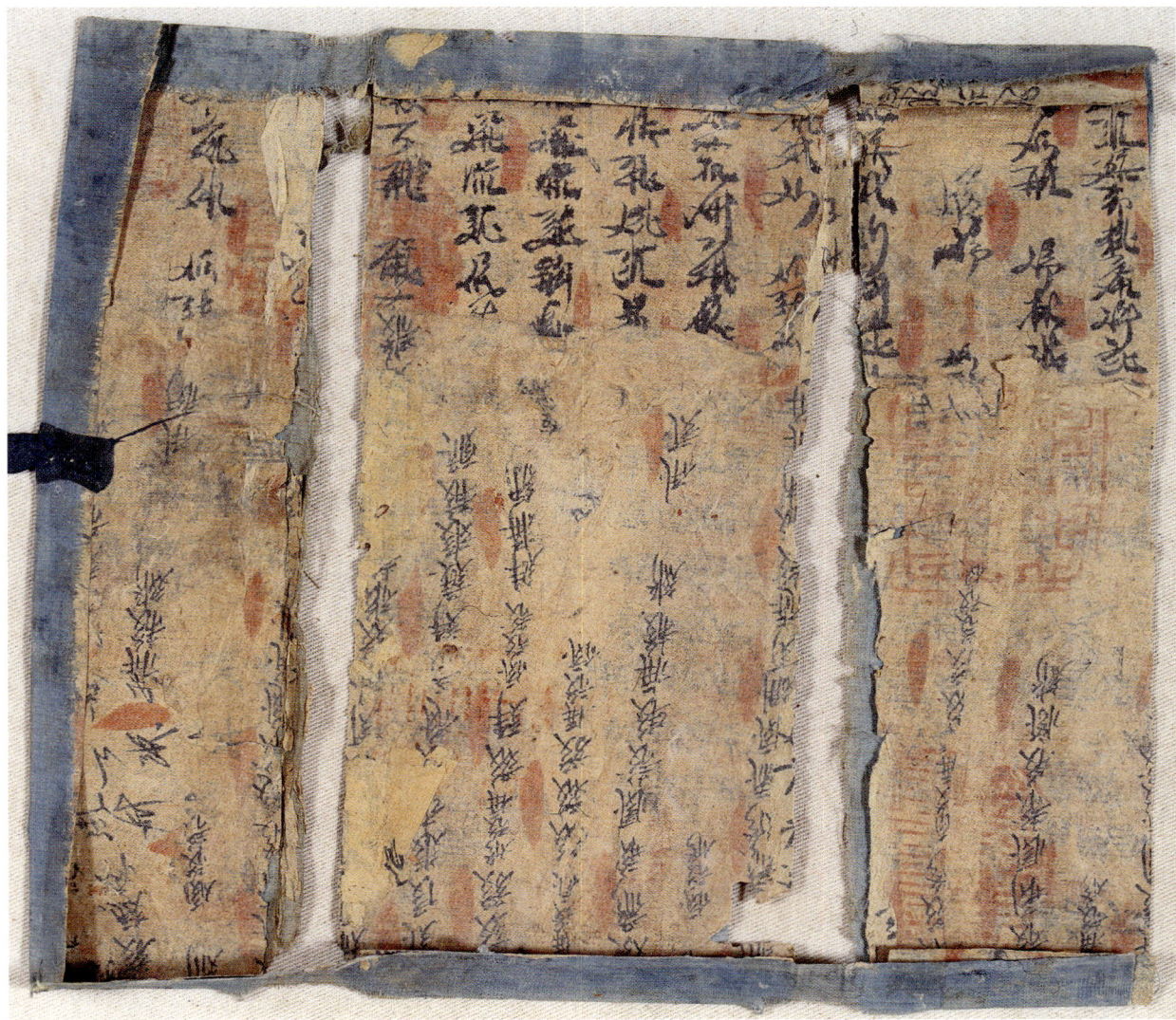

六　Инв.No.2306　聖大乘守護大千國土經下卷封套內頁

七 Инв.No.43 大寒林經卷首經圖

八 Инв.No.2735 大密咒受持經卷首經圖

俄藏黑水城文獻第二十八册目録

彩色圖版目錄

俄 Инв.No.835　正理虛空幢要門　　　(13-1)

俄 Инв.No.835　正理虛空幢要門　　　(13-2)

俄 Инв.No.835　正理虛空幢要門　　　(13-3)

俄 Инв.No.835　正理虛空幢要門　　　(13-4)

俄 Инв.No.835　正理虛空幢要門　　　(13-5)

俄 Инв.No.835　正理虛空幢要門　　　(13-6)

俄 **Инв**.No.835　正理虛空幢要門　　　(13-7)

俄 **Инв**.No.835　正理虛空幢要門　　　(13-8)

俄 **Инв**.No.835　正理虛空幢要門　　　(13-9)

俄Инв.No.835　正理虛空幢要門　　（13-10）

俄Инв.No.835　正理虛空幢要門　　（13-11）

俄Инв.No.835　正理虛空幢要門　　（13-12）

俄 Инв.No.835　正理虛空幢要門　　(13-13)

俄 Инв.No.912　正理虛空幢要門解惑　　(6-1)

俄 Инв.No.912　正理虛空幢要門解惑　　(6-2)

俄 Инв.No.912　正理虛空幢要門解惑　　　(6-3)

俄 Инв.No.912　正理虛空幢要門解惑　　　(6-4)

俄 Инв.No.912　正理虛空幢要門解惑　　　(6-5)

俄 Инв.No.912　正理虛空幢要門解惑　　　(6-6)

俄 Инв.No.2516　1.正理滴自利比量品第三卷　　　(79-1)

俄 Инв.No.2516　1.正理滴自利比量品第三卷　　　(79-2)

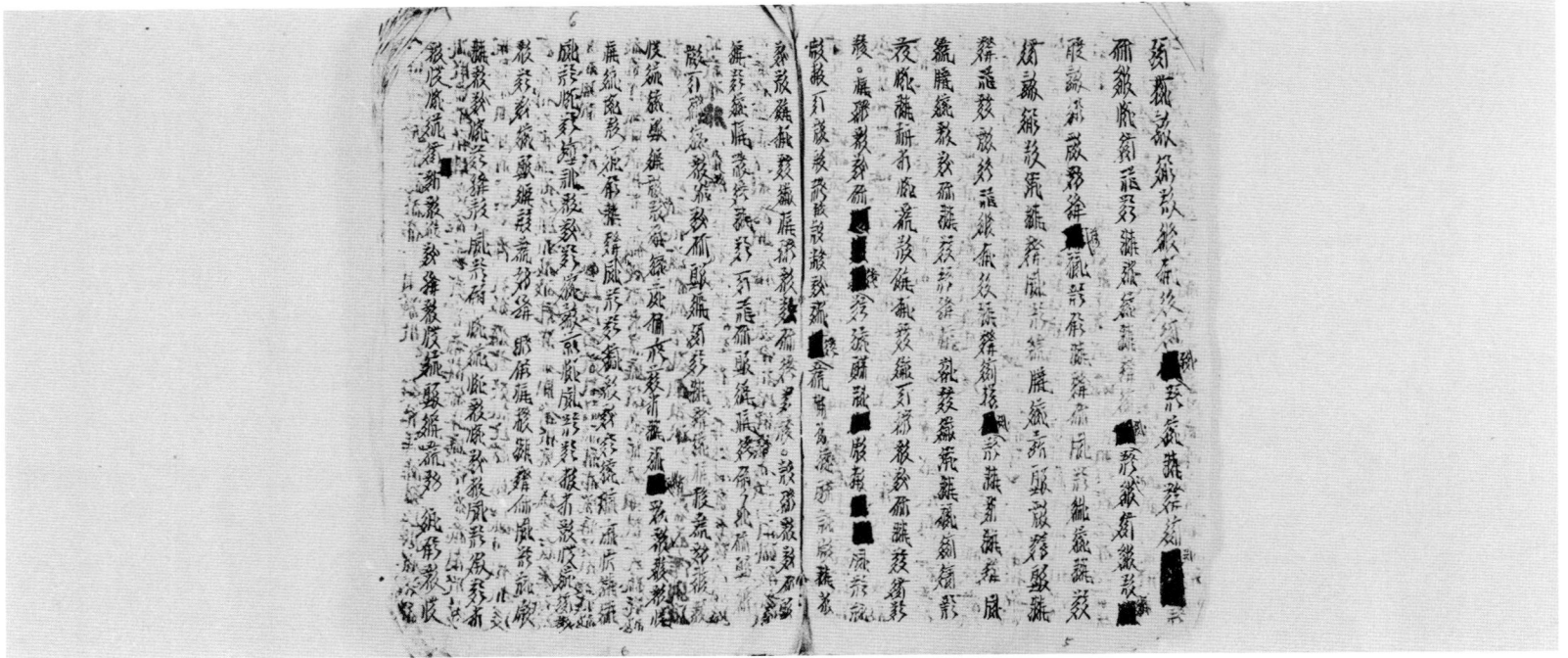

俄 **И**нв.No.2516　1.正理滴自利比量品第三卷　　　(79-3)

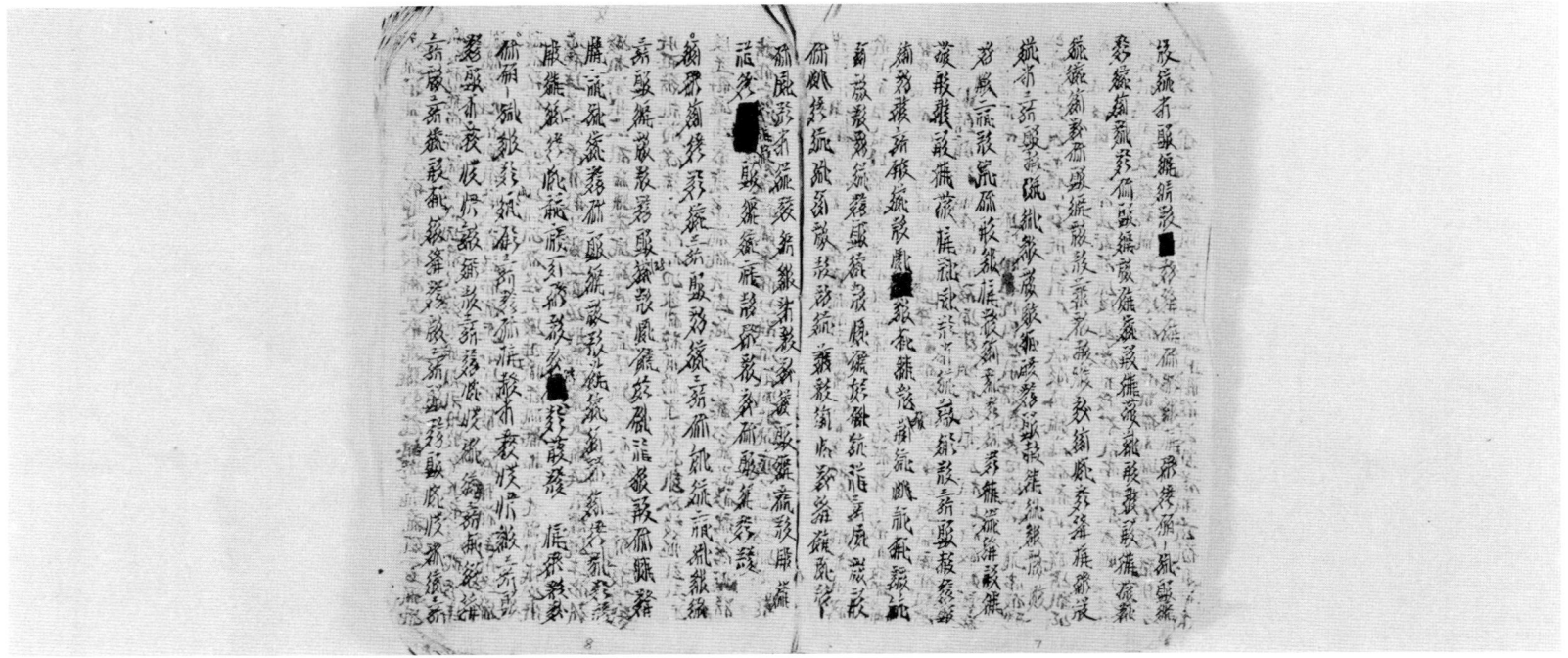

俄 **И**нв.No.2516　1.正理滴自利比量品第三卷　　　(79-4)

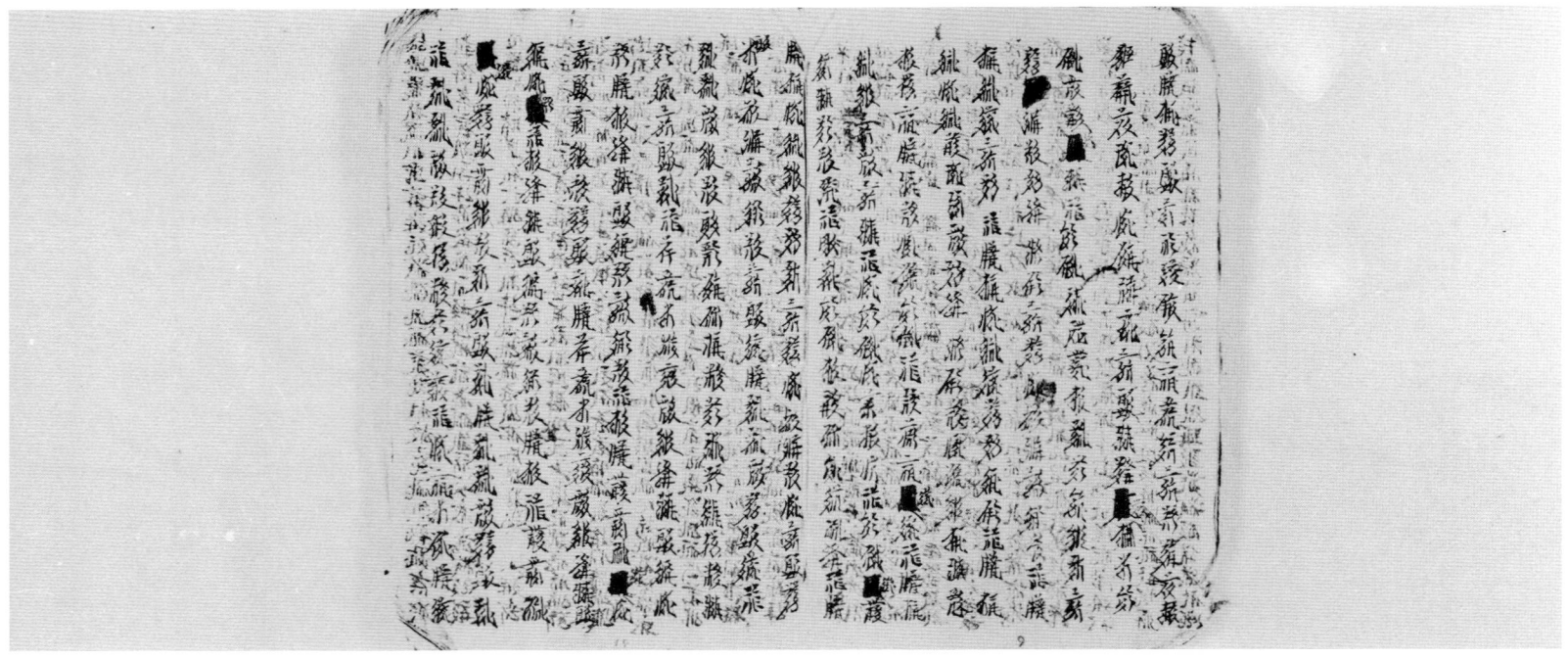

俄 **И**нв.No.2516　1.正理滴自利比量品第三卷　　　(79-5)

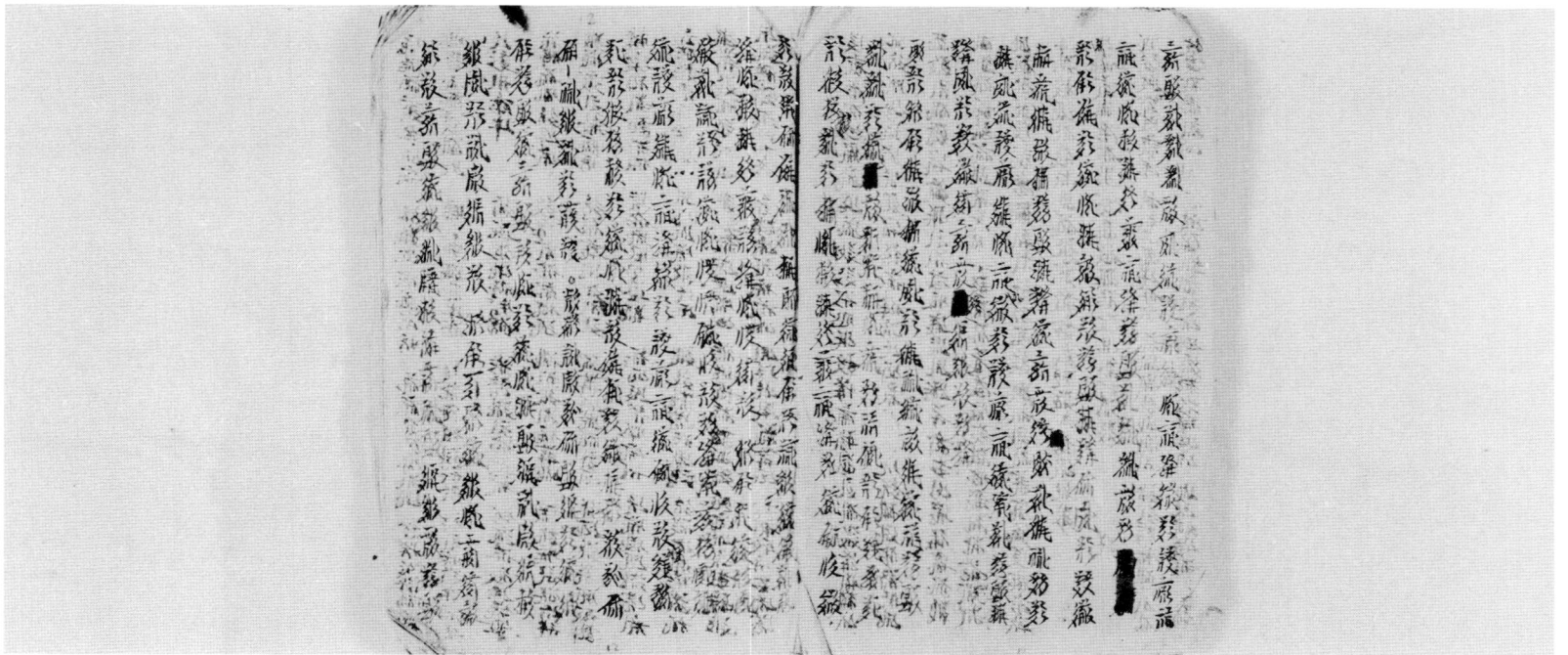

俄 **Инв**.No.2516　1.正理滴自利比量品第三卷　　　（79-6）

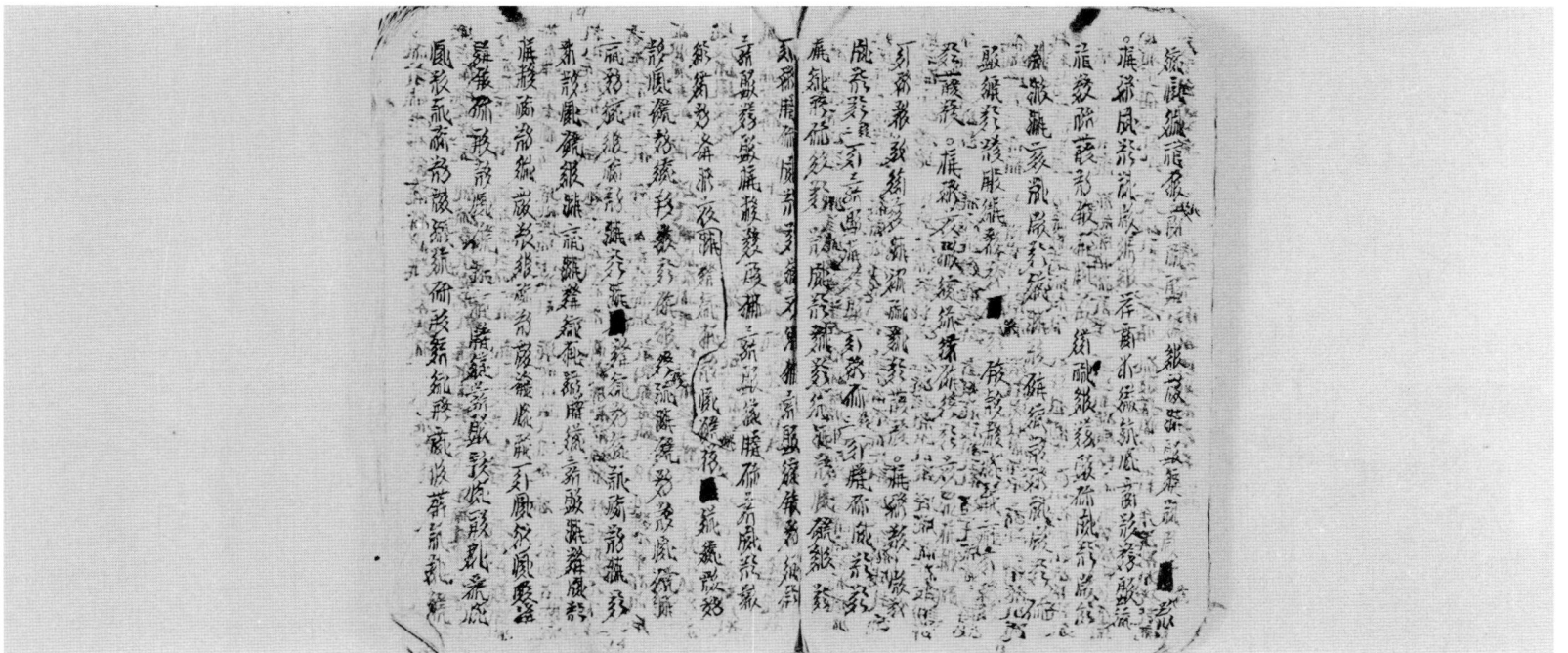

俄 **Инв**.No.2516　1.正理滴自利比量品第三卷　　　（79-7）

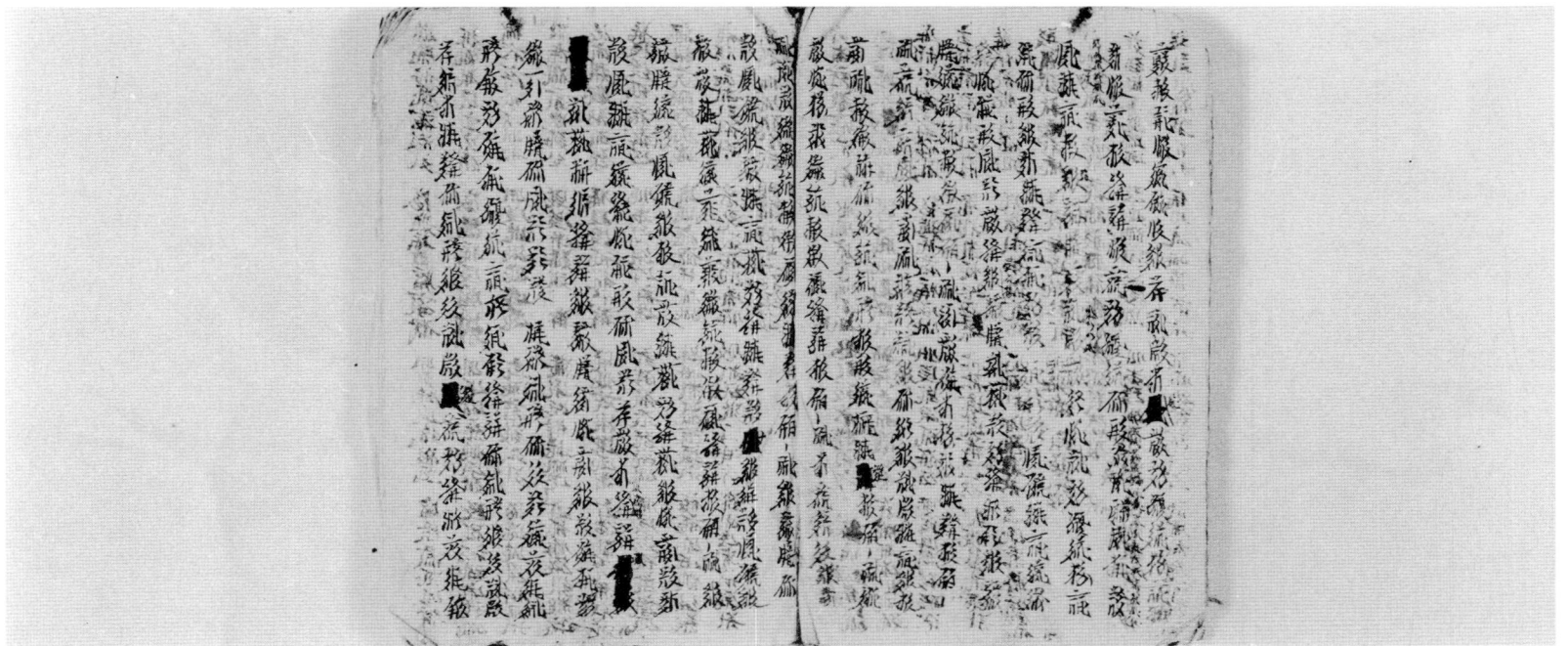

俄 **Инв**.No.2516　1.正理滴自利比量品第三卷　　　（79-8）

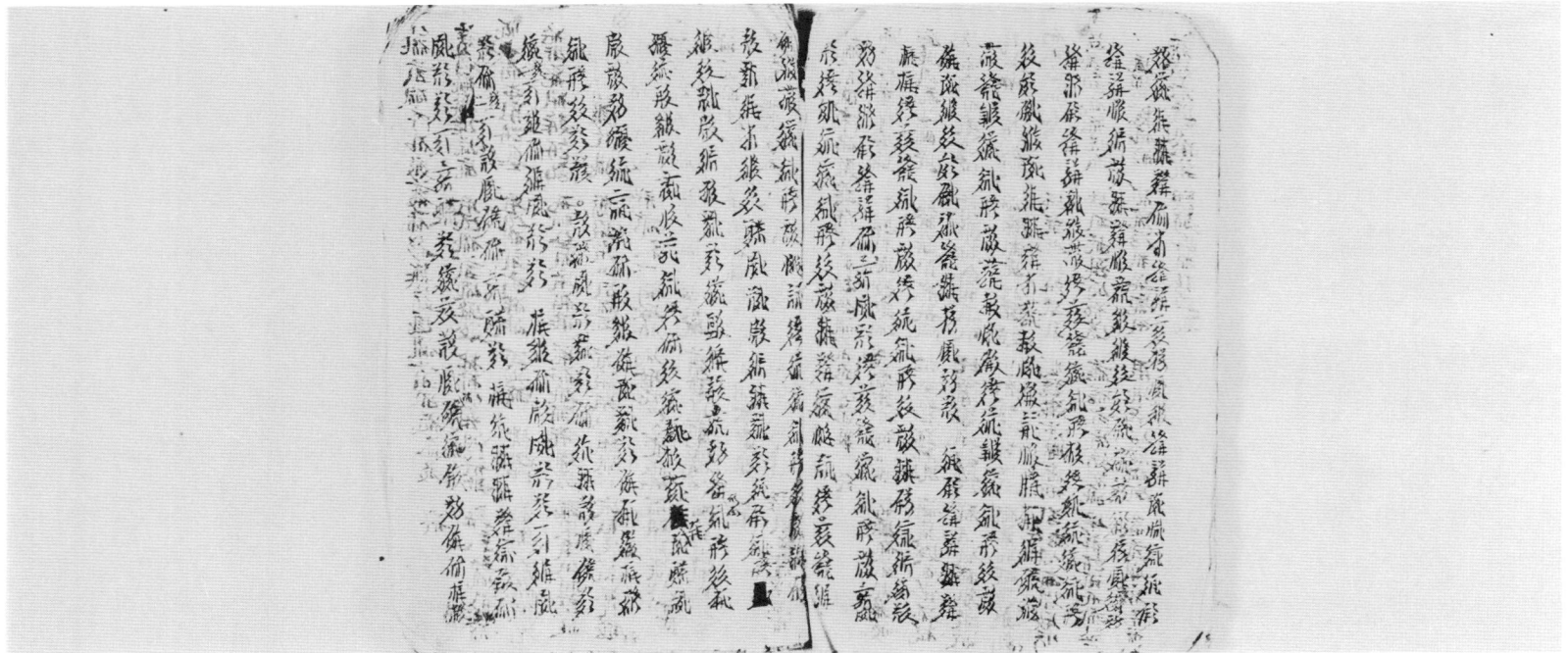

俄Инв.No.2516　1.正理滴自利比量品第三卷　　　　(79-9)

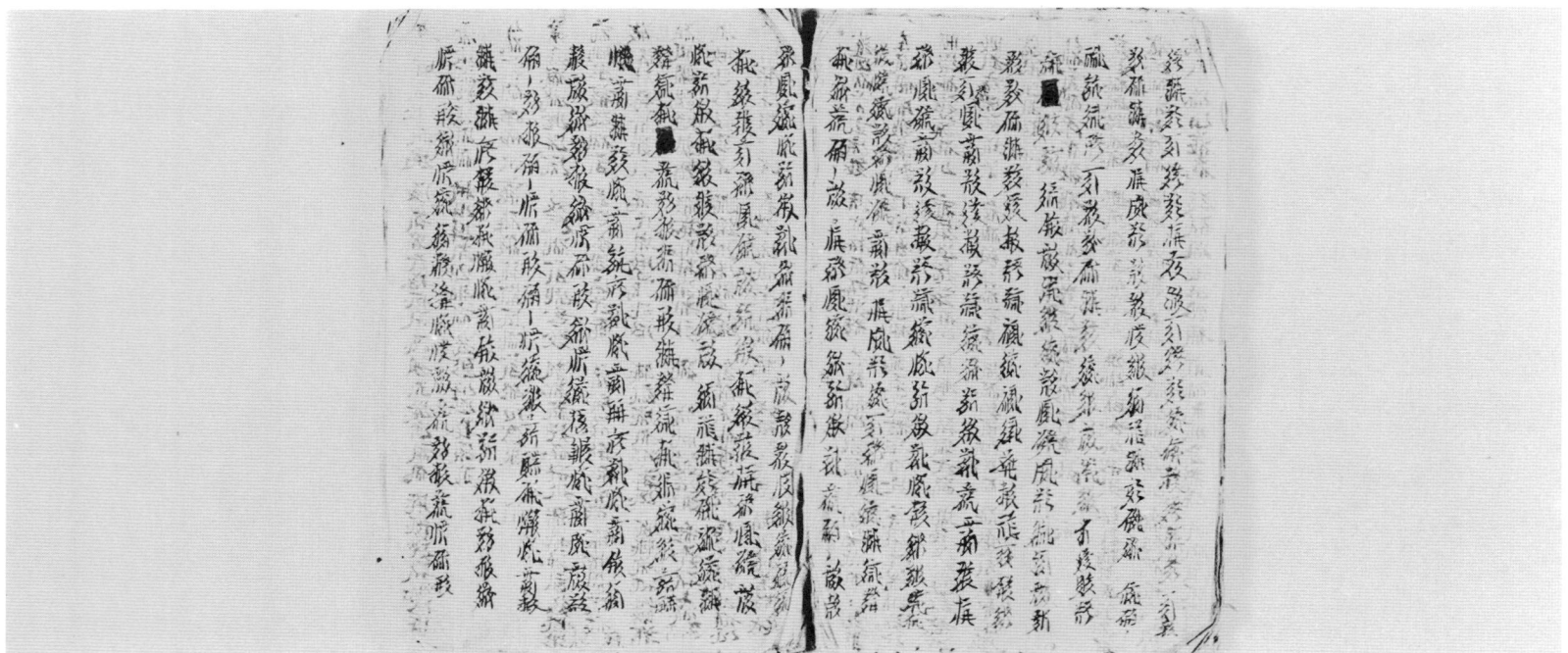

俄Инв.No.2516　1.正理滴自利比量品第三卷　　　　(79-10)

俄Инв.No.2516　1.正理滴自利比量品第三卷　　　　(79-11)

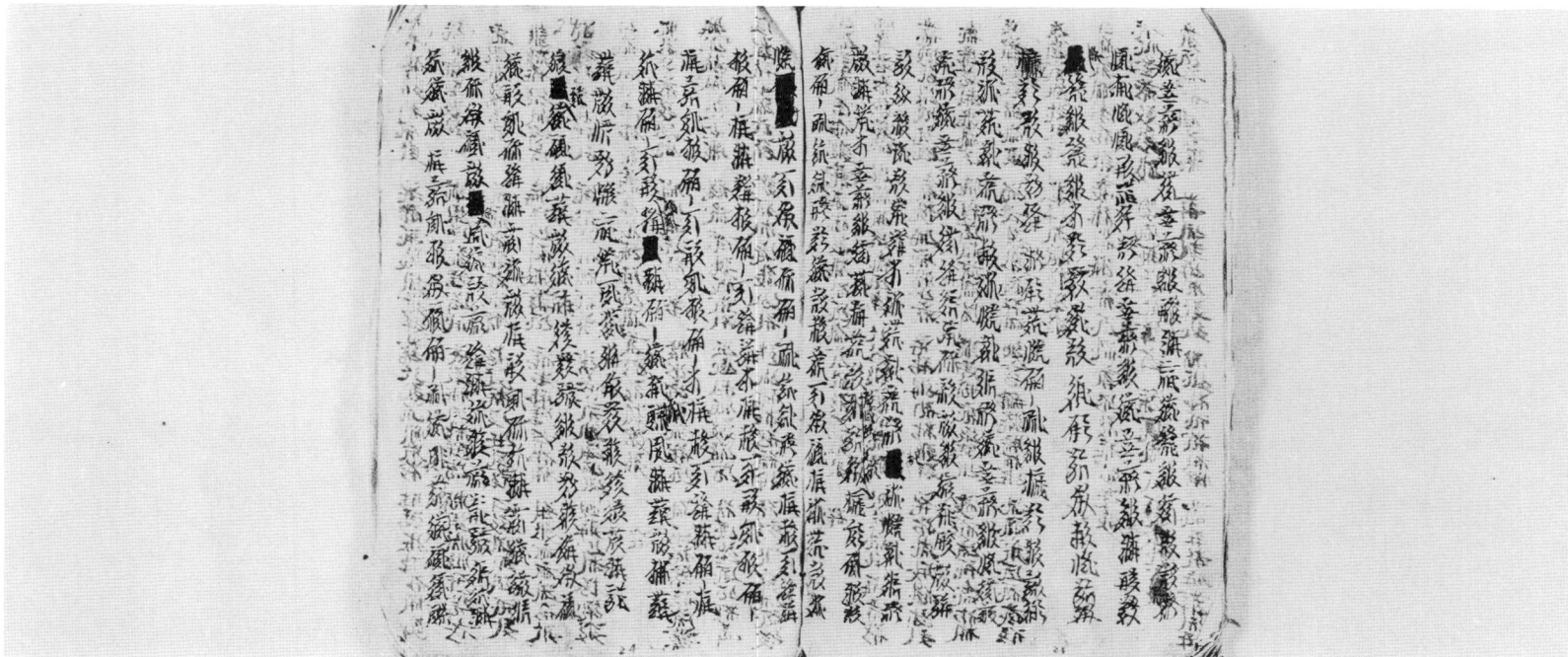

俄 **И**нв.No.2516　　1.正理滴自利比量品第三卷　　　　(79-12)

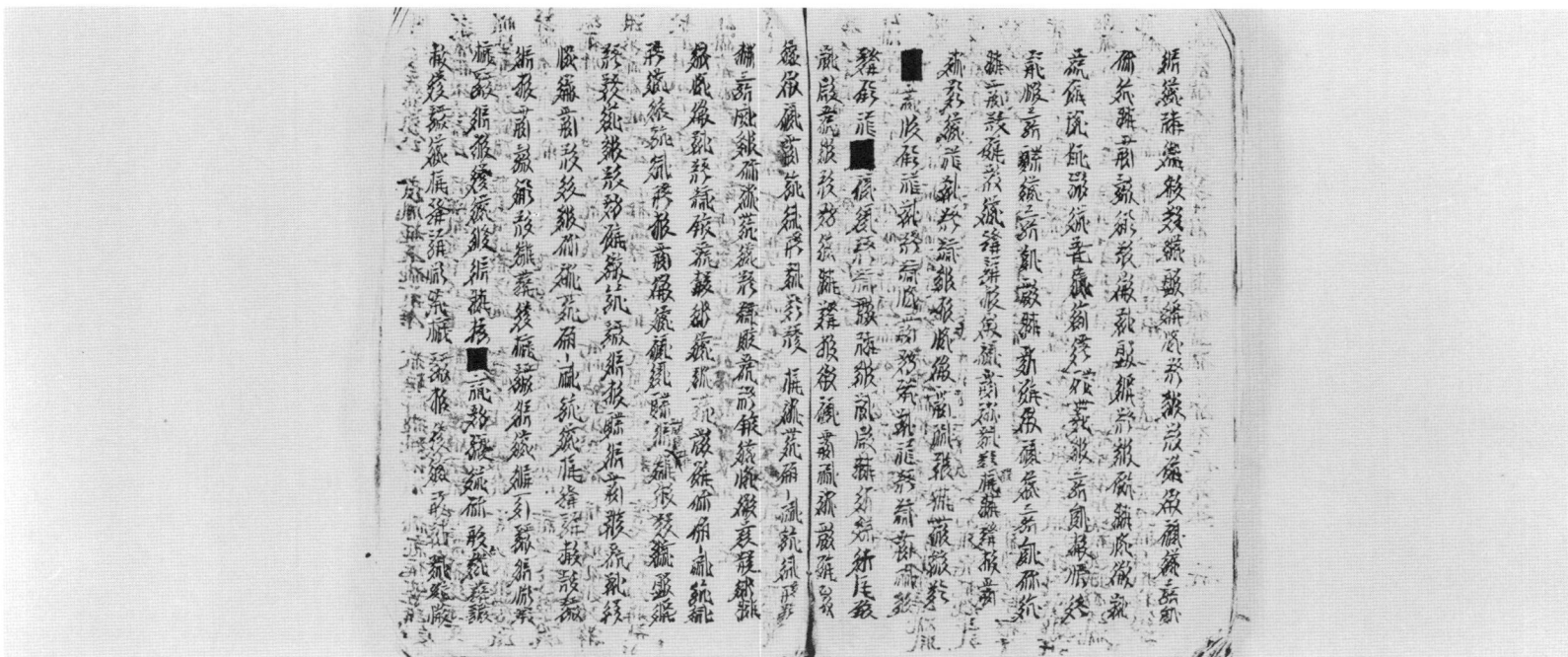

俄 **И**нв.No.2516　　1.正理滴自利比量品第三卷　　　　(79-13)

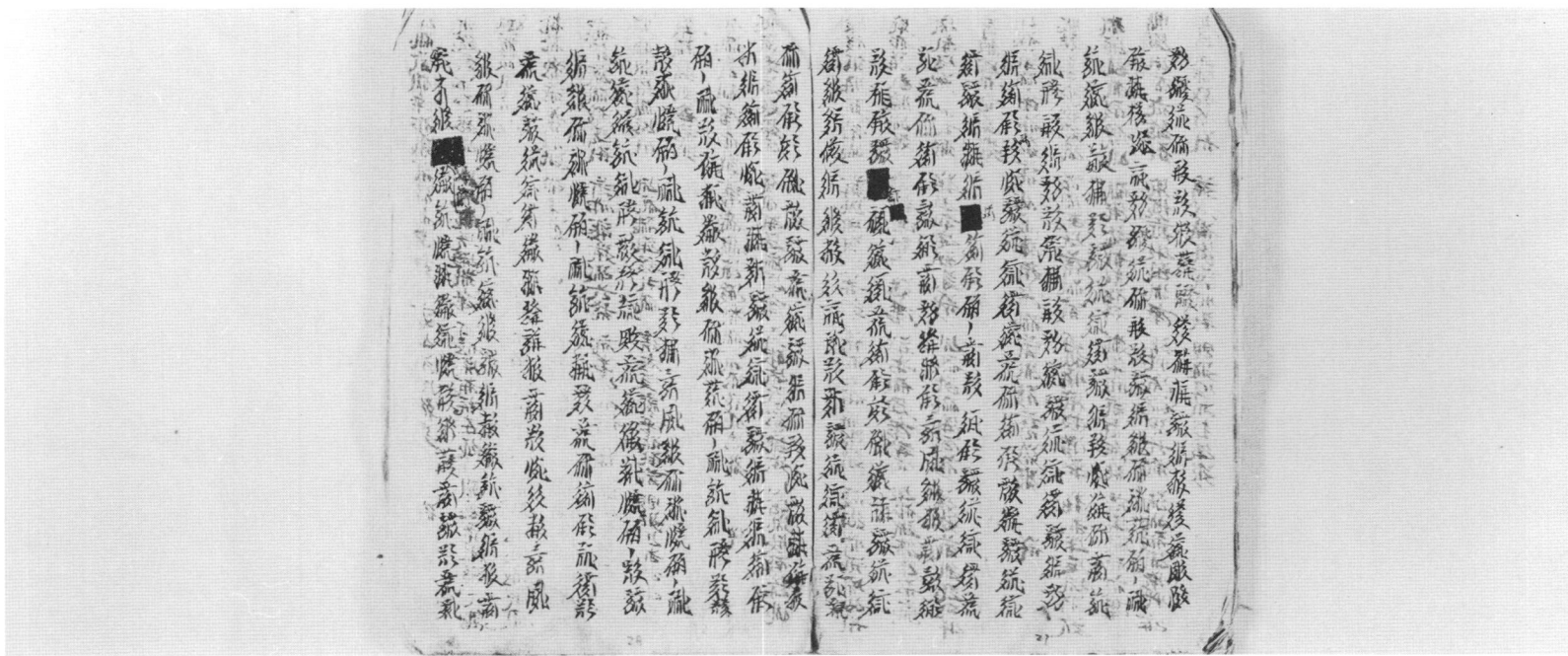

俄 **И**нв.No.2516　　1.正理滴自利比量品第三卷　　　　(79-14)

俄 Инв.No.2516　　1.正理滴自利比量品第三卷　　　　（79-15）

俄 Инв.No.2516　　1.正理滴自利比量品第三卷　　　　（79-16）

俄 Инв.No.2516　　1.正理滴自利比量品第三卷　　　　（79-17）

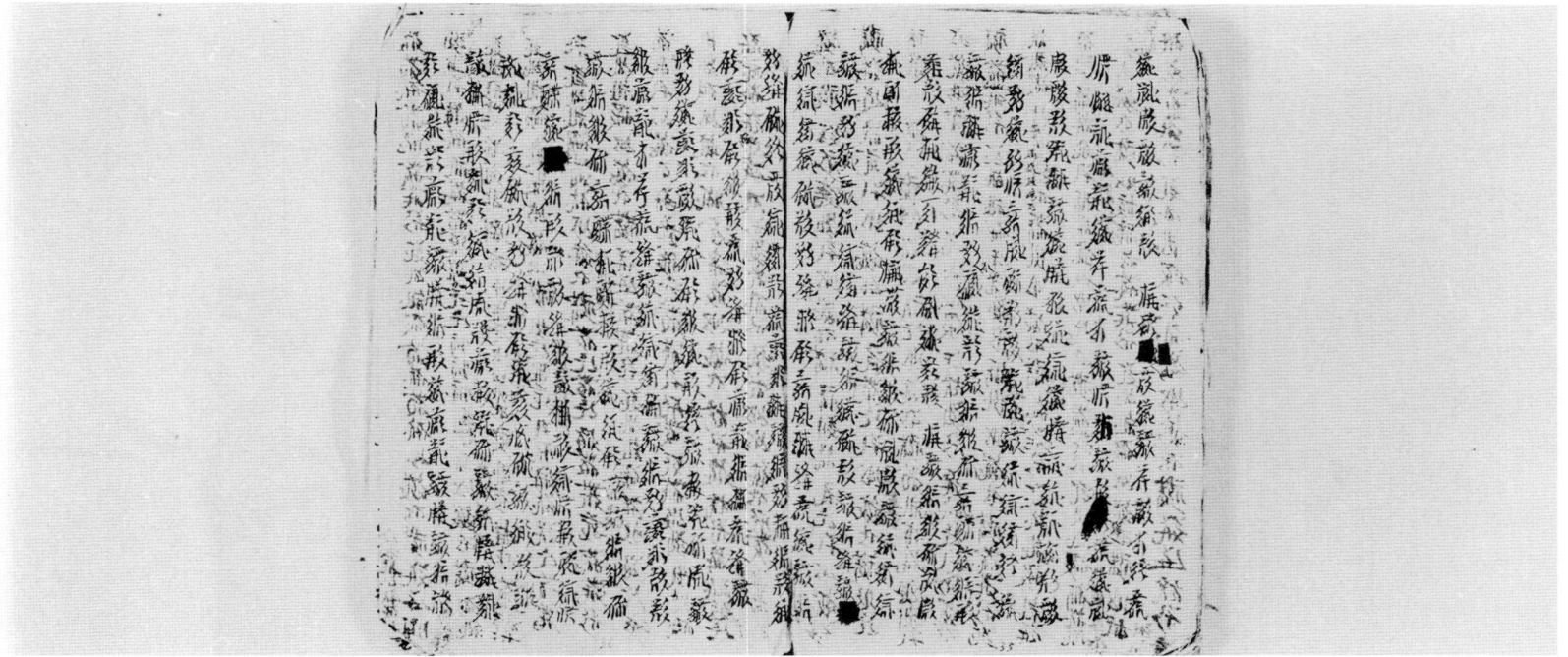
俄 Инв.No.2516　1.正理滴自利比量品第三卷　　　(79-18)

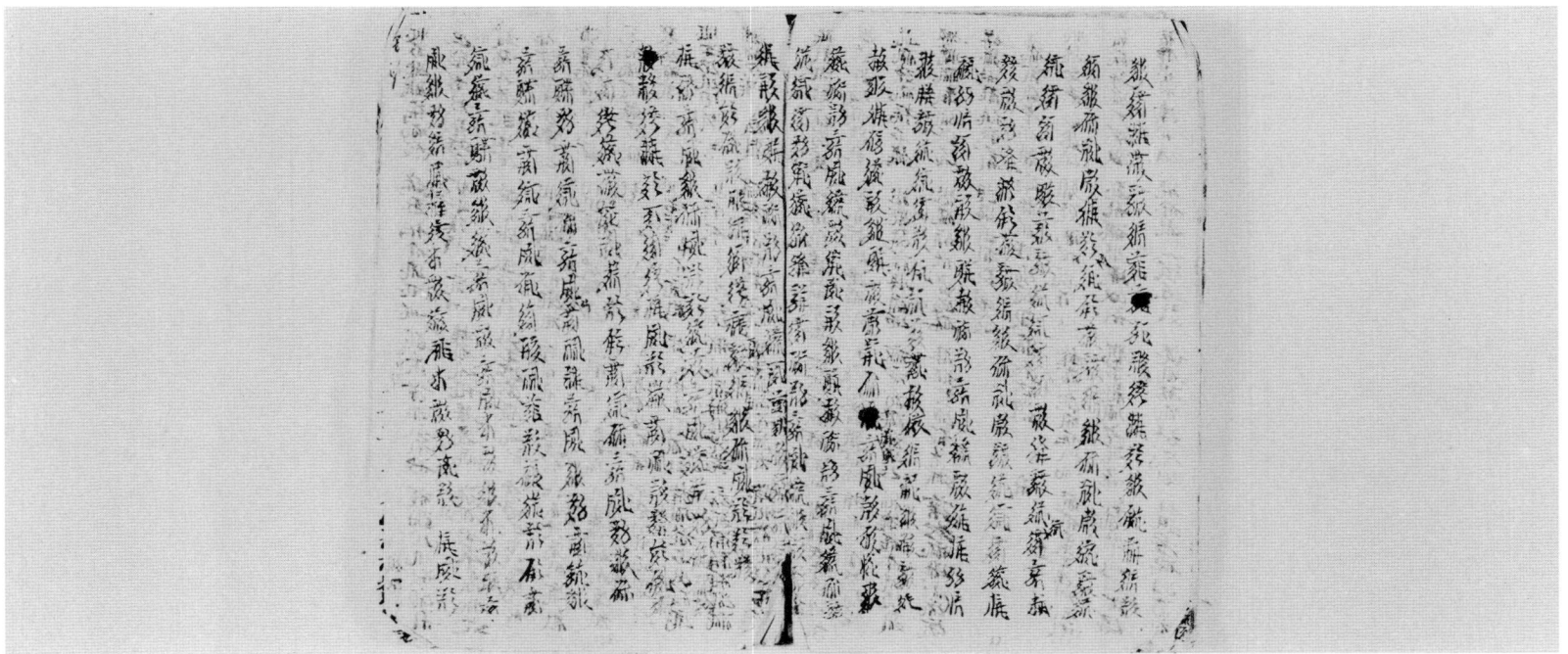
俄 Инв.No.2516　1.正理滴自利比量品第三卷　　　(79-19)

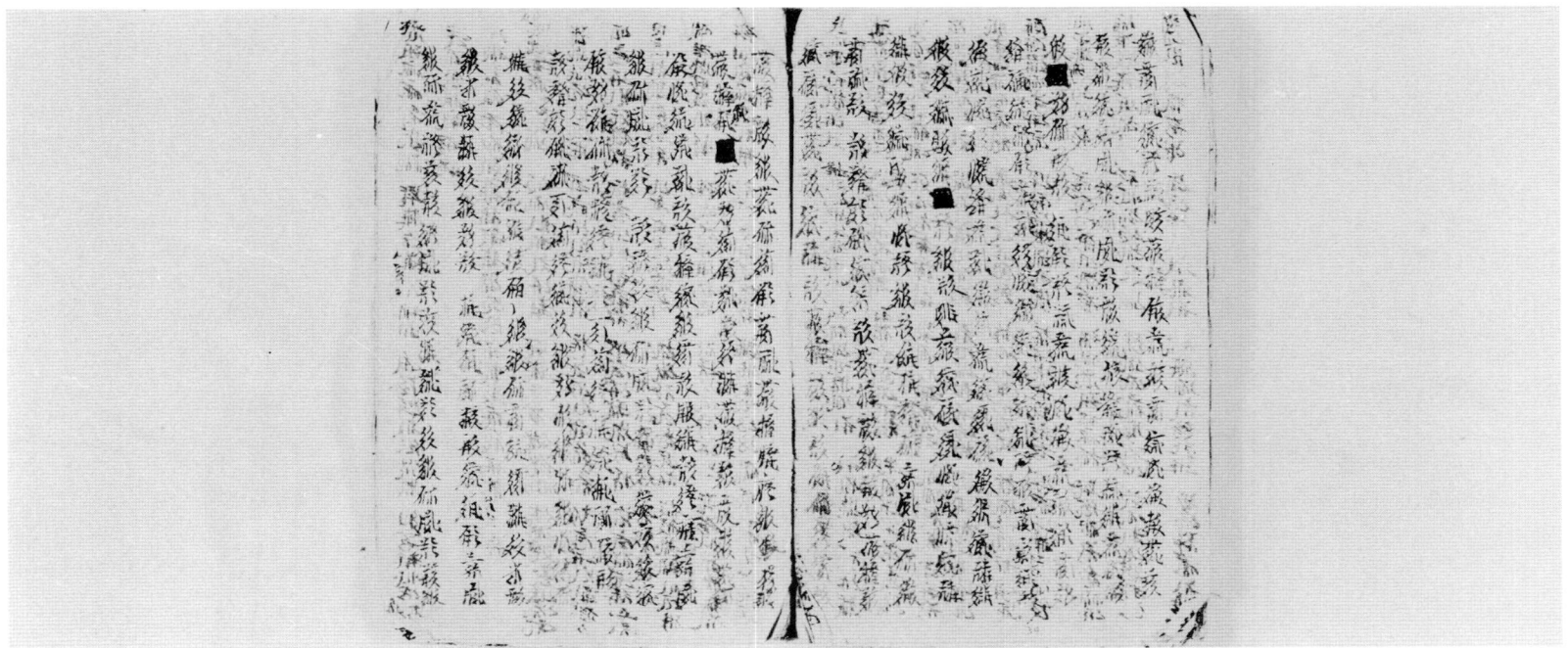
俄 Инв.No.2516　1.正理滴自利比量品第三卷　　　(79-20)

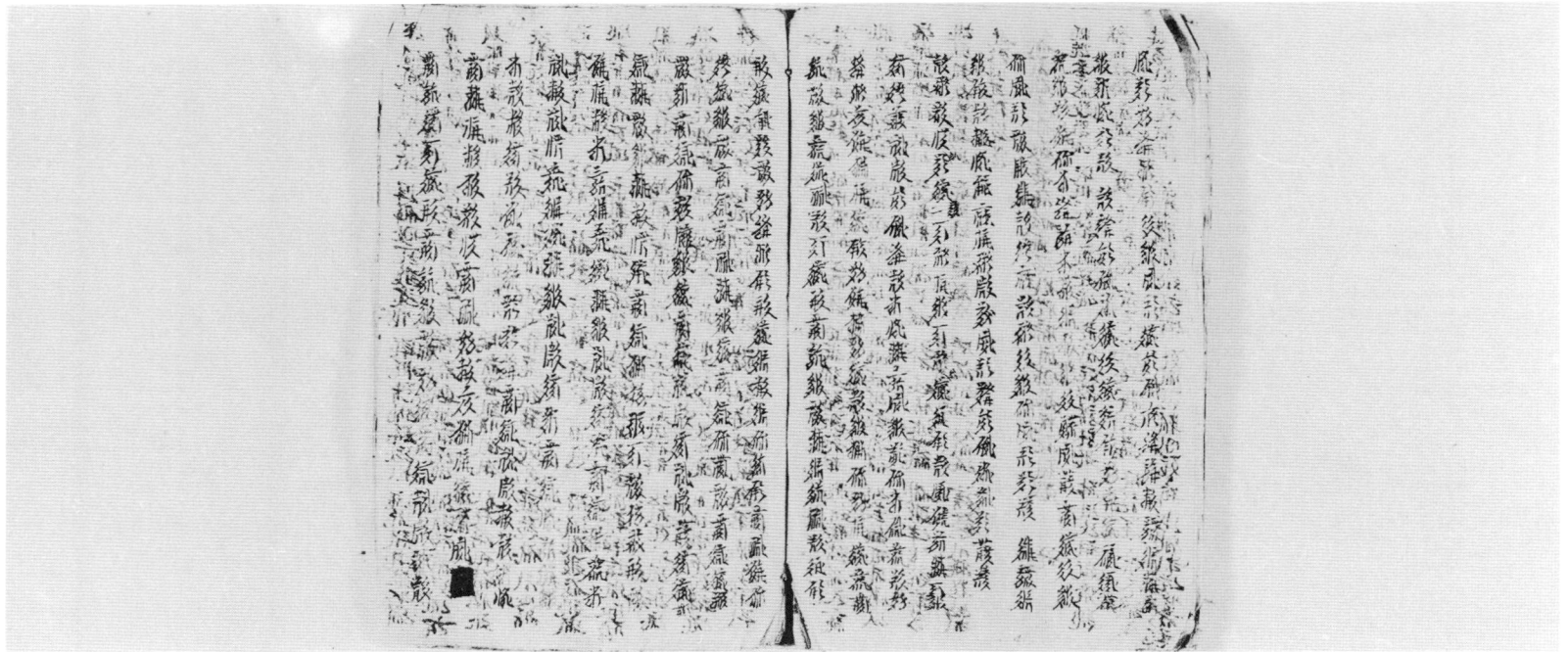

俄 **И**нв.No.2516　1.正理滴自利比量品第三卷　　　(79-21)

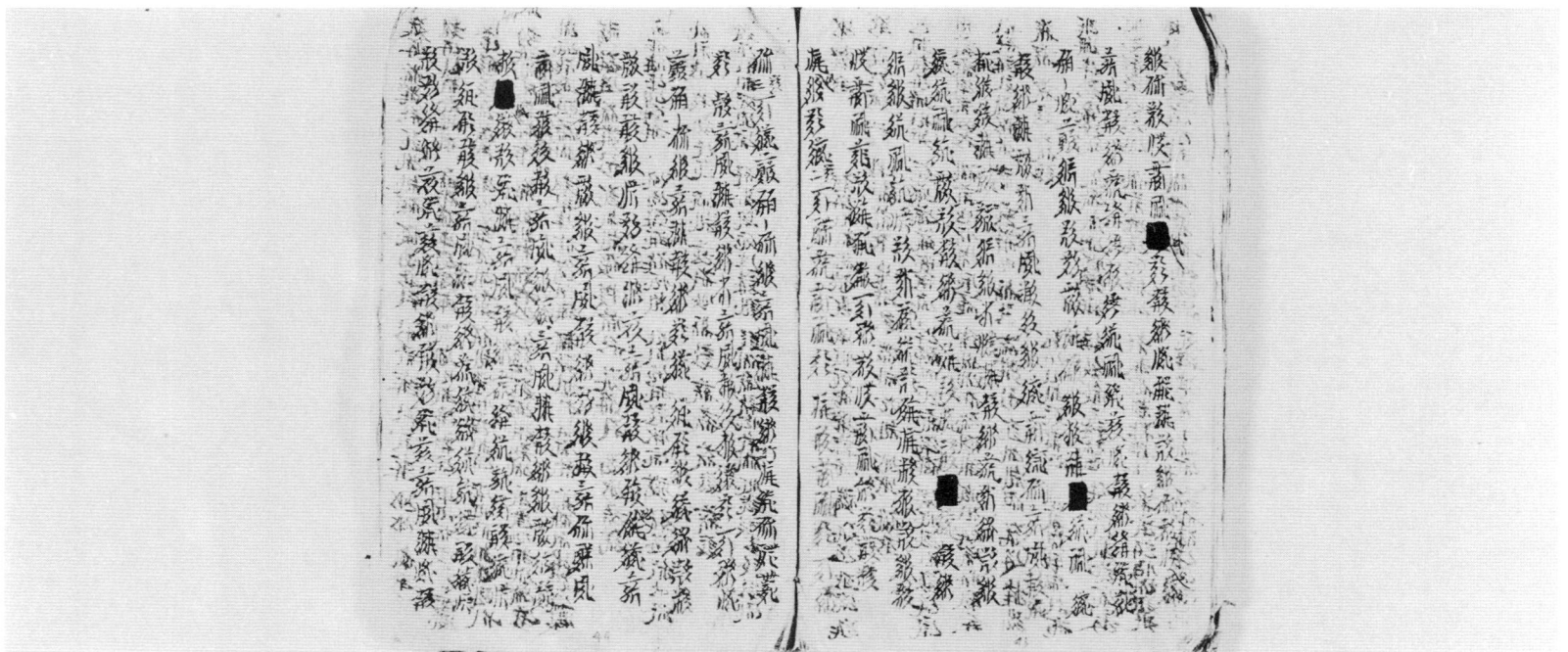

俄 **И**нв.No.2516　1.正理滴自利比量品第三卷　　　(79-22)

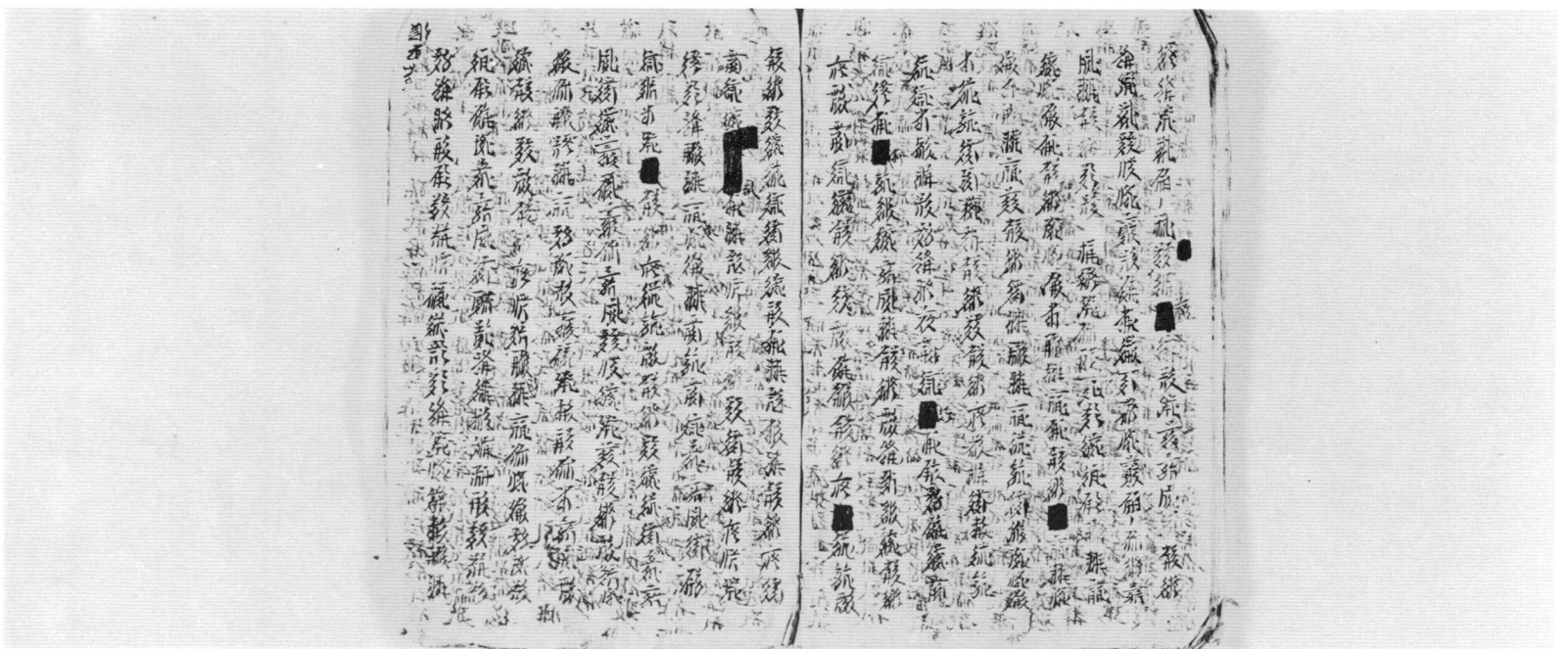

俄 **И**нв.No.2516　1.正理滴自利比量品第三卷　　　(79-23)

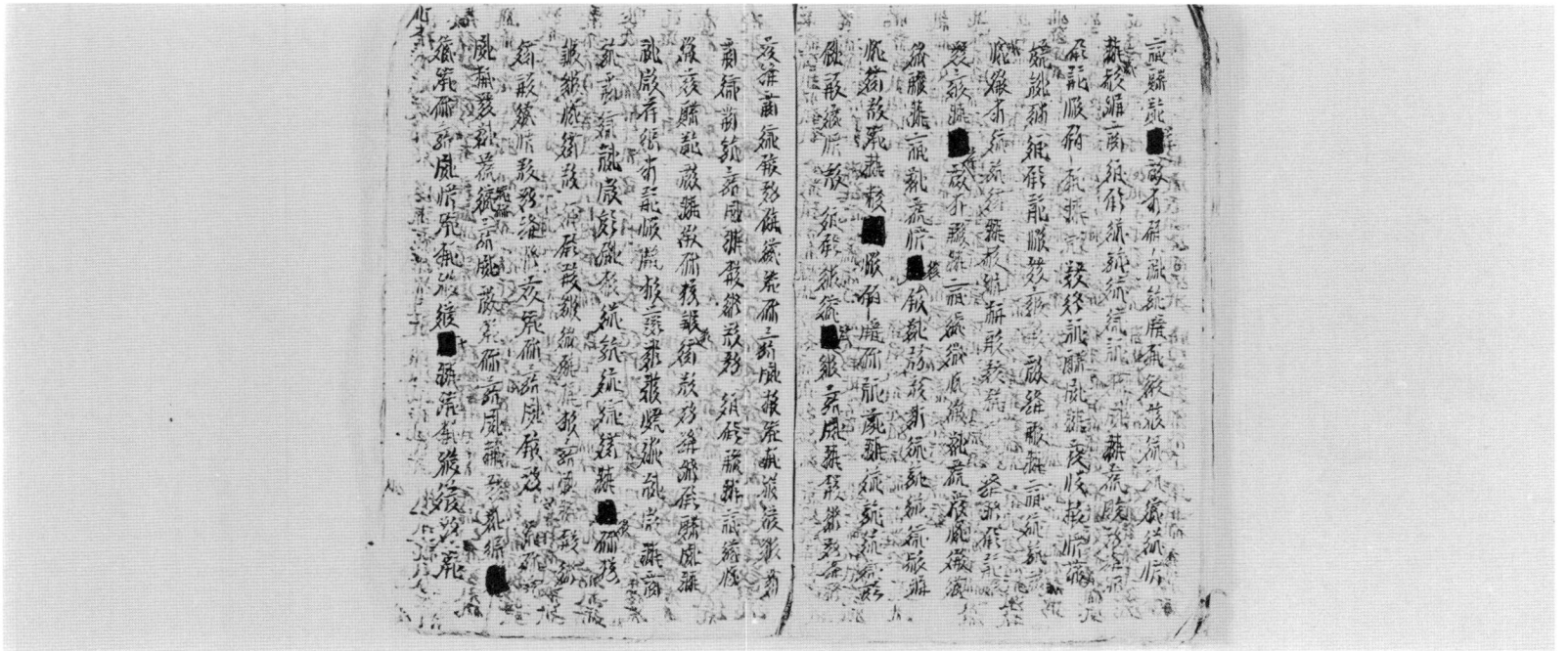

俄 **Ин**в.No.2516　1.正理滴自利比量品第三卷　　　（79-24）

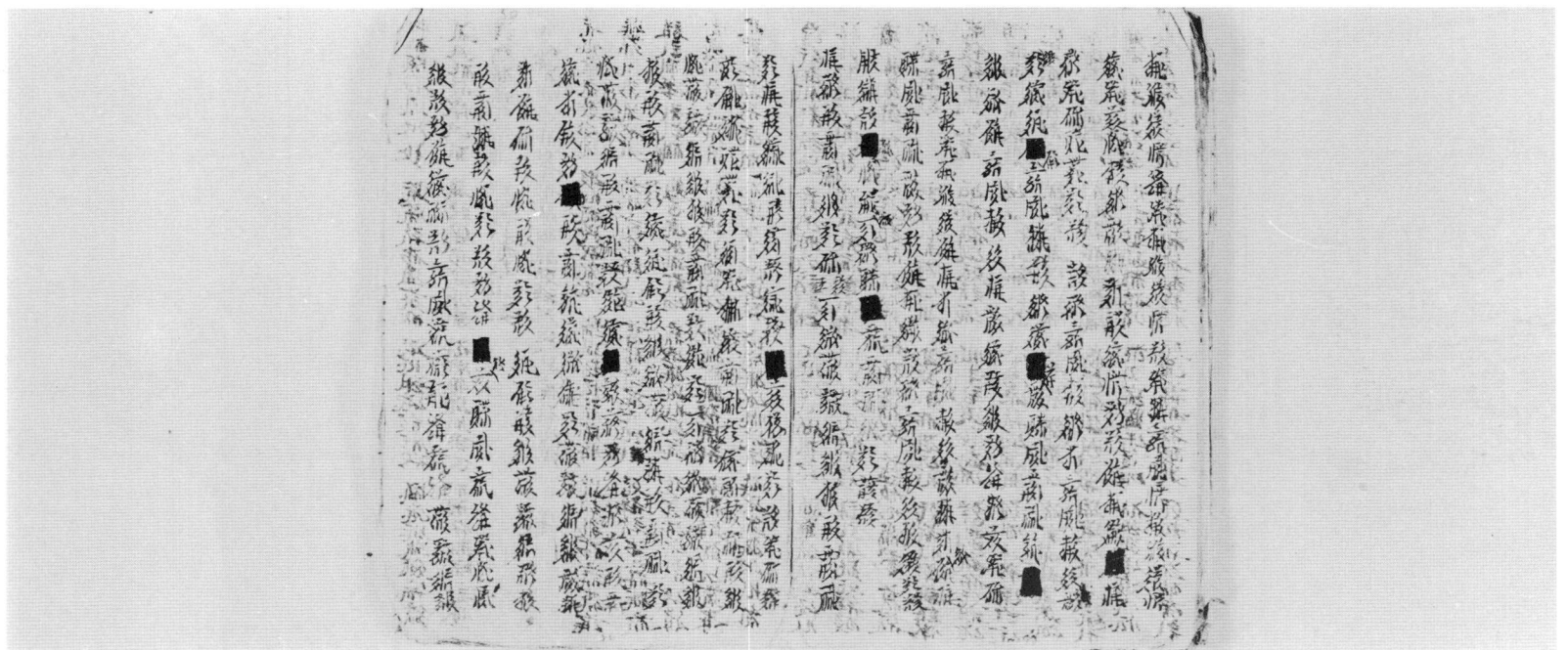

俄 **Ин**в.No.2516　1.正理滴自利比量品第三卷　　　（79-25）

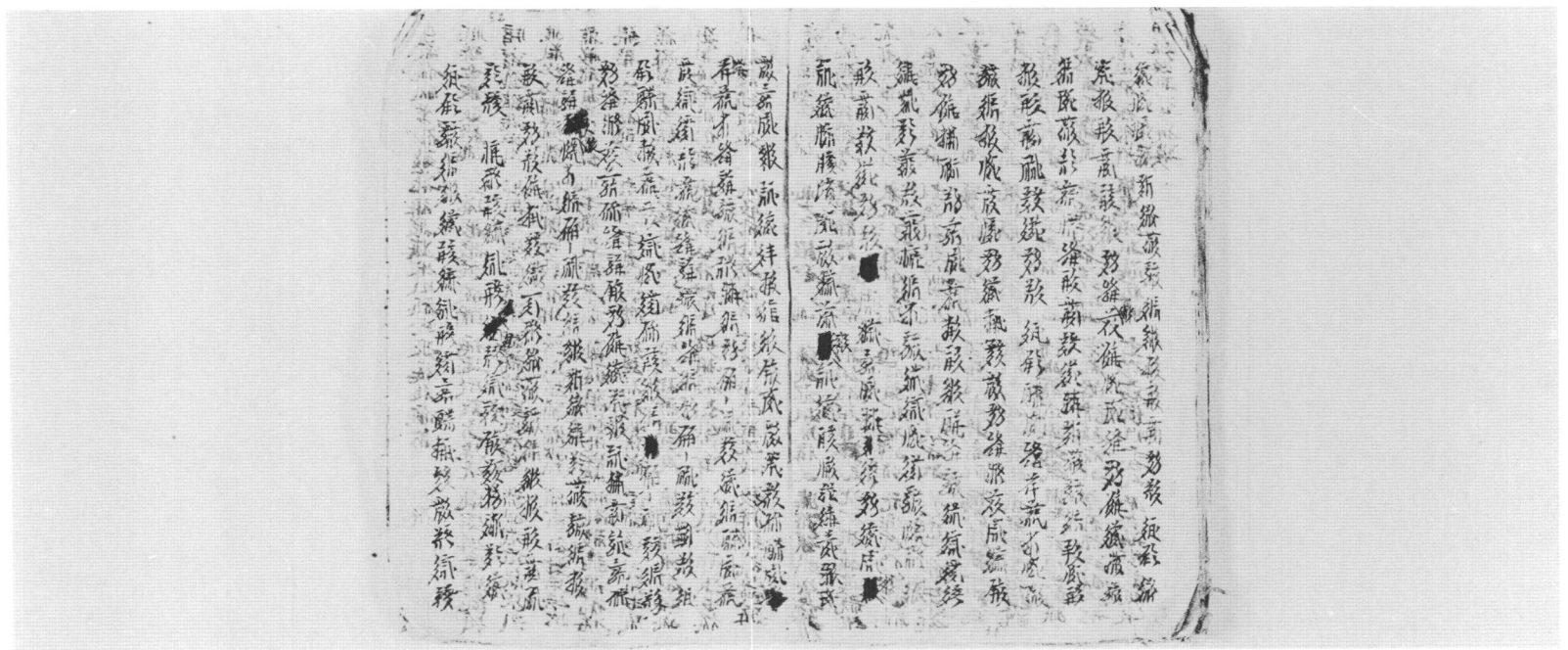

俄 **Ин**в.No.2516　1.正理滴自利比量品第三卷　　　（79-26）

俄Инв.No.2516　　1.正理滴自利比量品第三卷　　　(79-27)

俄Инв.No.2516　　1.正理滴自利比量品第三卷　　　(79-28)

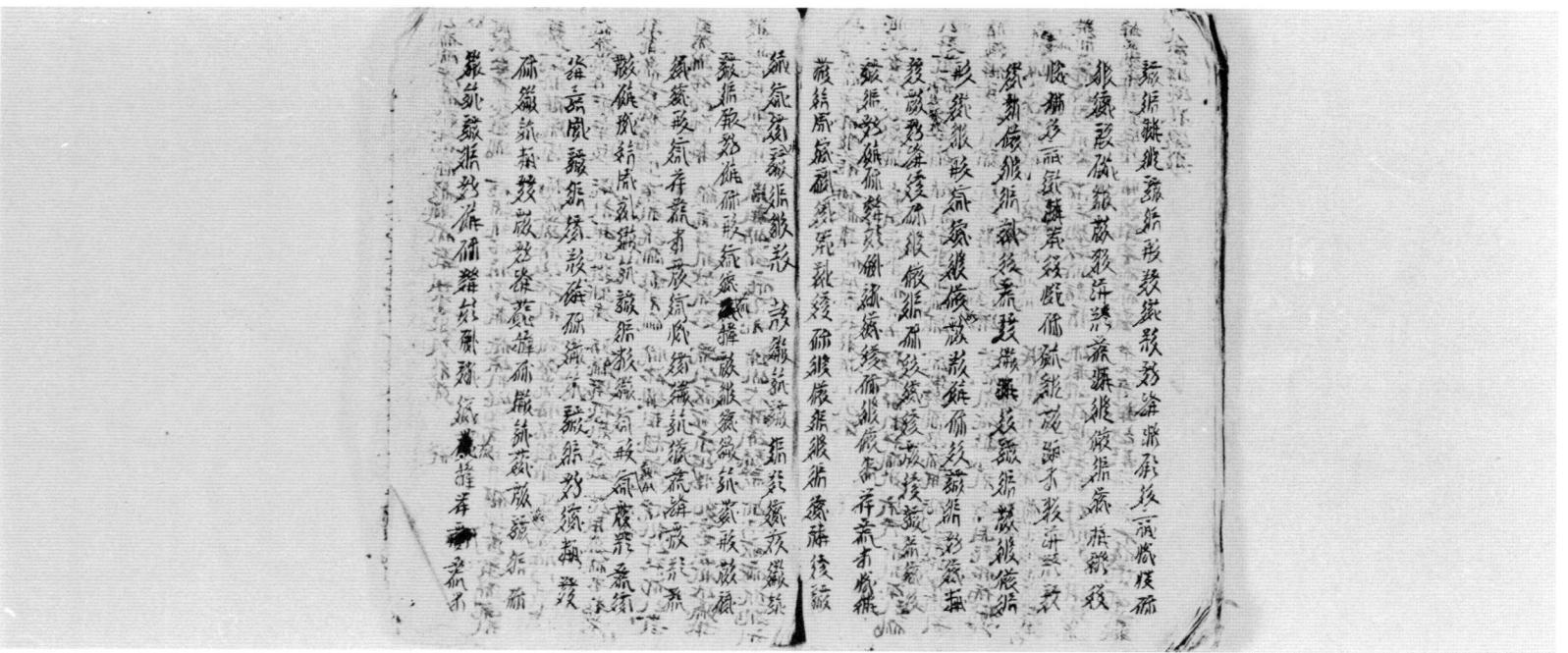

俄Инв.No.2516　　1.正理滴自利比量品第三卷　　　(79-29)

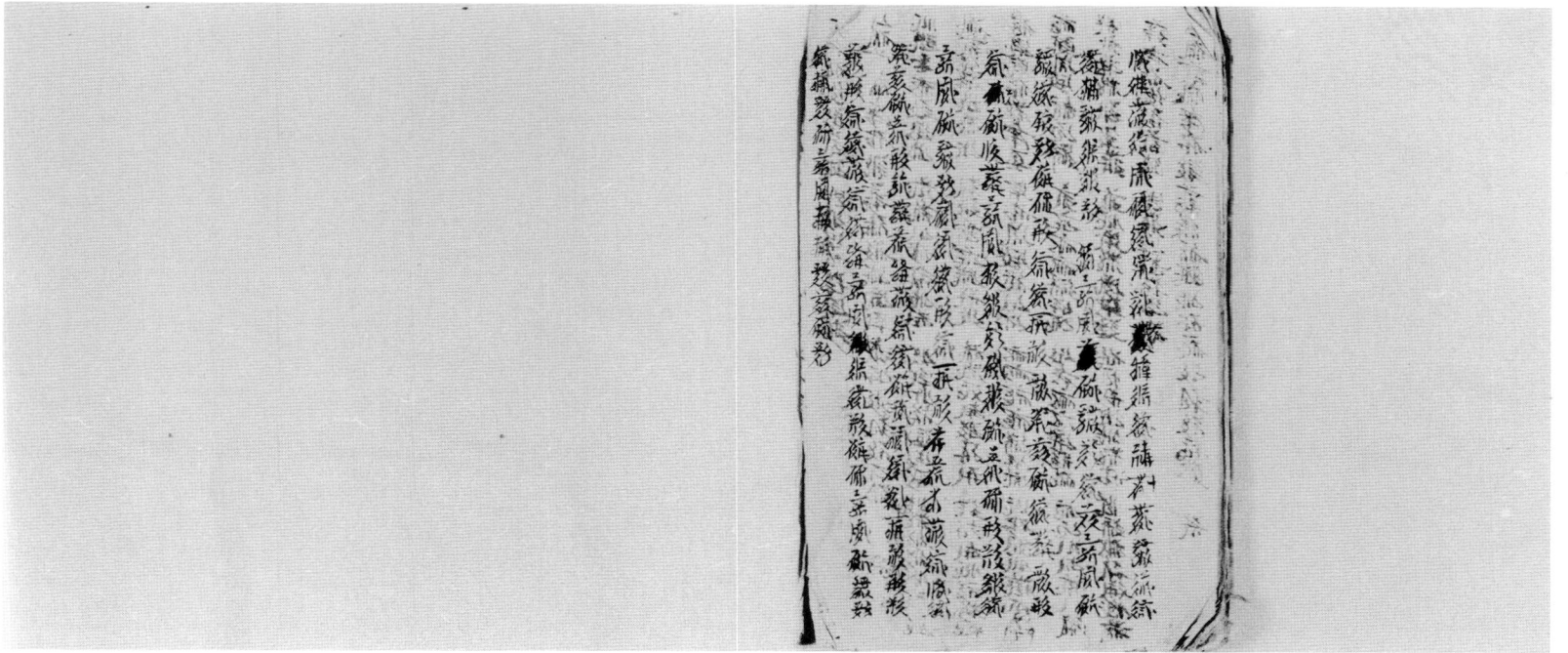

俄 **И**нв.No.2516　1.正理滴自利比量品第三卷　　　(79-30)

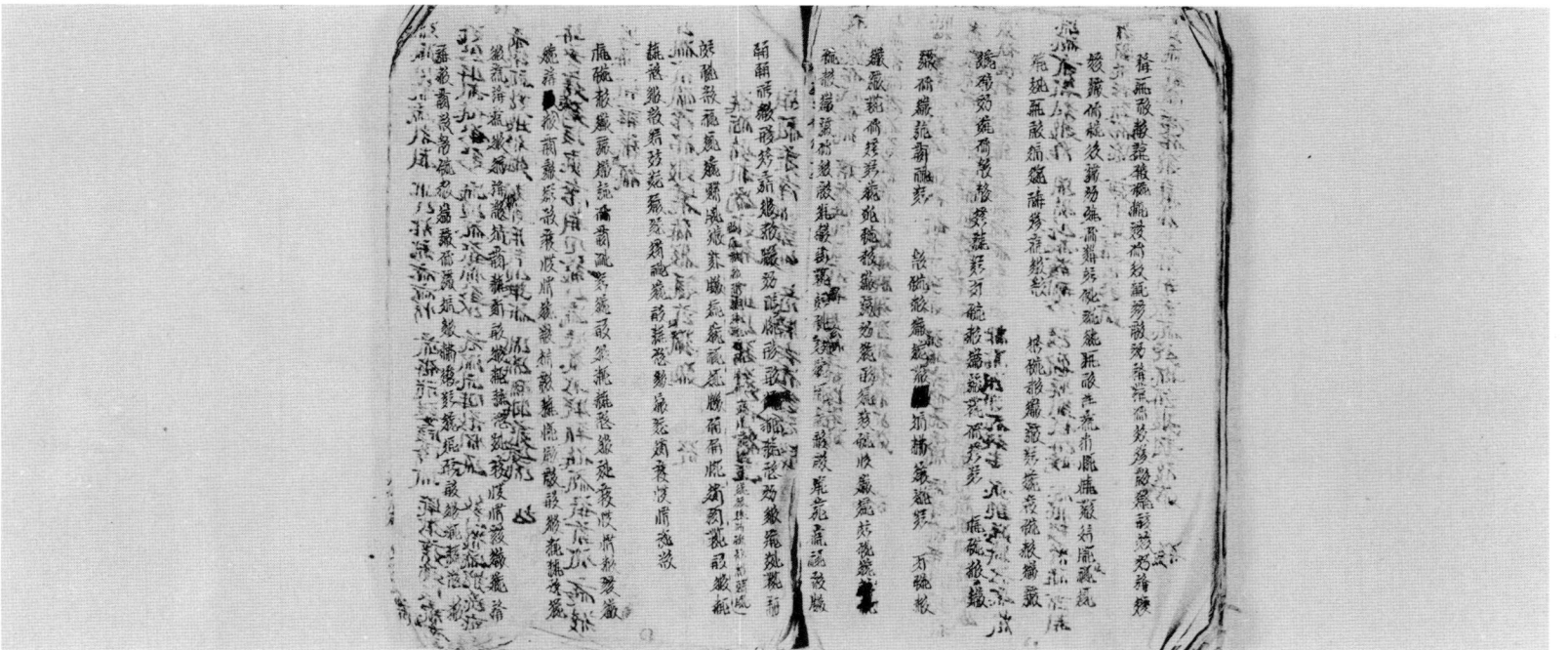

俄 **И**нв.No.2516　1.正理滴自利比量品第三卷　　　(79-31)

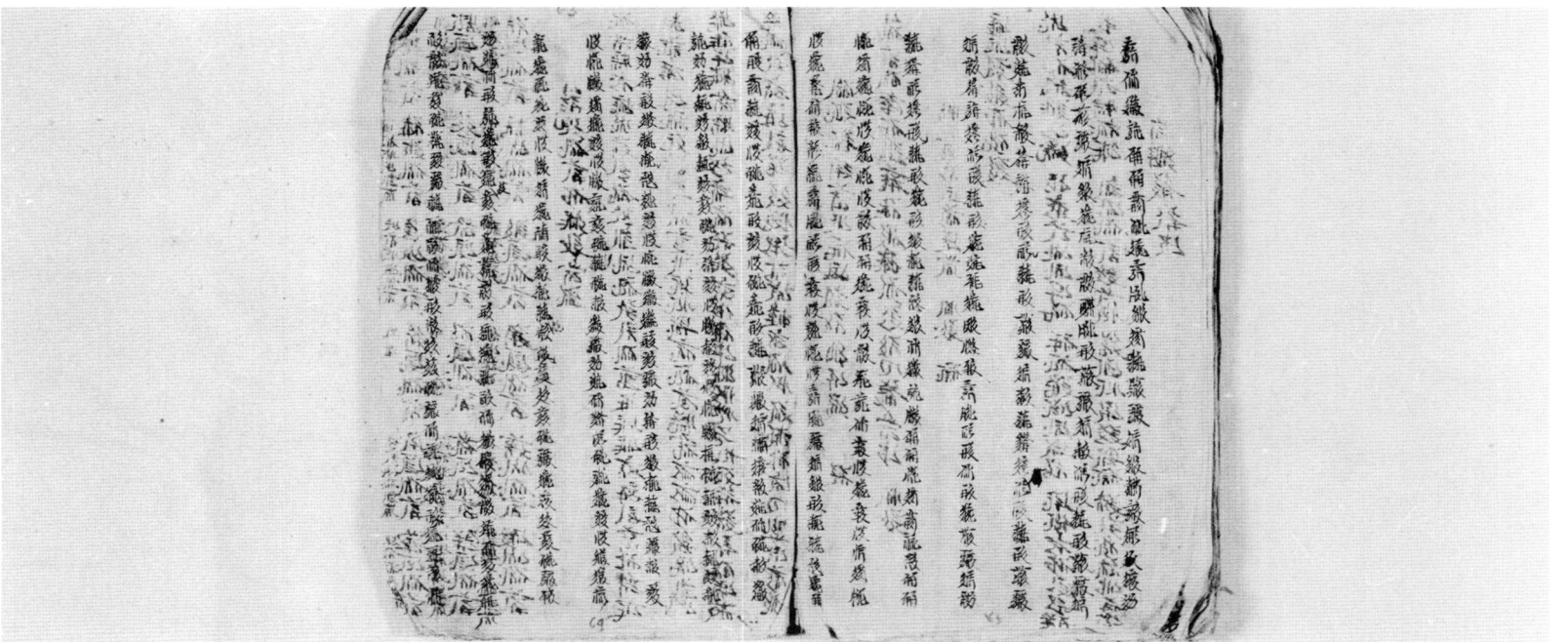

俄 **И**нв.No.2516　1.正理滴自利比量品第三卷　　　(79-32)

俄 **И**нв.No.2516　1.正理滴自利比量品第三卷　　　(79-33)

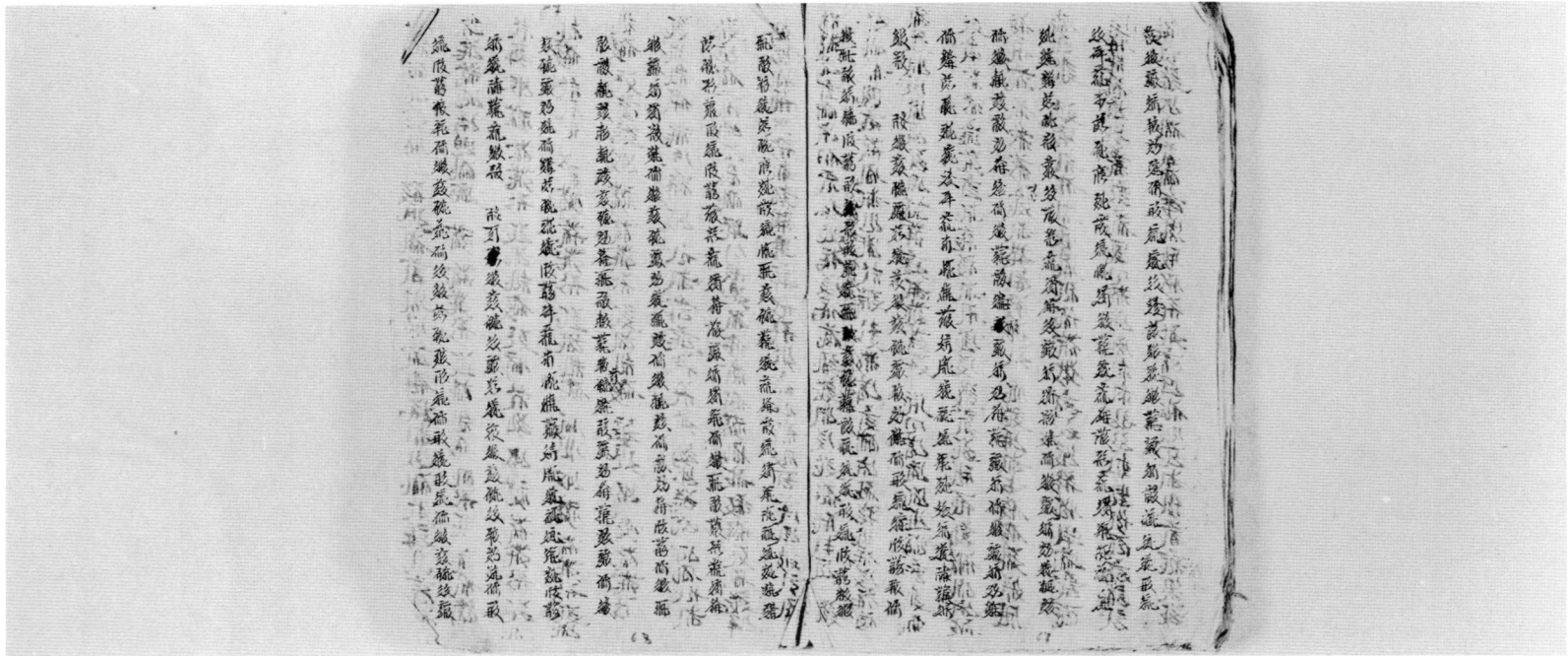
俄 **И**нв.No.2516　1.正理滴自利比量品第三卷　　　(79-34)

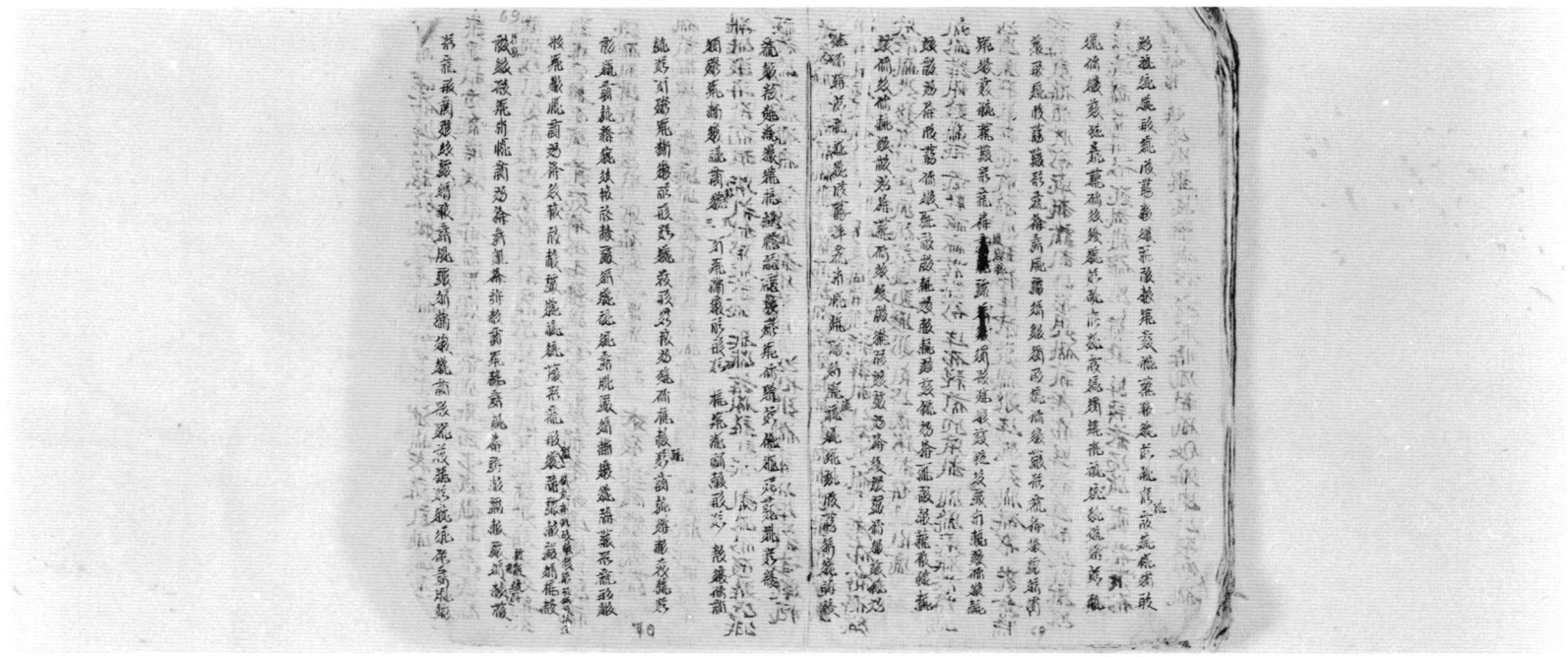
俄 **И**нв.No.2516　1.正理滴自利比量品第三卷　　　(79-35)

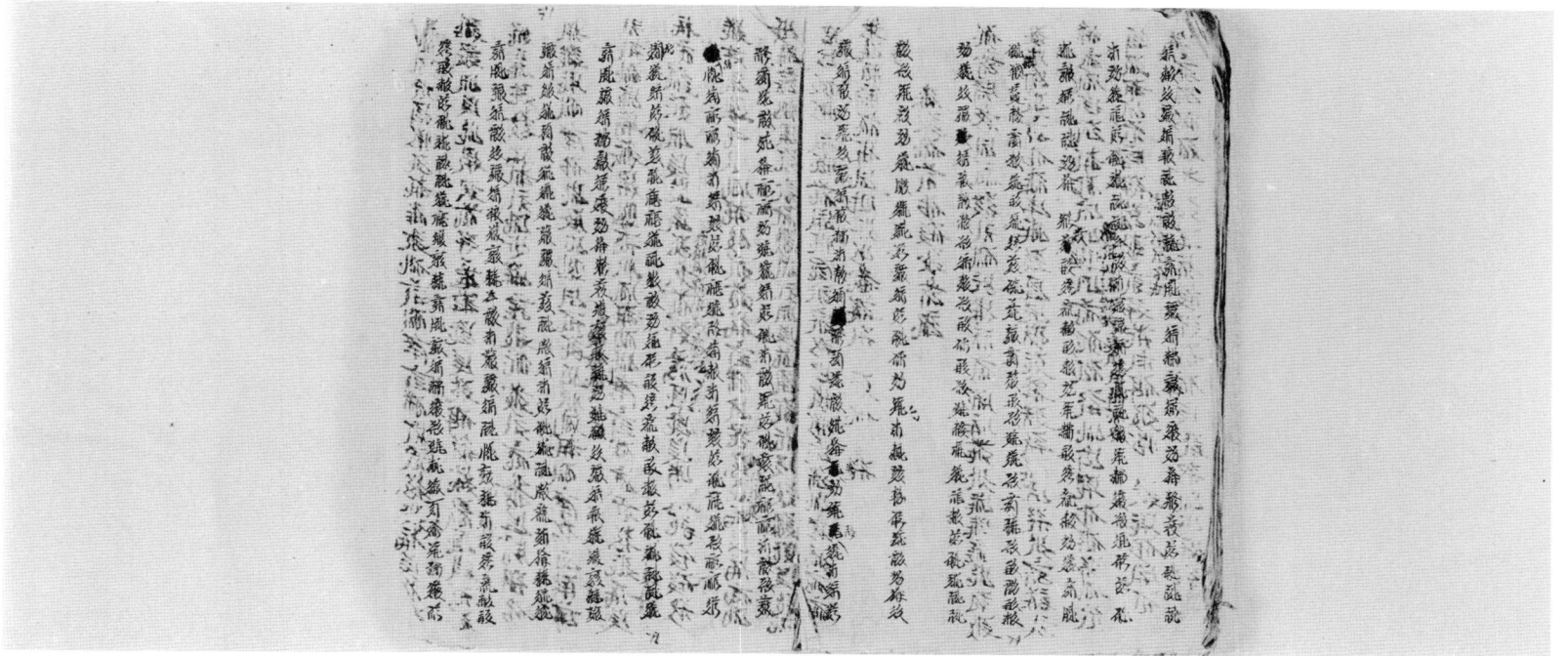

俄Инв.No.2516　1.正理滴自利比量品第三卷　　　(79-36)

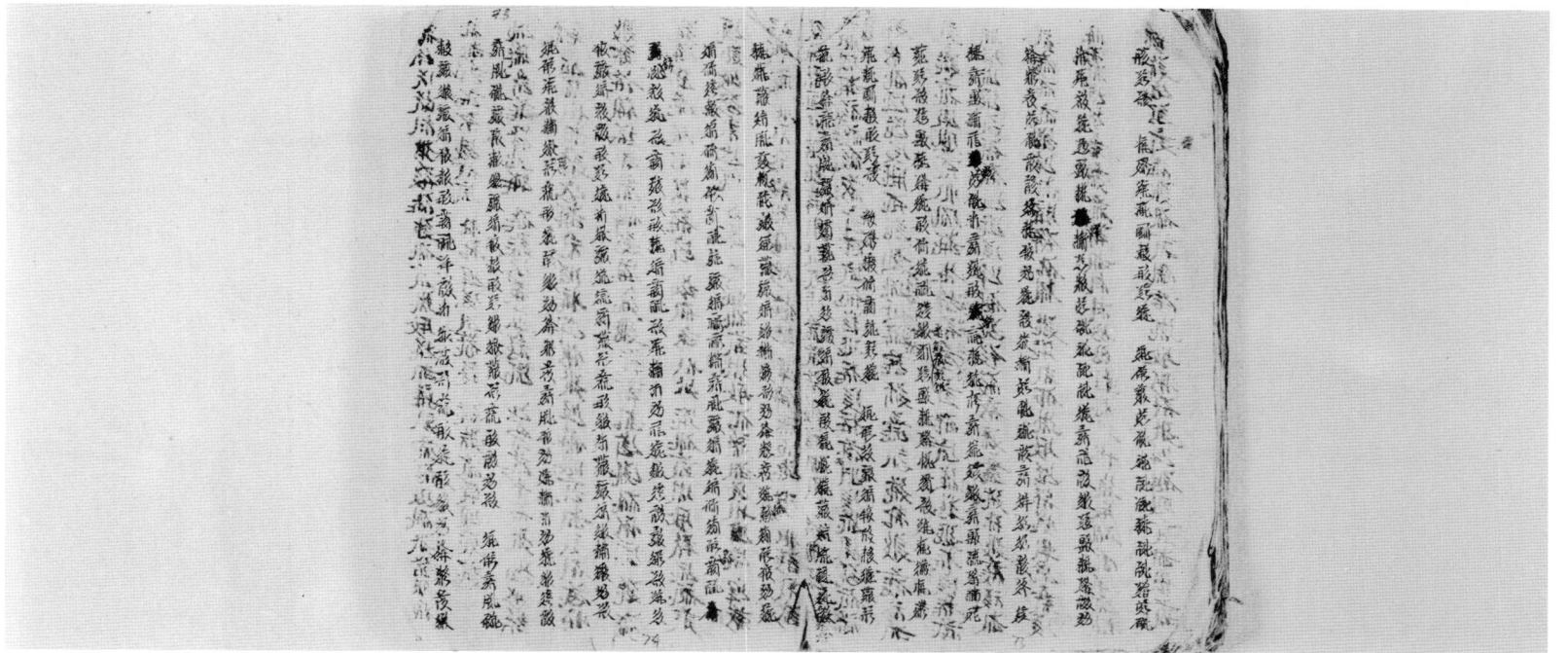

俄Инв.No.2516　1.正理滴自利比量品第三卷　　　(79-37)

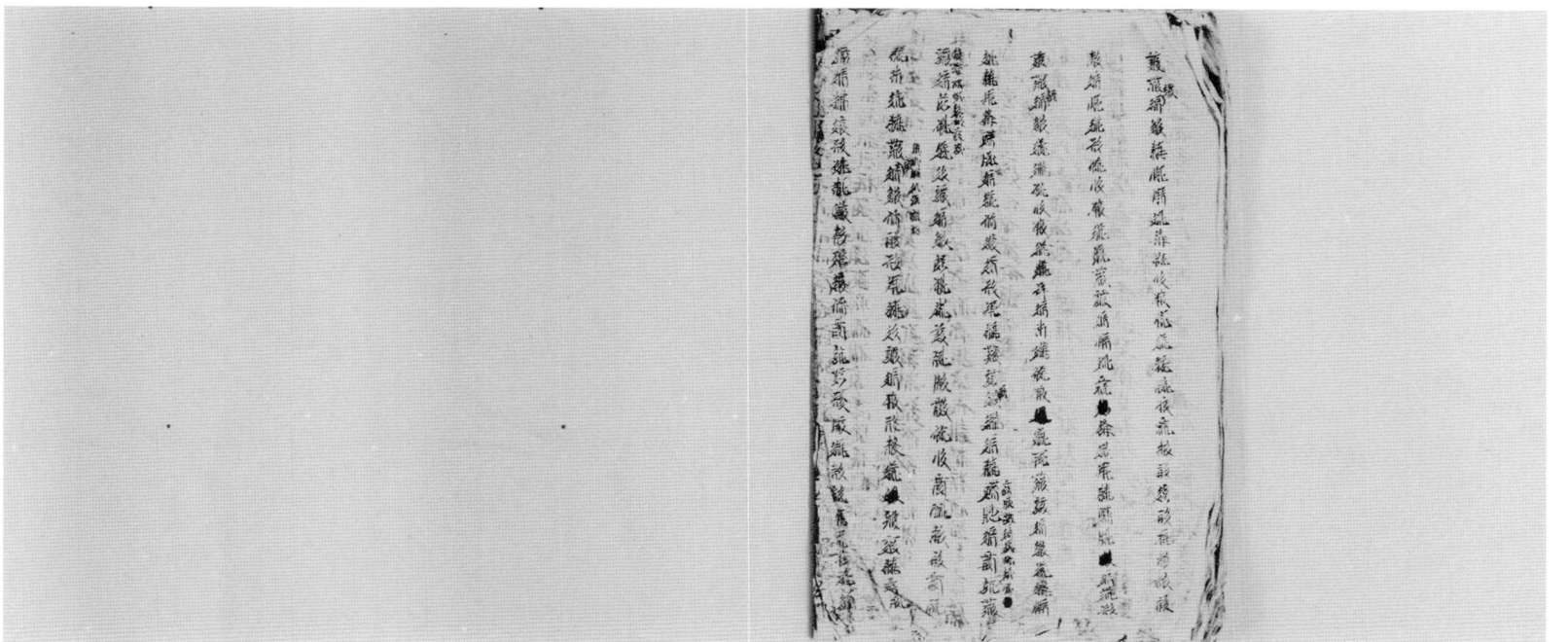

俄Инв.No.2516　1.正理滴自利比量品第三卷　　　(79-38)

俄 Инв.No.2516　　1.正理滴自利比量品第三卷　　　　（79-39）

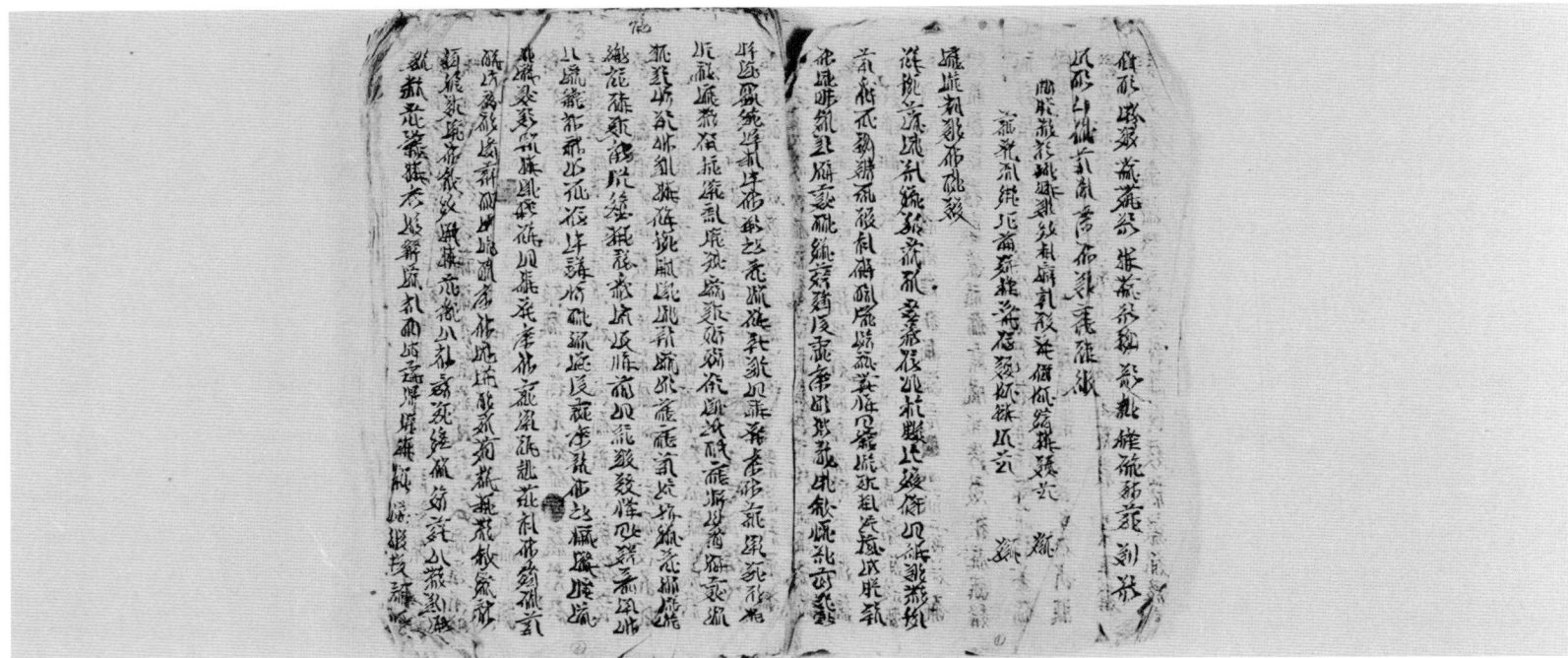

俄 Инв.No.2516　　2.聖多聞天王之寶藏本續　　　　（79-40）

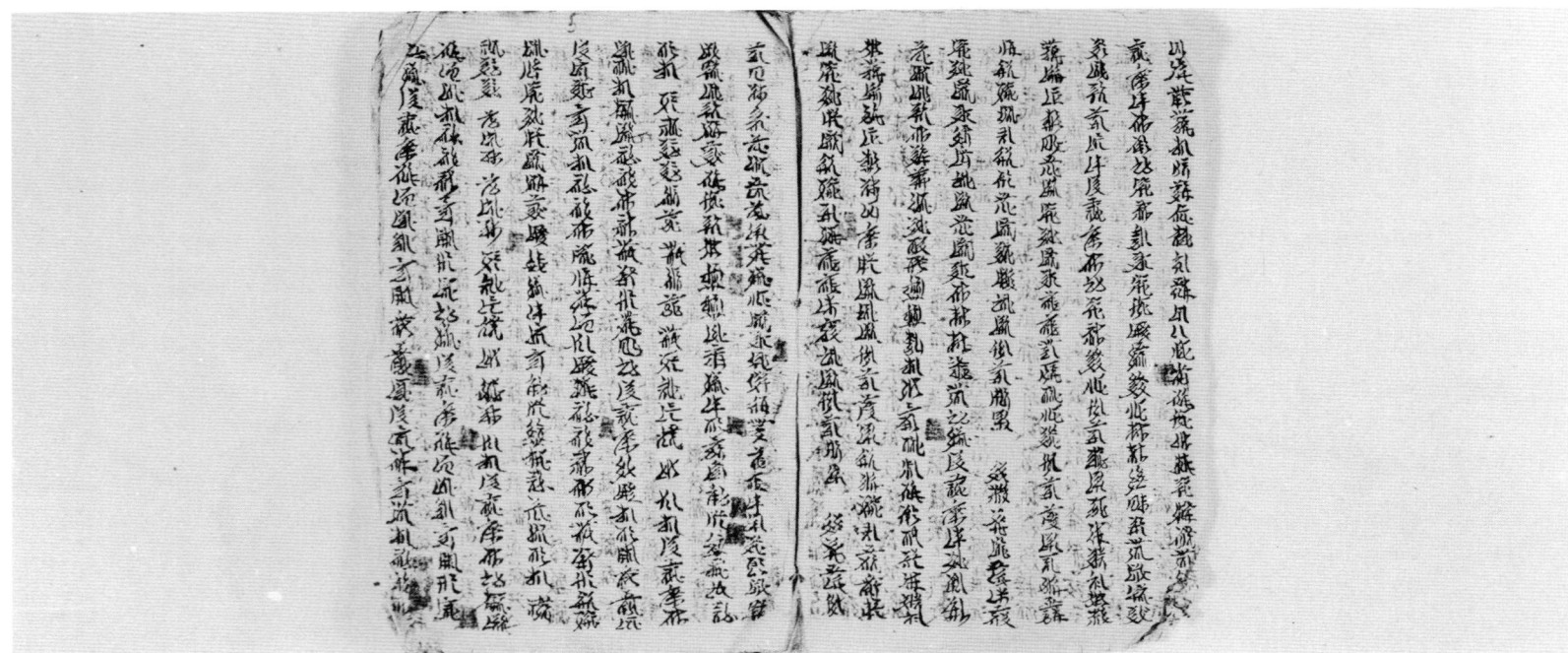

俄 Инв.No.2516　　2.聖多聞天王之寶藏本續　　　　（79-41）

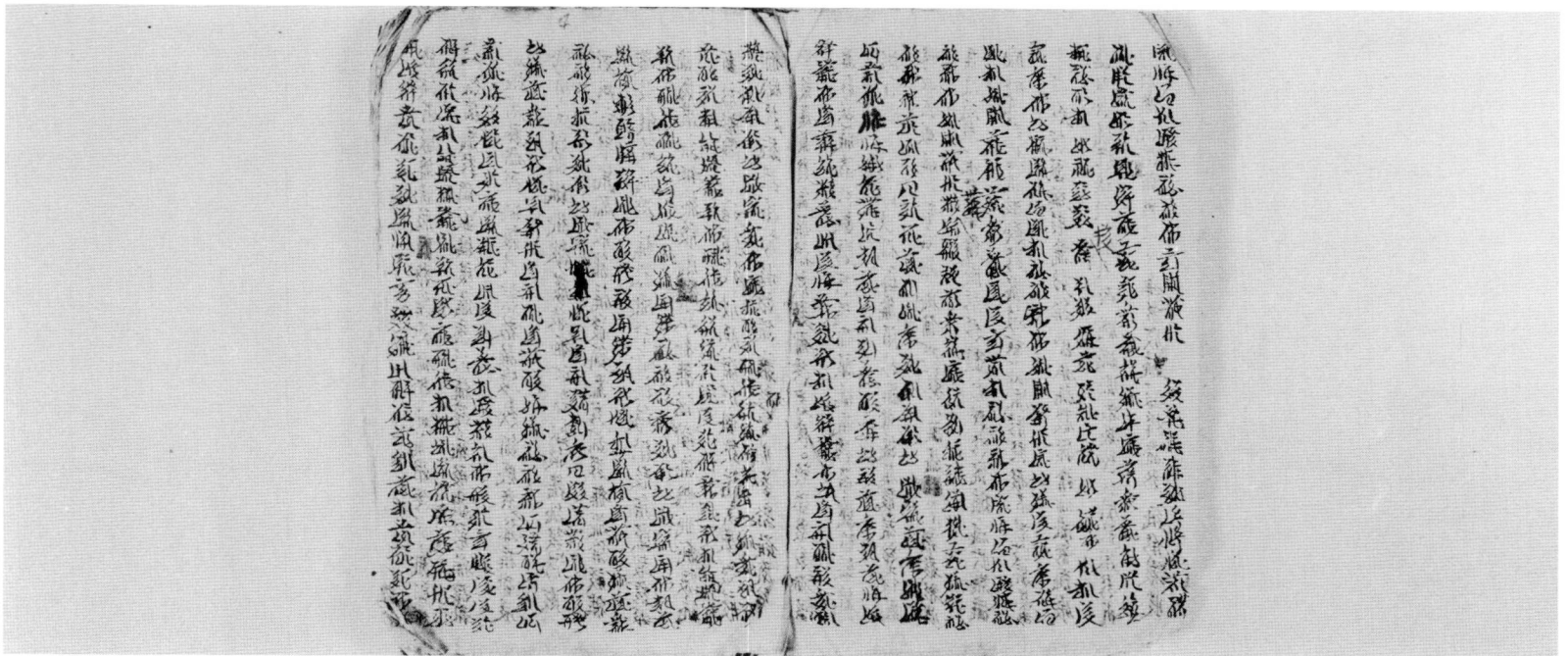

俄 **И**нв.No.2516　2.聖多聞天王之寶藏本續　　(79-42)

俄 **И**нв.No.2516　2.聖多聞天王之寶藏本續　　(79-43)

俄 **И**нв.No.2516　2.聖多聞天王之寶藏本續　　(79-44)

俄 **И**нв.No.2516　2.聖多聞天王之寶藏本續　　(79-45)

俄 **И**нв.No.2516　2.聖多聞天王之寶藏本續　　(79-46)

俄 **И**нв.No.2516　2.聖多聞天王之寶藏本續　　(79-47)

俄 **И**нв.No.2516　2.聖多聞天王之寶藏本續　　　(79-48)

俄 **И**нв.No.2516　2.聖多聞天王之寶藏本續　　　(79-49)

俄 **И**нв.No.2516　2.聖多聞天王之寶藏本續　　　(79-50)

俄 **И**нв.No.2516　2.聖多聞天王之寶藏本續　　(79-51)

俄 **И**нв.No.2516　2.聖多聞天王之寶藏本續　　(79-52)

俄 **И**нв.No.2516　2.聖多聞天王之寶藏本續　　(79-53)

俄Инв.No.2516　2.聖多聞天王之寶藏本續　　　(79-54)

俄Инв.No.2516　2.聖多聞天王之寶藏本續　　　(79-55)

俄Инв.No.2516　2.聖多聞天王之寶藏本續　　　(79-56)

俄 **Ин**в.No.2516　2.聖多聞天王之寶藏本續　　　　(79-57)

俄 **Ин**в.No.2516　2.聖多聞天王之寶藏本續　　　　(79-58)

俄 **Ин**в.No.2516　2.聖多聞天王之寶藏本續　　　　(79-59)

俄 **И**нв.No.2516　　2.聖多聞天王之寶藏本續　　　　(79-60)

俄 **И**нв.No.2516　　2.聖多聞天王之寶藏本續　　　　(79-61)

俄 **И**нв.No.2516　　2.聖多聞天王之寶藏本續　　　　(79-62)

俄 **Инв**.No.2516　2.聖多聞天王之寶藏本續　　　　(79-63)

俄 **Инв**.No.2516　2.聖多聞天王之寶藏本續　　　　(79-64)

俄 **Инв**.No.2516　2.聖多聞天王之寶藏本續　　　　(79-65)

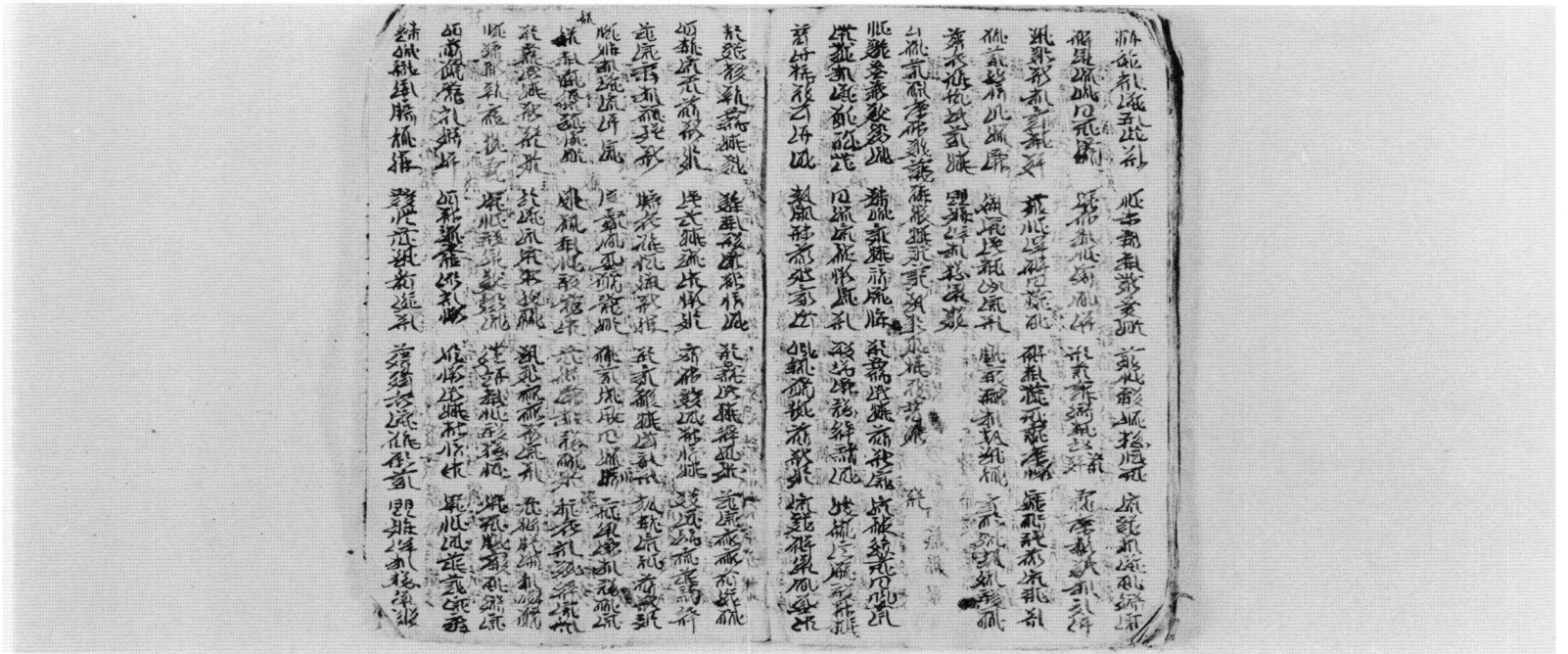

俄 Инв.No.2516　2.聖多聞天王之寶藏本續　　　(79-66)

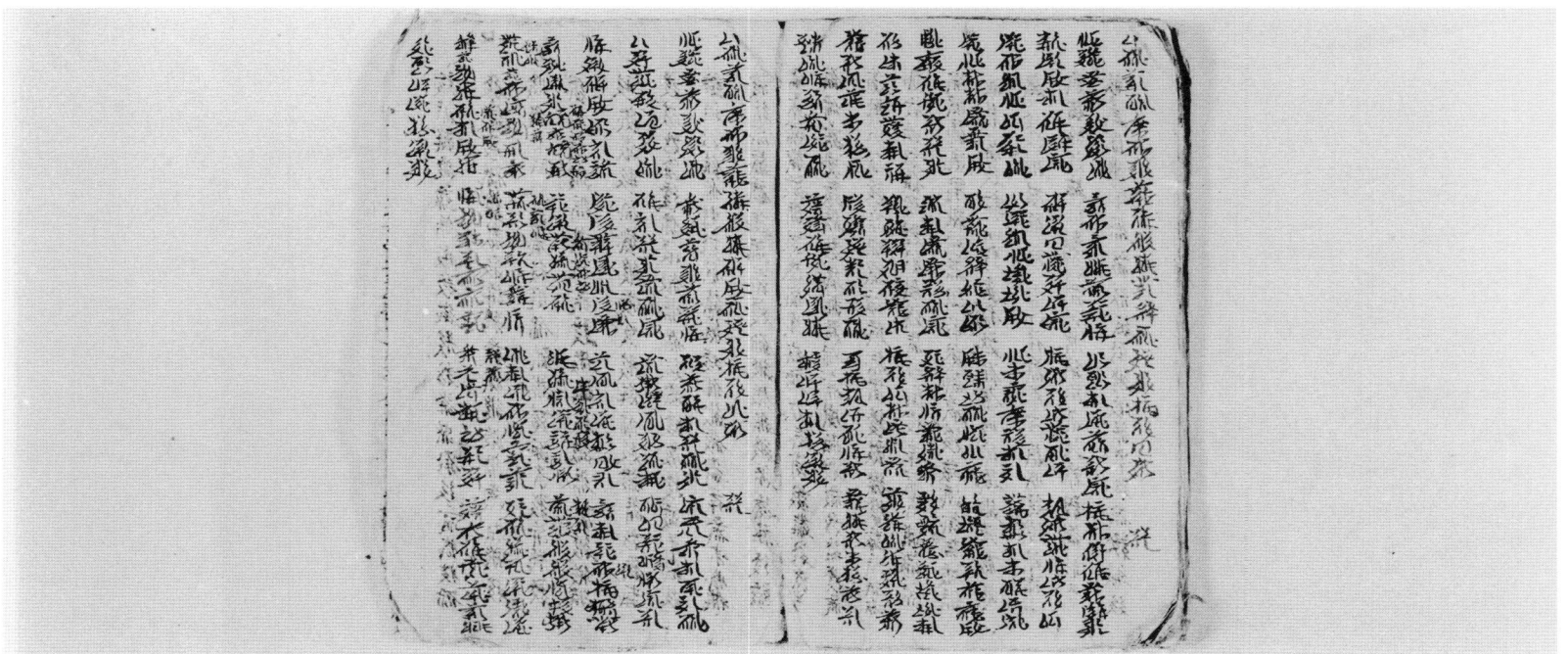

俄 Инв.No.2516　2.聖多聞天王之寶藏本續　　　(79-67)

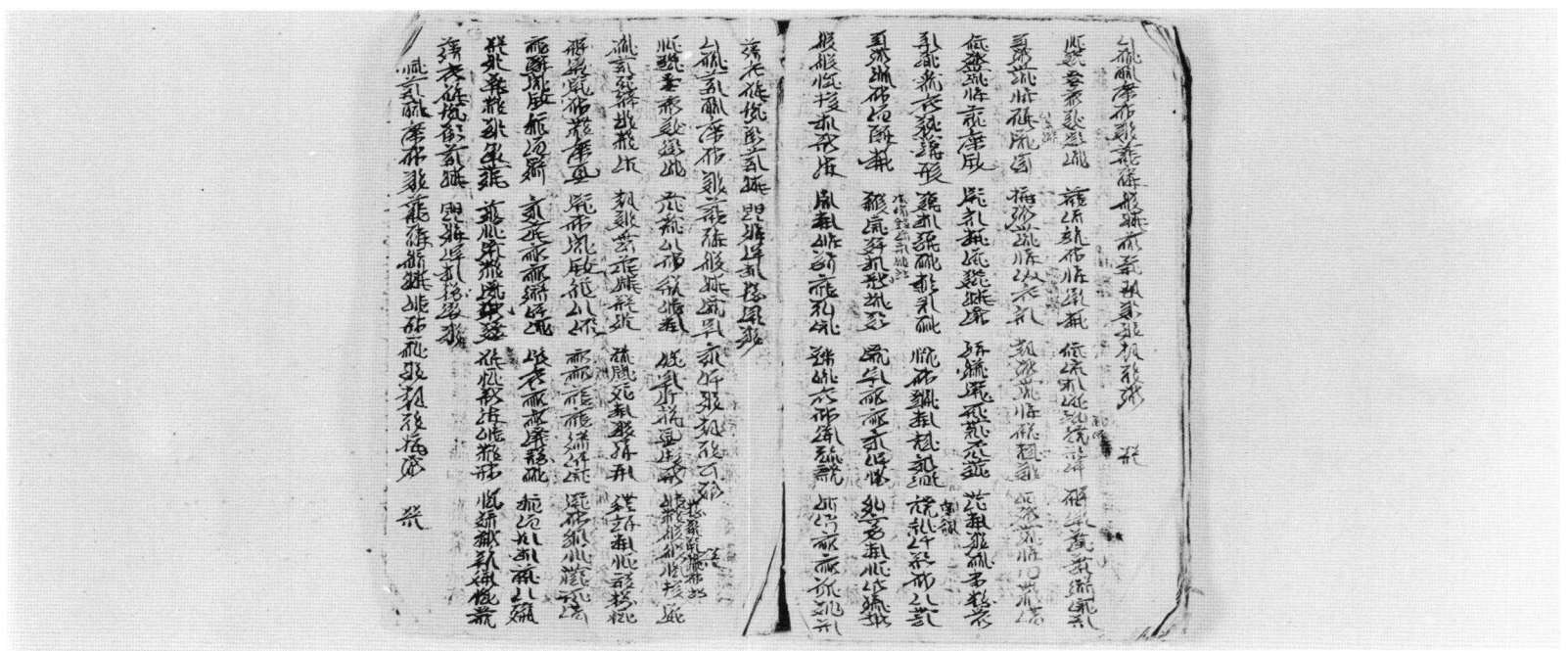

俄 Инв.No.2516　2.聖多聞天王之寶藏本續　　　(79-68)

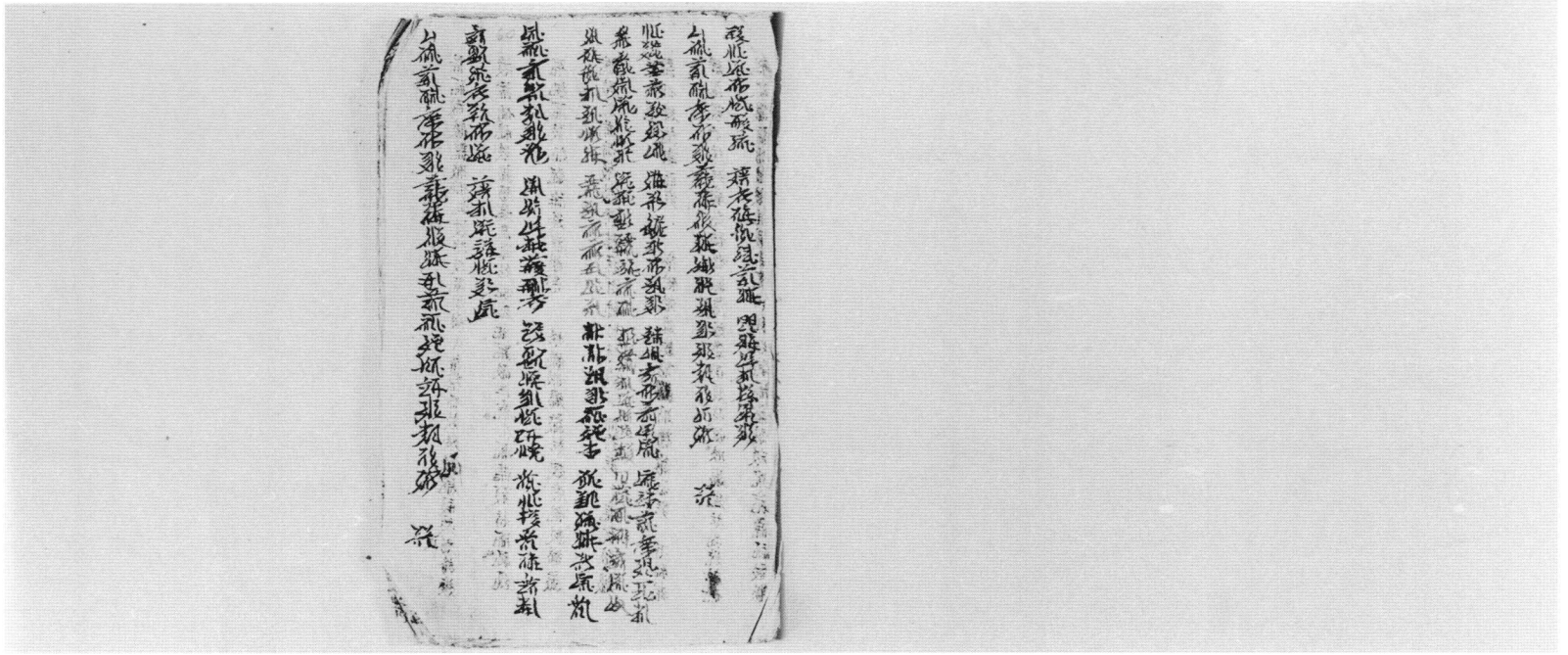

俄 **И**нв.No.2516 2.聖多聞天王之寶藏本續 (79-69)

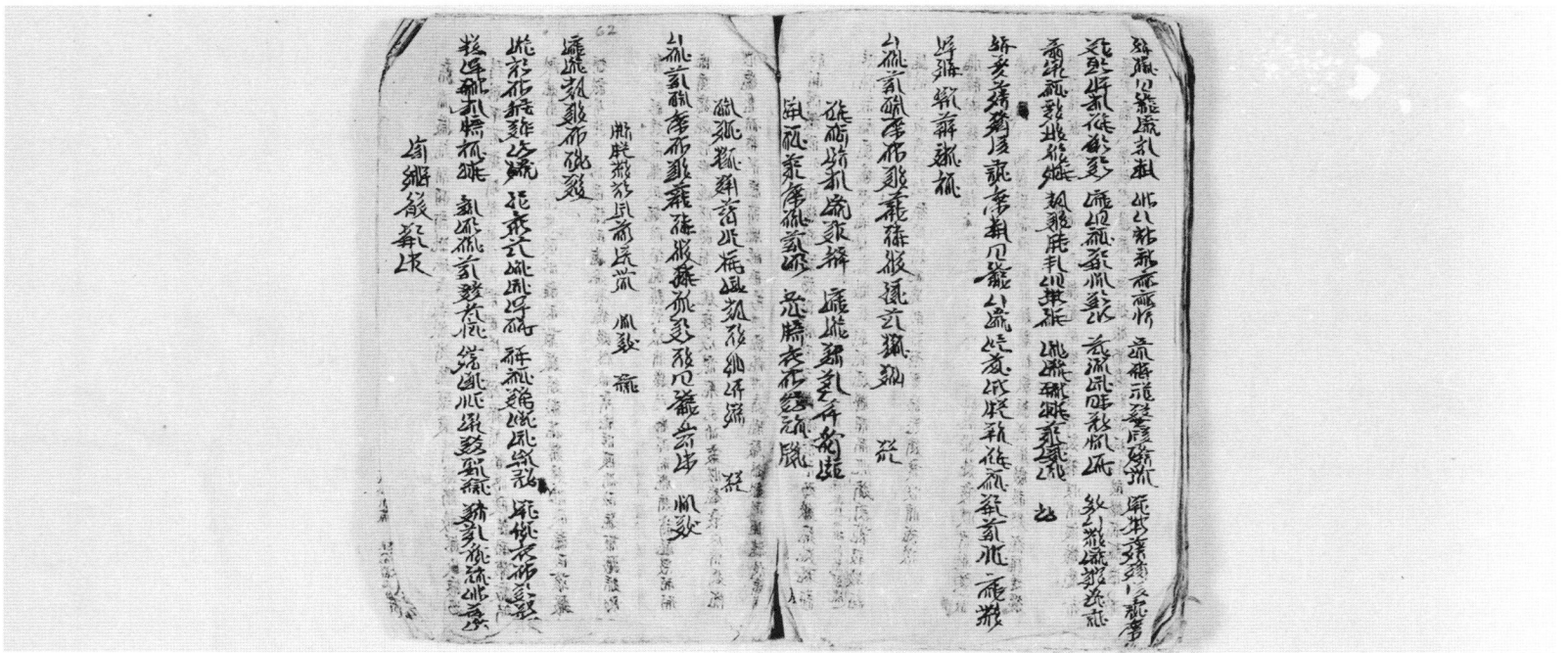

俄 **И**нв.No.2516 2.聖多聞天王之寶藏本續 (79-70)

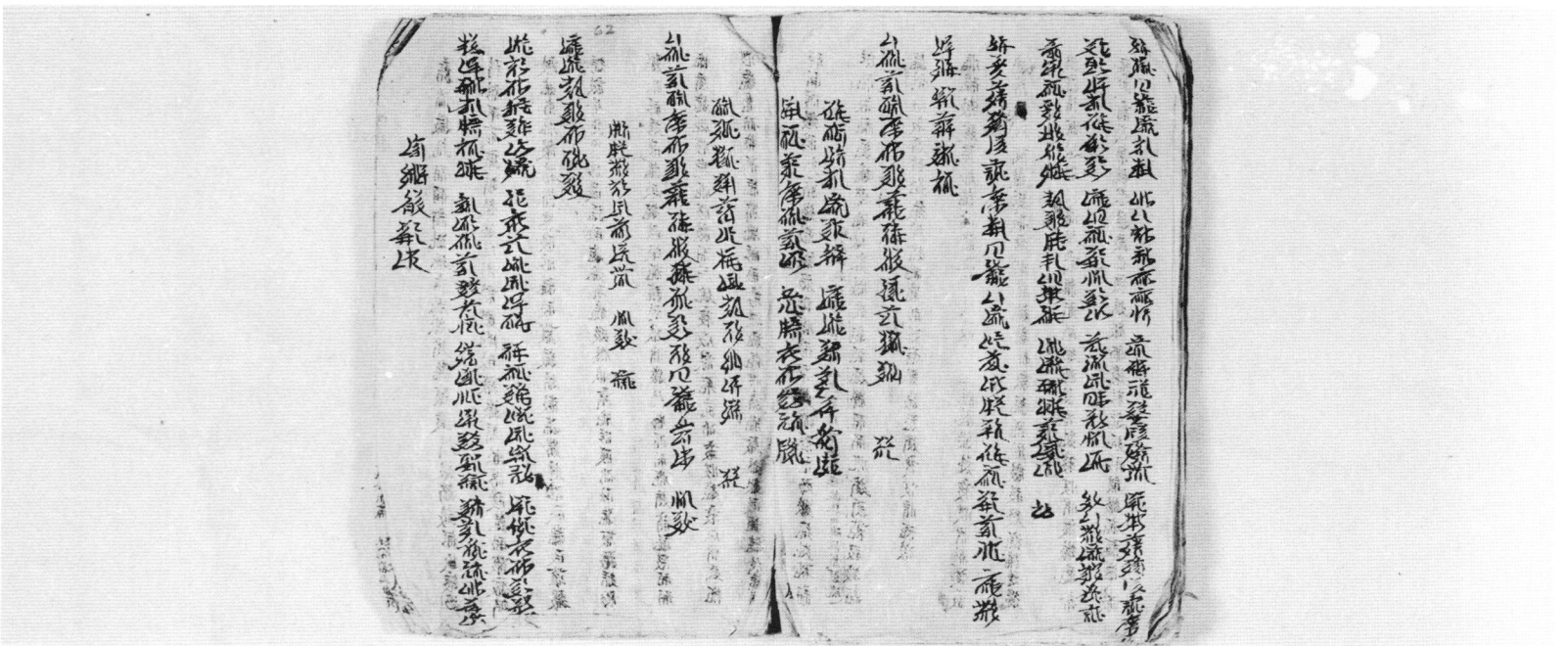

俄 **И**нв.No.2516 3.聖多聞天王之寶藏本續圓滿十八部求修 (79-71)

俄 **Инв**.No.2516　　3.聖多聞天王之寶藏本續圓滿十八部求修　　　　　(79-72)

俄 **Инв**.No.2516　　3.聖多聞天王之寶藏本續圓滿十八部求修　　　　　(79-73)

俄 **Инв**.No.2516　　3.聖多聞天王之寶藏本續圓滿十八部求修　　　　　(79-74)

俄 Инв.No.2516　3.聖多聞天王之寶藏本續圓滿十八部求修　　　(79-75)

俄 Инв.No.2516　3.聖多聞天王之寶藏本續圓滿十八部求修　　　(79-76)

俄 Инв.No.2516　3.聖多聞天王之寶藏本續圓滿十八部求修　　　(79-77)

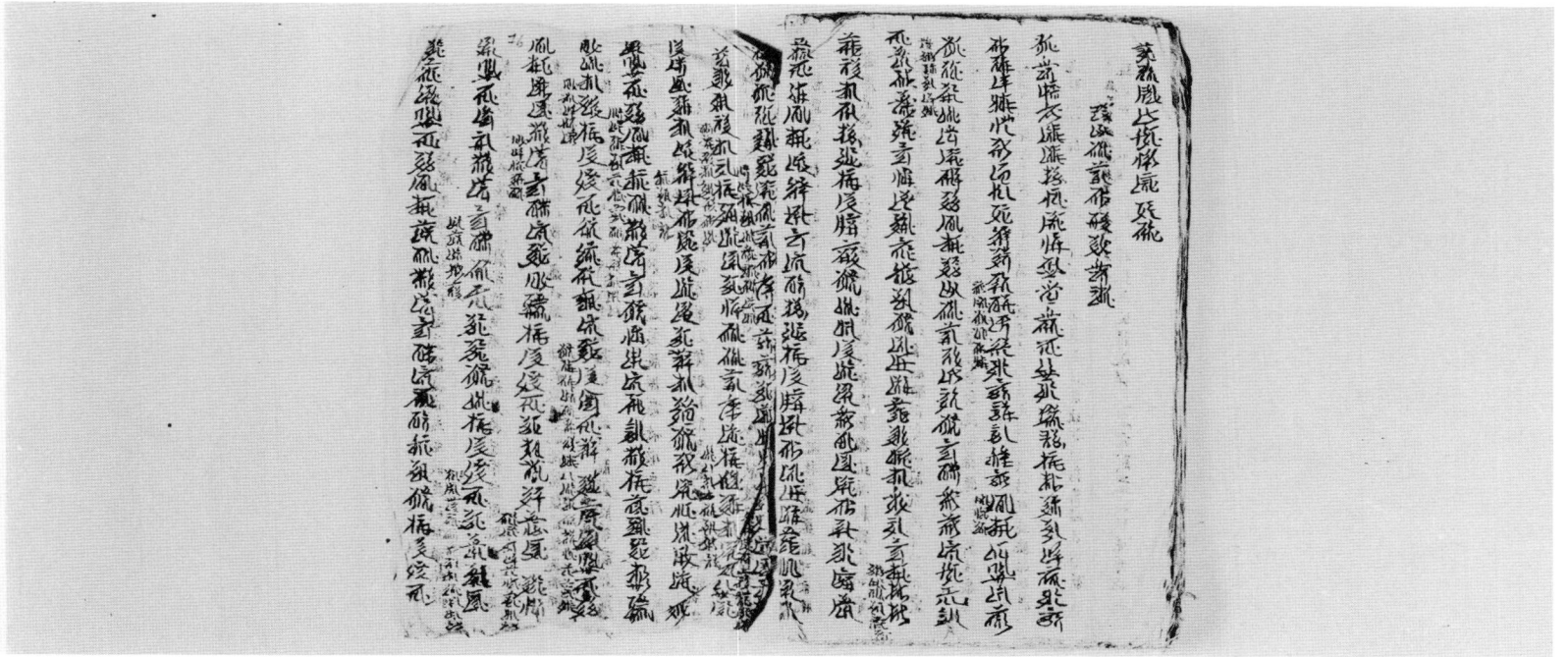

俄 **Инв**.No.2516　3.聖多聞天王之寶藏本續圓滿十八部求修　　(79-78)

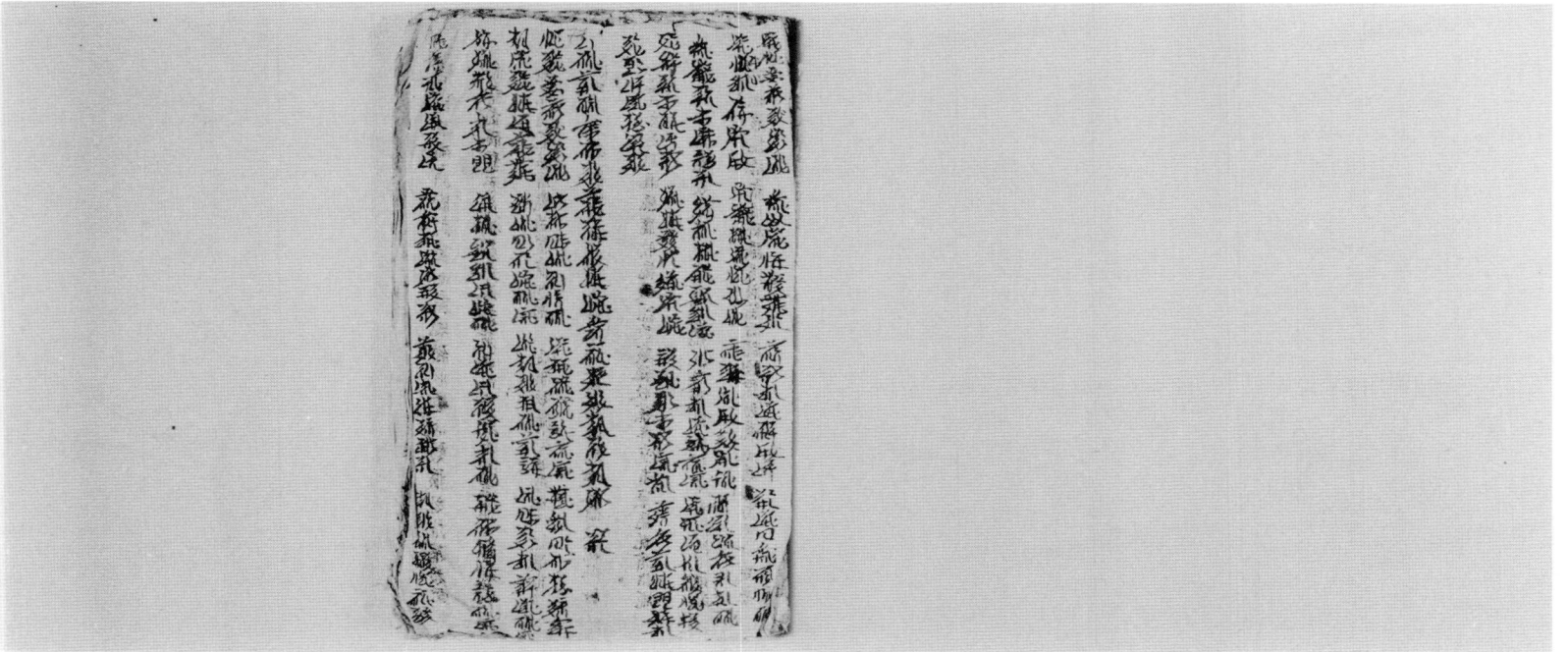

俄 **Инв**.No.2516　3.聖多聞天王之寶藏本續圓滿十八部求修　　(79-79)

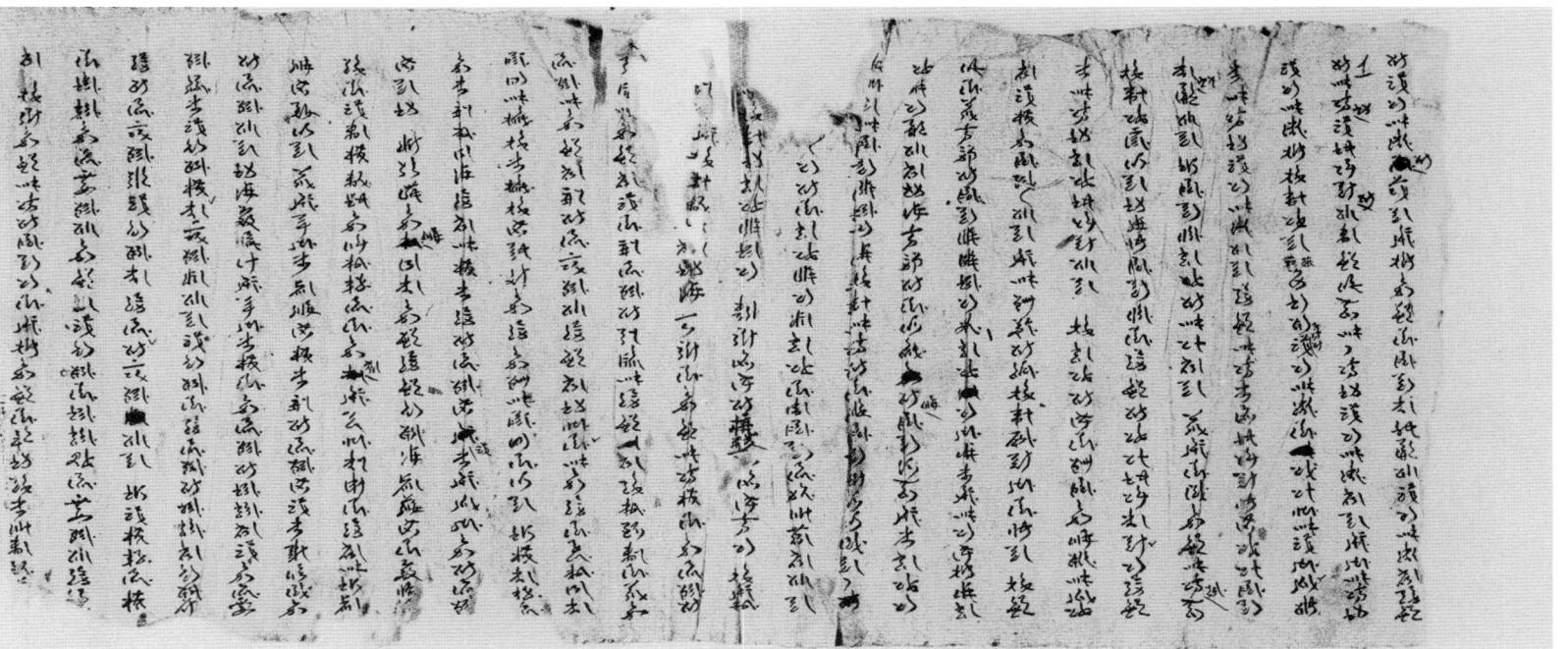

俄 **Инв**.No.4848　正理滴自利比量品　　(21-1)

俄Инв.No.4848　正理滴自利比量品　　　　(21-2)

俄Инв.No.4848　正理滴自利比量品　　　　(21-3)

俄Инв.No.4848　正理滴自利比量品　　　　(21-4)

俄 **И**нв.No.4848　　正理滴自利比量品　　　　（21-5）

俄 **И**нв.No.4848　　正理滴自利比量品　　　　（21-6）

俄 **И**нв.No.4848　　正理滴自利比量品　　　　（21-7）

俄Инв.No.4848　正理滴自利比量品　　　　　(21-8)

俄Инв.No.4848　正理滴自利比量品　　　　　(21-9)

俄Инв.No.4848　正理滴自利比量品　　　　　(21-10)

俄 **Инв**.No.4848　　正理滴自利比量品　　　　（21-11）

俄 **Инв**.No.4848　　正理滴自利比量品　　　　（21-12）

俄 **Инв**.No.4848　　正理滴自利比量品　　　　（21-13）

俄 **И**нв.No.4848　正理滴自利比量品　　　　（21-14）

俄 **И**нв.No.4848　正理滴自利比量品　　　　（21-15）

俄 **И**нв.No.4848　正理滴自利比量品　　　　（21-16）

俄**Инв**.No.4848　正理滴自利比量品　　　　（21-17）

俄**Инв**.No.4848　正理滴自利比量品　　　　（21-18）

俄**Инв**.No.4848　正理滴自利比量品　　　　（21-19）

俄 Инв.No.4848　正理滴自利比量品　　　　(21-20)

俄 Инв.No.4848　正理滴自利比量品　　　　(21-21)

俄 Инв.No.890　正理要門記　　　(6-1)

俄 ИНВ.No.890　正理要門記　　(6-2)

俄 ИНВ.No.890　正理要門記　　(6-3)

俄 ИНВ.No.890　正理要門記　　(6-4)

俄Инв.No.890　正理要門記　　　（6-5）

俄Инв.No.890　正理要門記　　　（6-6）

俄Инв.No.861　正理滴之句義顯明上卷　　　（5-1）

俄 **Инв**.No.861　正理滴之句義顯明上卷　　　(5-2)

俄 **Инв**.No.861　正理滴之句義顯明上卷　　　(5-3)

俄 **Инв**.No.861　正理滴之句義顯明上卷　　　(5-4)

俄Инв.No.861　正理滴之句義顯明上卷　　　(5-5)

俄Инв.No.862　正理滴之句義顯明上卷　　　(22-1)

俄Инв.No.862　正理滴之句義顯明上卷　　　(22-2)

俄 Инв.No.862　正理滴之句義顯明上卷　　　(22-3)

俄 Инв.No.862　正理滴之句義顯明上卷　　　(22-4)

俄 Инв.No.862　正理滴之句義顯明上卷　　　(22-5)

俄 ИнB.No.862　正理滴之句義顯明上卷　　　(22-6)

俄 ИнB.No.862　正理滴之句義顯明上卷　　　(22-7)

俄 ИнB.No.862　正理滴之句義顯明上卷　　　(22-8)

俄 **И**нв.No.862　正理滴之句義顯明上卷　　(22-9)

俄 **И**нв.No.862　正理滴之句義顯明上卷　　(22-10)

俄 **И**нв.No.862　正理滴之句義顯明上卷　　(22-11)

俄 Инв.No.862　正理滴之句義顯明上卷　　　（22-12）

俄 Инв.No.862　正理滴之句義顯明上卷　　　（22-13）

俄 Инв.No.862　正理滴之句義顯明上卷　　　（22-14）

俄 ИнВ.No.862　正理滴之句義顯明上卷　　　（22-15）

俄 ИнВ.No.862　正理滴之句義顯明上卷　　　（22-16）

俄 ИнВ.No.862　正理滴之句義顯明上卷　　　（22-17）

俄 ИНВ.No.862　正理滴之句義顯明上卷　　　(22-18)

俄 ИНВ.No.862　正理滴之句義顯明上卷　　　(22-19)

俄 ИНВ.No.862　正理滴之句義顯明上卷　　　(22-20)

俄 Инв.No.862　正理滴之句義顯明上卷　(22-21)

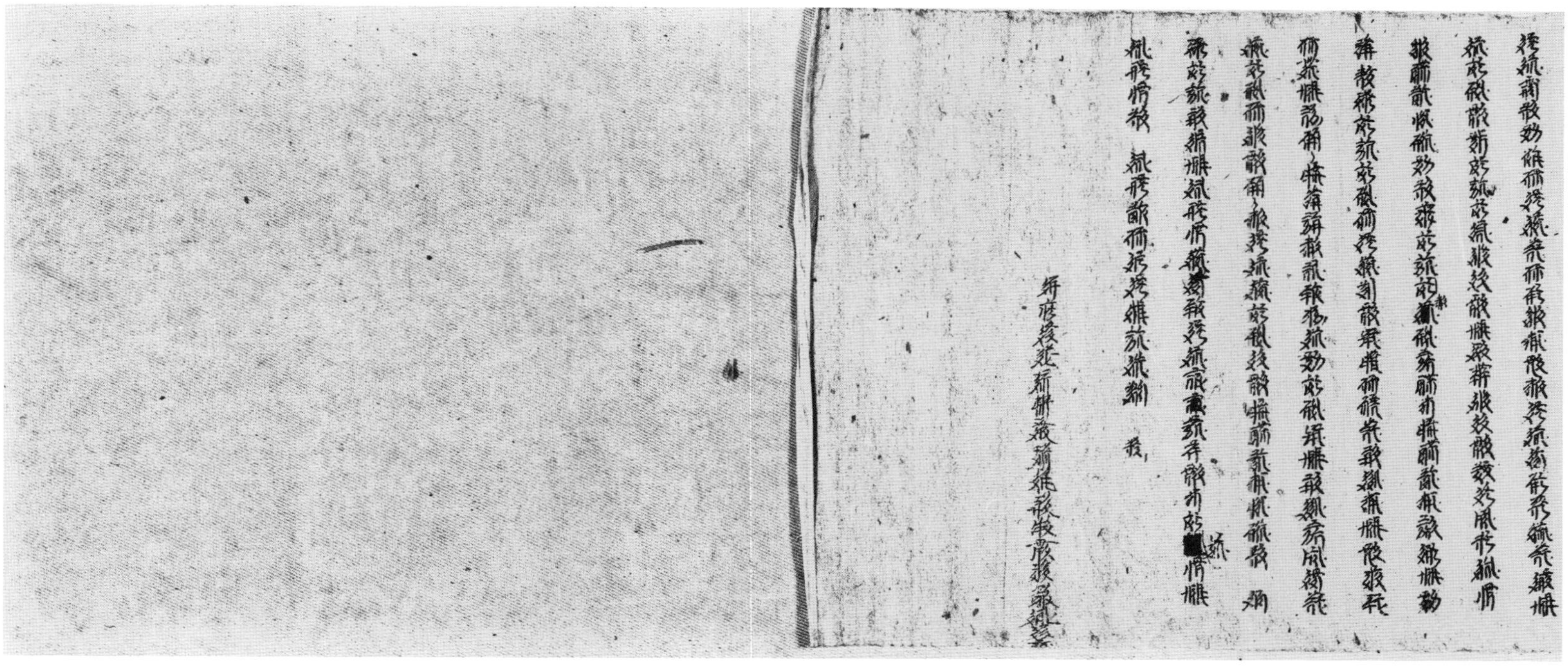

俄 Инв.No.862　正理滴之句義顯明上卷　(22-22)

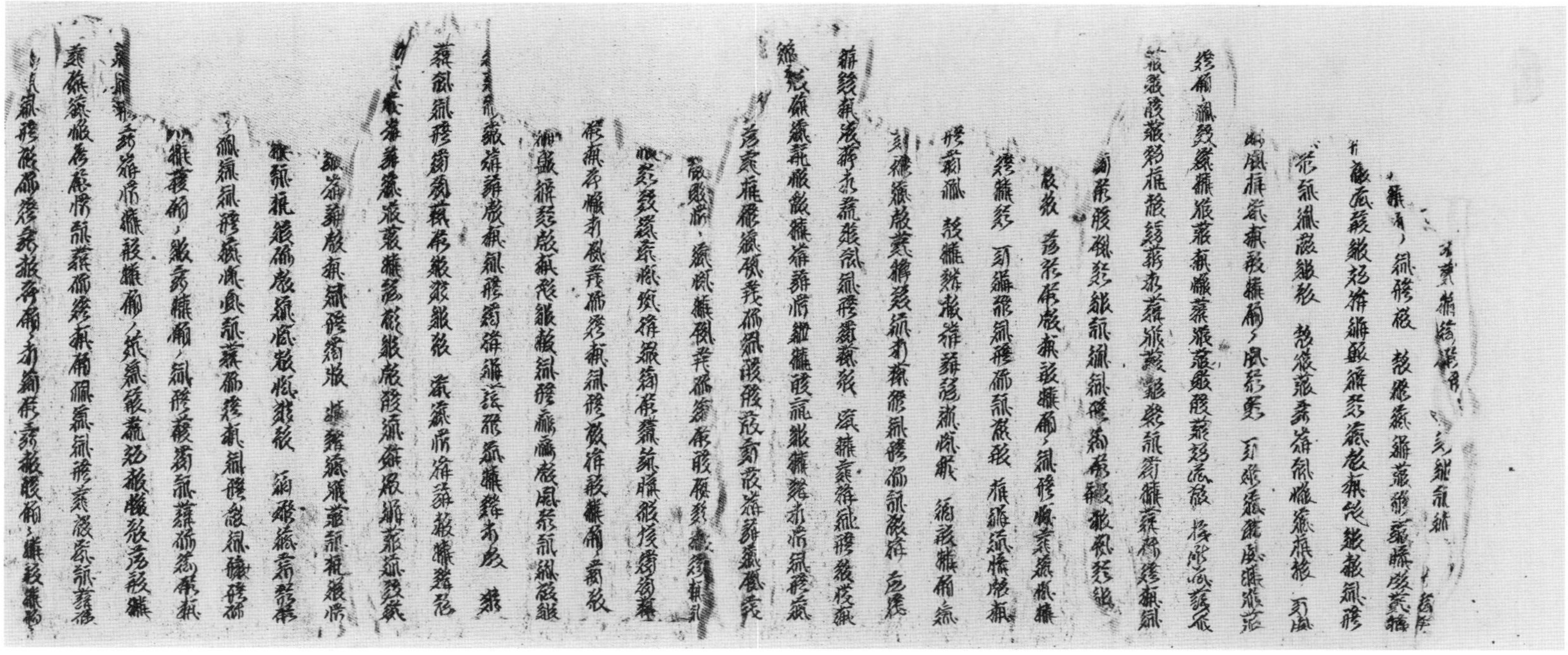

俄 Инв.No.5022　正理滴之句義顯明上卷　(2-1)

俄 Инв.No.5022　正理滴之句義顯明上卷　　　(2-2)

俄 Инв.No.869　正理滴之句義顯明上卷　　　(2-1)

俄 Инв.No.869　正理滴之句義顯明上卷　　　(2-2)

俄 Инв.No.5951 正理滴第一義釋記上卷 (3-1)

俄 Инв.No.5951 正理滴第一義釋記上卷 (3-2)

俄 Инв.No.5951 正理滴第一義釋記上卷 (3-3)

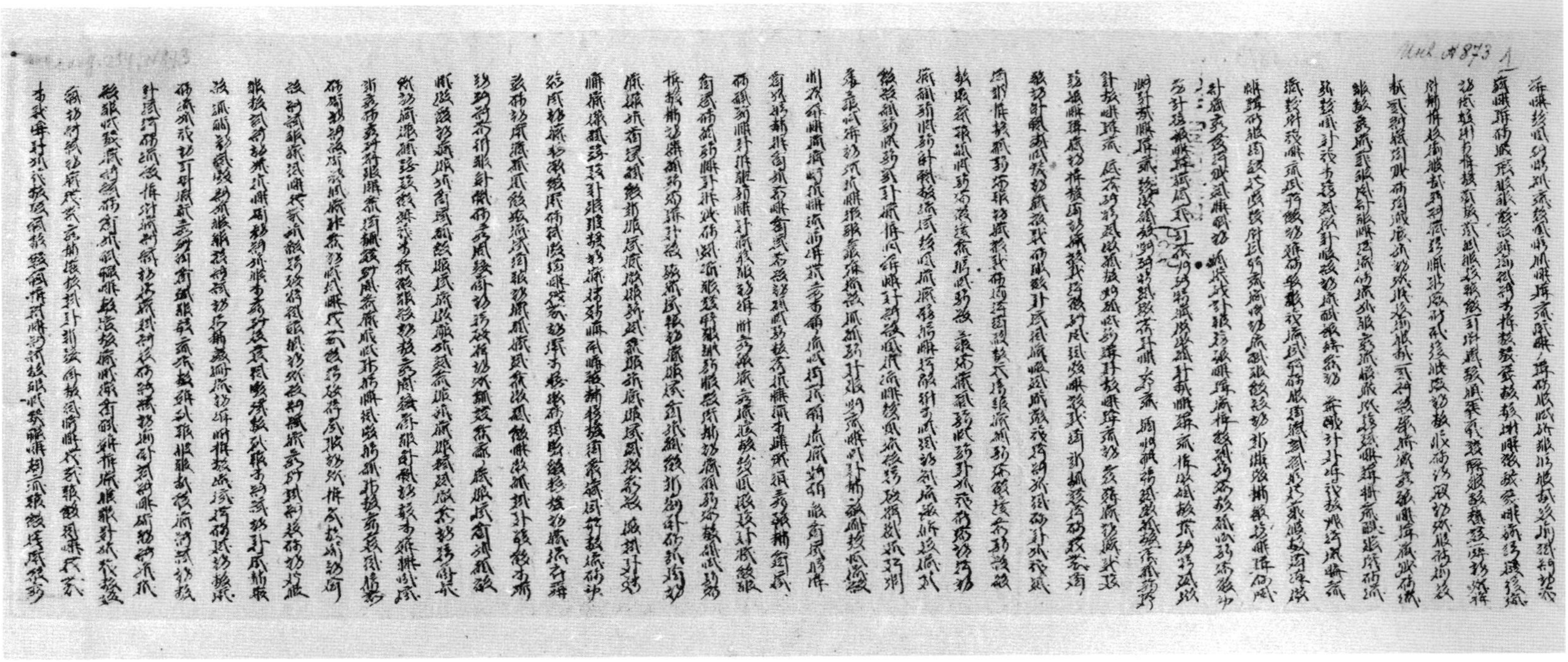

俄**Инв**.No.873　正理滴第三義釋記　　(12−1)

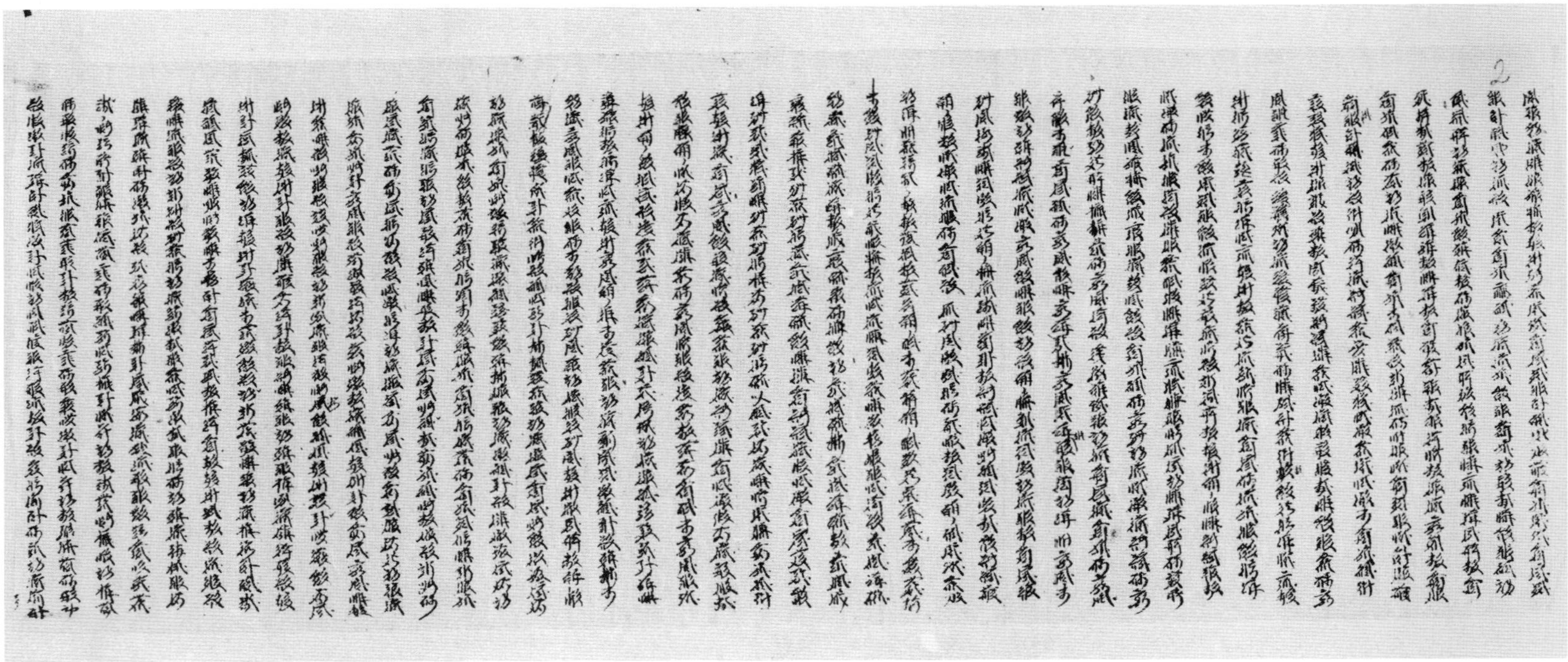

俄**Инв**.No.873　正理滴第三義釋記　　(12−2)

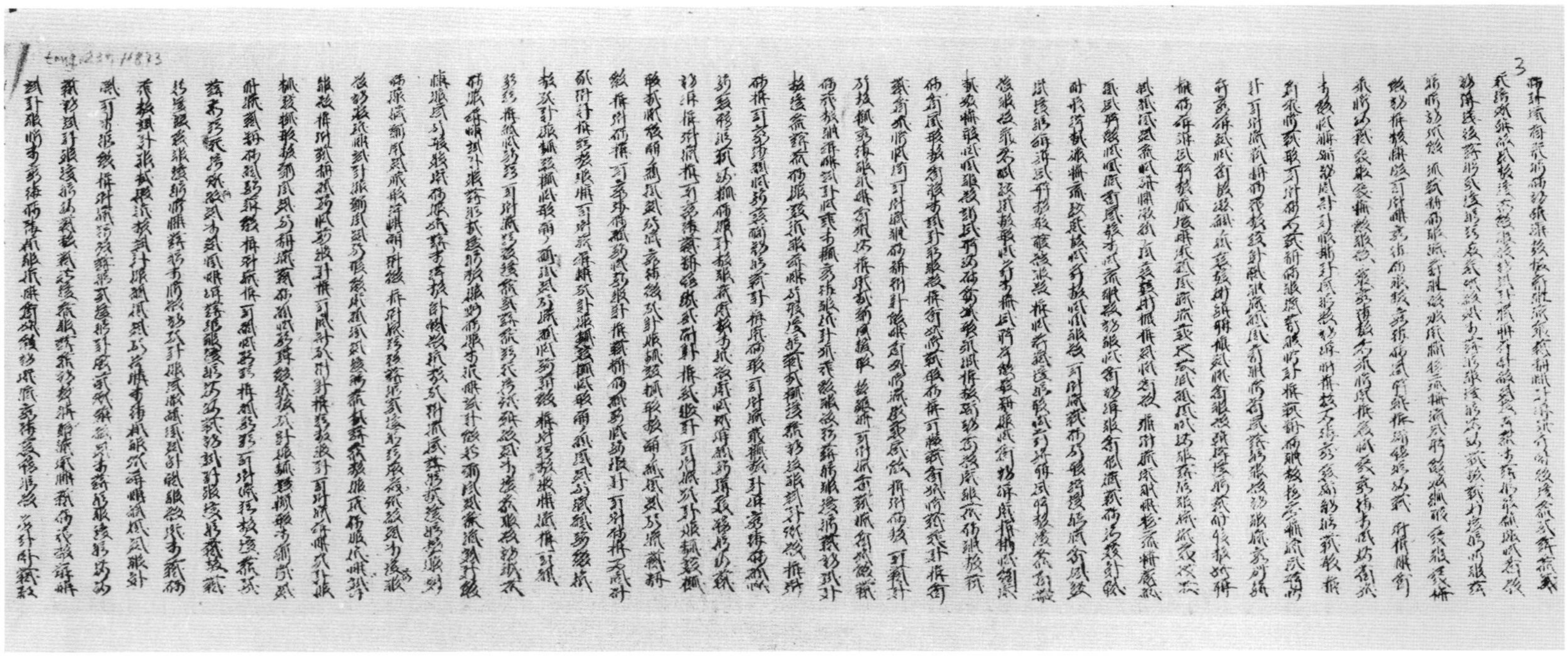

俄**Инв**.No.873　正理滴第三義釋記　　(12−3)

俄 Инв.No.873　正理滴第三義釋記　　（12-4）

俄 Инв.No.873　正理滴第三義釋記　　（12-5）

俄 Инв.No.873　正理滴第三義釋記　　（12-6）

俄 Инв.No.873　正理滴第三義釋記　　　(12-10)

俄 Инв.No.873　正理滴第三義釋記　　　(12-11)

俄 Инв.No.873　正理滴第三義釋記　　　(12-12)

俄 Инв.No.832　1.正理滴殊勝依自利比量品第二　2.正理滴殊勝依抉擇利量品第三　(9-1)

俄 Инв.No.832　2.正理滴殊勝依抉擇利量品第三　(9-2)

俄 Инв.No.832　2.正理滴殊勝依抉擇利量品第三　(9-3)

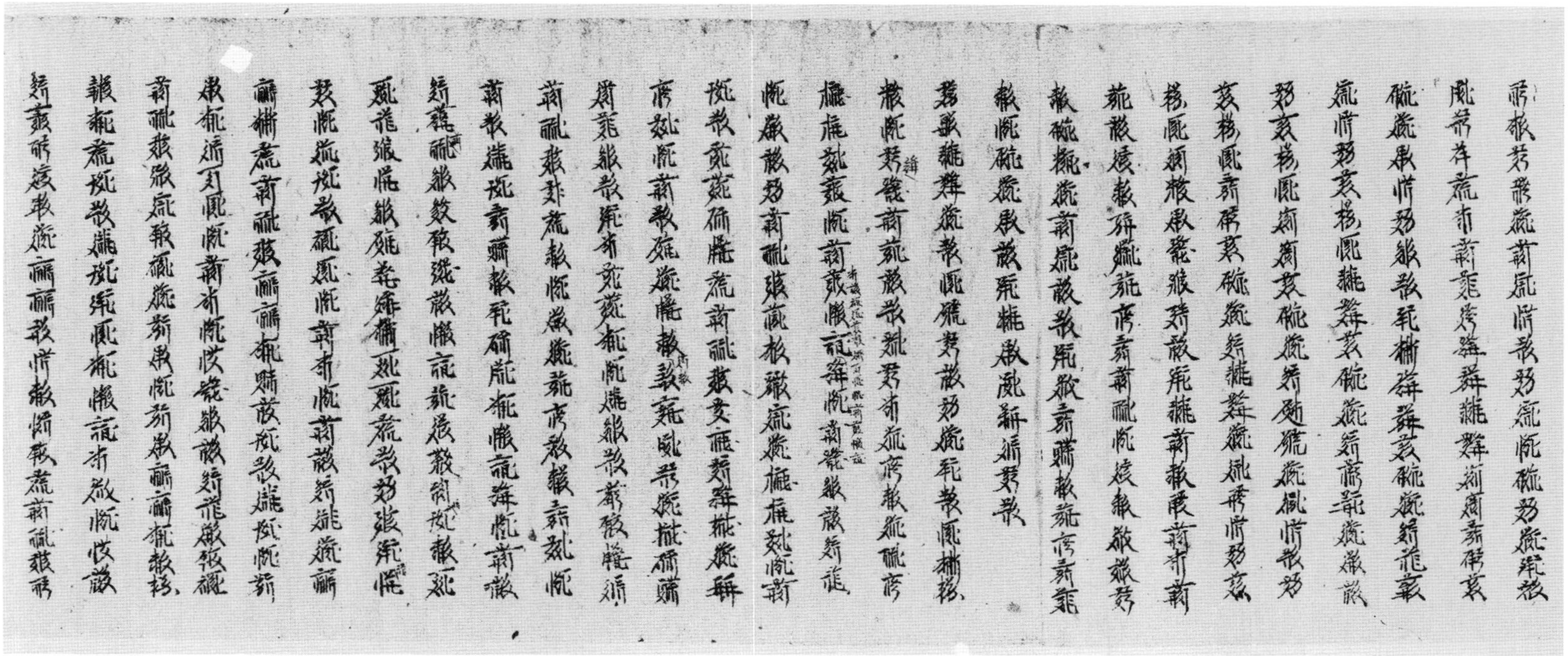

俄 Инв.No.832　2.正理滴殊勝依抉擇利量品第三　(9–4)

俄 Инв.No.832　2.正理滴殊勝依抉擇利量品第三　(9–5)

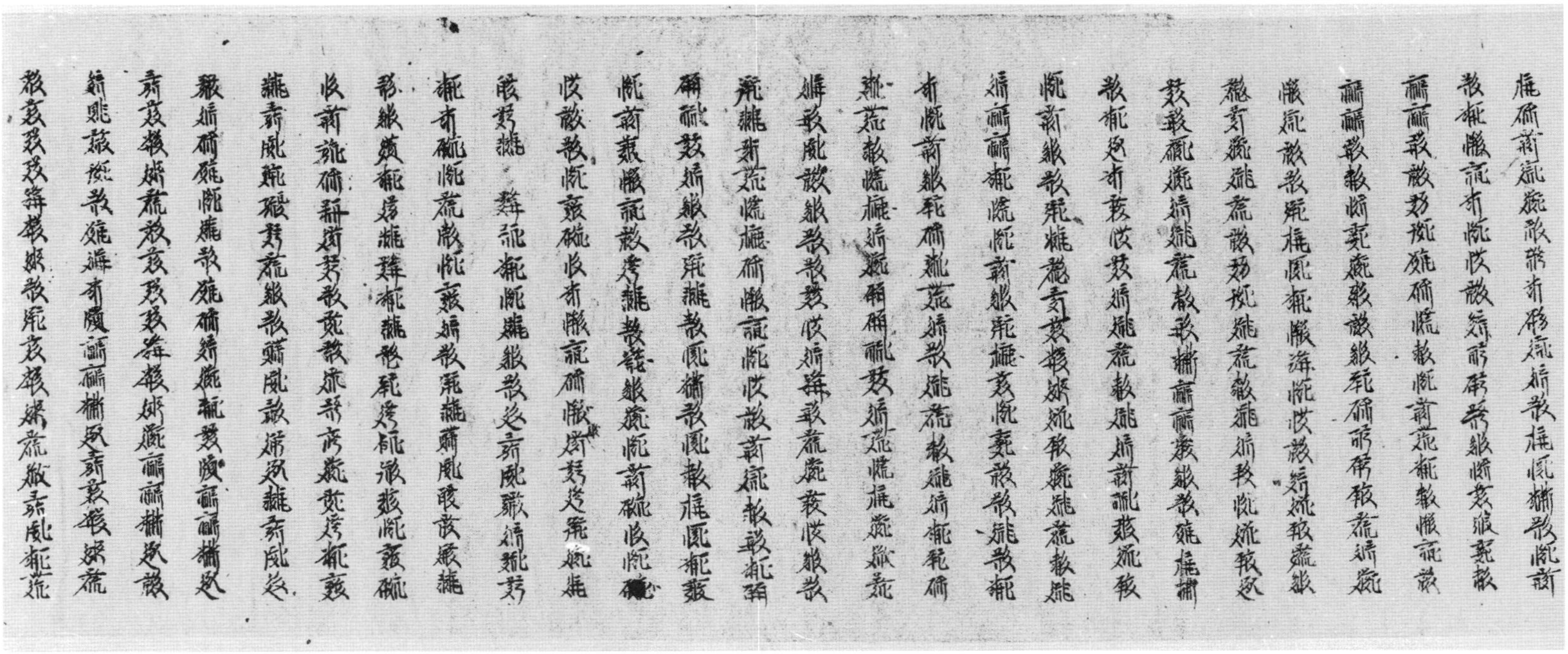

俄 Инв.No.832　2.正理滴殊勝依抉擇利量品第三　(9–6)

俄Инв.No.832　2.正理滴殊勝依抉擇利量品第三　　　(9-7)

俄Инв.No.832　2.正理滴殊勝依抉擇利量品第三　　　(9-8)

俄Инв.No.832　2.正理滴殊勝依抉擇利量品第三　　　(9-9)

俄 Инв.No.4363　正理滴殊勝依抉擇利量品第三　　(8-1)

俄 Инв.No.4363　正理滴殊勝依抉擇利量品第三　　(8-2)

俄 Инв.No.4363　正理滴殊勝依抉擇利量品第三　　(8-3)

俄 Инв.No.4363　正理滴殊勝依抉擇利量品第三　(8-4)

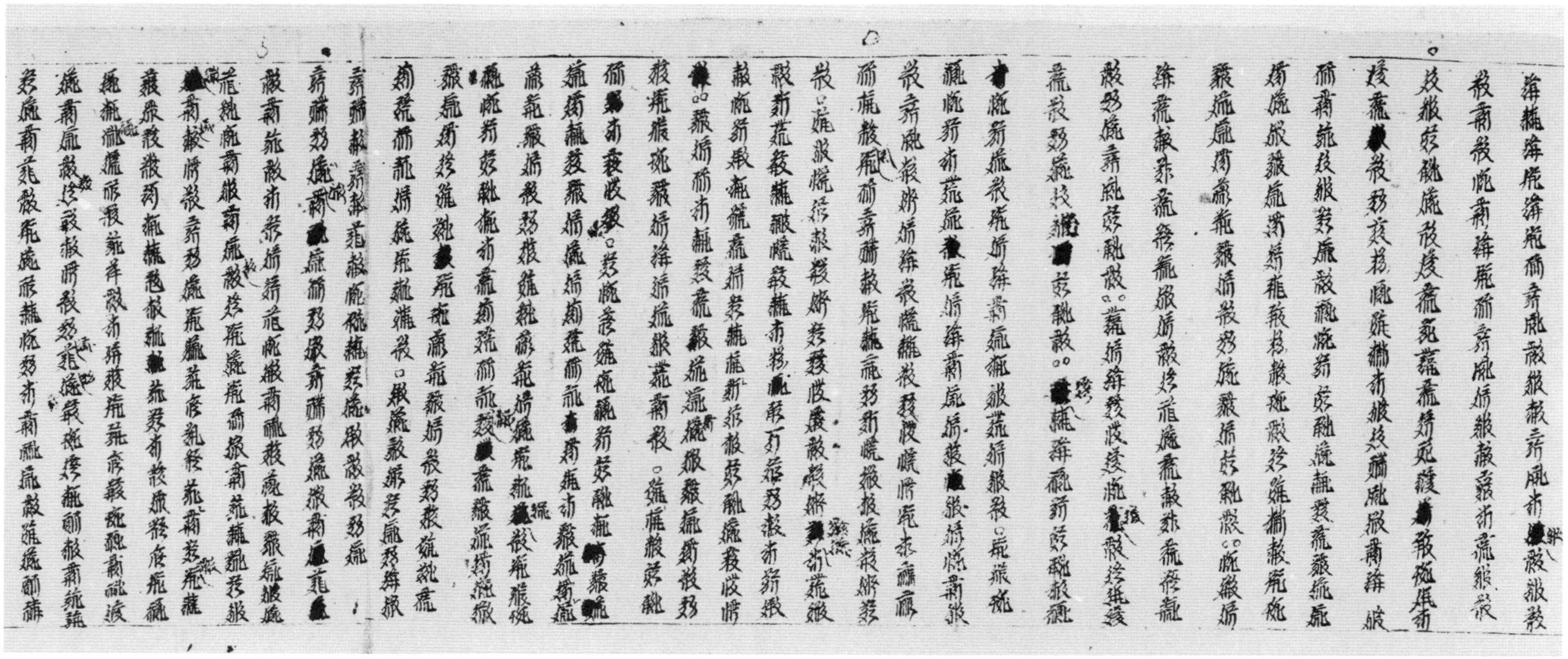

俄 Инв.No.4363　正理滴殊勝依抉擇利量品第三　(8-5)

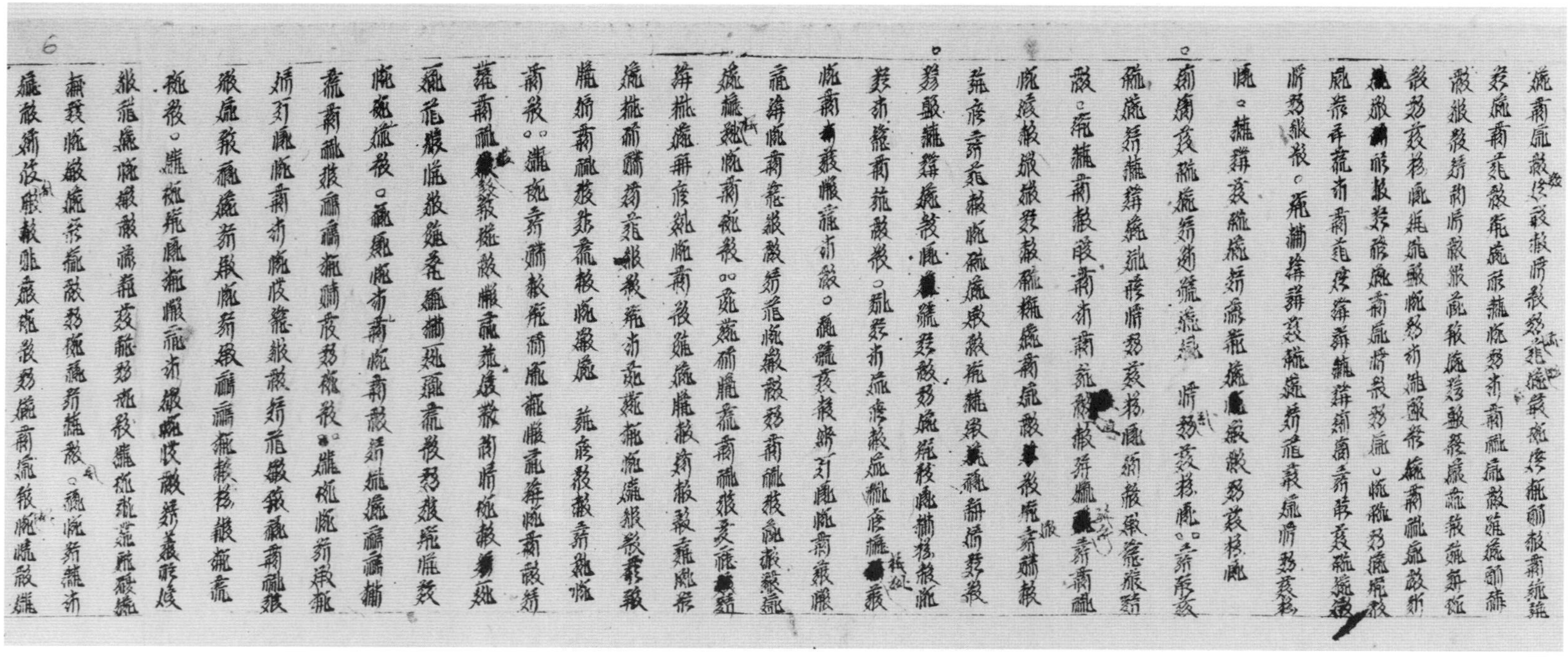

俄 Инв.No.4363　正理滴殊勝依抉擇利量品第三　(8-6)

俄 **И**нв.No.4363　　正理滴殊勝依抉擇利量品第三　　　(8-7)

俄 **И**нв.No.4363　　正理滴殊勝依抉擇利量品第三　　　(8-8)

俄 **И**нв.No.5609　　正理滴殊勝依抉擇利量品第三　　　(5-1)

俄 ИНВ.No.5609　正理滴殊勝依抉擇利量品第三　　　(5-2)

俄 ИНВ.No.5609　正理滴殊勝依抉擇利量品第三　　　(5-3)

俄 ИНВ.No.5609　正理滴殊勝依抉擇利量品第三　　　(5-4)

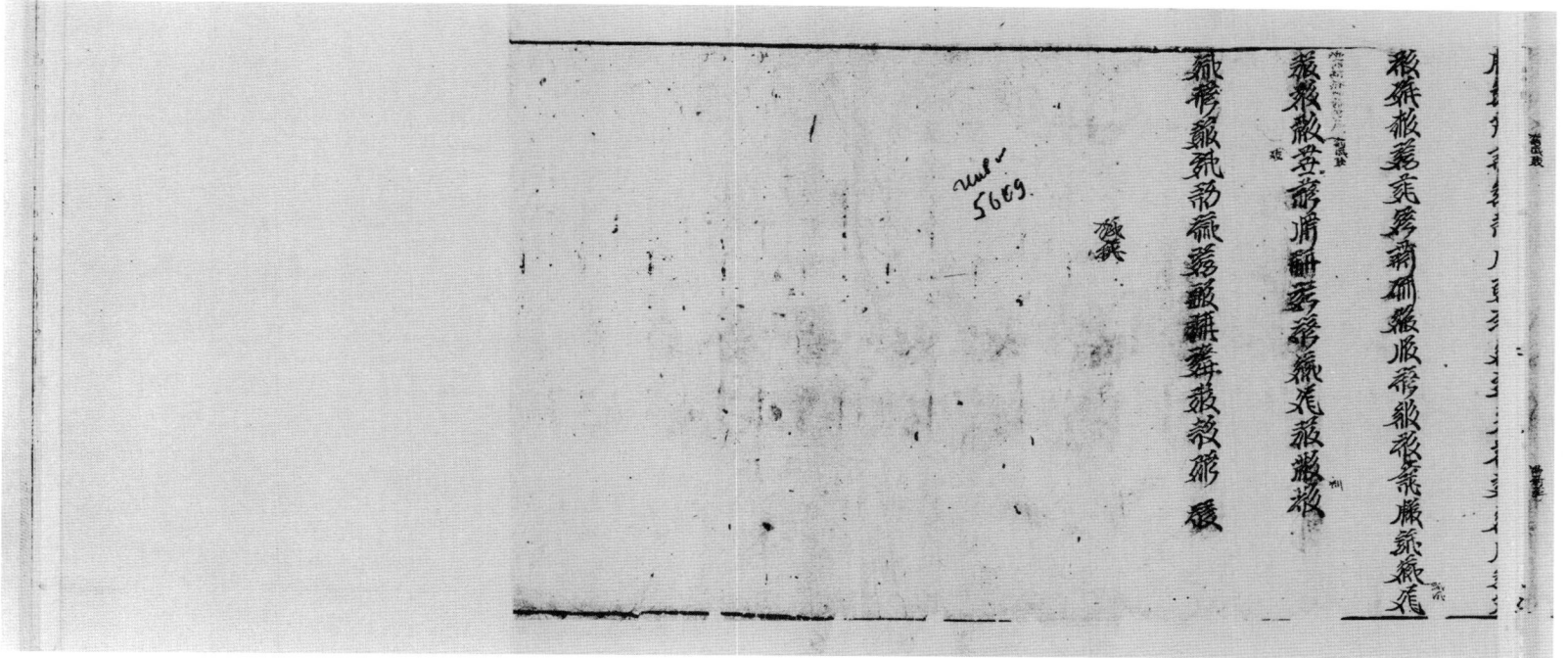

俄 **И**нв.No.5609　　正理滴殊勝依抉擇利量品第三　　　　　(5-5)

俄 **И**нв.No.884V　　正理意除暗之文略釋等　　　　(7-1)

俄 **И**нв.No.884V　　正理意除暗之文略釋等　　　　(7-2)

俄 **И**нв.No.884V　正理意除暗之文略釋等　　　(7-3)

俄 **И**нв.No.884V　正理意除暗之文略釋等　　　(7-4)

俄 **И**нв.No.884V　正理意除暗之文略釋等　　　(7-5)

俄 **Инв**.No.884V　正理意除暗之文略釋等　　　(7-6)

俄 **Инв**.No.884V　正理意除暗之文略釋等　　　(7-7)

俄 **Инв**.No.4849　正理第四

俄 **И**нв.No.4851　除正理意之障卷第四　　　(22-1)

俄 **И**нв.No.4851　除正理意之障卷第四　　　(22-2)

俄 **И**нв.No.4851　除正理意之障卷第四　　　(22-3)

俄 **И**нв.No.4851　除正理意之障卷第四　　　(22-4)

俄 **И**нв.No.4851　除正理意之障卷第四　　　(22-5)

俄 **И**нв.No.4851　除正理意之障卷第四　　　(22-6)

俄Инв.No.4851　除正理意之障卷第四　　　(22-7)

俄Инв.No.4851　除正理意之障卷第四　　　(22-8)

俄Инв.No.4851　除正理意之障卷第四　　　(22-9)

俄 Инв.No.4851　除正理意之障卷第四　　　(22-10)

俄 Инв.No.4851　除正理意之障卷第四　　　(22-11)

俄 Инв.No.4851　除正理意之障卷第四　　　(22-12)

俄 Инв.No.4851　除正理意之障卷第四　　(22-13)

俄 Инв.No.4851　除正理意之障卷第四　　(22-14)

俄 Инв.No.4851　除正理意之障卷第四　　(22-15)

俄 **И**нв.No.4851　除正理意之障卷第四　　　(22-16)

俄 **И**нв.No.4851　除正理意之障卷第四　　　(22-17)

俄 **И**нв.No.4851　除正理意之障卷第四　　　(22-18)

俄 **И**нв.No.4851　　除正理意之障卷第四　　　（22-19）

俄 **И**нв.No.4851　　除正理意之障卷第四　　　（22-20）

俄 **И**нв.No.4851　　除正理意之障卷第四　　　（22-21）

俄 **И**нв.No.4851　除正理意之障卷第四　　　(22-22)

俄 **И**нв.No.5933　除正理意之障第六卷　　　(14-1)

俄 **И**нв.No.5933　除正理意之障第六卷　　　(14-2)

俄Инв.No.5933　除正理意之障第六卷　　（14-3）

俄Инв.No.5933　除正理意之障第六卷　　（14-4）

俄Инв.No.5933　除正理意之障第六卷　　（14-5）

俄 Инв.No.5933　除正理意之障第六卷　　(14-6)

俄 Инв.No.5933　除正理意之障第六卷　　(14-7)

俄 Инв.No.5933　除正理意之障第六卷　　(14-8)

俄 Инв.No.5933　除正理意之障第六卷　　（14-9）

俄 Инв.No.5933　除正理意之障第六卷　　（14-10）

俄 Инв.No.5933　除正理意之障第六卷　　（14-11）

俄 **И**нв.No.5933　除正理意之障第六卷　　　　(14-12)

俄 **И**нв.No.5933　除正理意之障第六卷　　　　(14-13)

俄 **И**нв.No.5933　除正理意之障第六卷　　　　(14-14)

俄Инв.No.5178　正理滴第二之了釋記上半　　　(8-1)

俄Инв.No.5178　正理滴第二之了釋記上半　　　(8-2)

俄Инв.No.5178　正理滴第二之了釋記上半　　　(8-3)

俄 Инв.No.5178　正理滴第二之了釋記上半　　　(8-4)

俄 Инв.No.5178　正理滴第二之了釋記上半　　　(8-5)

俄 Инв.No.5178　正理滴第二之了釋記上半　　　(8-6)

俄 Инв.No.5178 正理滴第二之了釋記上半 (8-7)

俄 Инв.No.5178 正理滴第二之了釋記上半 (8-8)

俄 Инв.No.5114 入察顯明莊嚴第一 (3-1)

俄 **И**нв.No.5114　入察顯明莊嚴第一　　　(3-2)

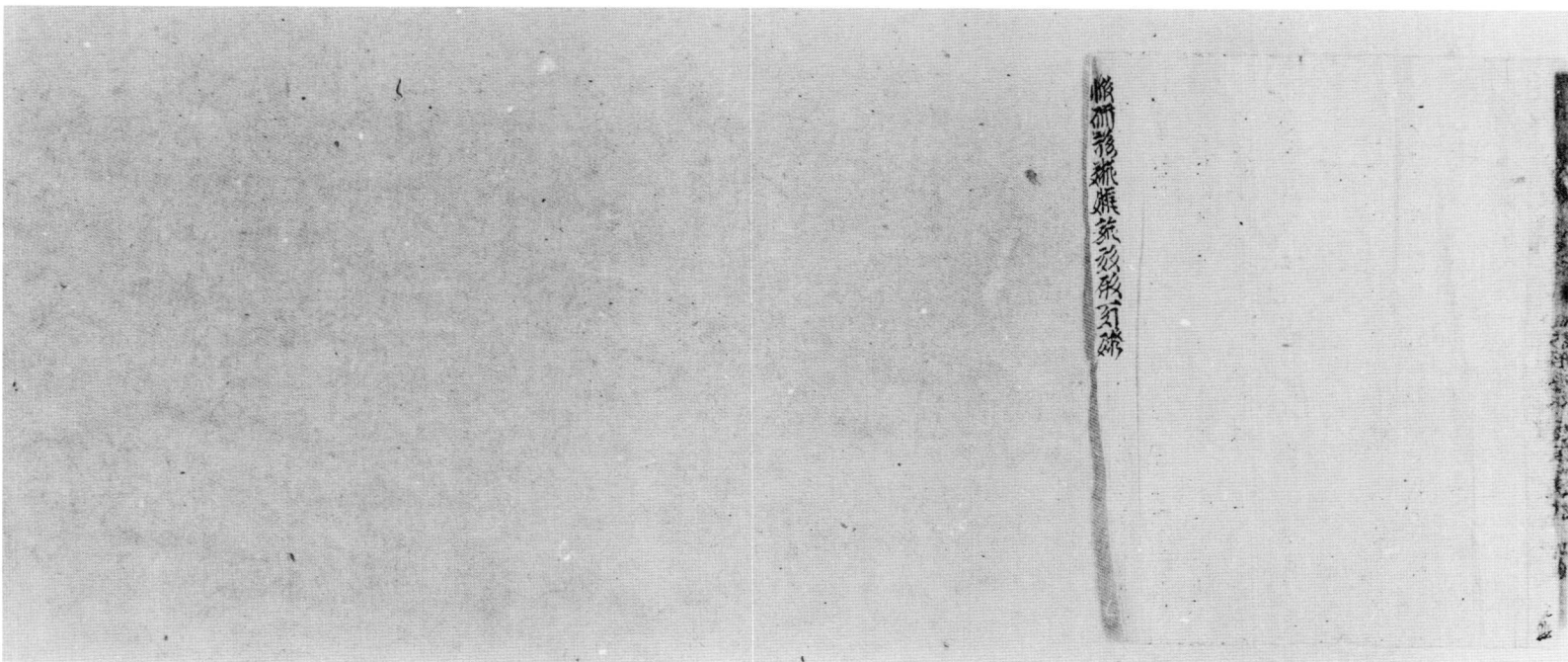

俄 **И**нв.No.5114　入察顯明莊嚴第一　　　(3-3)

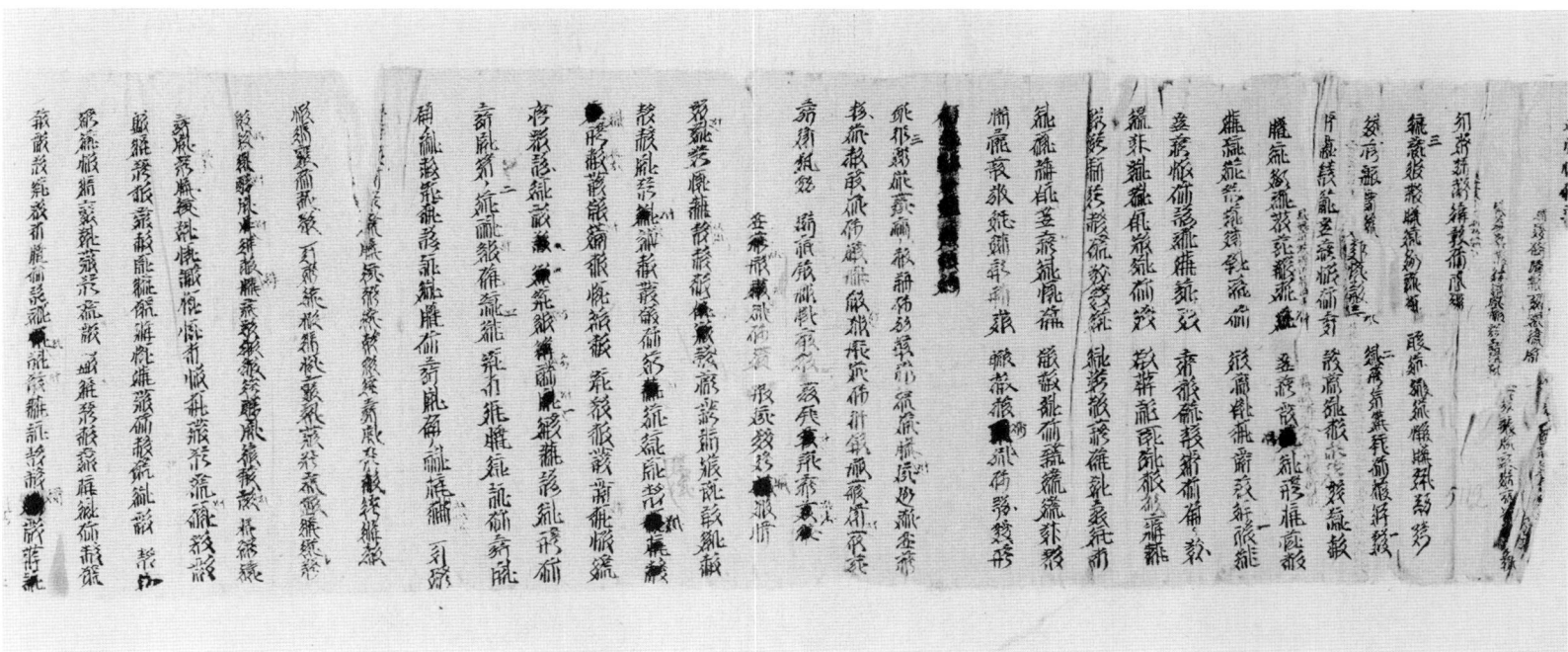

俄 **И**нв.No.5119　入察顯明莊嚴第一

俄Инв.No.5073　入寨顯明莊嚴卷第二　　(14-1)

俄Инв.No.5073　入寨顯明莊嚴卷第二　　(14-2)

俄Инв.No.5073　入寨顯明莊嚴卷第二　　(14-3)

俄 **И**нв.No.5073　入察顯明莊嚴卷第二　　　（14-4）

俄 **И**нв.No.5073　入察顯明莊嚴卷第二　　　（14-5）

俄 **И**нв.No.5073　入察顯明莊嚴卷第二　　　（14-6）

俄 **И**нв.No.5073　入察顯明莊嚴卷第二　　　(14-7)

俄 **И**нв.No.5073　入察顯明莊嚴卷第二　　　(14-8)

俄 **И**нв.No.5073　入察顯明莊嚴卷第二　　　(14-9)

俄 **И**нв.No.5073　入察顯明莊嚴卷第二　　　(14-10)

俄 **И**нв.No.5073　入察顯明莊嚴卷第二　　　(14-11)

俄 **И**нв.No.5073　入察顯明莊嚴卷第二　　　(14-12)

俄 **И**нв.No.5073　入察顯明莊嚴卷第二　　　(14-13)

俄 **И**нв.No.5073　入察顯明莊嚴卷第二　　　(14-14)

俄 **И**нв.No.5801　入察顯明莊嚴卷第二

俄 Инв.No.7905　入察顯明莊嚴第八　　(18-1)

俄 Инв.No.7905　入察顯明莊嚴第八　　(18-2)

俄 Инв.No.7905　入察顯明莊嚴第八　　(18-3)

俄 Инв.No.7905　入察顯明莊嚴第八　　　(18-4)

俄 Инв.No.7905　入察顯明莊嚴第八　　　(18-5)

俄 Инв.No.7905　入察顯明莊嚴第八　　　(18-6)

俄 Инв.No.7905　入察顯明莊嚴第八　　(18-7)

俄 Инв.No.7905　入察顯明莊嚴第八　　(18-8)

俄 Инв.No.7905　入察顯明莊嚴第八　　(18-9)

俄 **И**нв.No.7905　　入察顯明莊嚴第八　　　(18-10)

俄 **И**нв.No.7905　　入察顯明莊嚴第八　　　(18-11)

俄 **И**нв.No.7905　　入察顯明莊嚴第八　　　(18-12)

俄 **Инв**.No.7905　　入察顯明莊嚴第八　　　(18-13)

俄 **Инв**.No.7905　　入察顯明莊嚴第八　　　(18-14)

俄 **Инв**.No.7905　　入察顯明莊嚴第八　　　(18-15)

俄 **Инв**.No.7905　　入察顯明莊嚴第八　　　（18–16）

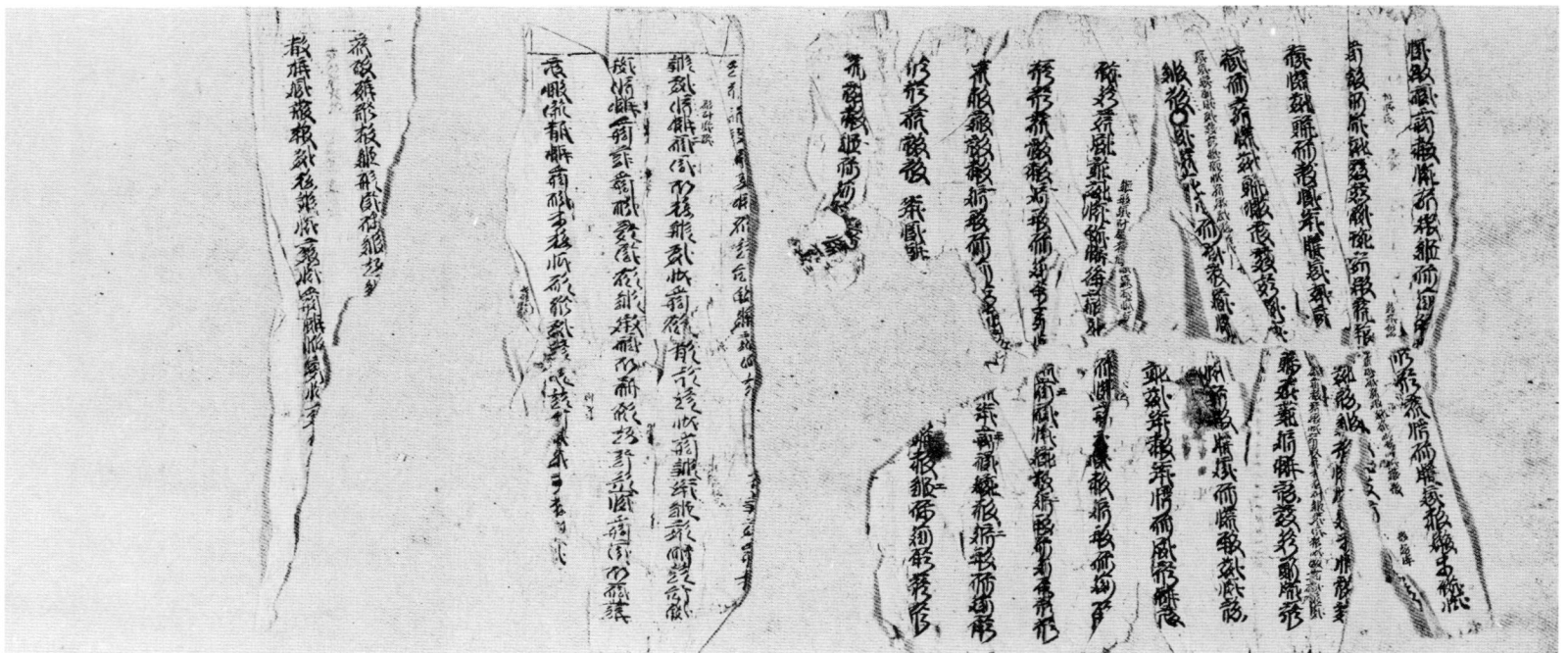

俄 **Инв**.No.7905　　入察顯明莊嚴第八　　　（18–17）

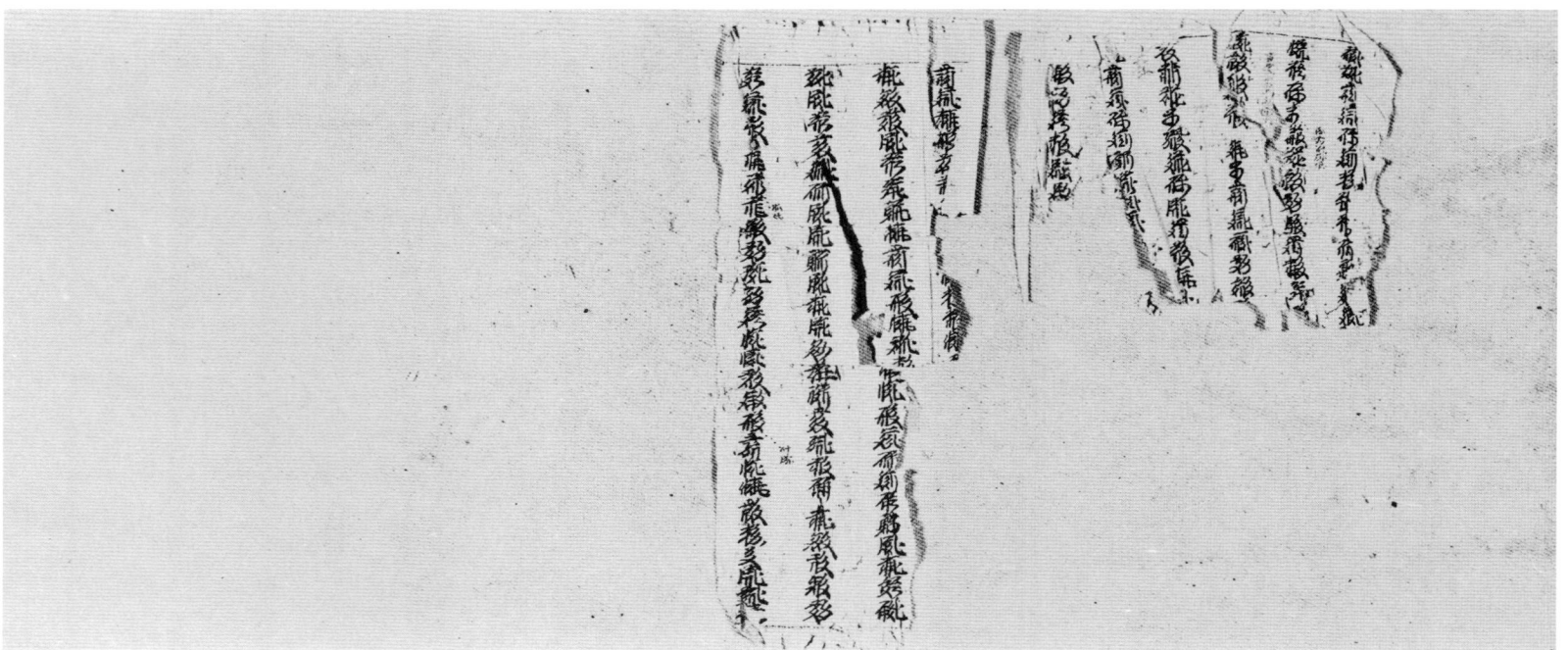

俄 **Инв**.No.7905　　入察顯明莊嚴第八　　　（18–18）

俄 Инв.No.5805　因明類文書　　　(2-1)

俄 Инв.No.5805　因明類文書　　　(2-2)

俄 Инв.No.2307　五部經序　　　(2-1)

俄Инв.No.2307　五部經序　　　(2-2)

俄Инв.No.14　1.五部經序　　　(10-1)

俄Инв.No.14　1.五部經序　　　(10-2)

俄Инв.No.14　2.聖大乘守護大千國土經上卷　　　　(10-3)

俄Инв.No.14　2.聖大乘守護大千國土經上卷　　　　(10-4)

俄Инв.No.14　2.聖大乘守護大千國土經上卷　　　　(10-5)

俄 Инв.No.14　2.聖大乘守護大千國土經上卷　　　　　(10-6)

俄 Инв.No.14　2.聖大乘守護大千國土經上卷　　　　　(10-7)

俄 Инв.No.14　2.聖大乘守護大千國土經上卷　　　　　(10-8)

俄Инв.No.14　2.聖大乘守護大千國土經上卷　　　(10-9)

俄Инв.No.14　2.聖大乘守護大千國土經上卷　　　(10-10)

俄Инв.No.234　1.五部經序　　　(2-1)

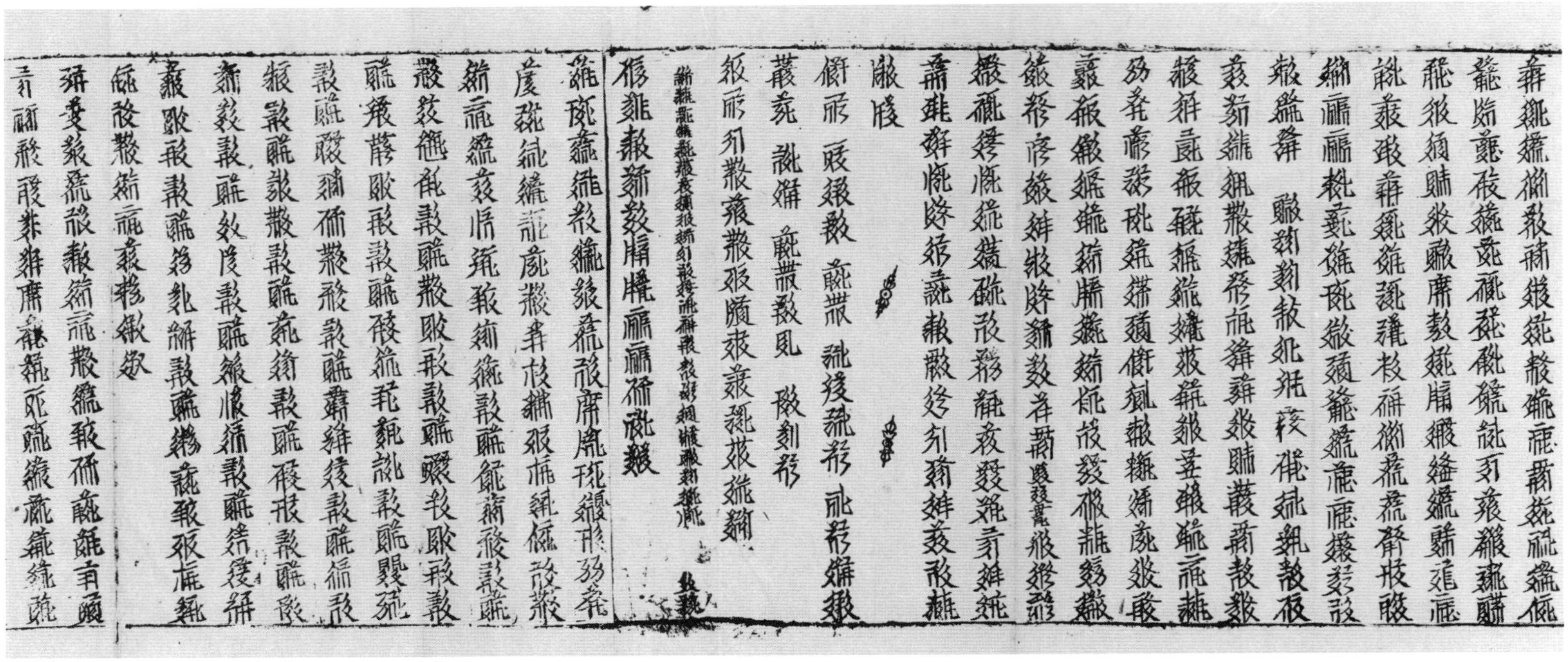

俄 Инв.No.234　2.聖大乘守護大千國土經上卷　　(2-2)

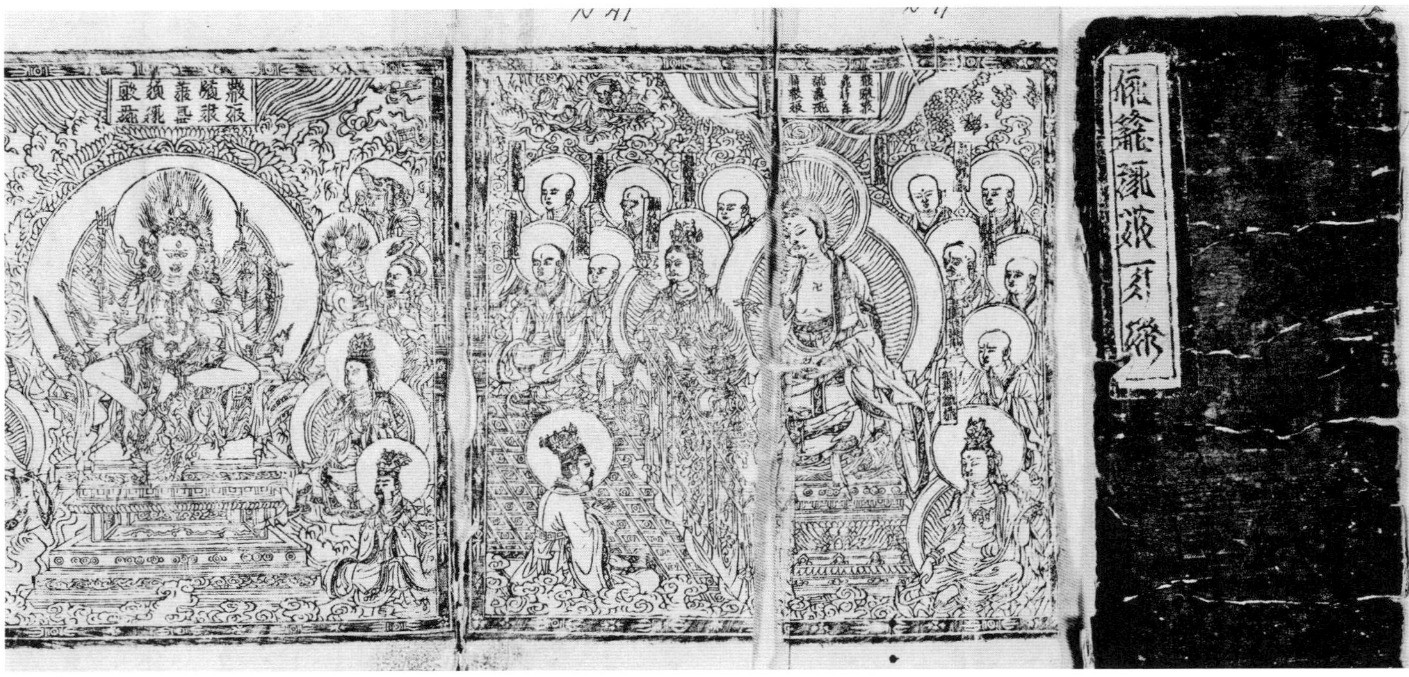

俄 Инв.No.41　1.五部經序　　(17-1)

俄 Инв.No.41　1.五部經序　　(17-2)

俄Инв.No.41　1.五部經序　　（17-3）

俄Инв.No.41　1.五部經序　　（17-4）

俄Инв.No.41　2.聖大乘守護大千國土經上中卷　（17-5）

俄Инв.No.41　2.聖大乘守護大千國土經上中卷　　　(17-6)

俄Инв.No.41　2.聖大乘守護大千國土經上中卷　　　(17-7)

俄Инв.No.41　2.聖大乘守護大千國土經上中卷　　　(17-8)

俄 Инв.No.41　2.聖大乘守護大千國土經上中卷　　　　(17-9)

俄 Инв.No.41　2.聖大乘守護大千國土經上中卷　　　　(17-10)

俄 Инв.No.41　2.聖大乘守護大千國土經上中卷　　　　(17-11)

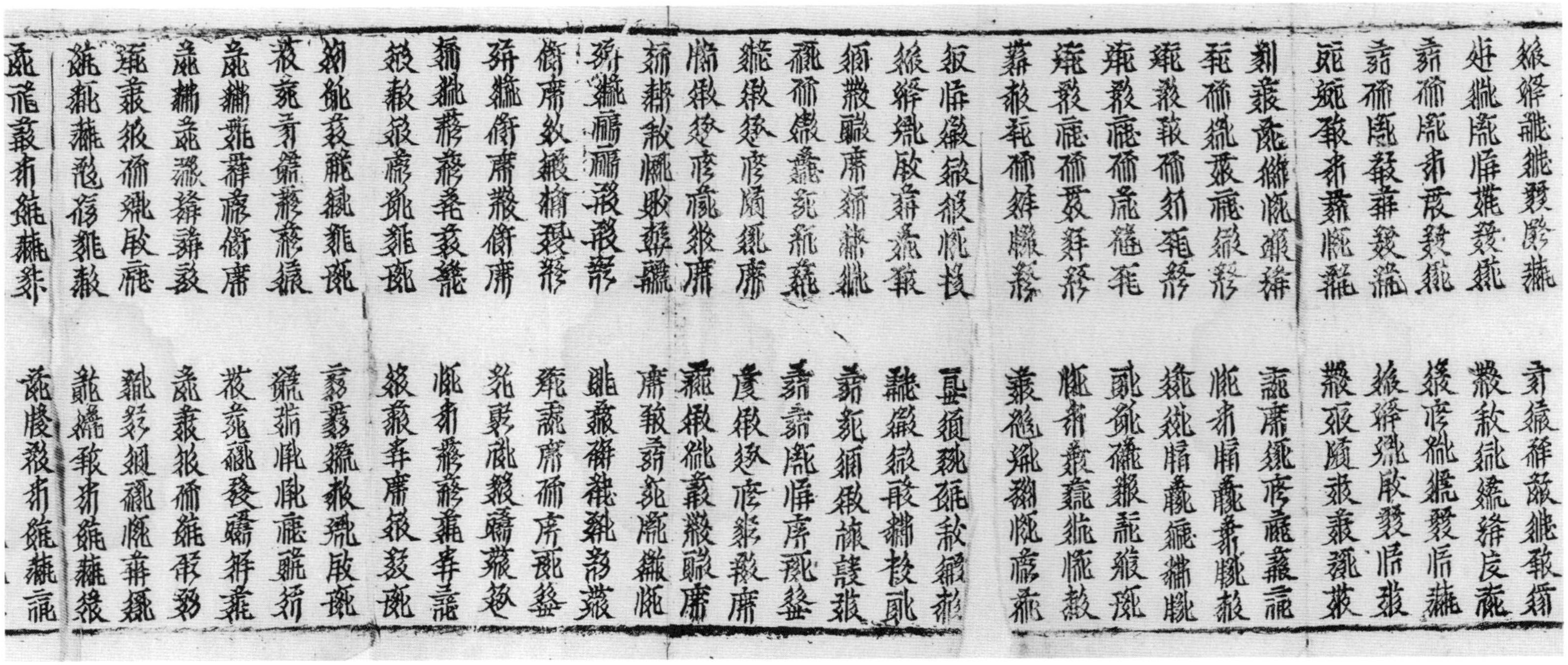

俄 Инв.No.41　2.聖大乘守護大千國土經上中卷　(17–12)

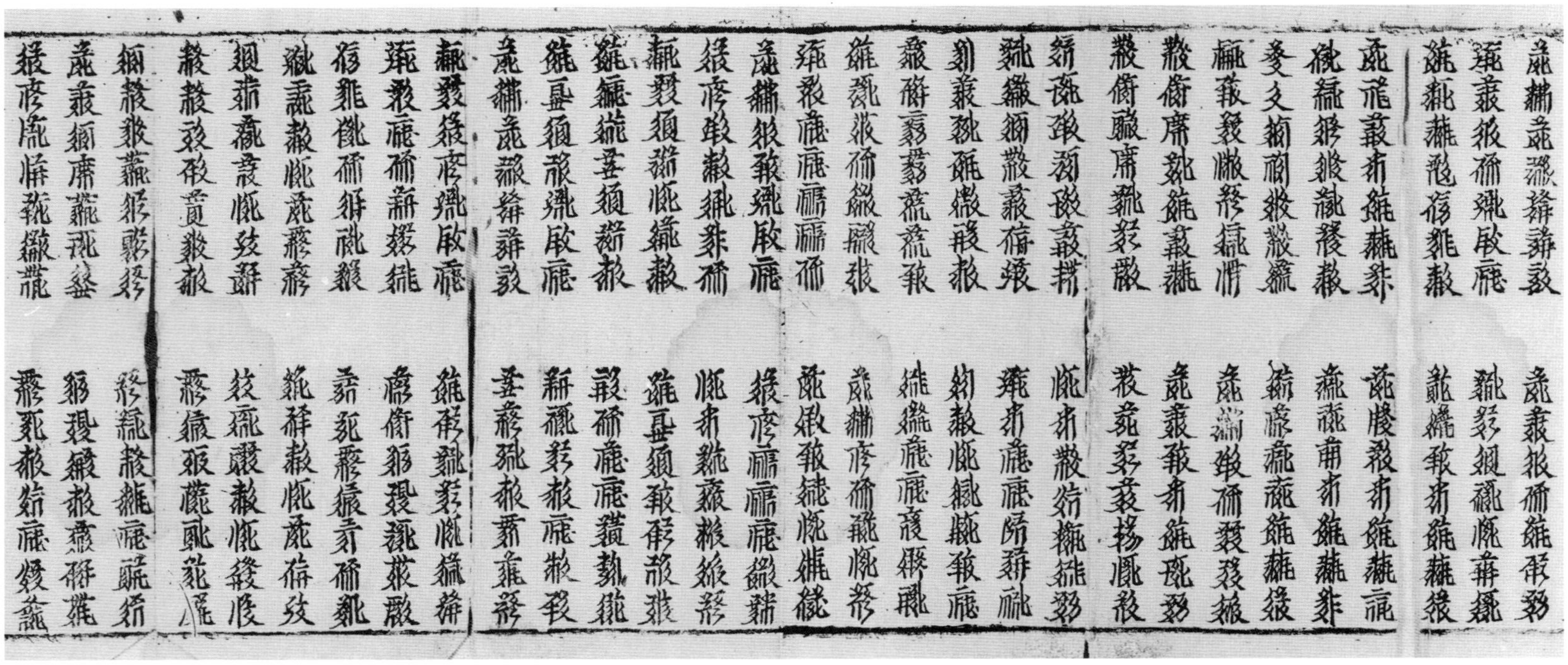

俄 Инв.No.41　2.聖大乘守護大千國土經上中卷　(17–13)

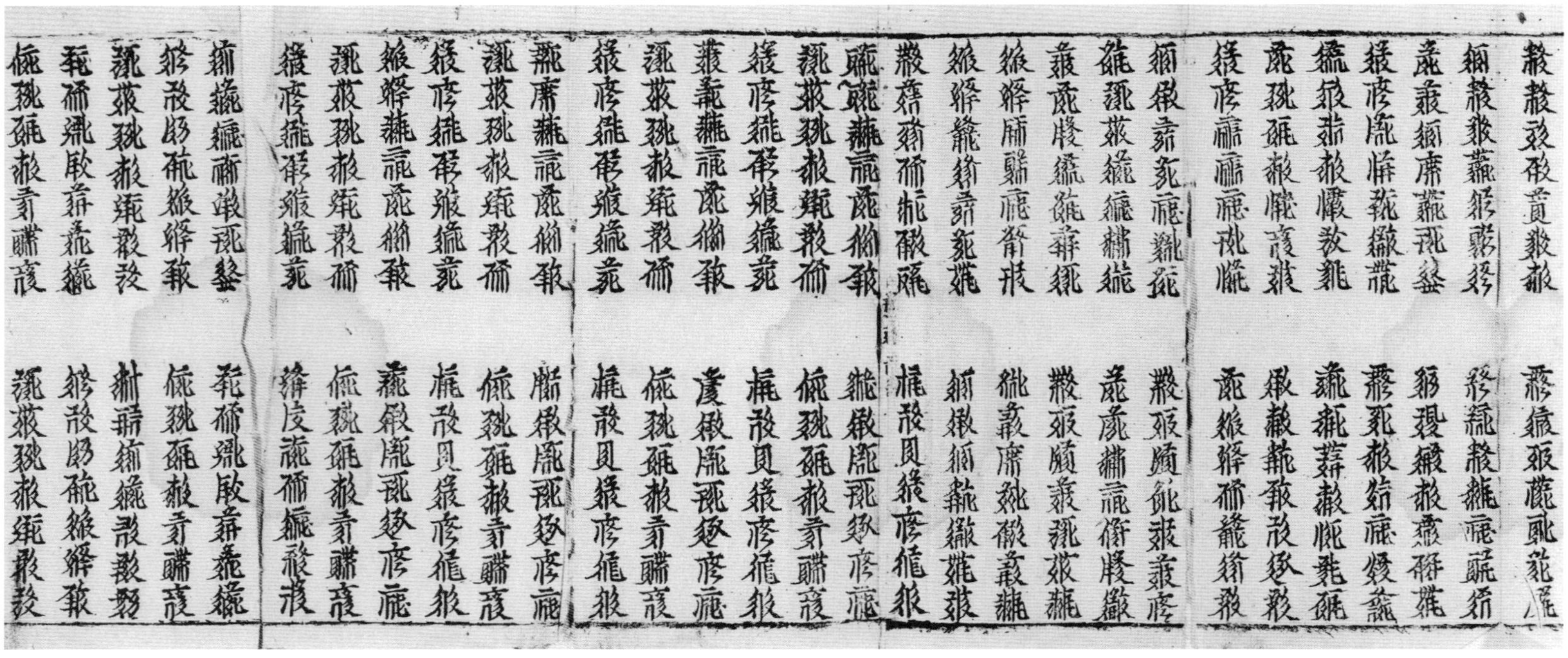

俄 Инв.No.41　2.聖大乘守護大千國土經上中卷　(17–14)

俄ИнB.No.41　2.聖大乘守護大千國土經上中卷　　　　(17-15)

俄ИнB.No.41　2.聖大乘守護大千國土經上中卷　　　　(17-16)

俄ИнB.No.41　2.聖大乘守護大千國土經上中卷　　　　(17-17)

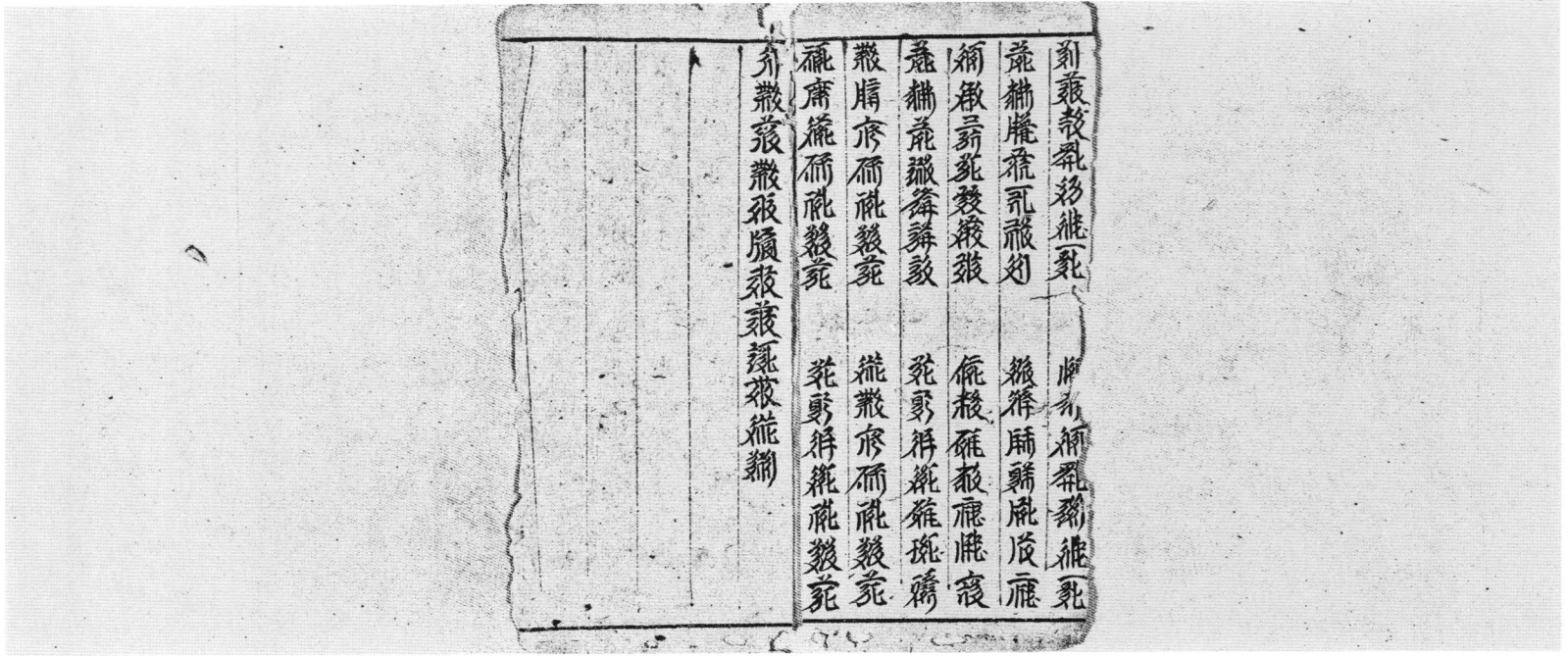

俄 **И**нв.No.12　聖大乘守護大千國土經上卷

俄 **И**нв.No.27　聖大乘守護大千國土經上卷　　　(13-1)

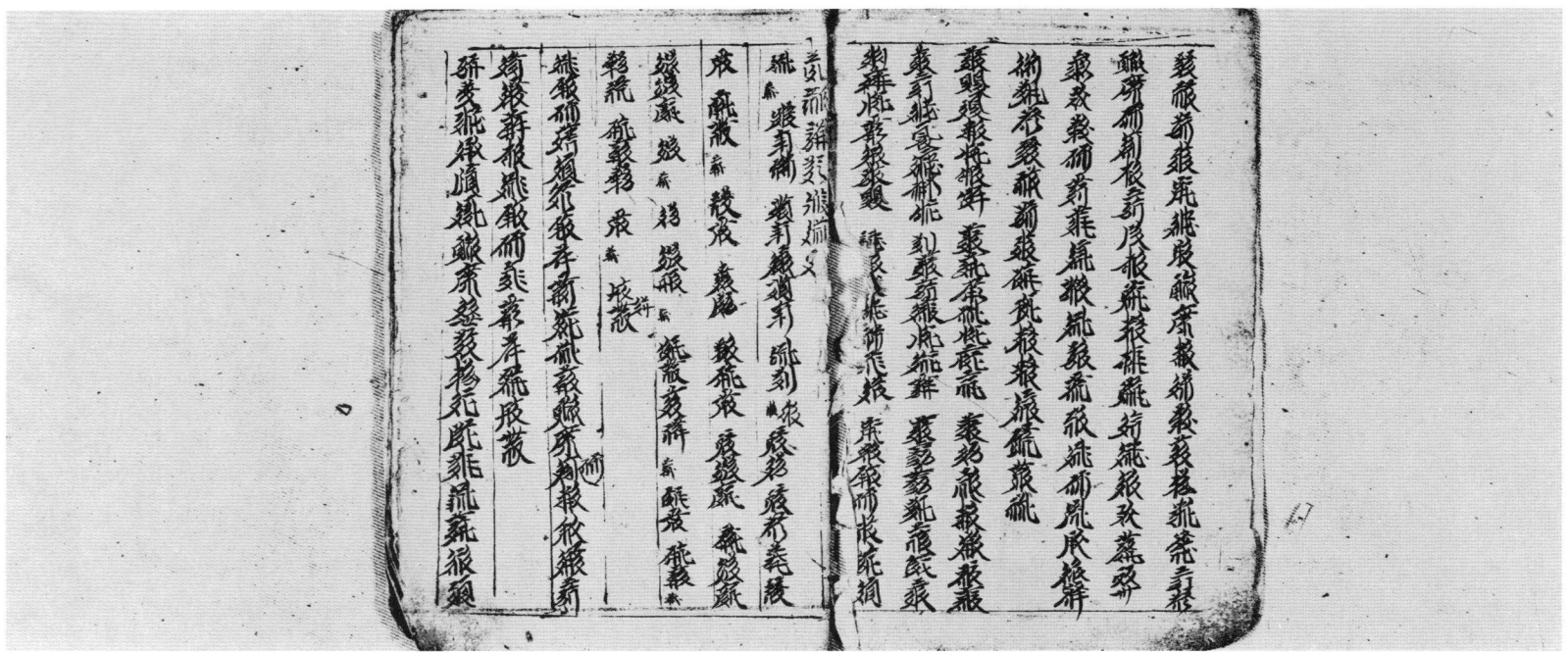

俄 **И**нв.No.27　聖大乘守護大千國土經上卷　　　(13-2)

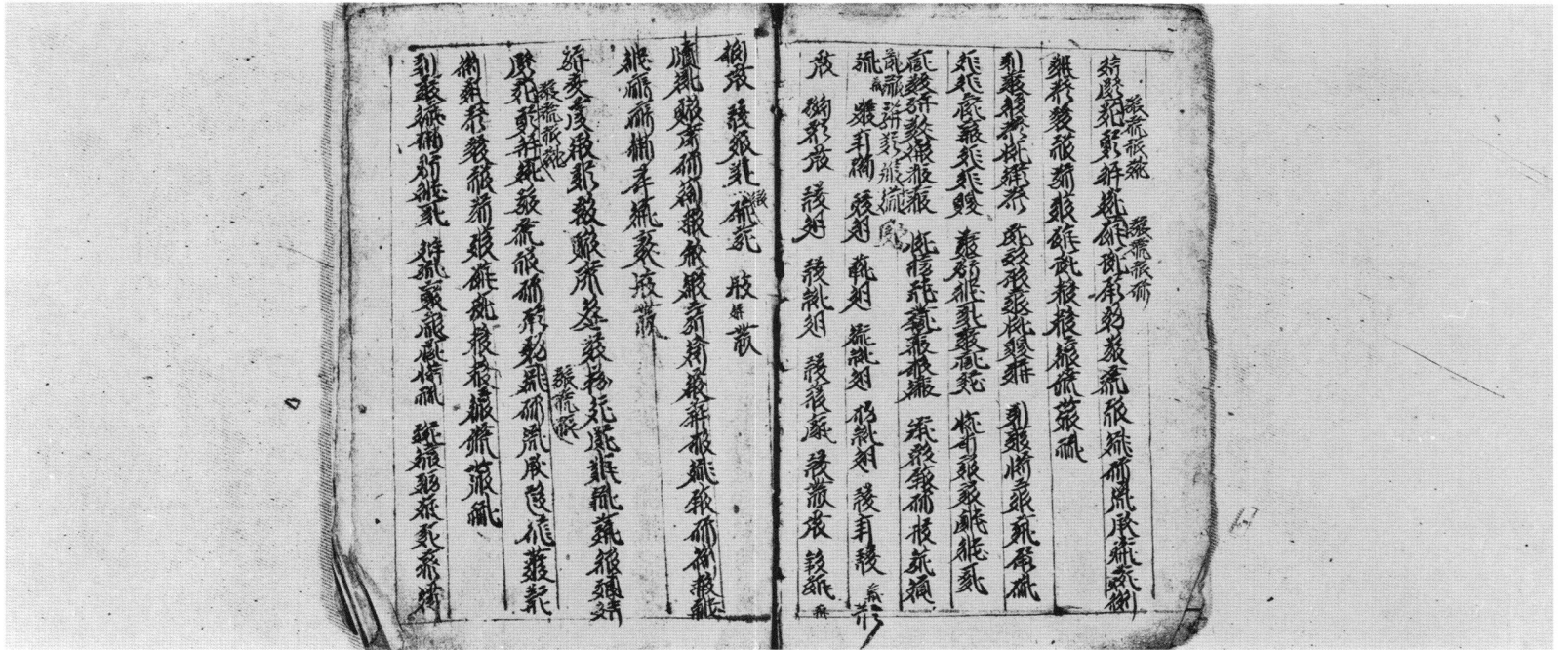

俄 **И**нв.No.27　聖大乘守護大千國土經上卷　　　(13-3)

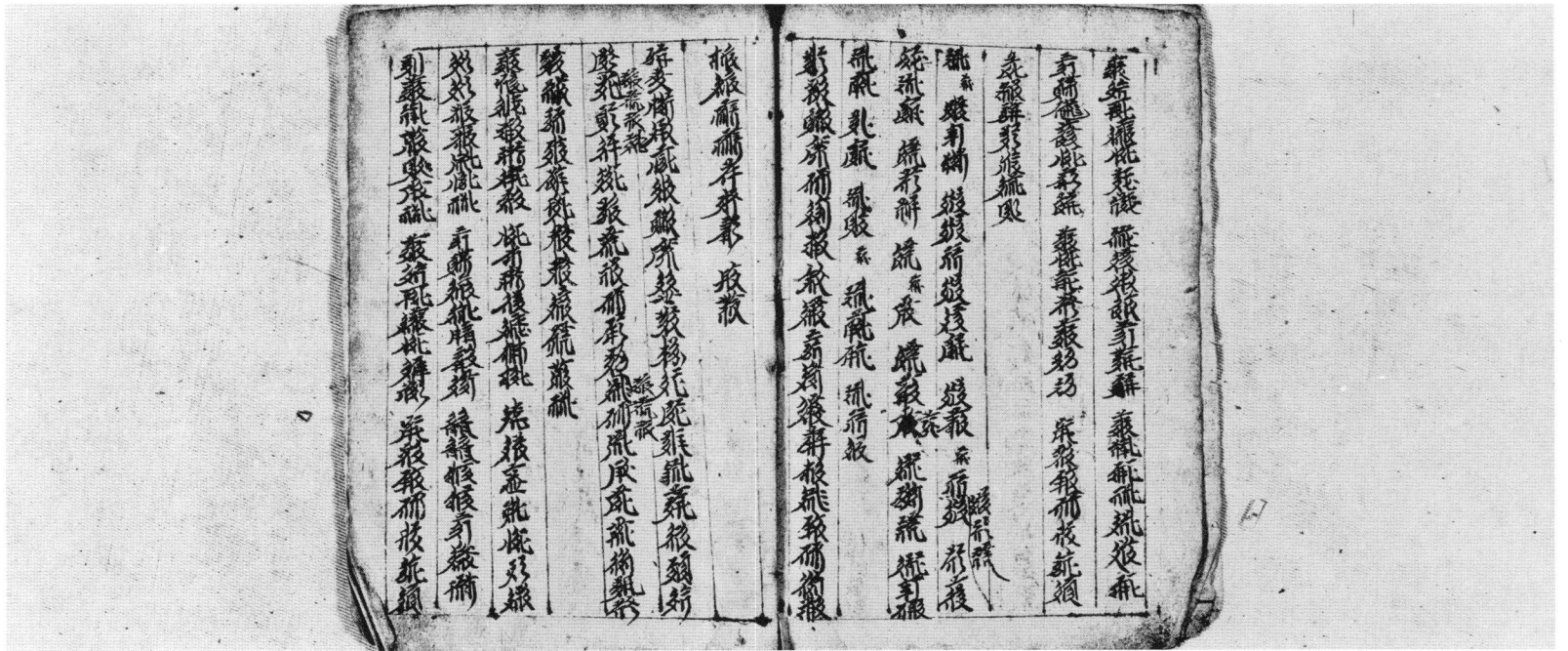

俄 **И**нв.No.27　聖大乘守護大千國土經上卷　　　(13-4)

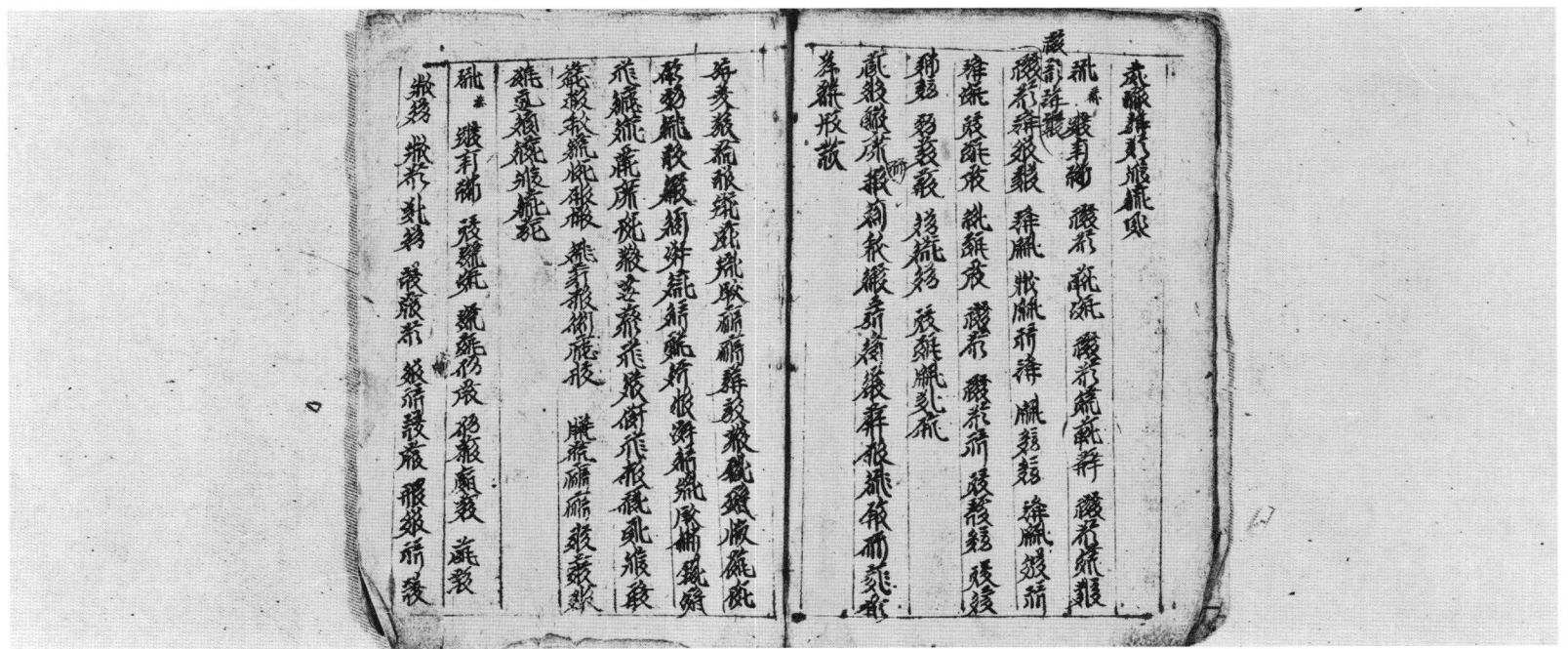

俄 **И**нв.No.27　聖大乘守護大千國土經上卷　　　(13-5)

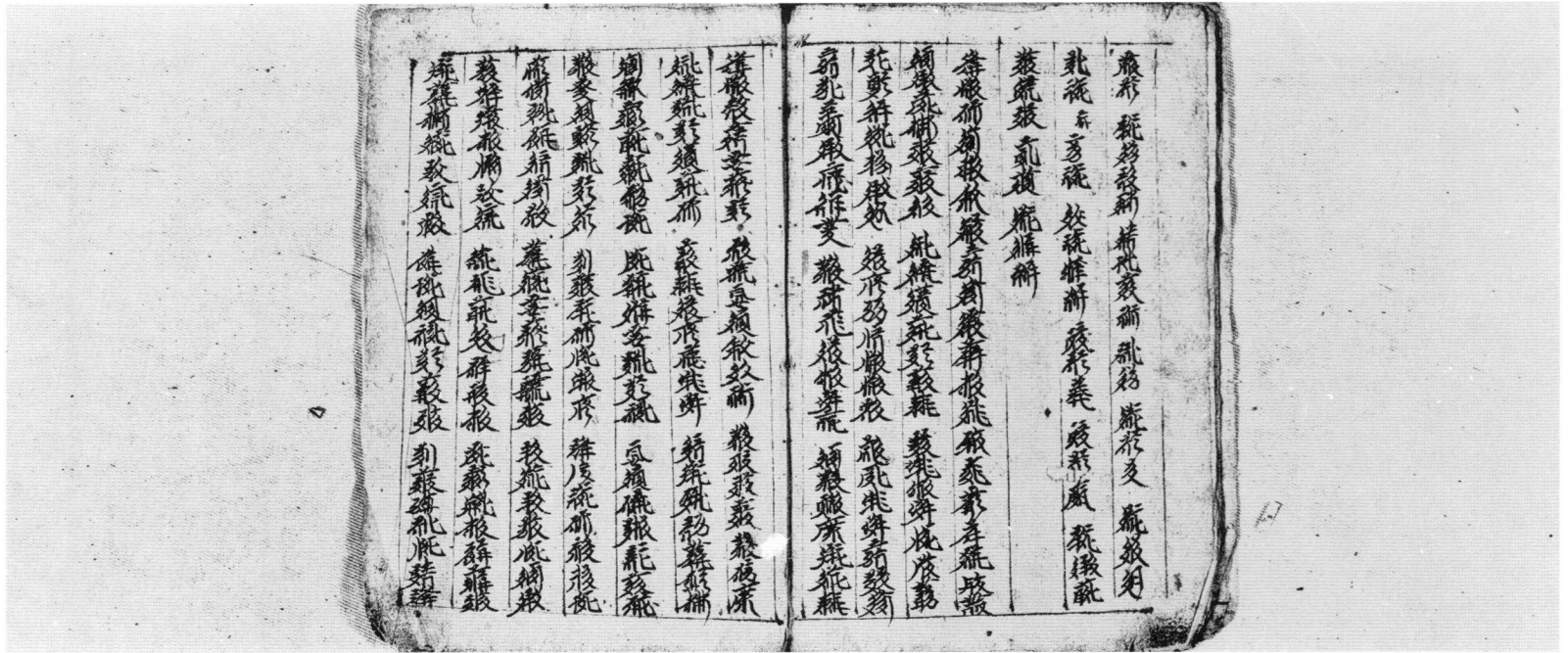

俄**И**нв.No.27　聖大乘守護大千國土經上卷　　　(13-6)

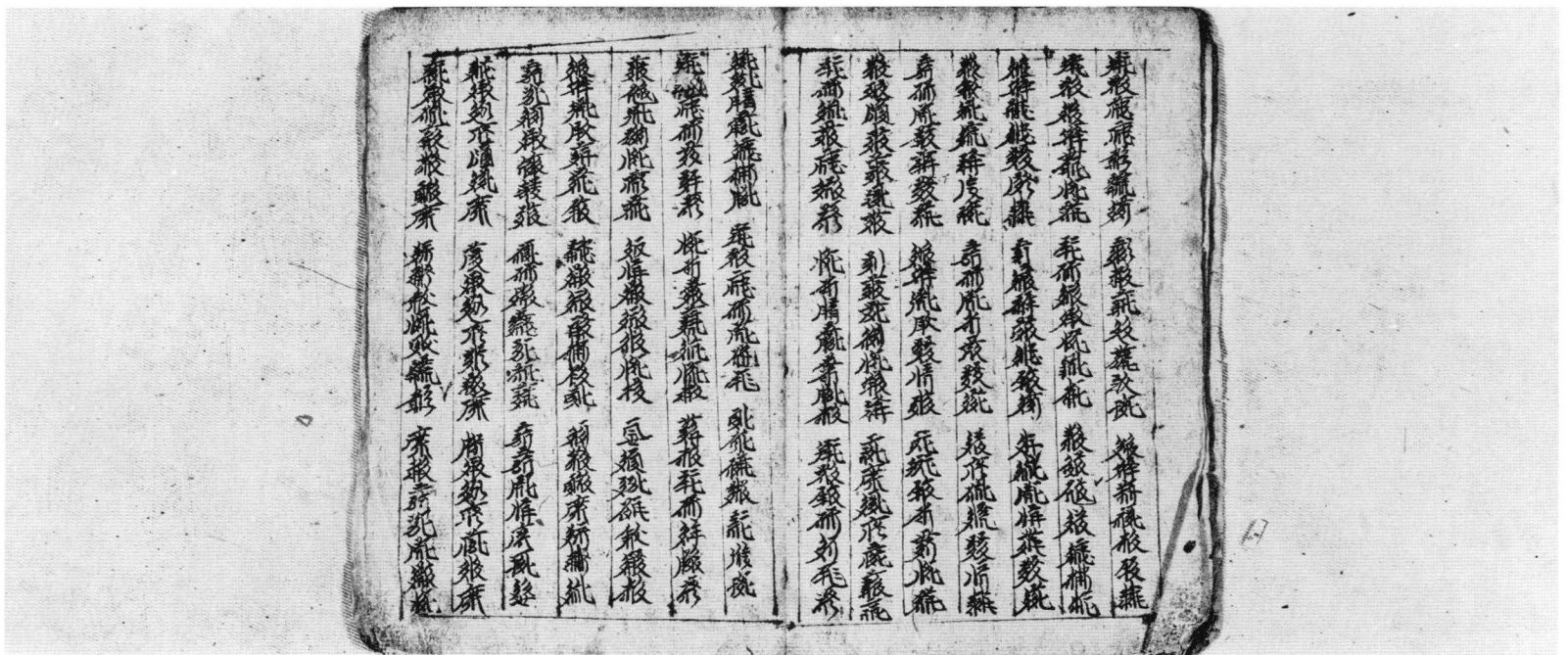

俄**И**нв.No.27　聖大乘守護大千國土經上卷　　　(13-7)

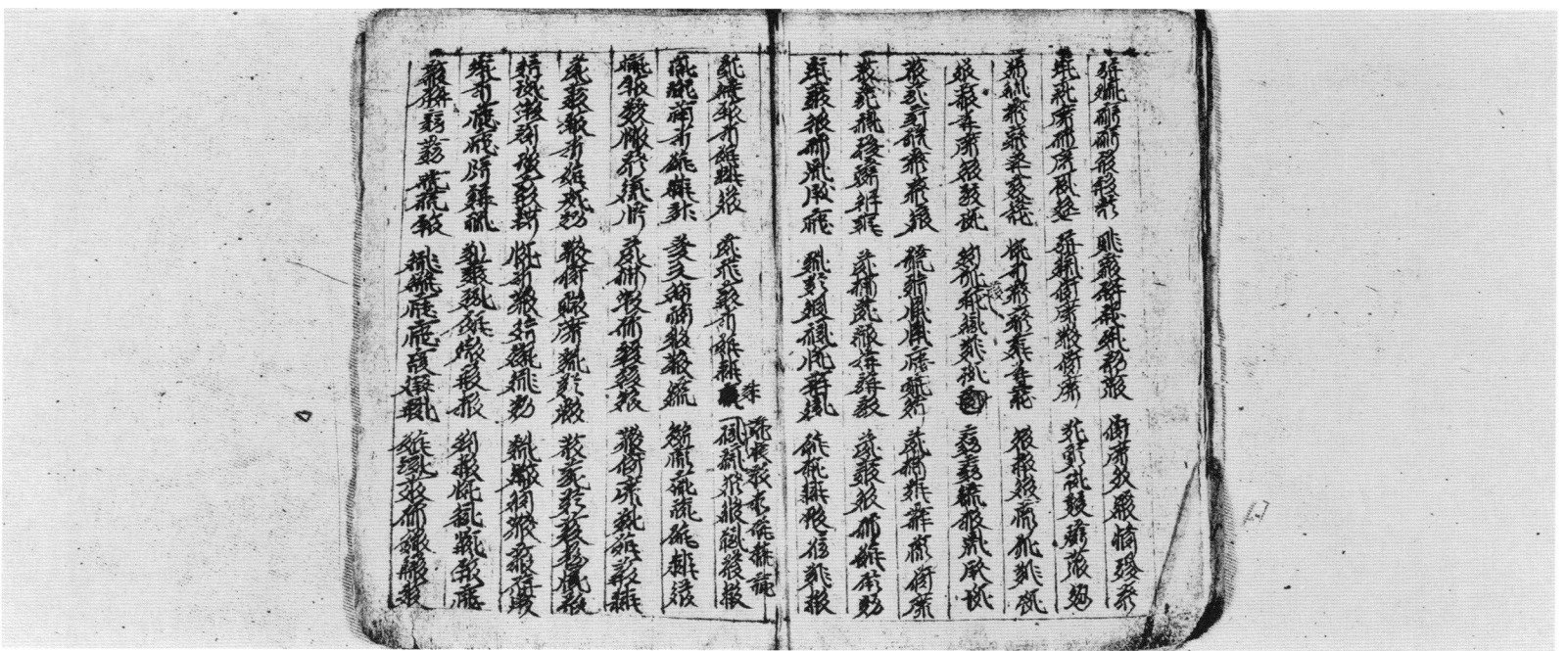

俄**И**нв.No.27　聖大乘守護大千國土經上卷　　　(13-8)

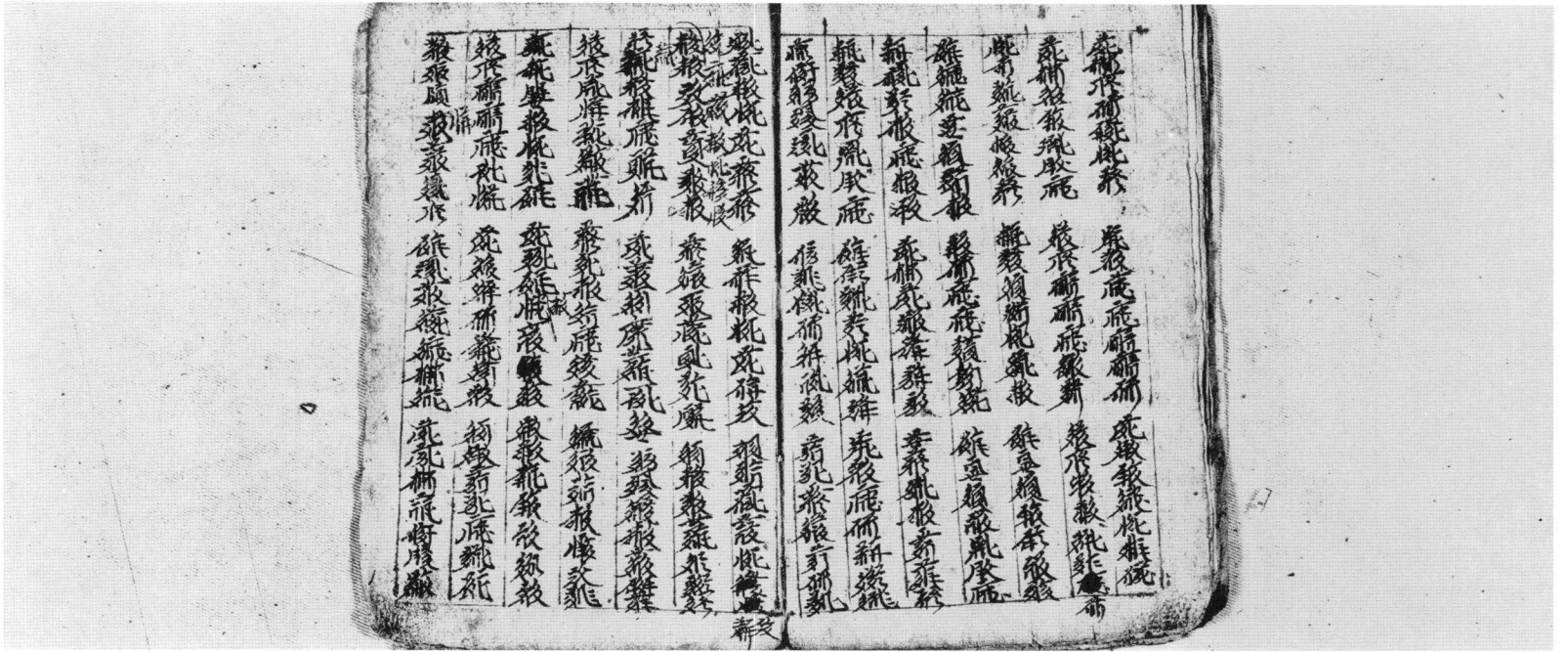

俄 **Инв**.No.27　聖大乘守護大千國土經上卷　　　(13-9)

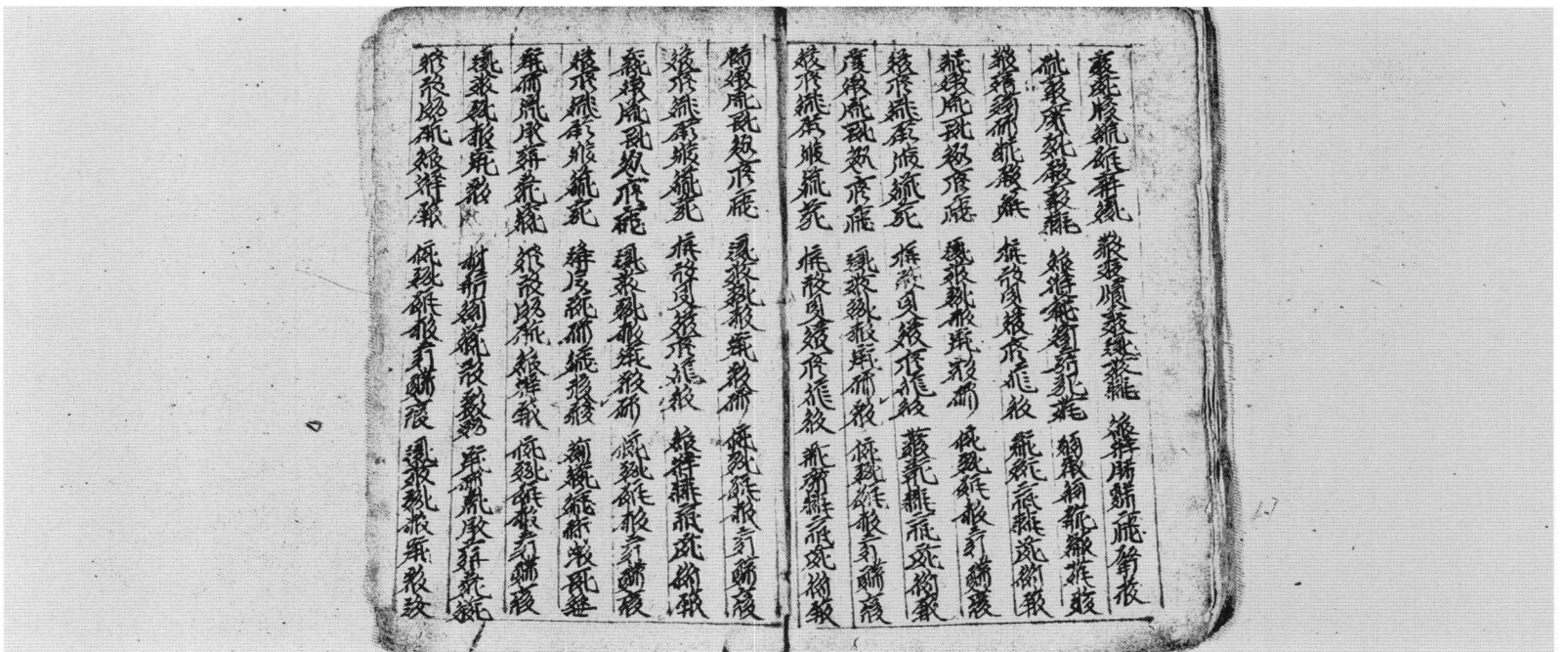

俄 **Инв**.No.27　聖大乘守護大千國土經上卷　　　(13-10)

俄 **Инв**.No.27　聖大乘守護大千國土經上卷　　　(13-11)

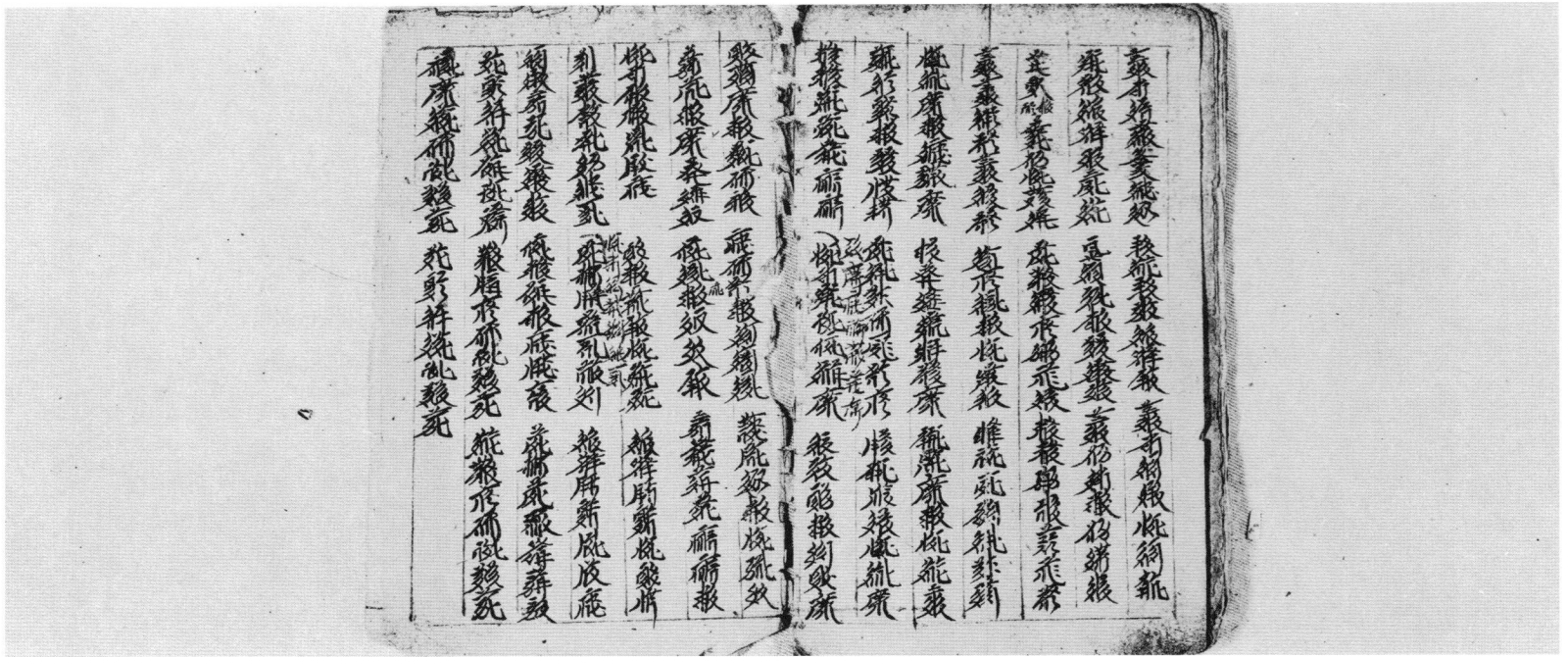

俄 **И**нв.No.27　聖大乘守護大千國土經上卷　　　　(13-12)

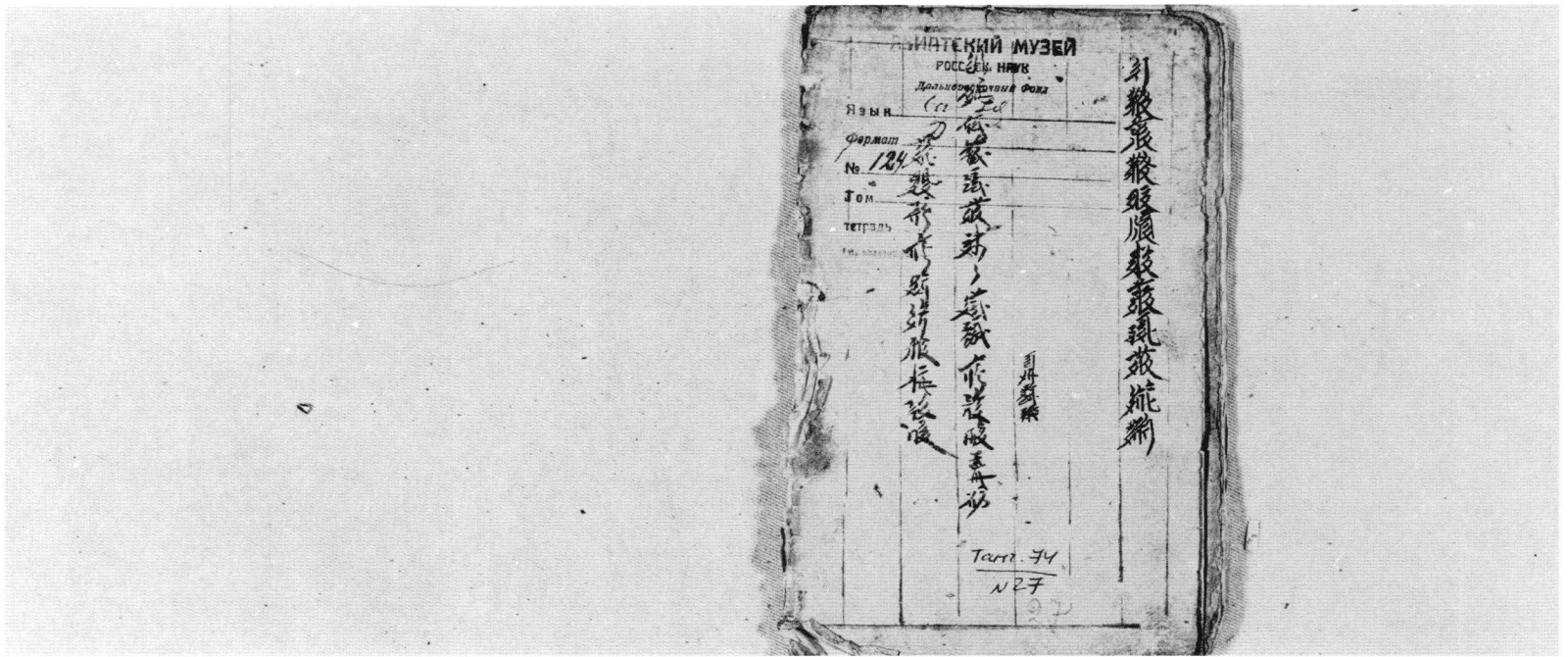

俄 **И**нв.No.27　聖大乘守護大千國土經上卷　　　　(13-13)

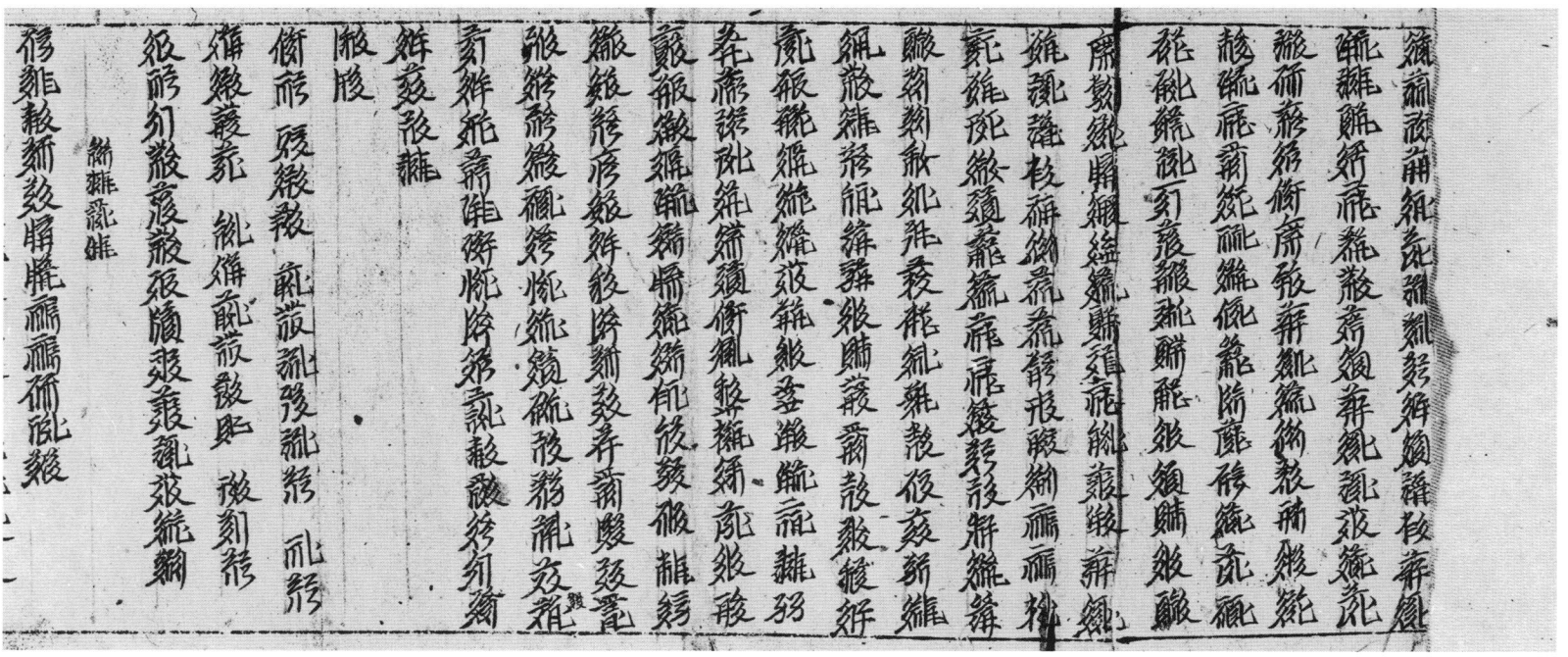

俄 **И**нв.No.15　1.五部經序　2.聖大乘守護大千國土經上卷　　　(5-1)

俄Инв.No.15　2.聖大乘守護大千國土經上卷　　(5-2)

俄Инв.No.15　2.聖大乘守護大千國土經上卷　　(5-3)

俄Инв.No.15　2.聖大乘守護大千國土經上卷　　(5-4)

俄 **И**нв.No.15　2.聖大乘守護大千國土經上卷　　　(5-5)

俄 **И**нв.No.688　聖大乘守護大千國土經上卷

俄 **И**нв.No.916　聖大乘守護大千國土經上卷　　　(8-1)

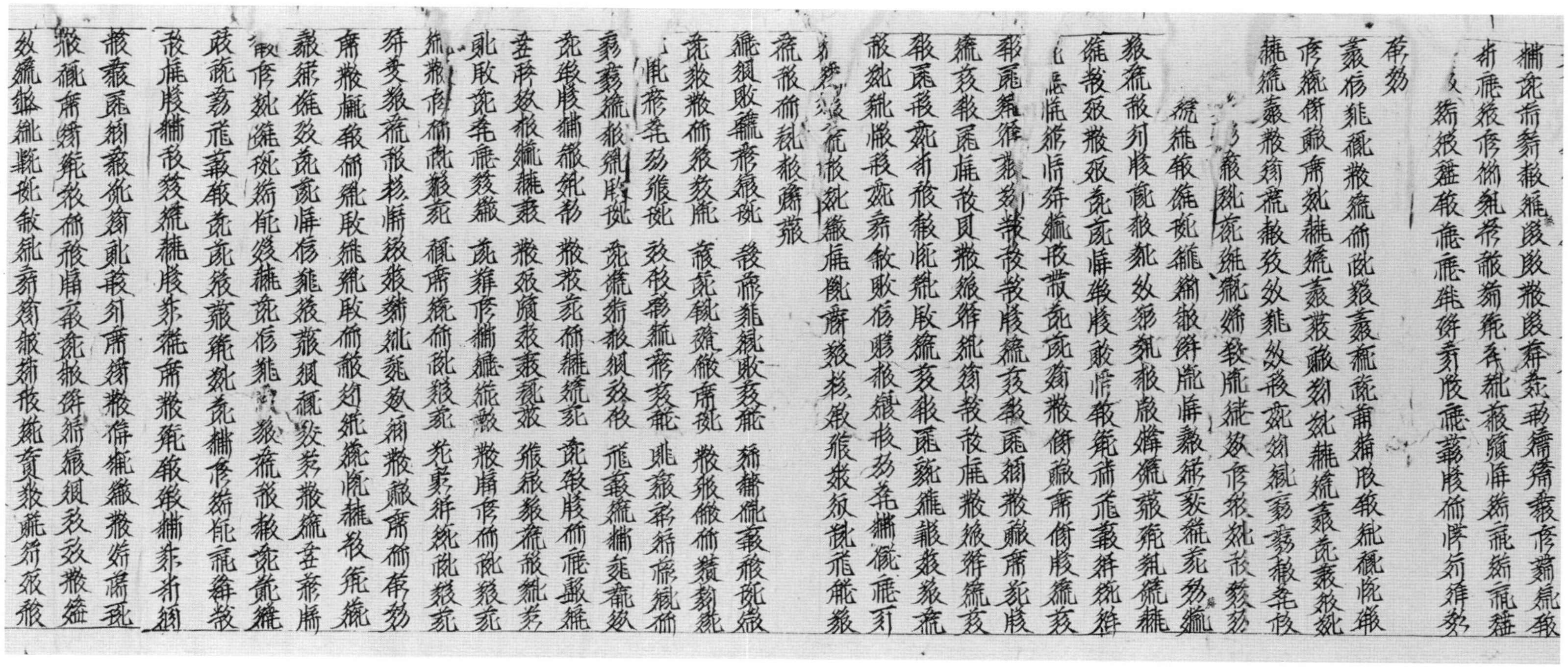

俄 Инв.No.916　聖大乘守護大千國土經上卷　(8–2)

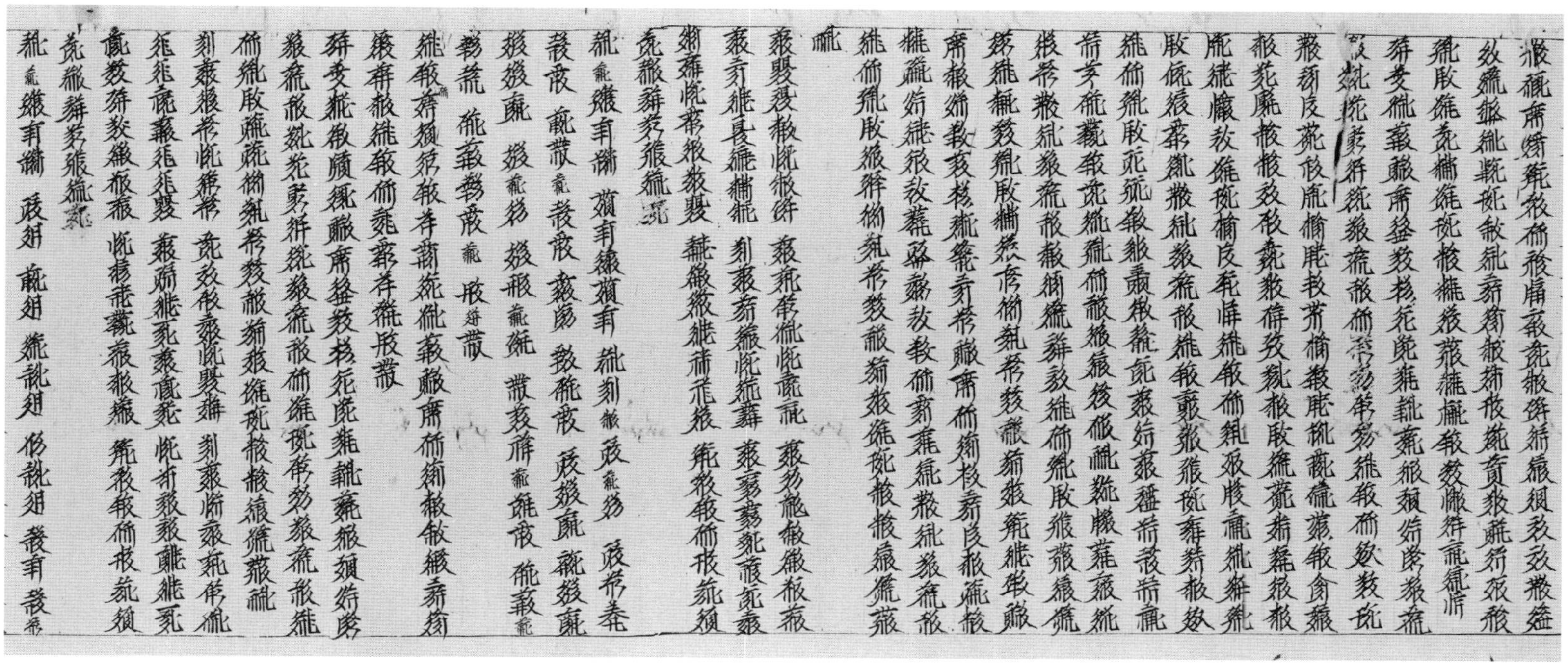

俄 Инв.No.916　聖大乘守護大千國土經上卷　(8–3)

俄 Инв.No.916　聖大乘守護大千國土經上卷　(8–4)

俄 **Инв**.No.916　聖大乘守護大千國土經上卷　　　(8-8)

俄 **Инв**.No.4814　聖大乘守護大千國土經上卷　　　(7-1)

俄 **Инв**.No.4814　聖大乘守護大千國土經上卷　　　(7-2)

俄Инв.No.4814　聖大乘守護大千國土經上卷　　　　(7-3)

俄Инв.No.4814　聖大乘守護大千國土經上卷　　　　(7-4)

俄Инв.No.4814　聖大乘守護大千國土經上卷　　　　(7-5)

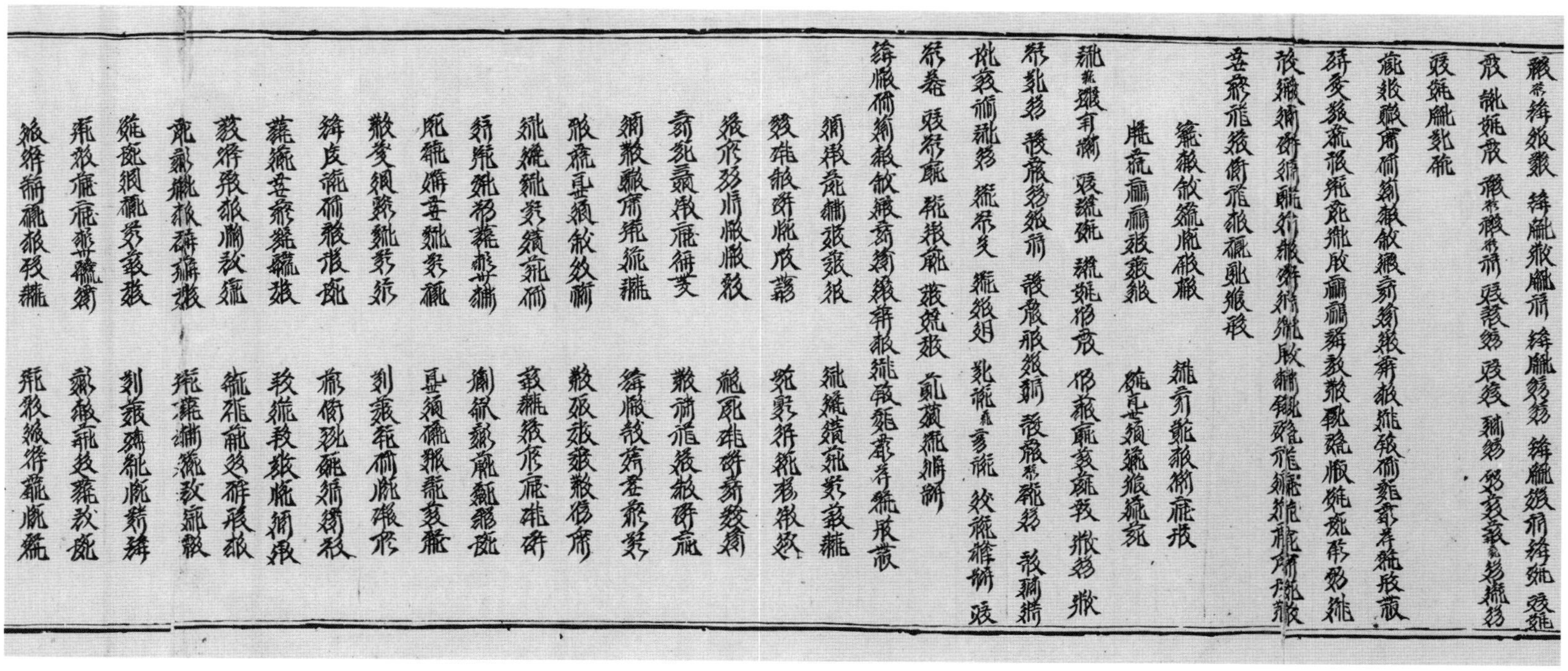

俄 Инв.No.4814　聖大乘守護大千國土經上卷　　(7-6)

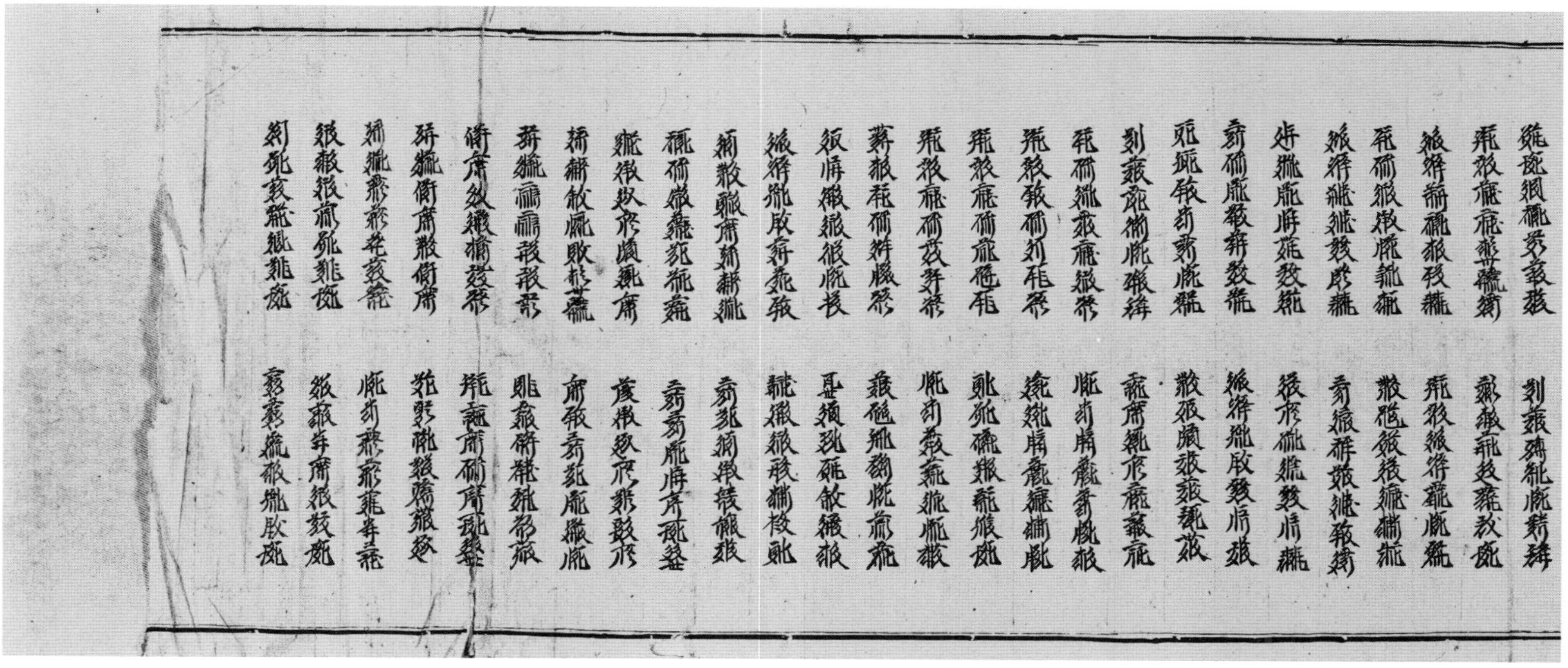

俄 Инв.No.4814　聖大乘守護大千國土經上卷　　(7-7)

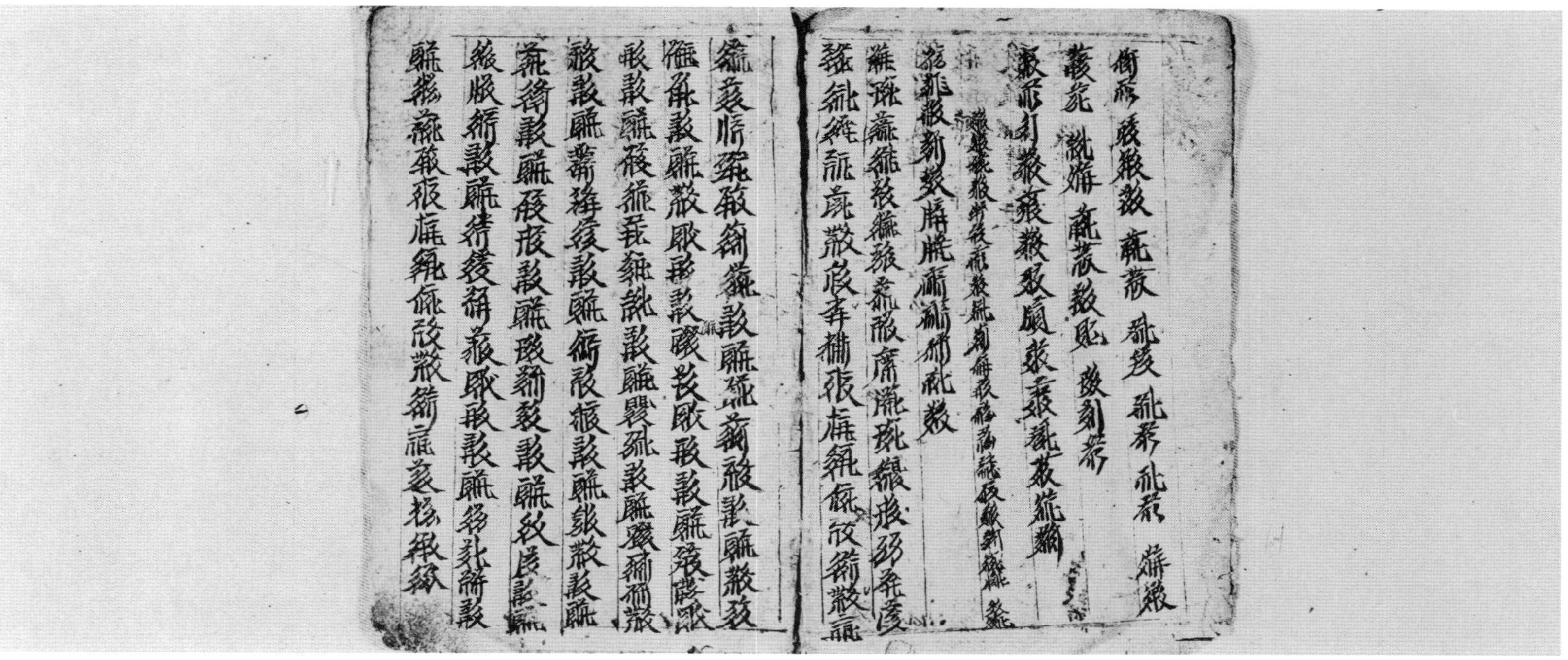

俄 Инв.No.2527　聖大乘守護大千國土經上卷　　(4-1)

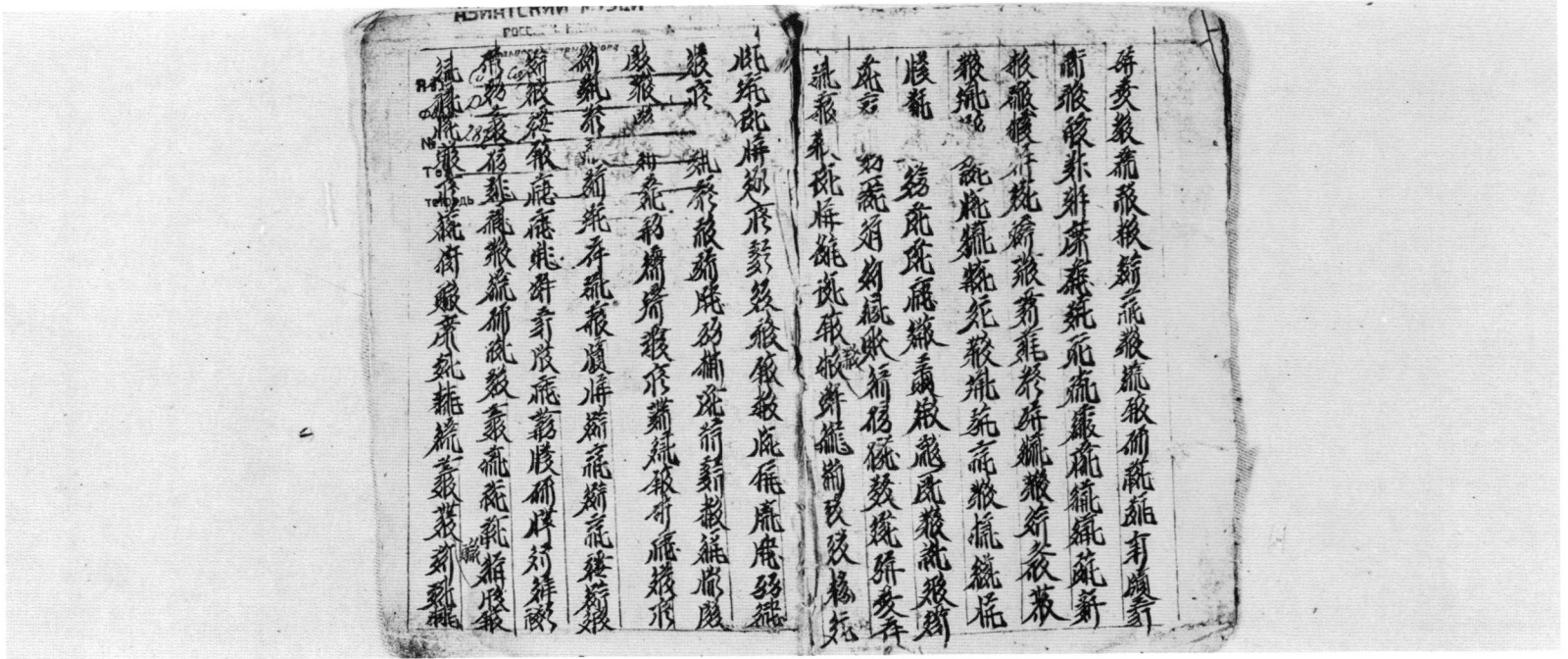

俄 **И**нв.No.2527　聖大乘守護大千國土經上卷　　　　(4-2)

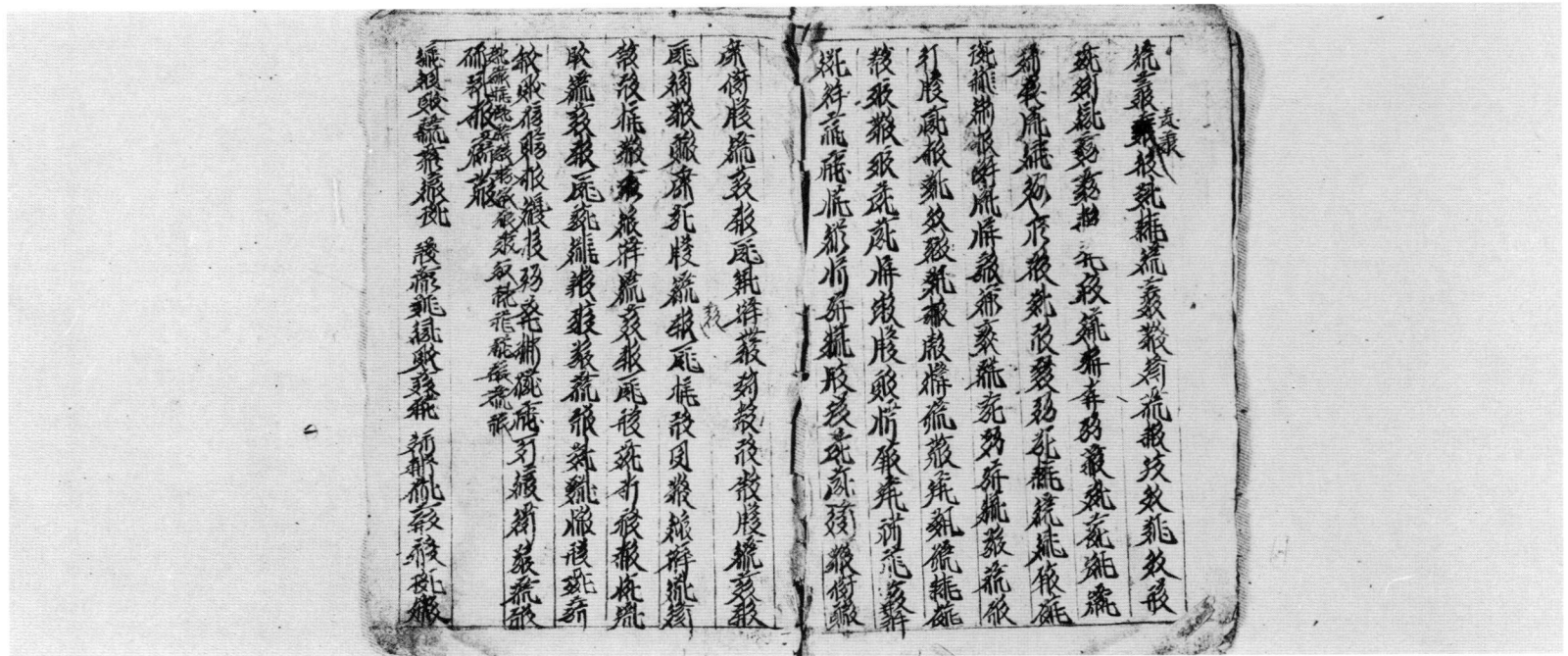

俄 **И**нв.No.2527　聖大乘守護大千國土經上卷　　　　(4-3)

俄 **И**нв.No.2527　聖大乘守護大千國土經上卷　　　　(4-4)

俄 **И**нв.No.2853　聖大乘守護大千國土經上卷

俄 **И**нв.No.26　聖大乘守護大千國土經上卷　　　(3-1)

俄 **И**нв.No.26　聖大乘守護大千國土經上卷　　　(3-2)

俄 **И**нв.No.26　聖大乘守護大千國土經上卷　　　　(3-3)

俄 **И**нв.No.13　聖大乘守護大千國土經中卷　　　　(2-1)

俄 **И**нв.No.13　聖大乘守護大千國土經中卷　　　　(2-2)

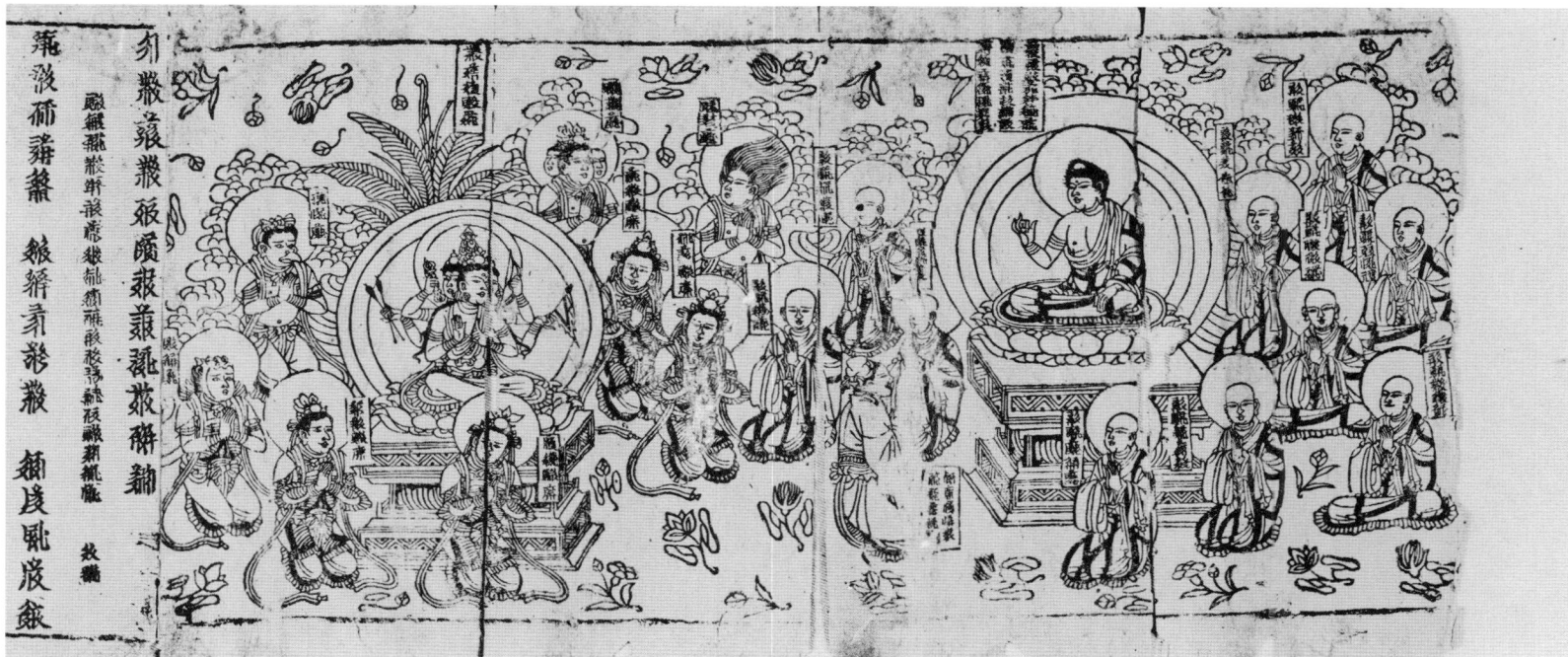

俄Инв.No.32　聖大乘守護大千國土經中卷　　　　(17-1)

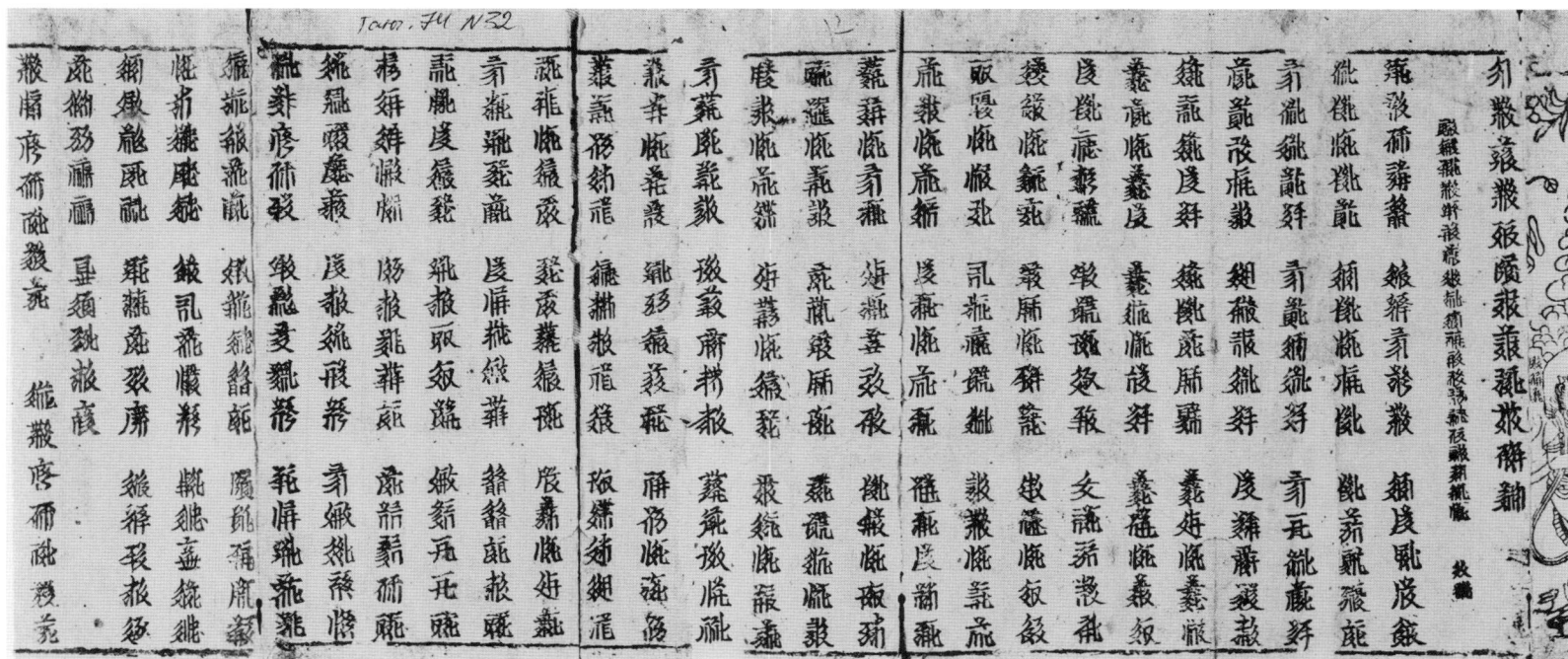

俄Инв.No.32　聖大乘守護大千國土經中卷　　　　(17-2)

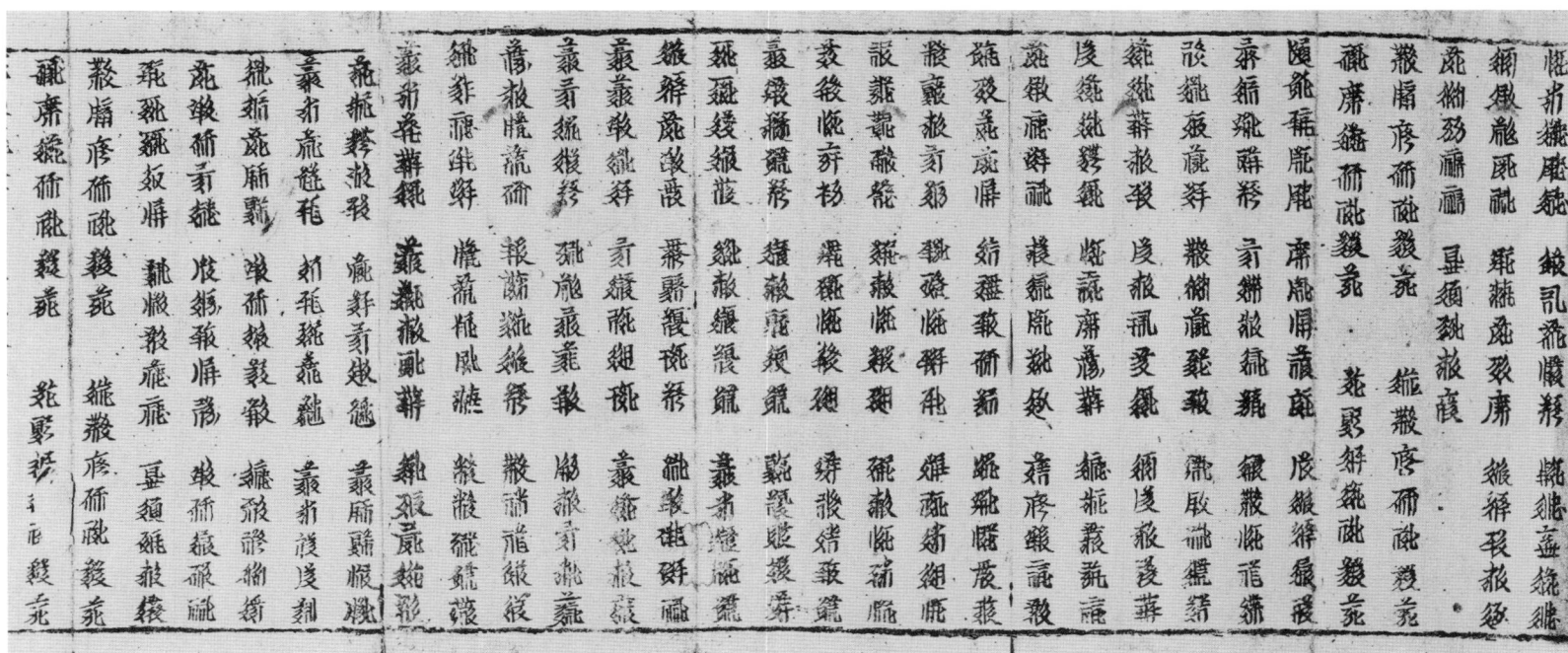

俄Инв.No.32　聖大乘守護大千國土經中卷　　　　(17-3)

俄 Инв.No.32　聖大乘守護大千國土經中卷　　　　(17-4)

俄 Инв.No.32　聖大乘守護大千國土經中卷　　　　(17-5)

俄 Инв.No.32　聖大乘守護大千國土經中卷　　　　(17-6)

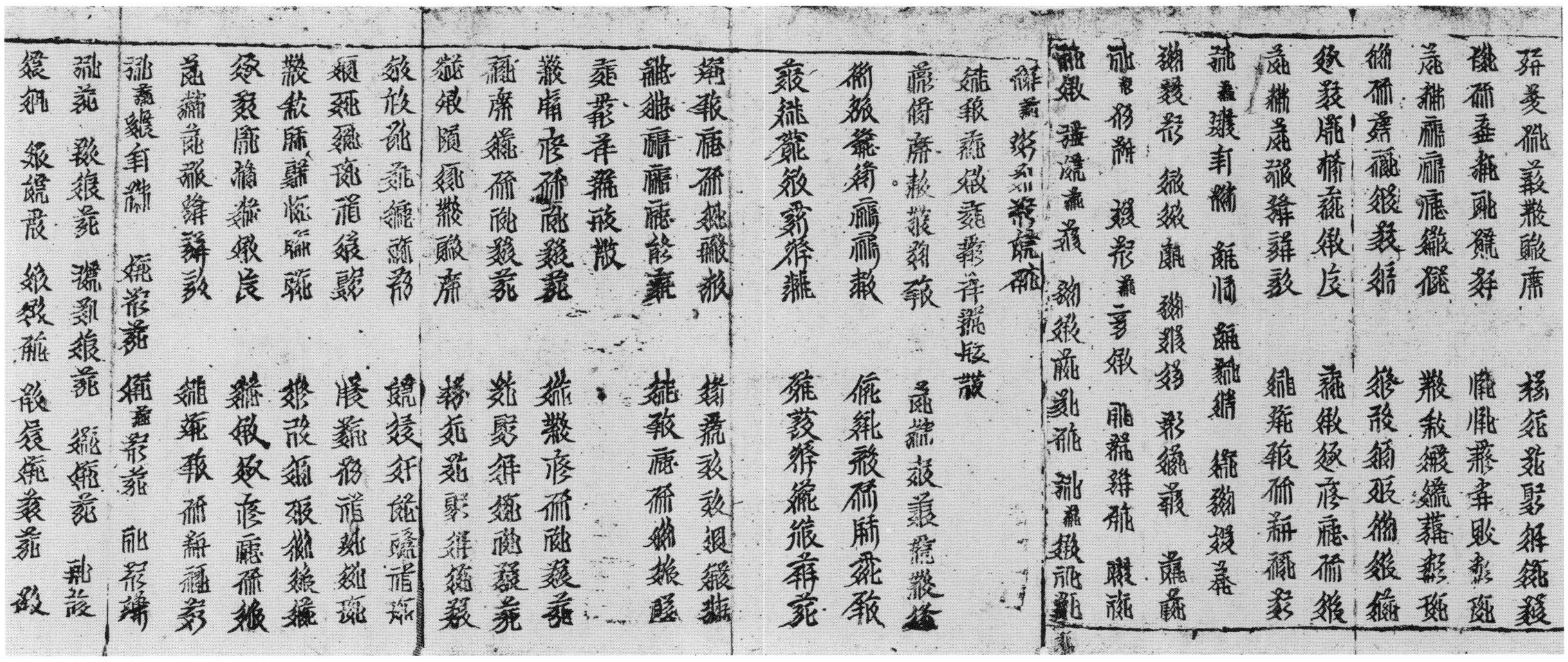

俄 Инв.No.32　聖大乘守護大千國土經中卷　(17-7)

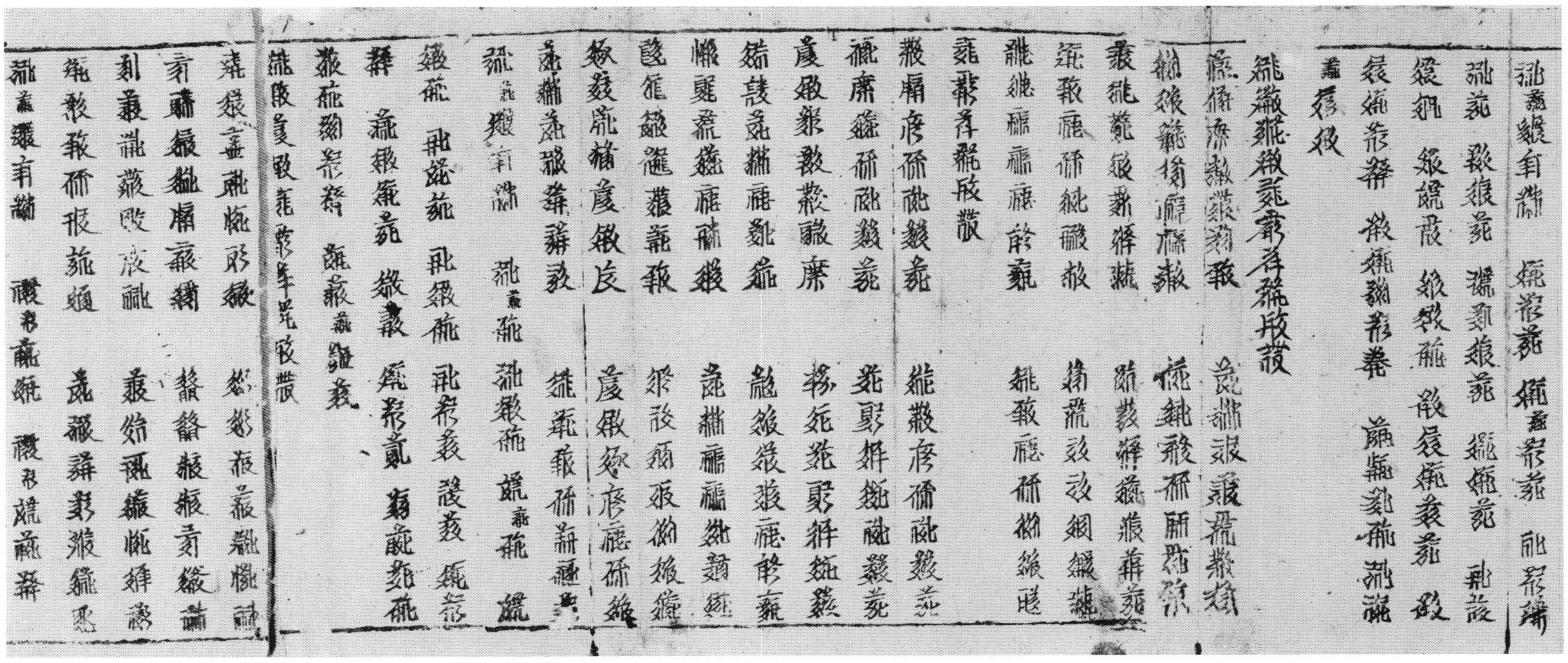

俄 Инв.No.32　聖大乘守護大千國土經中卷　(17-8)

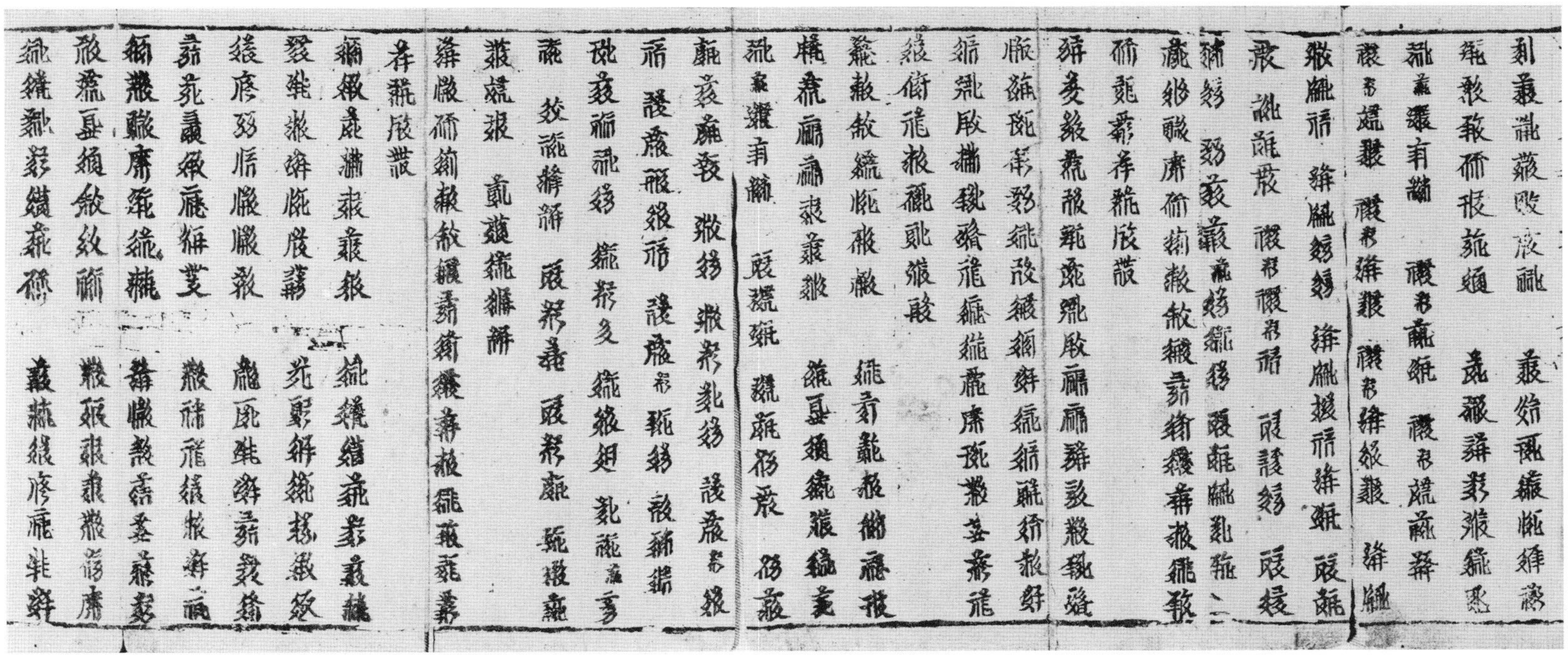

俄 Инв.No.32　聖大乘守護大千國土經中卷　(17-9)

俄 Инв.No.32　聖大乘守護大千國土經中卷　　　(17-13)

俄 Инв.No.32　聖大乘守護大千國土經中卷　　　(17-14)

俄 Инв.No.32　聖大乘守護大千國土經中卷　　　(17-15)

俄 Инв.No.32　聖大乘守護大千國土經中卷　　　　(17-16)

俄 Инв.No.32　聖大乘守護大千國土經中卷　　　　(17-17)

俄 Инв.No.36　聖大乘守護大千國土經中卷　　　　(17-1)

俄 Инв.No.36　聖大乘守護大千國土經中卷　　　(17-2)

俄 Инв.No.36　聖大乘守護大千國土經中卷　　　(17-3)

俄 Инв.No.36　聖大乘守護大千國土經中卷　　　(17-4)

俄 Инв.No.36　聖大乘守護大千國土經中卷　　　（17-5）

俄 Инв.No.36　聖大乘守護大千國土經中卷　　　（17-6）

俄 Инв.No.36　聖大乘守護大千國土經中卷　　　（17-7）

俄**Инв**.No.36　聖大乘守護大千國土經中卷　　　　（17-8）

俄**Инв**.No.36　聖大乘守護大千國土經中卷　　　　（17-9）

俄**Инв**.No.36　聖大乘守護大千國土經中卷　　　　（17-10）

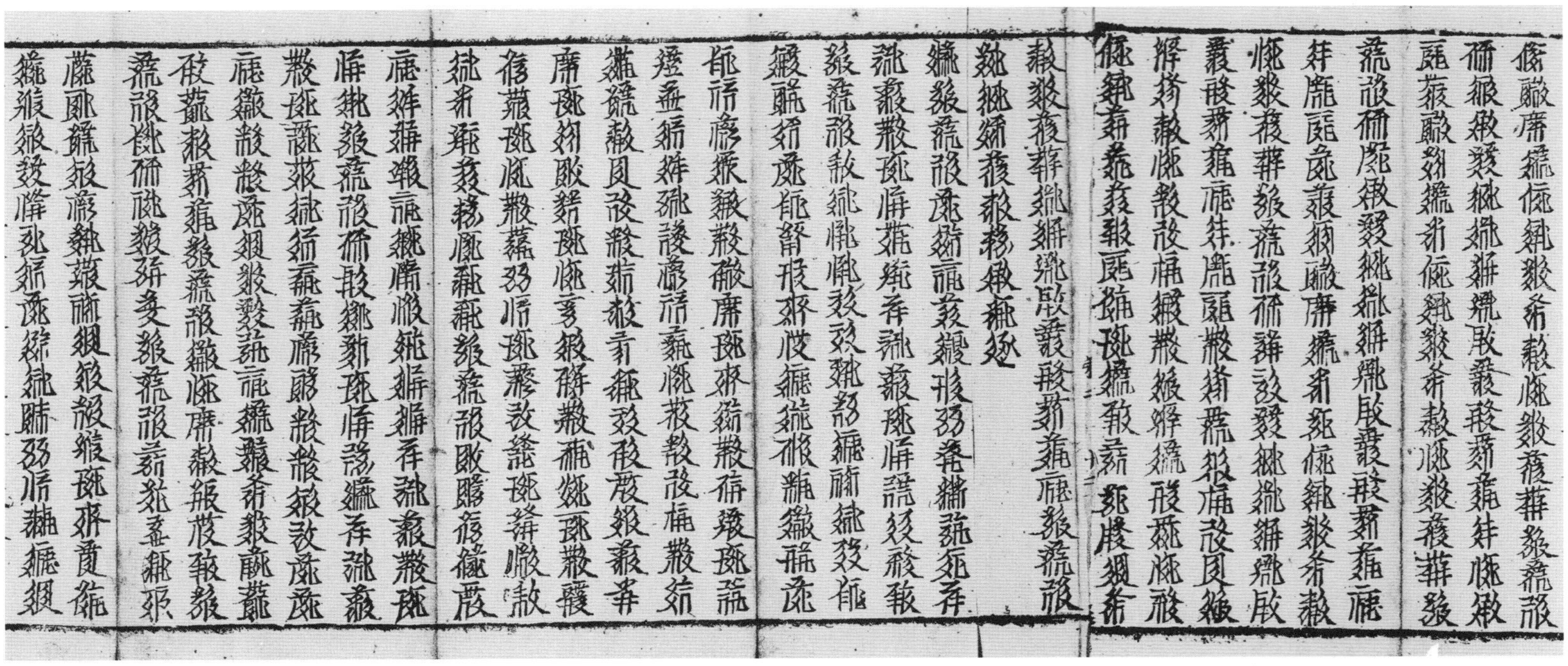

俄 Инв.No.36　聖大乘守護大千國土經中卷　(17–11)

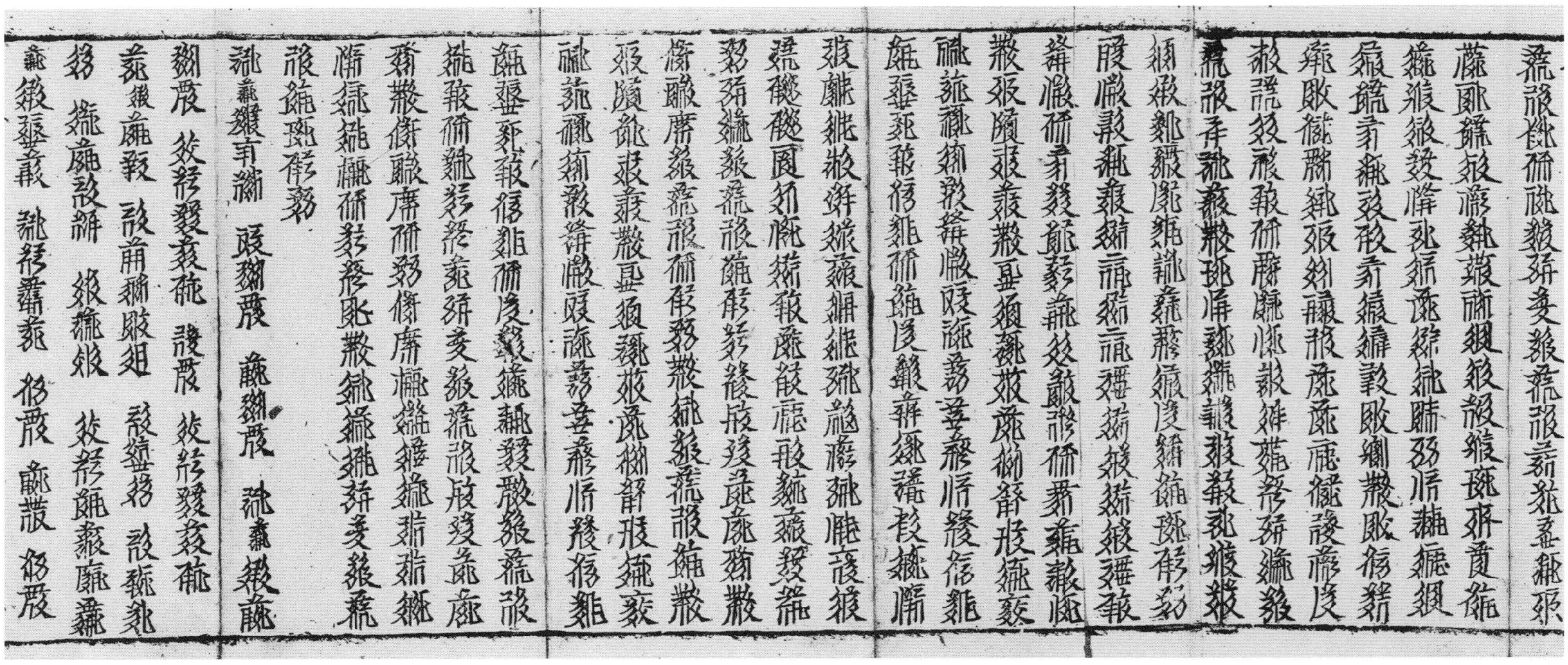

俄 Инв.No.36　聖大乘守護大千國土經中卷　(17–12)

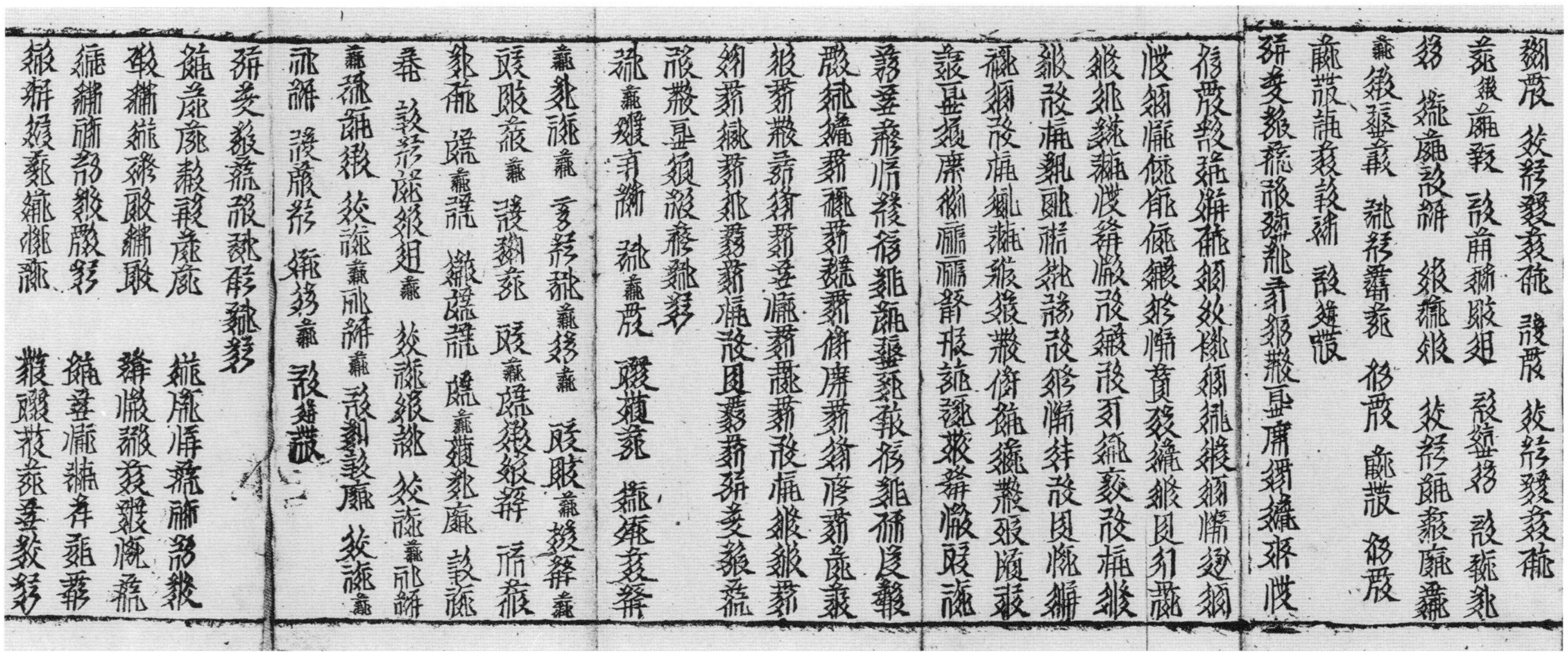

俄 Инв.No.36　聖大乘守護大千國土經中卷　(17–13)

俄 Инв.No.36　聖大乘守護大千國土經中卷　(17-14)

俄 Инв.No.36　聖大乘守護大千國土經中卷　(17-15)

俄 Инв.No.36　聖大乘守護大千國土經中卷　(17-16)

俄 **И**нв.No.36　聖大乘守護大千國土經中卷　　　　(17-17)

俄 **И**нв.No.220　聖大乘守護大千國土經中卷　　　(16-1)

俄 **И**нв.No.220　聖大乘守護大千國土經中卷　　　(16-2)

俄 Инв.No.220　聖大乘守護大千國土經中卷　　　(16-3)

俄 Инв.No.220　聖大乘守護大千國土經中卷　　　(16-4)

俄 Инв.No.220　聖大乘守護大千國土經中卷　　　(16-5)

俄Инв.No.220　聖大乘守護大千國土經中卷　　　（16-6）

俄Инв.No.220　聖大乘守護大千國土經中卷　　　（16-7）

俄Инв.No.220　聖大乘守護大千國土經中卷　　　（16-8）

俄 Инв.No.220　聖大乘守護大千國土經中卷　　　(16-9)

俄 Инв.No.220　聖大乘守護大千國土經中卷　　　(16-10)

俄 Инв.No.220　聖大乘守護大千國土經中卷　　　(16-11)

俄Инв.No.220　聖大乘守護大千國土經中卷　　　（16-12）

俄Инв.No.220　聖大乘守護大千國土經中卷　　　（16-13）

俄Инв.No.220　聖大乘守護大千國土經中卷　　　（16-14）

俄 Инв.No.220　聖大乘守護大千國土經中卷　　　　（16-15）

俄 Инв.No.220　聖大乘守護大千國土經中卷　　　　（16-16）

俄 Инв.No.2318　聖大乘守護大千國土經中卷

俄Инв.No.21　聖大乘守護大千國土經中卷

俄Инв.No.2726　聖大乘守護大千國土經中卷　　　(2-1)

俄Инв.No.2726　聖大乘守護大千國土經中卷　　　(2-2)

俄 Инв.No.38　　1.聖大乘守護大千國土經下卷　　　　(16-1)

俄 Инв.No.38　　1.聖大乘守護大千國土經下卷　　　　(16-2)

俄 Инв.No.38　　1.聖大乘守護大千國土經下卷　　　　(16-3)

俄 **И**нв.No.38　1.聖大乘守護大千國土經下卷　　(16-4)

俄 **И**нв.No.38　1.聖大乘守護大千國土經下卷　　(16-5)

俄 **И**нв.No.38　1.聖大乘守護大千國土經下卷　　(16-6)

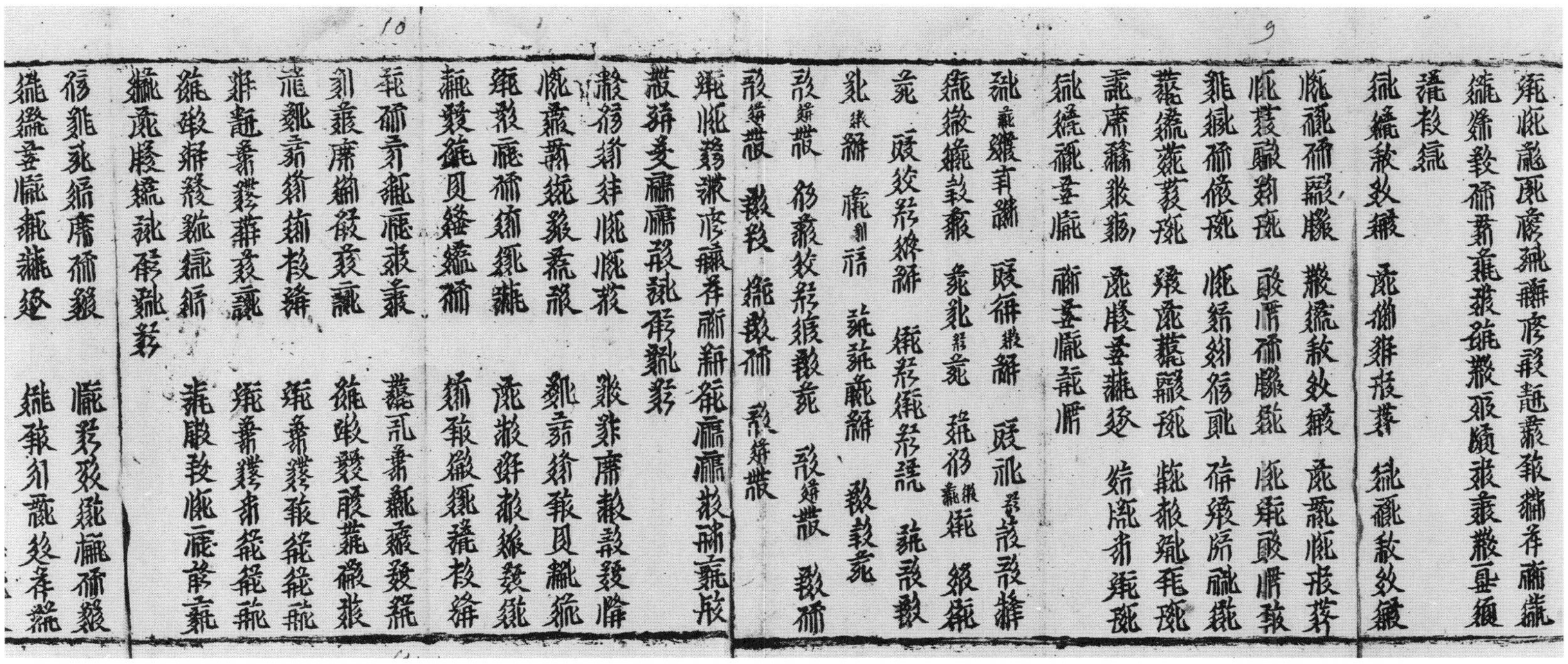

俄 Инв.No.38　1.聖大乘守護大千國土經下卷　(16–7)

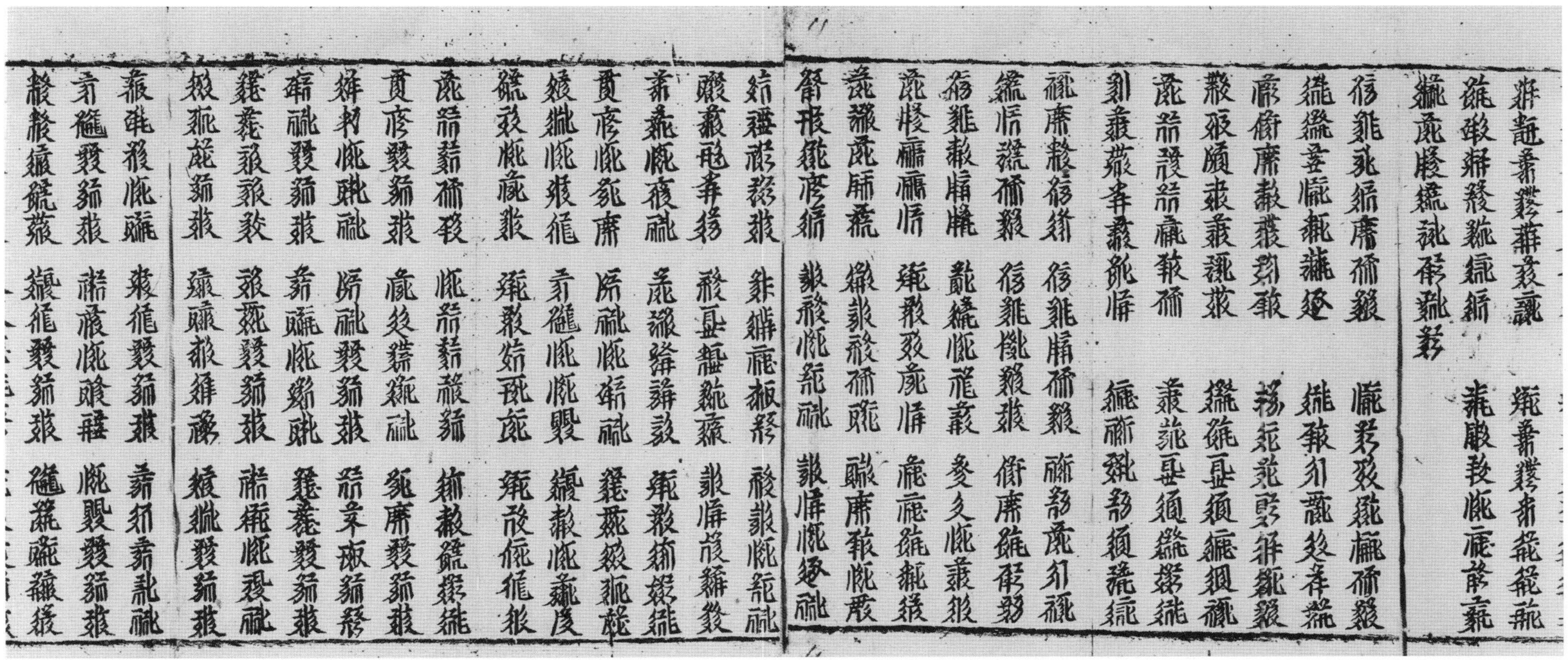

俄 Инв.No.38　1.聖大乘守護大千國土經下卷　(16–8)

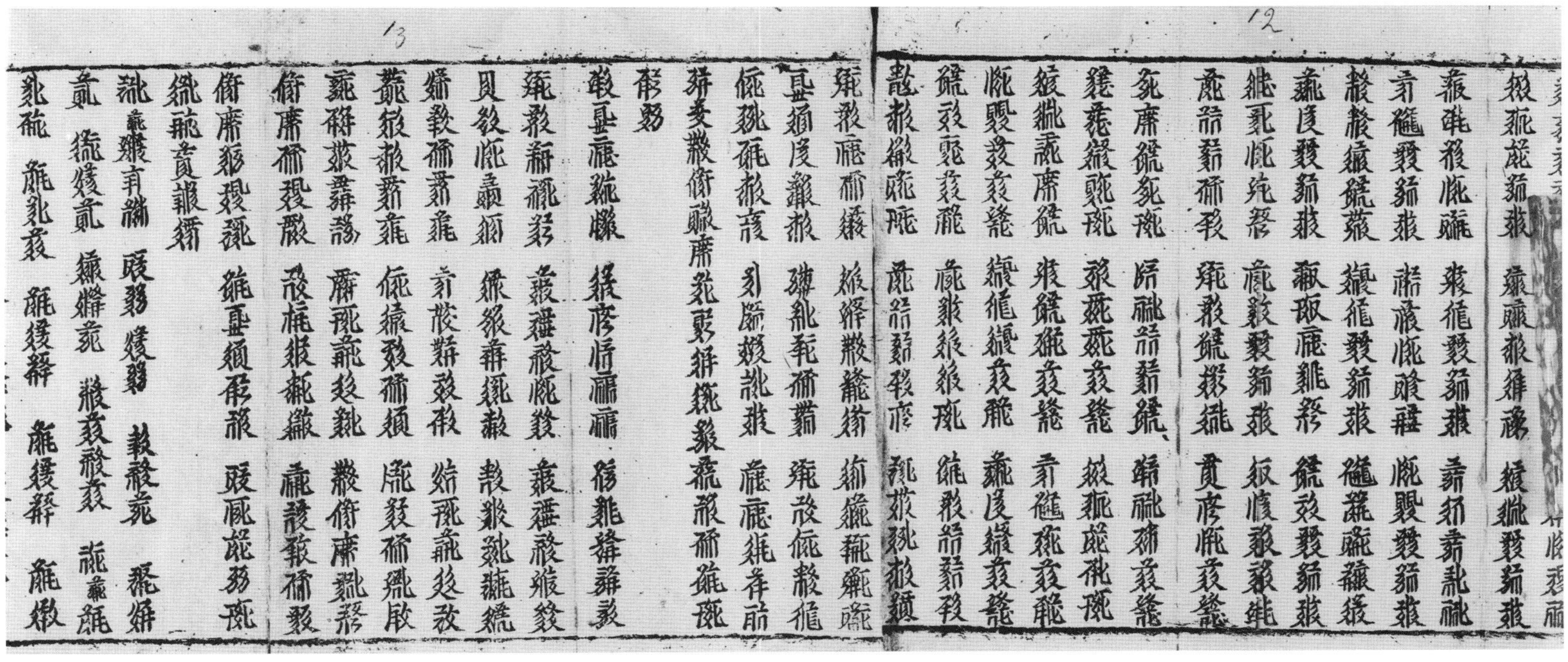

俄 Инв.No.38　1.聖大乘守護大千國土經下卷　(16–9)

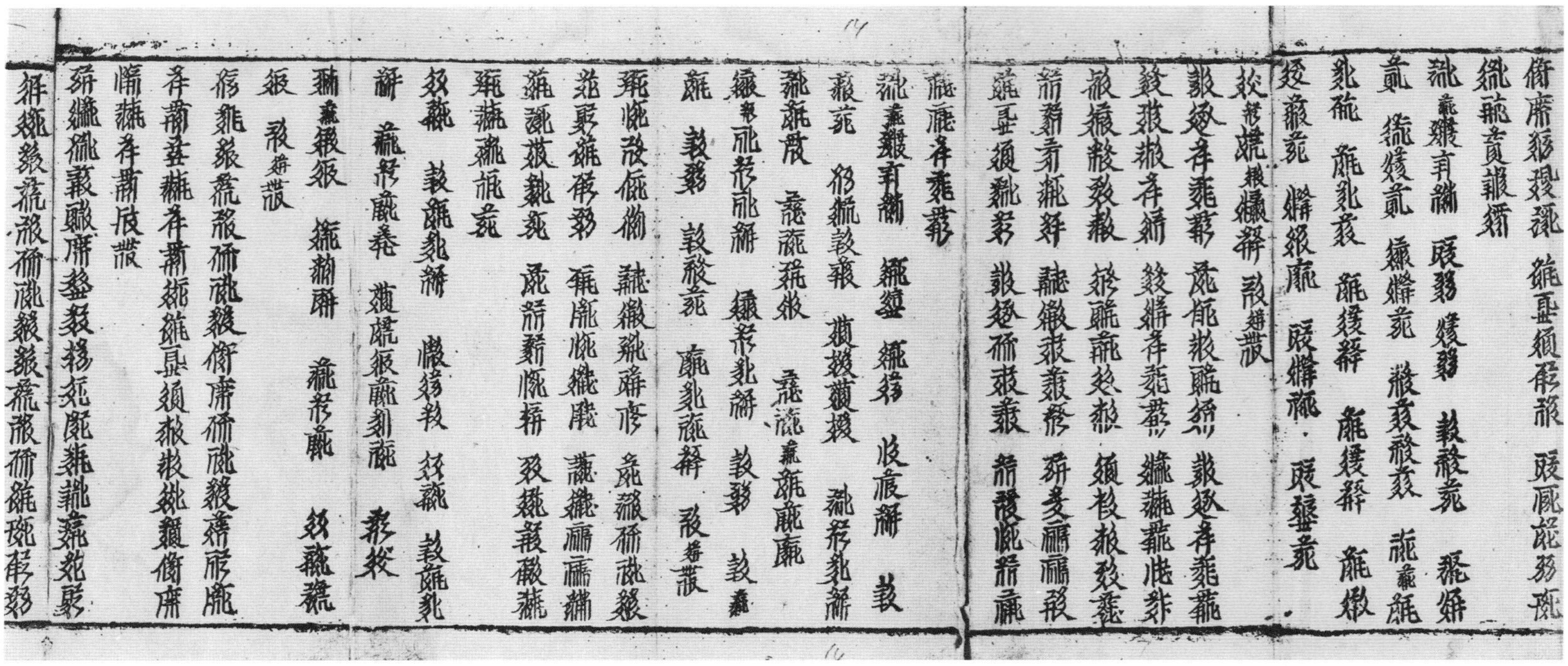

俄 Инв.No.38　1.聖大乘守護大千國土經下卷　(16–10)

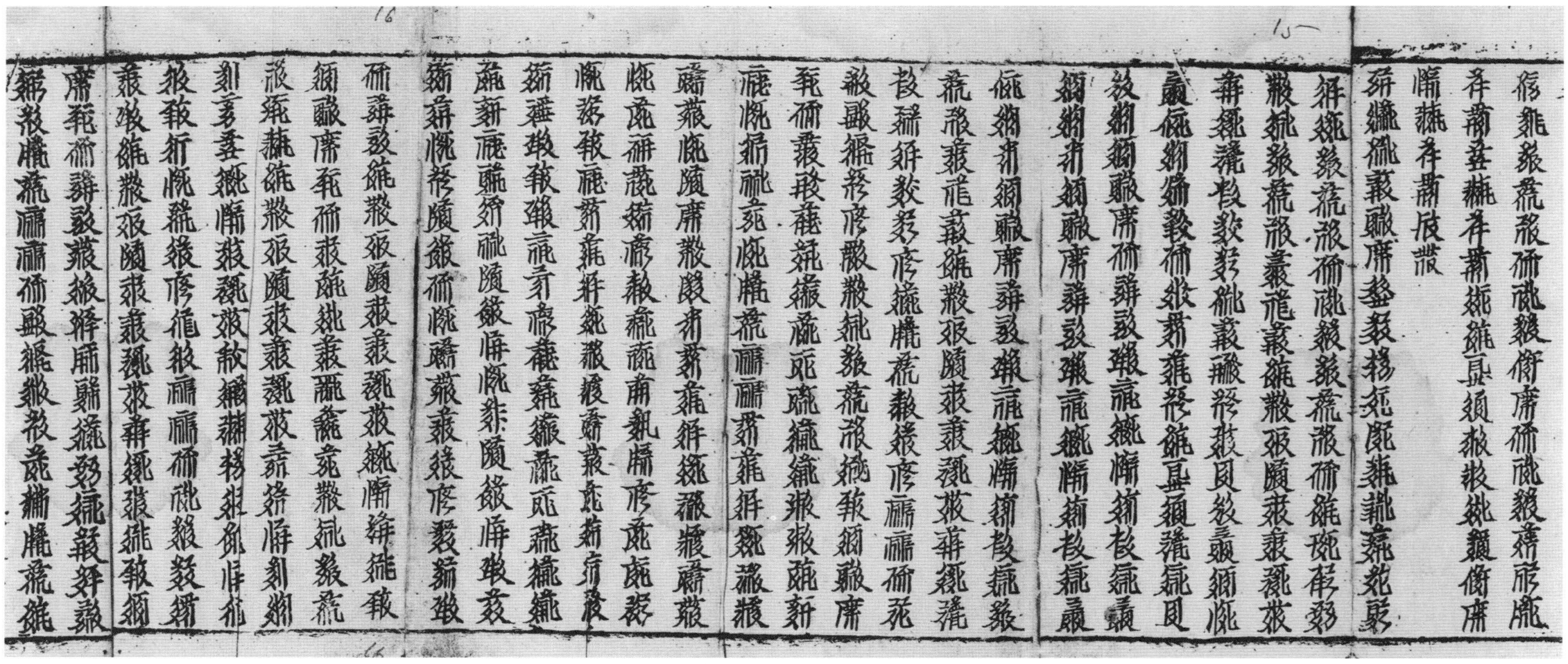

俄 Инв.No.38　1.聖大乘守護大千國土經下卷　(16–11)

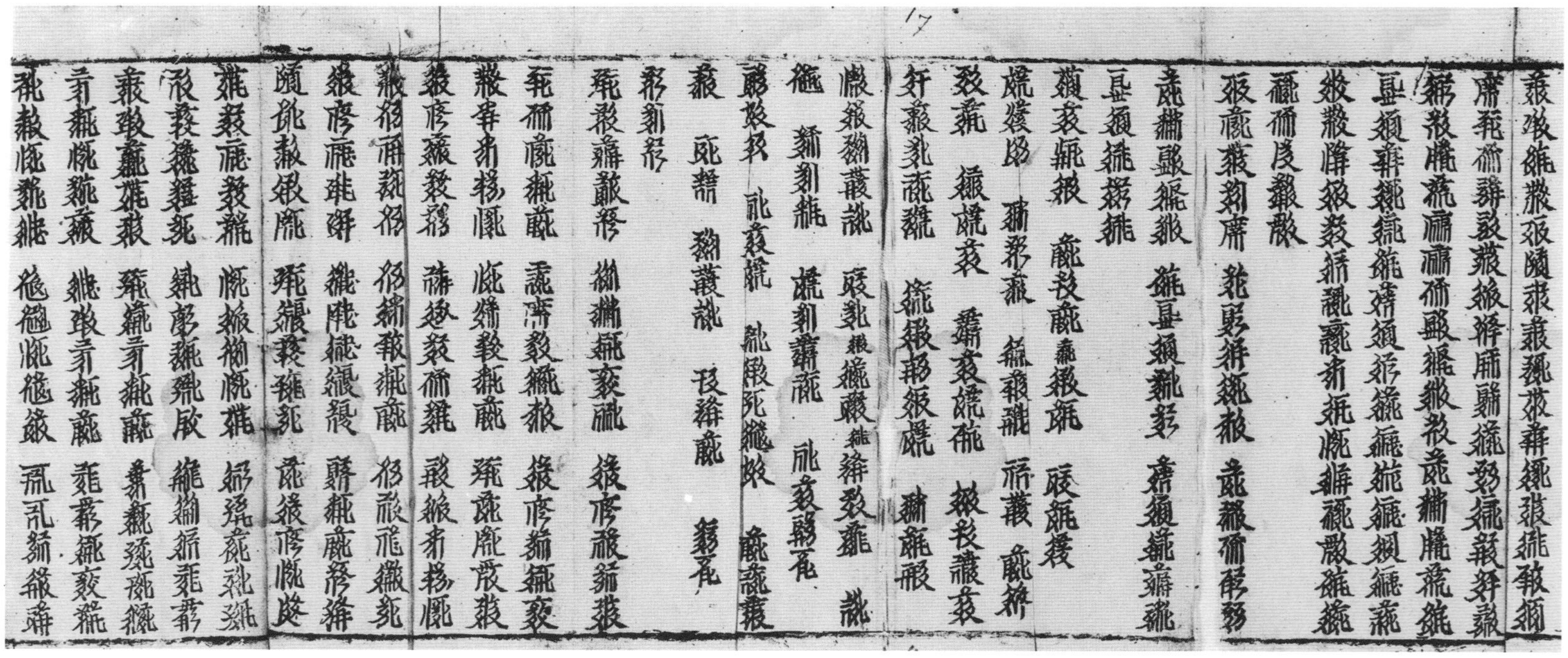

俄 Инв.No.38　1.聖大乘守護大千國土經下卷　(16–12)

俄 Инв.No.38　1.聖大乘守護大千國土經下卷　　　(16-13)

俄 Инв.No.38　1.聖大乘守護大千國土經下卷　　　(16-14)

俄 Инв.No.38　1.聖大乘守護大千國土經下卷　　　(16-15)

俄 **И**нв.No.38　1.聖大乘守護大千國土經下卷　　　(16-16)

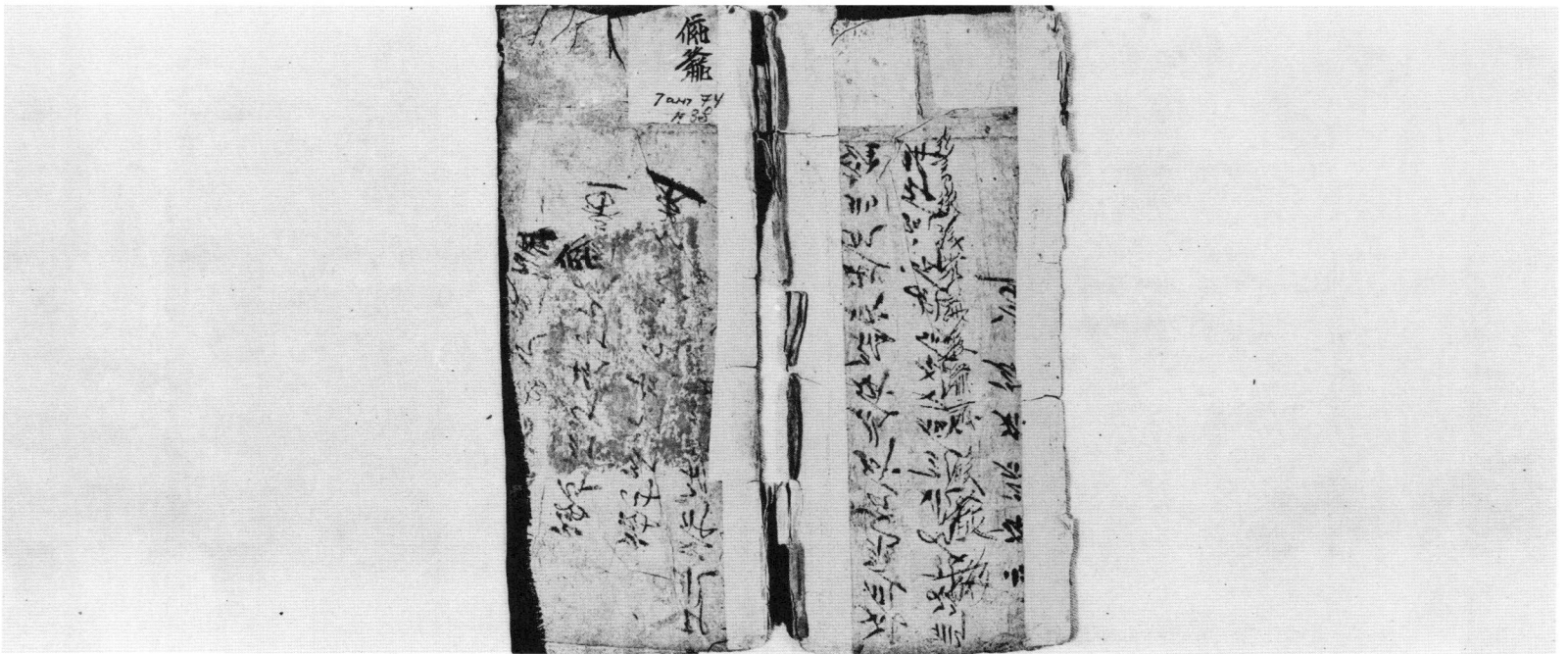

俄 **И**нв.No.38　2.聖大乘守護大千國土經下卷封套文書

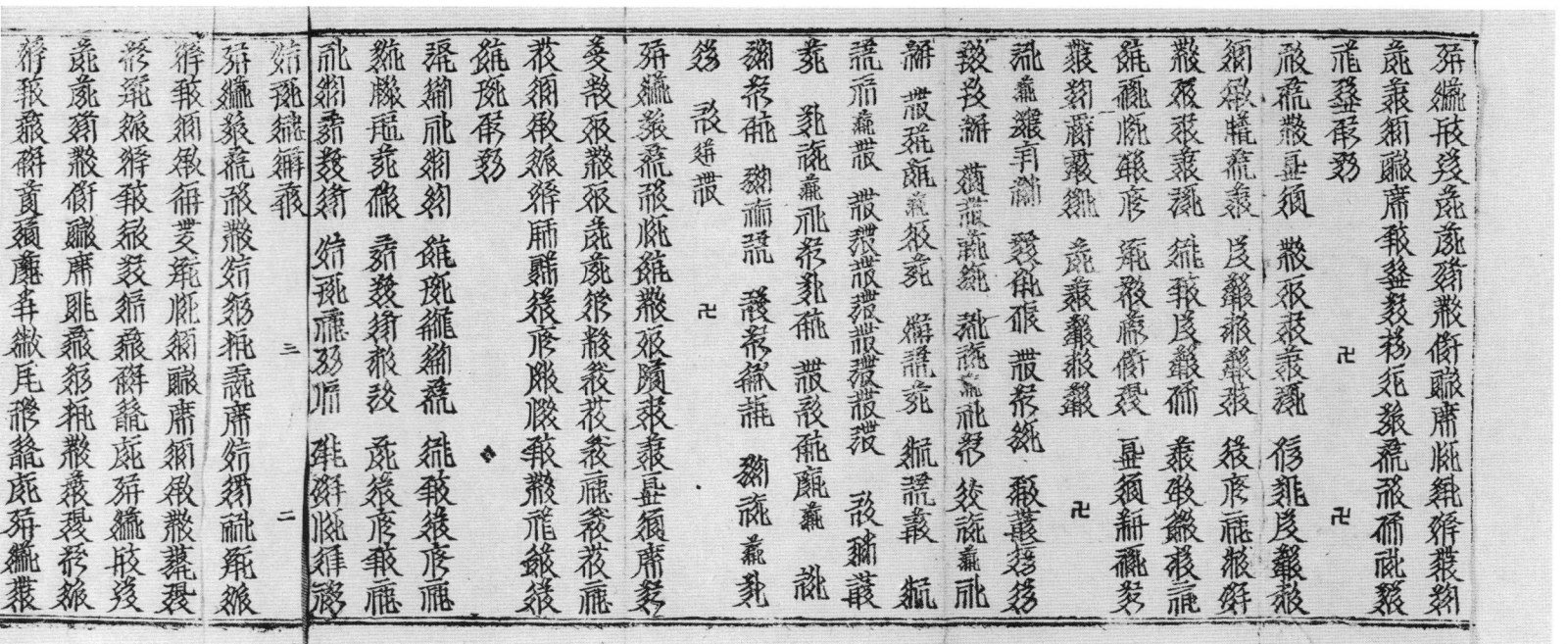

俄 **И**нв.No.39　聖大乘守護大千國土經下卷　　　(16-1)

俄 Инв.No.39 聖大乘守護大千國土經下卷 (16-2)

俄 Инв.No.39 聖大乘守護大千國土經下卷 (16-3)

俄 Инв.No.39 聖大乘守護大千國土經下卷 (16-4)

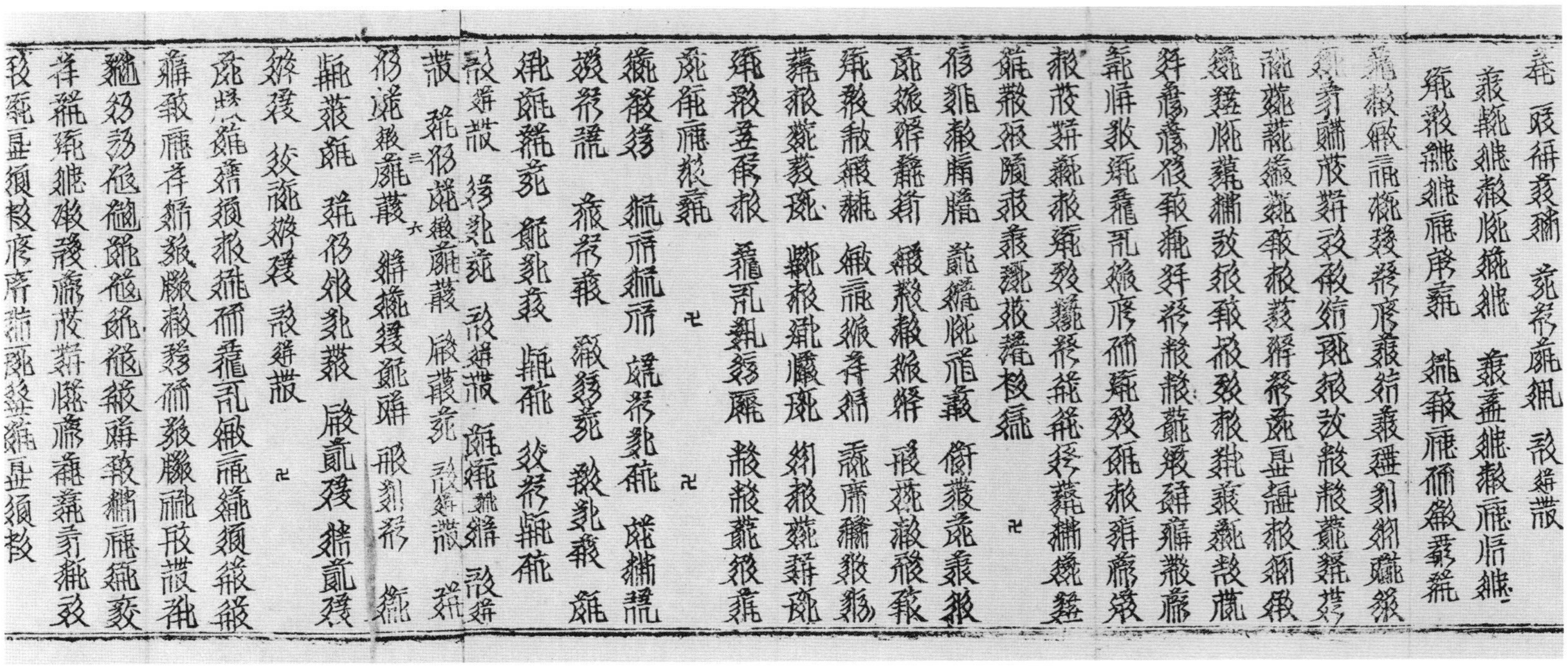

俄 Инв.No.39　聖大乘守護大千國土經下卷　(16–5)

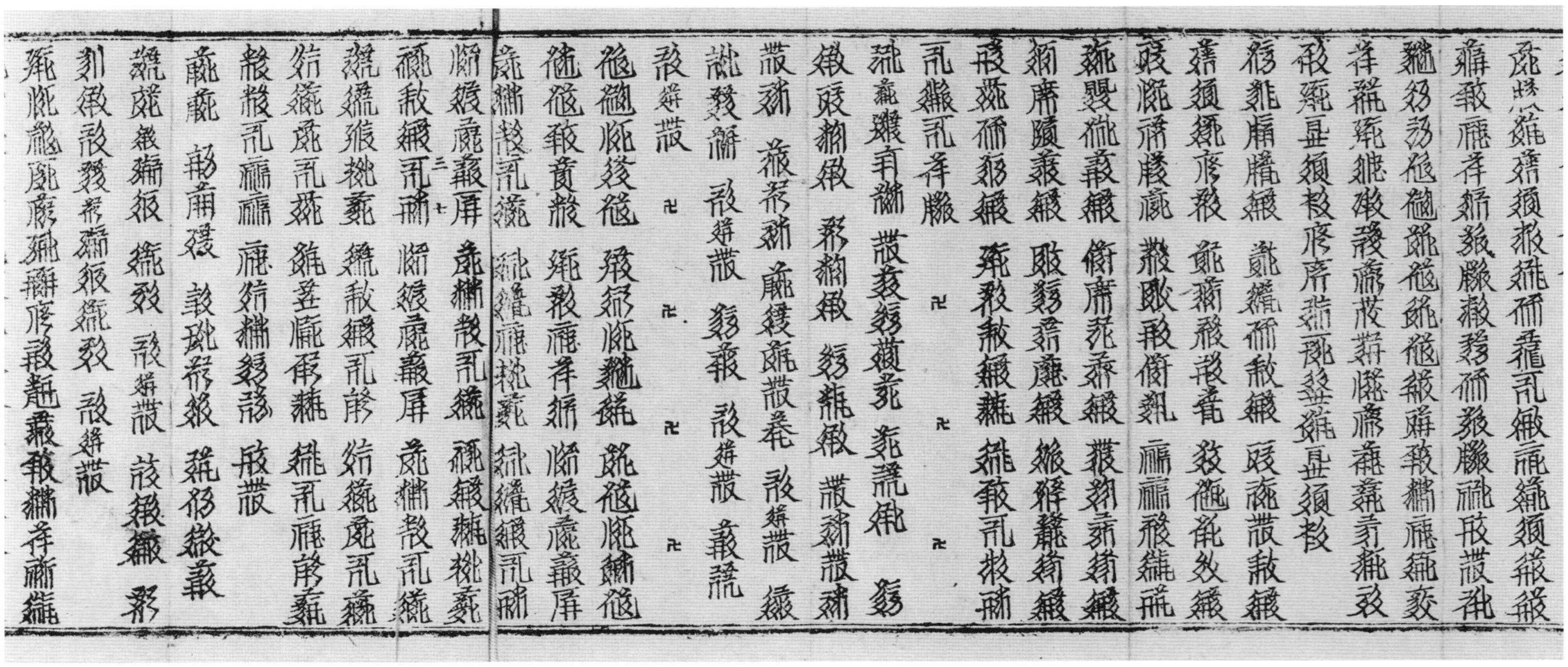

俄 Инв.No.39　聖大乘守護大千國土經下卷　(16–6)

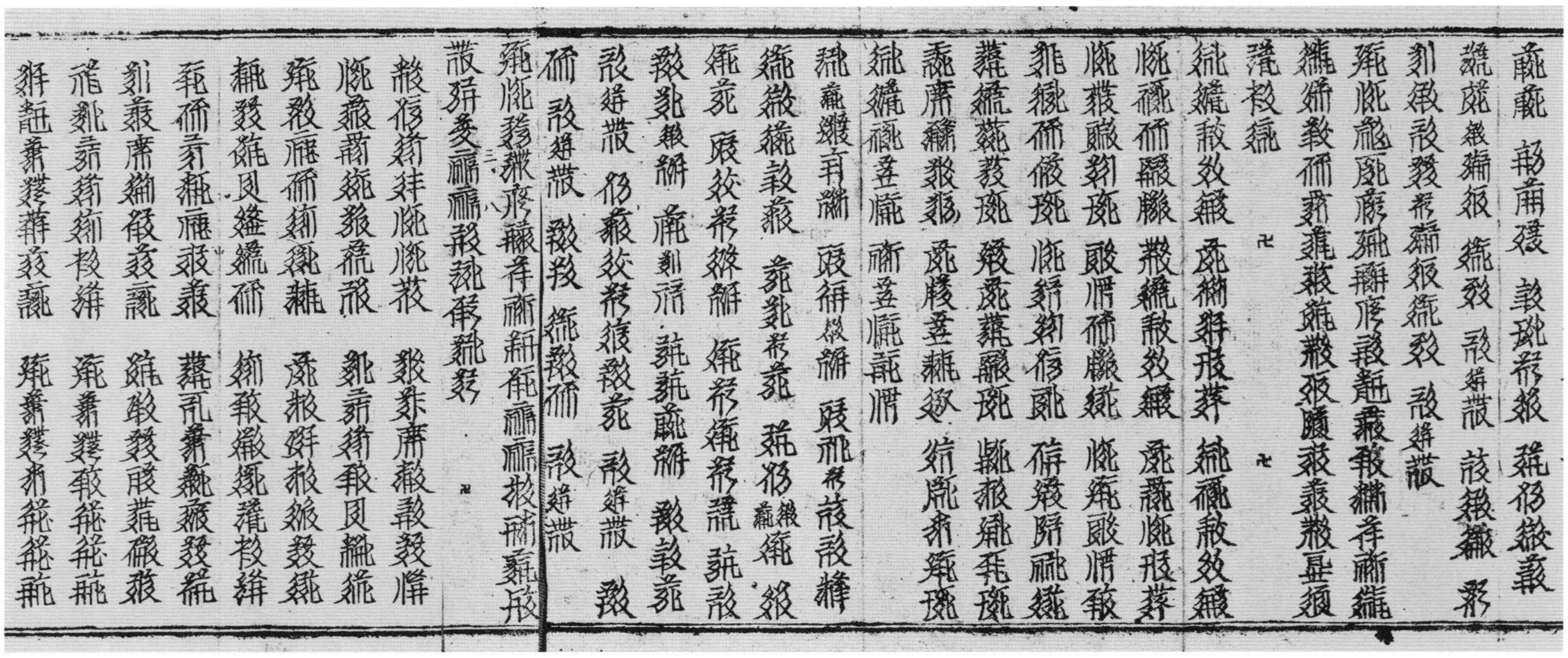

俄 Инв.No.39　聖大乘守護大千國土經下卷　(16–7)

俄 Инв.No.39　聖大乘守護大千國土經下卷　　　(16-8)

俄 Инв.No.39　聖大乘守護大千國土經下卷　　　(16-9)

俄 Инв.No.39　聖大乘守護大千國土經下卷　　　(16-10)

俄 Инв.No.39 聖大乘守護大千國土經下卷 (16-11)

俄 Инв.No.39 聖大乘守護大千國土經下卷 (16-12)

俄 Инв.No.39 聖大乘守護大千國土經下卷 (16-13)

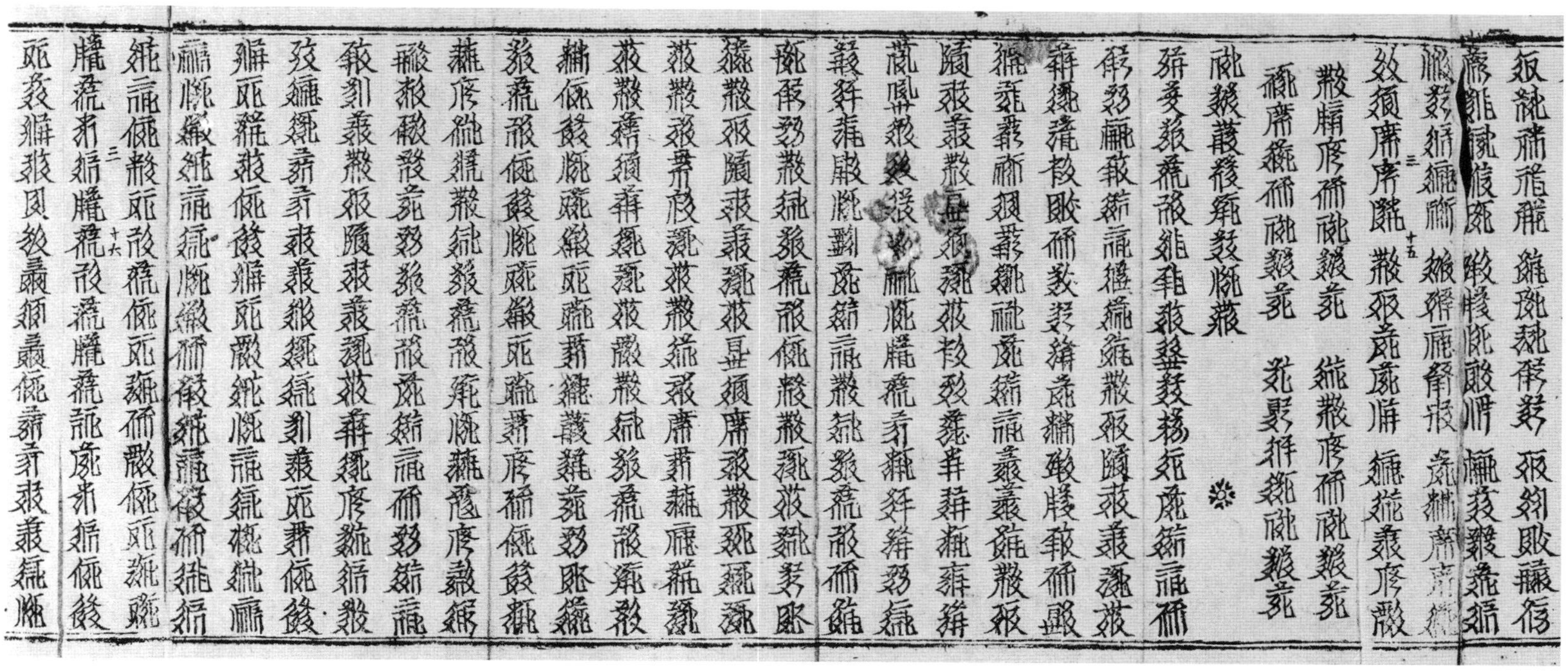

俄 Инв.No.39　聖大乘守護大千國土經下卷　(16–14)

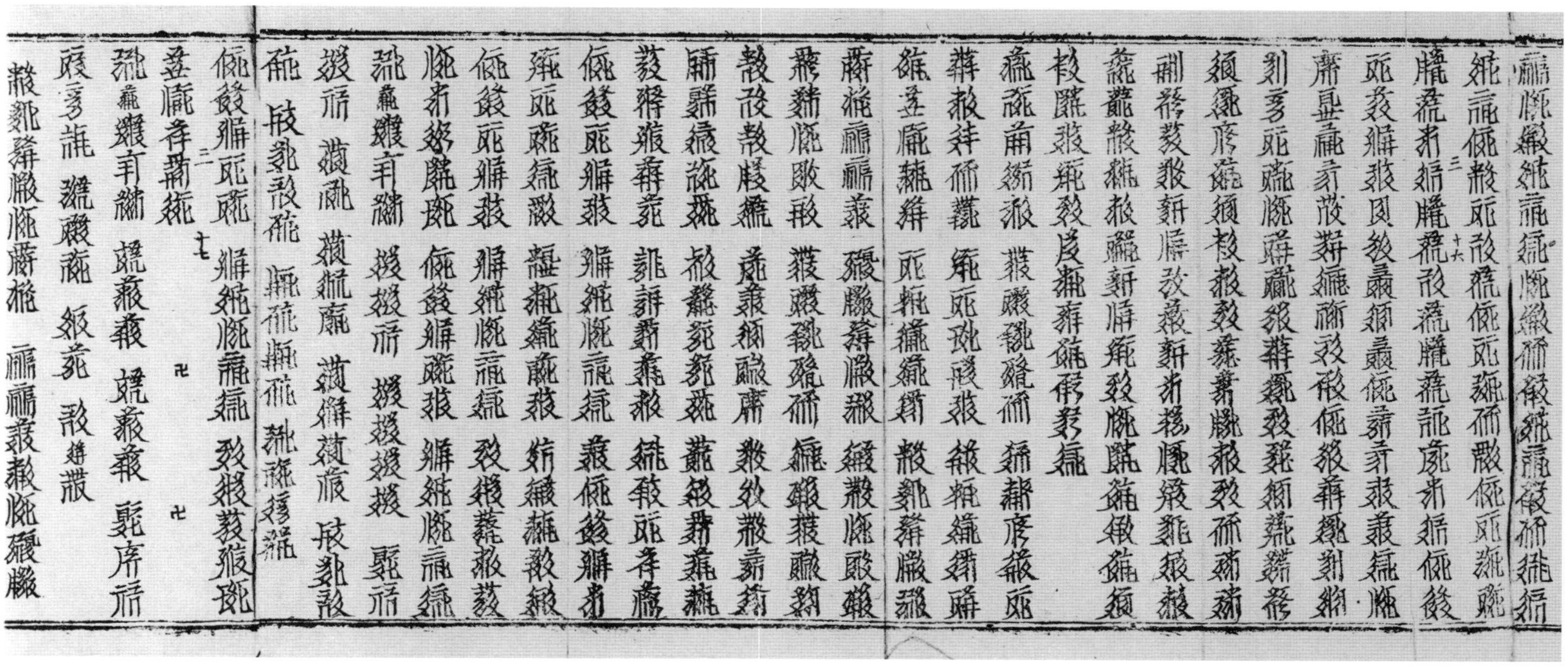

俄 Инв.No.39　聖大乘守護大千國土經下卷　(16–15)

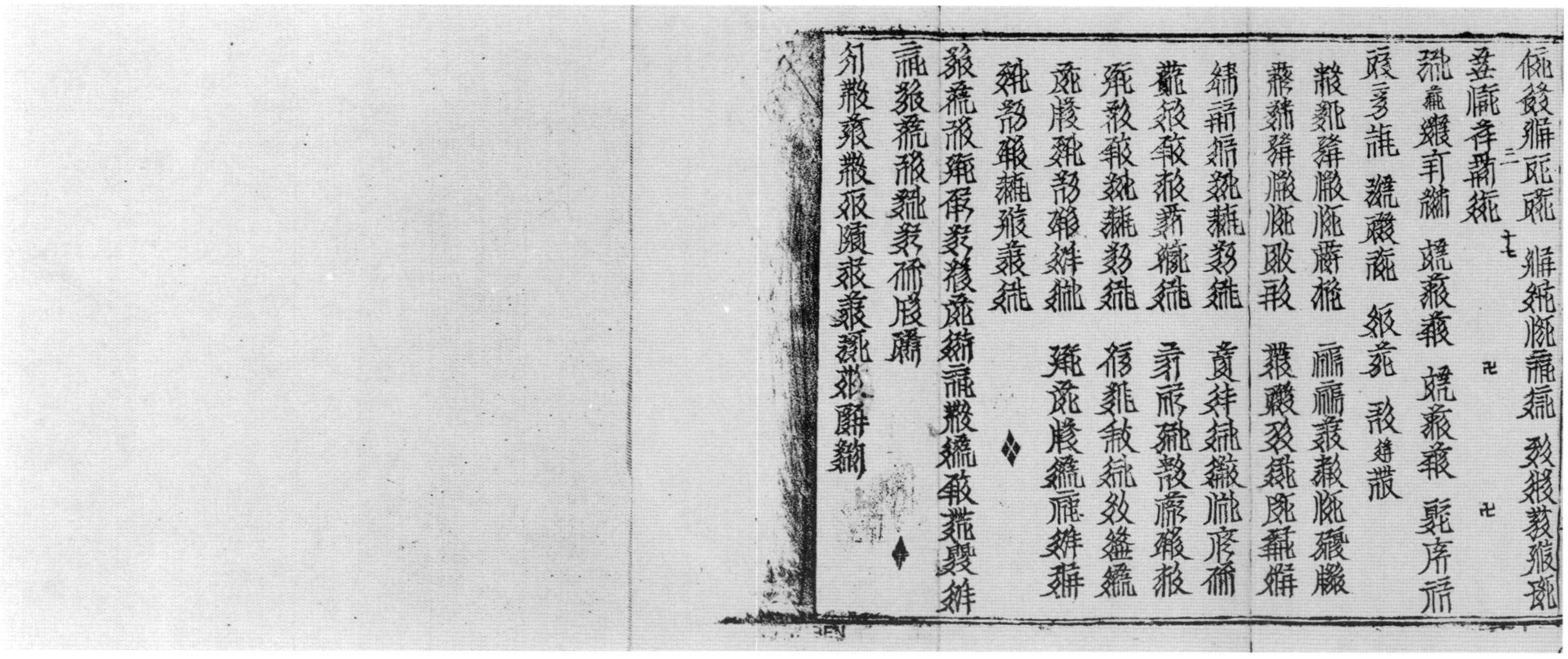

俄 Инв.No.39　聖大乘守護大千國土經下卷　(16–16)

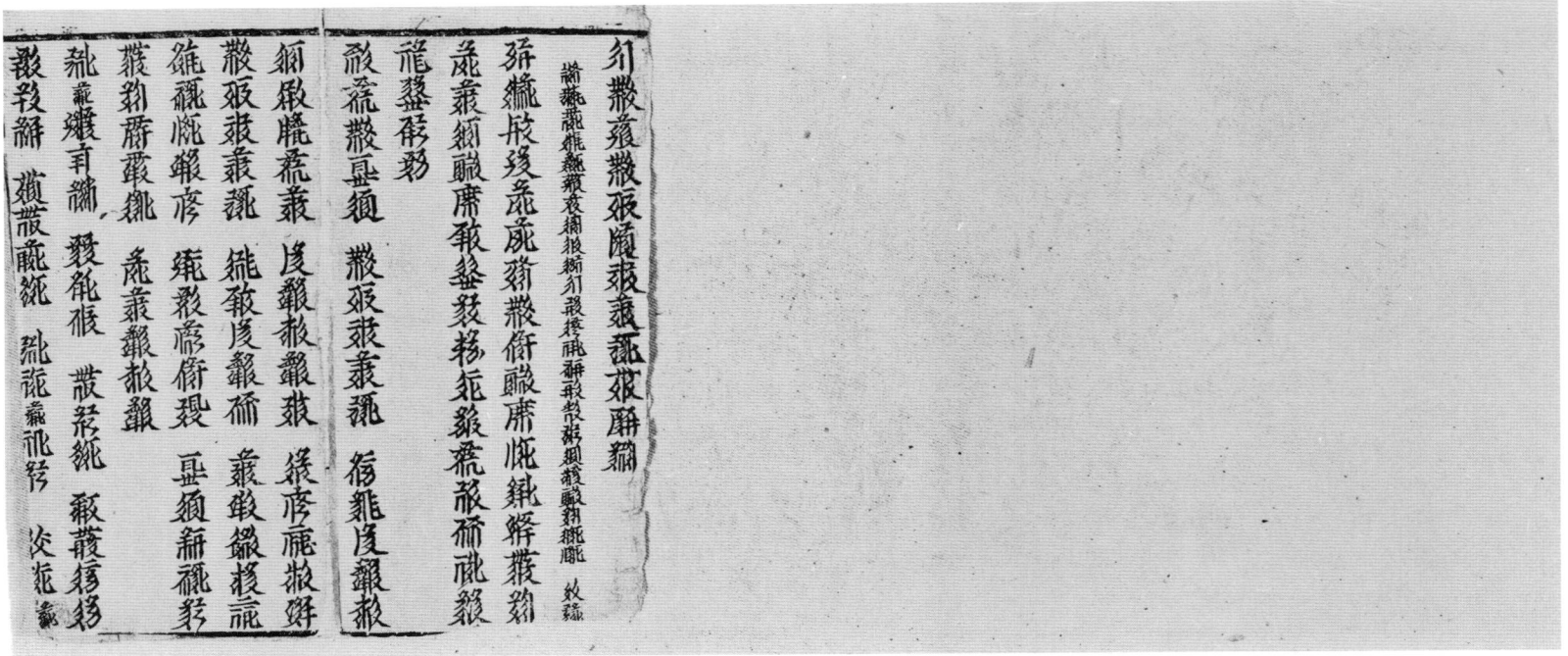

俄 **И**нв.No.2312　聖大乘守護大千國土經下卷

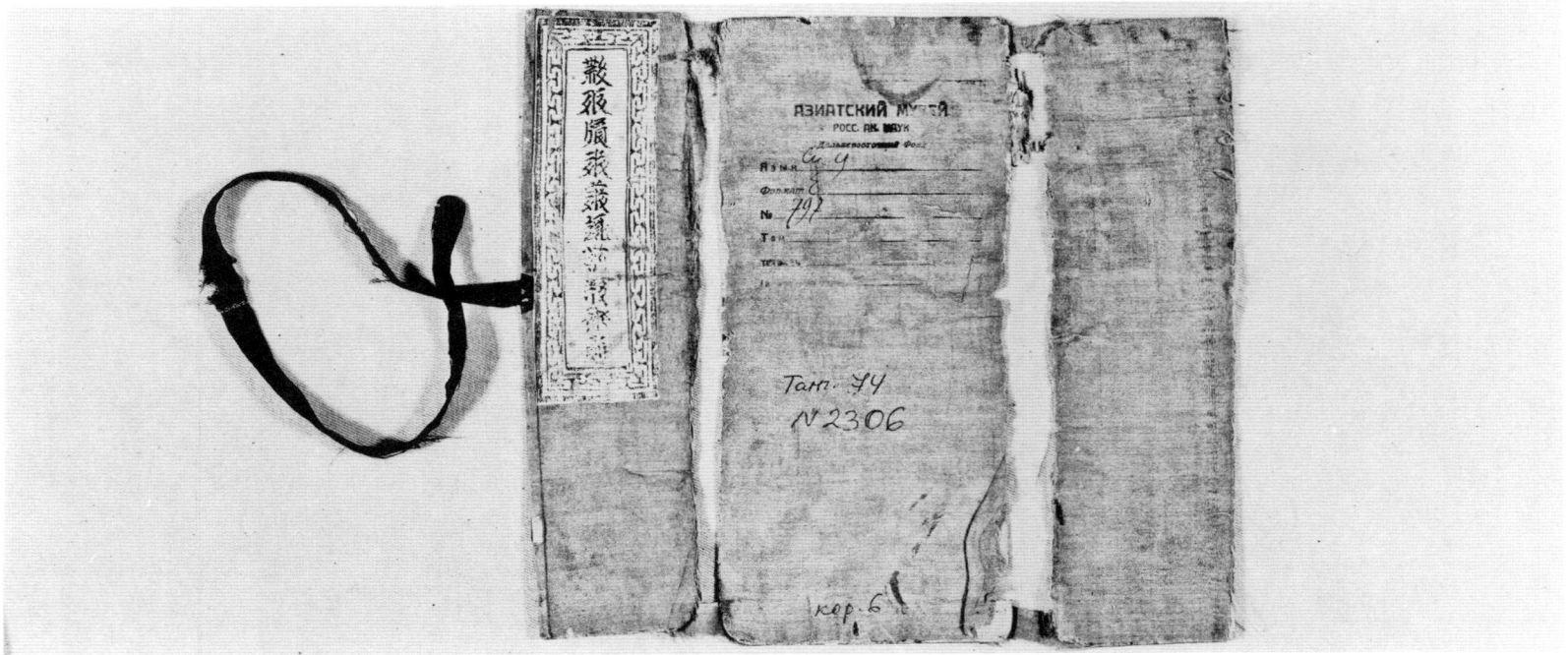

俄 **И**нв.No.2306　聖大乘守護大千國土經下卷（封套）

俄 **И**нв.No.2306　聖大乘守護大千國土經下卷（封套內頁）

俄 Инв.No.2306　聖大乘守護大千國土經下卷　　　　(15-1)

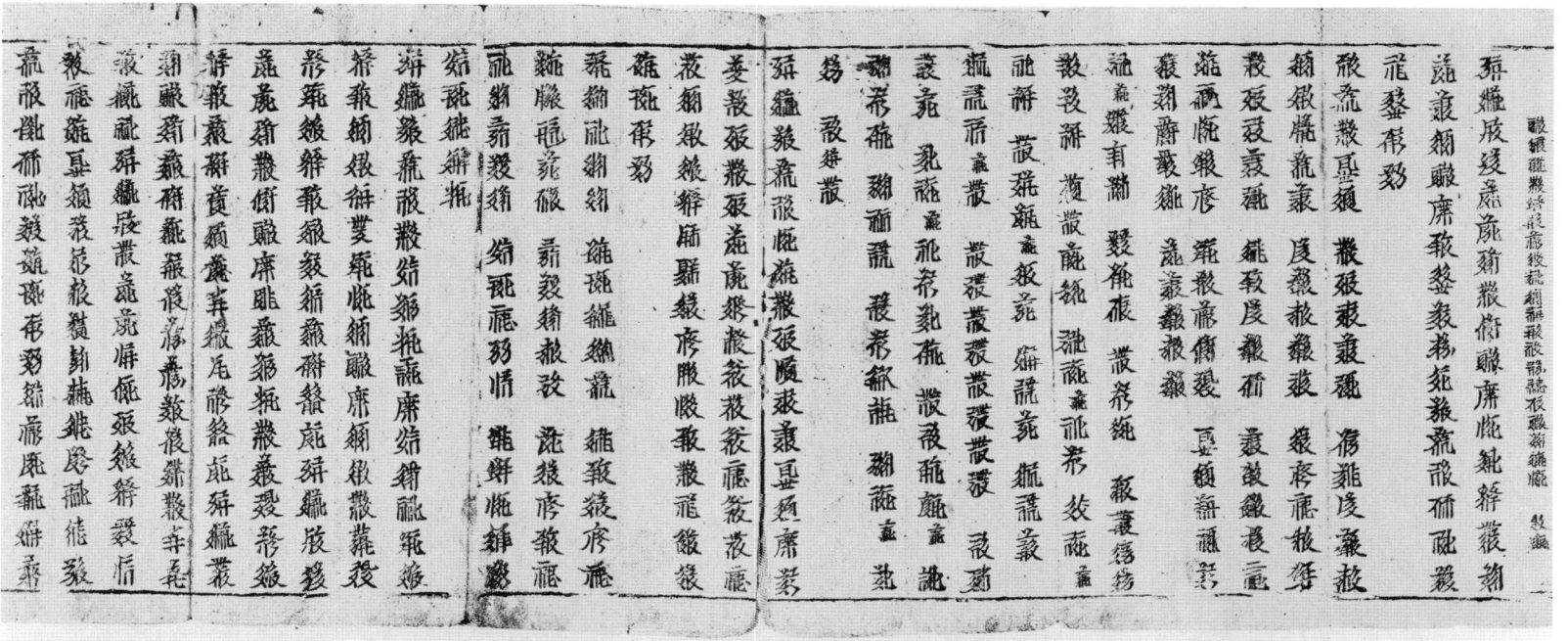

俄 Инв.No.2306　聖大乘守護大千國土經下卷　　　　(15-2)

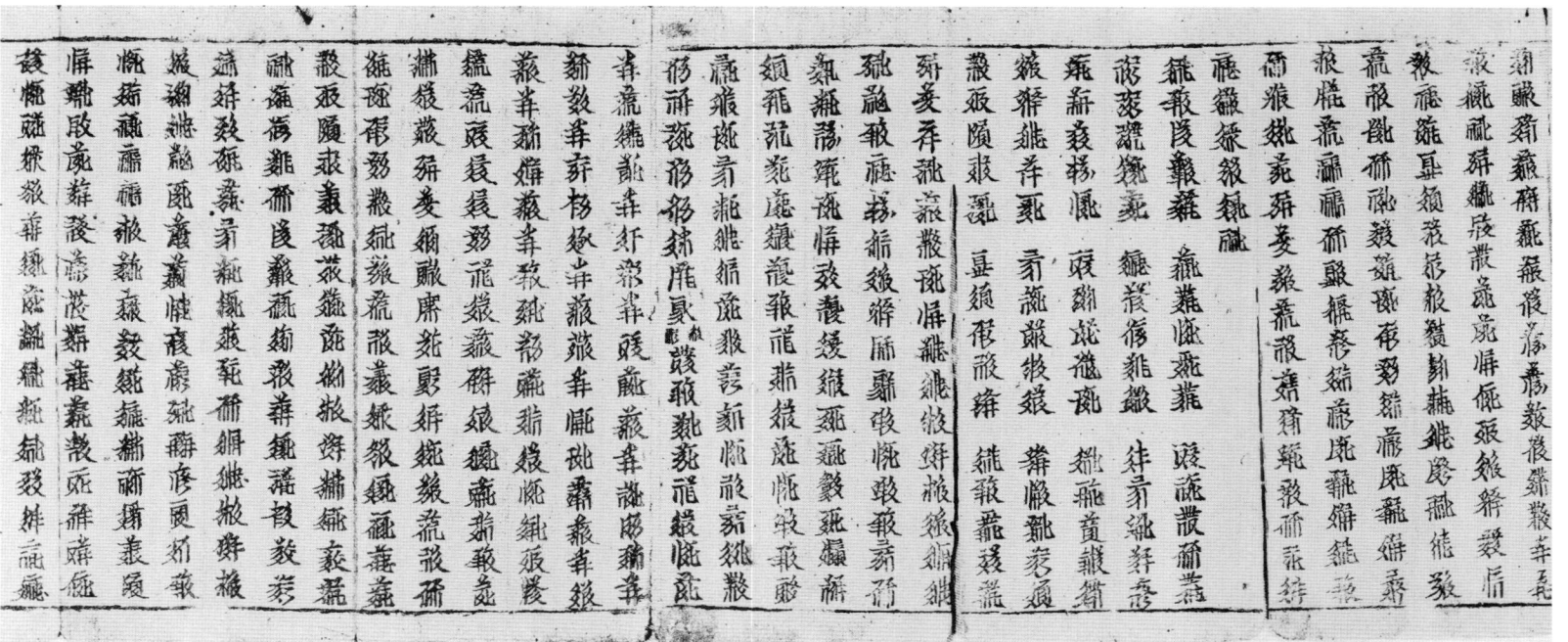

俄 Инв.No.2306　聖大乘守護大千國土經下卷　　　　(15-3)

俄Инв.No.2306　聖大乘守護大千國土經下卷　　　（15-4）

俄Инв.No.2306　聖大乘守護大千國土經下卷　　　（15-5）

俄Инв.No.2306　聖大乘守護大千國土經下卷　　　（15-6）

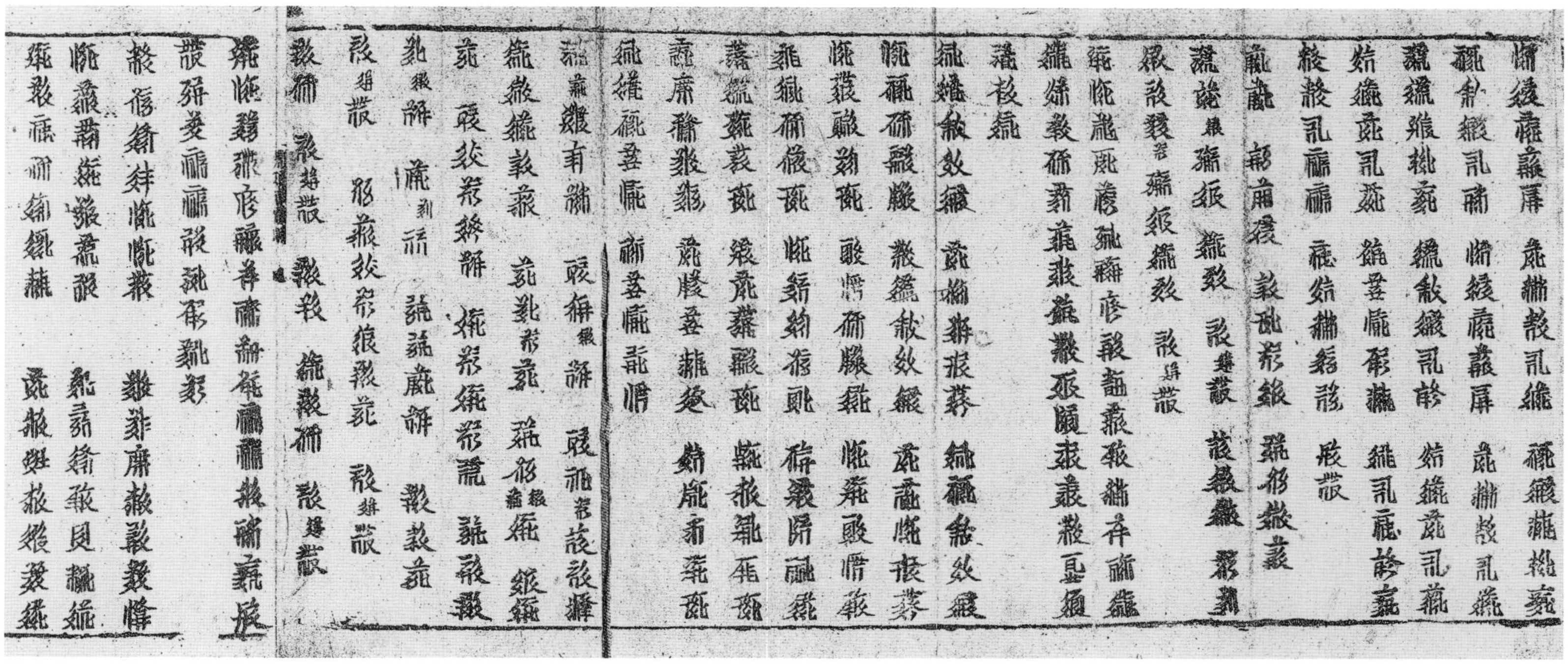

俄 Инв.No.2306　聖大乘守護大千國土經下卷　　(15–7)

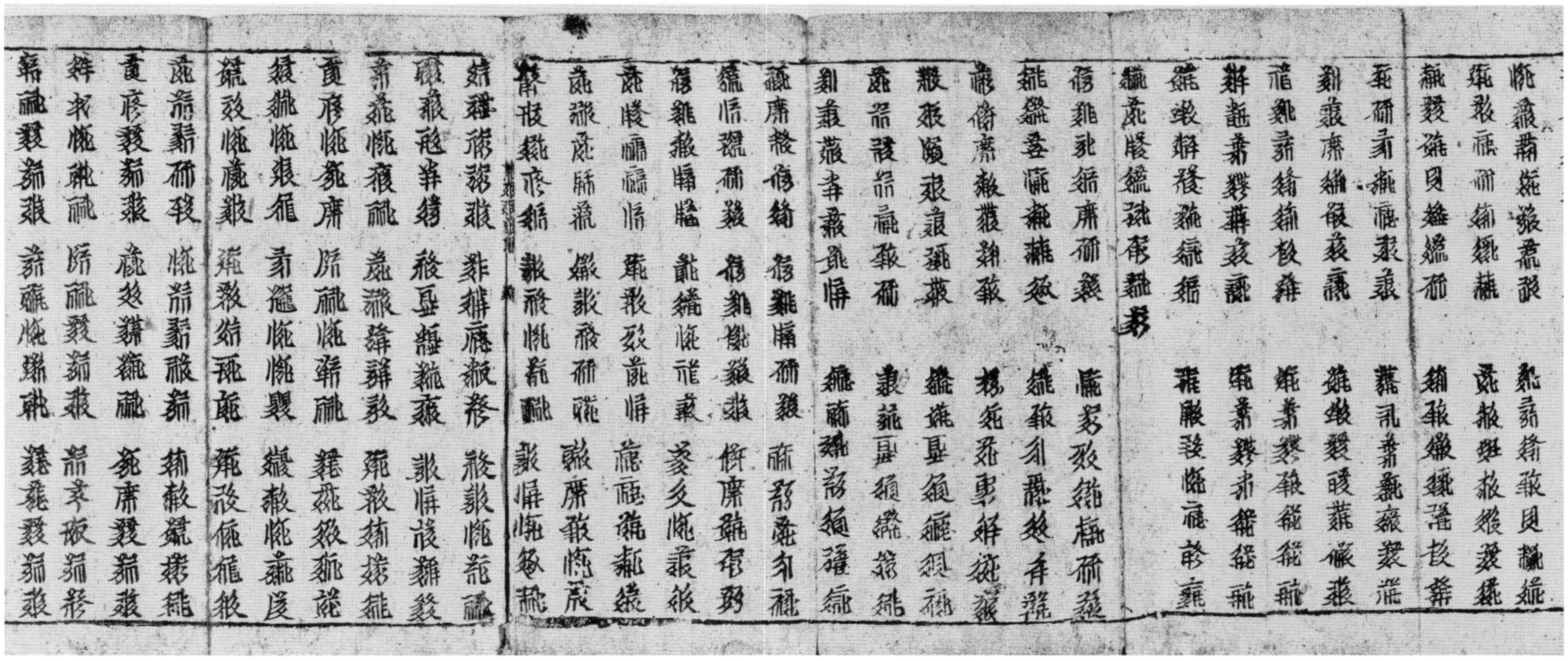

俄 Инв.No.2306　聖大乘守護大千國土經下卷　　(15–8)

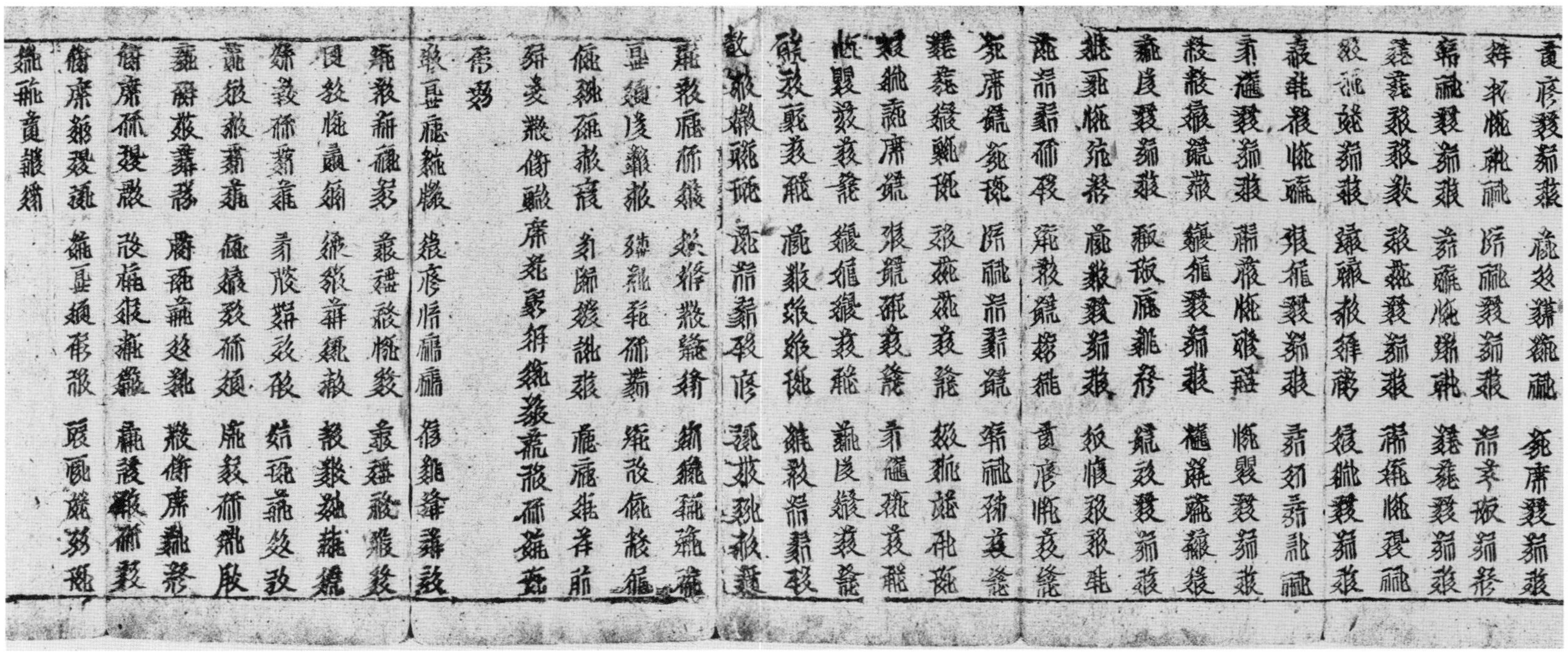

俄 Инв.No.2306　聖大乘守護大千國土經下卷　　(15–9)

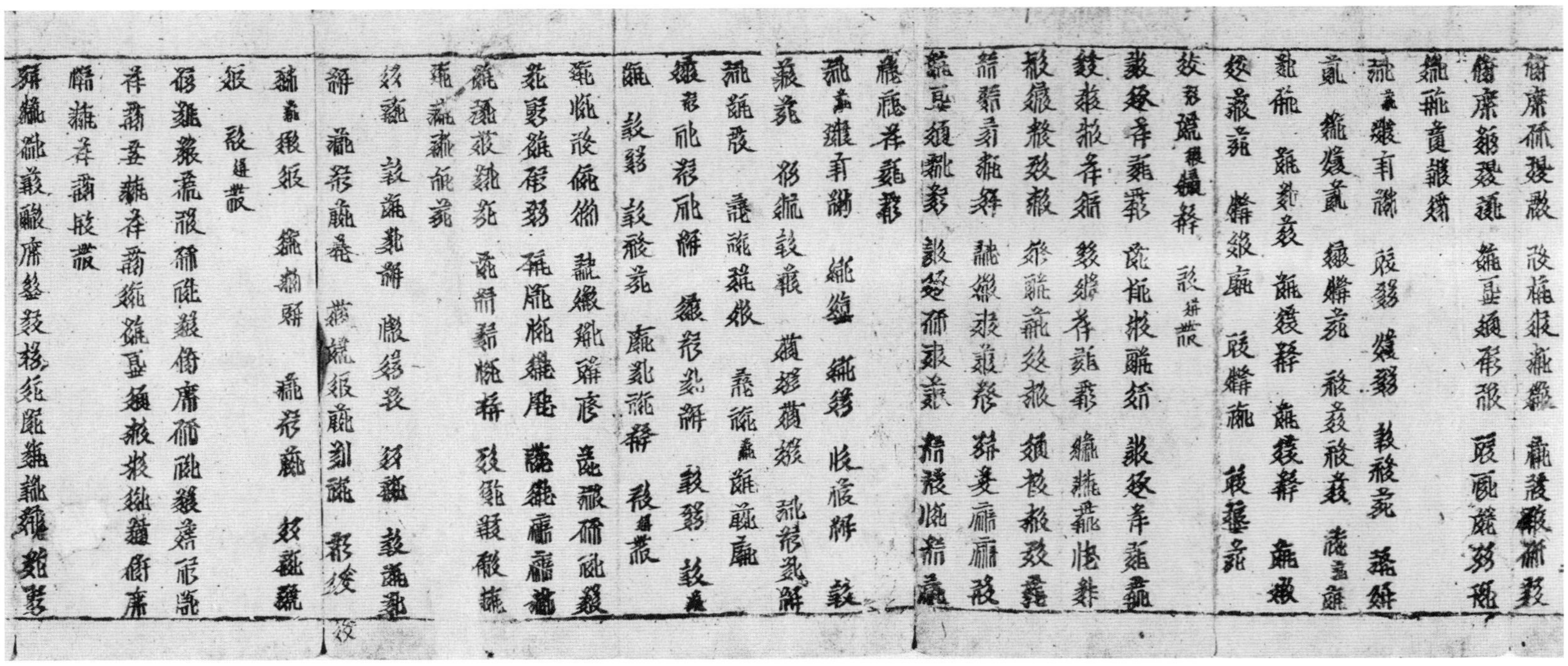

俄 Инв.No.2306　聖大乘守護大千國土經下卷　(15–10)

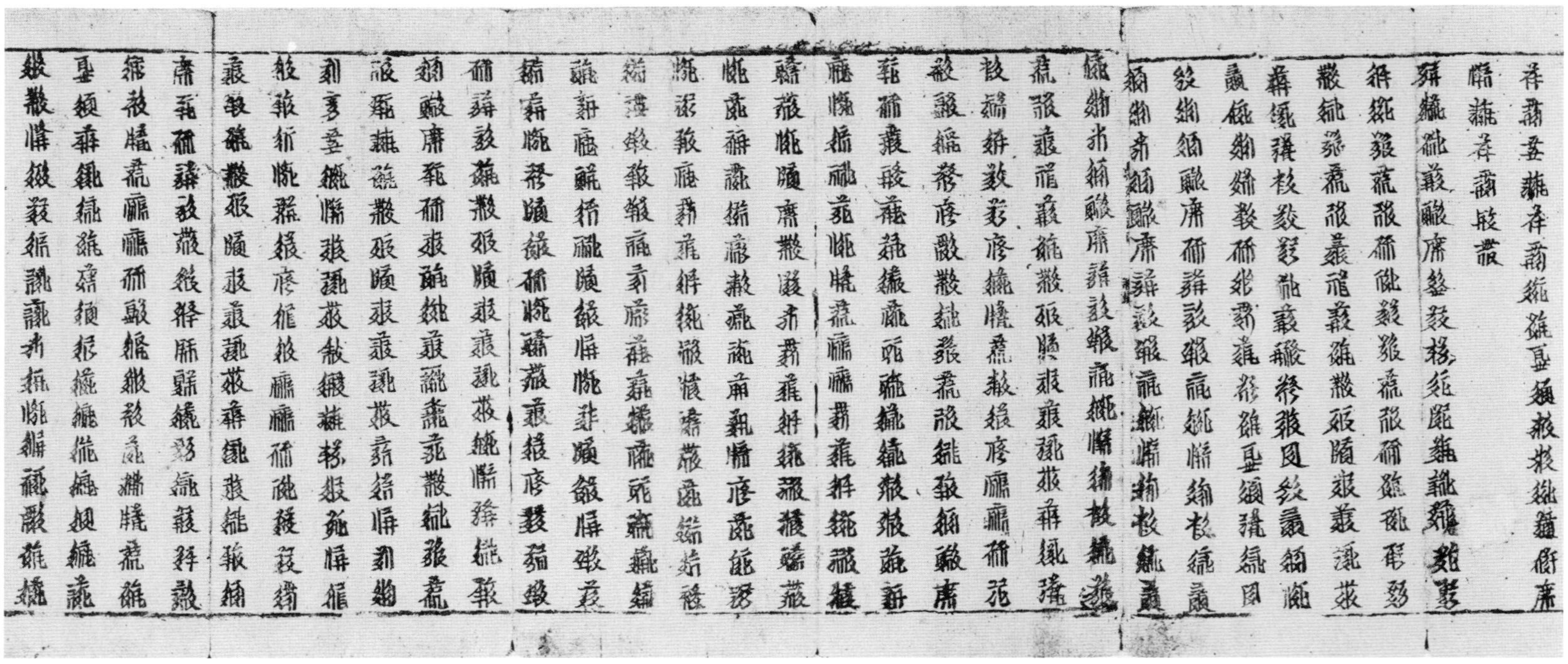

俄 Инв.No.2306　聖大乘守護大千國土經下卷　(15–11)

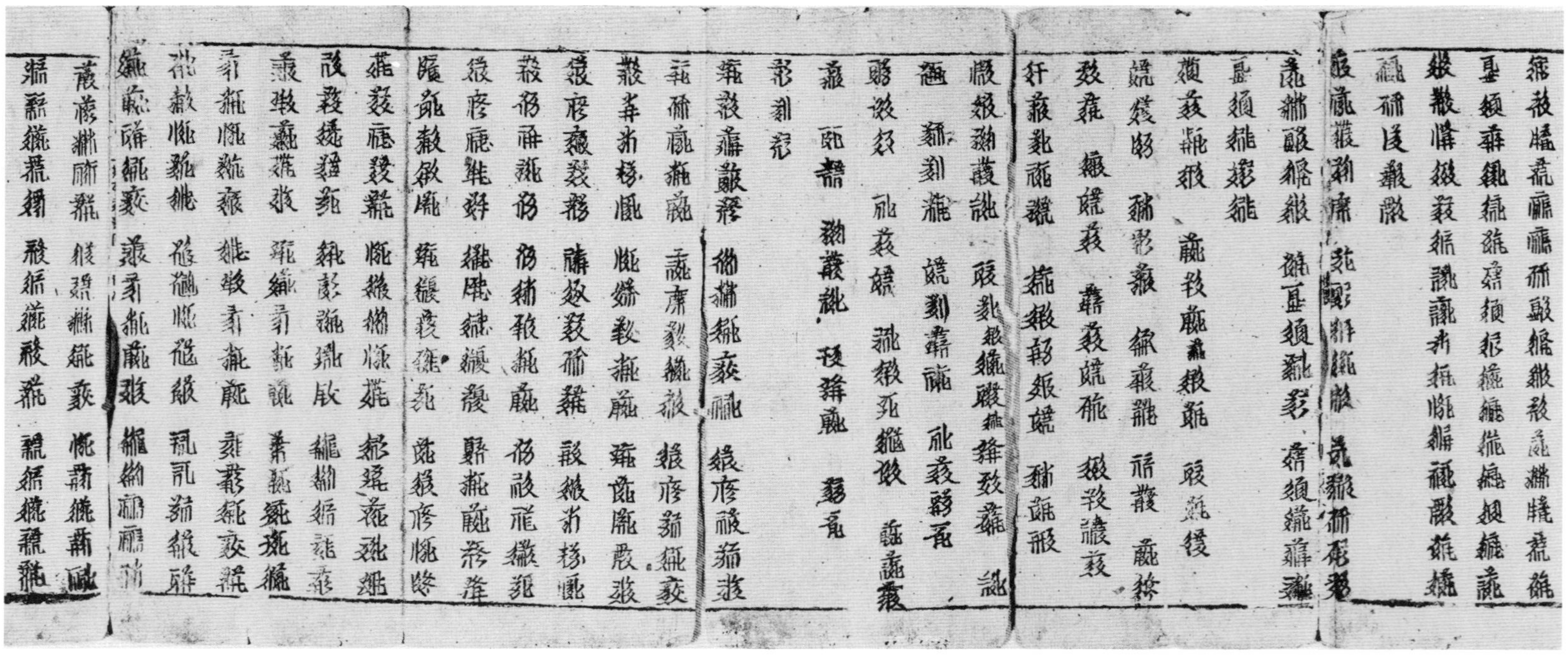

俄 Инв.No.2306　聖大乘守護大千國土經下卷　(15–12)

俄 Инв.No.2306　聖大乘守護大千國土經下卷　　　(15-13)

俄 Инв.No.2306　聖大乘守護大千國土經下卷　　　(15-14)

俄 Инв.No.2306　聖大乘守護大千國土經下卷　　　(15-15)

俄**И**нв.No.2512　聖大乘守護大千國土經下卷（封套）　　(2-1)

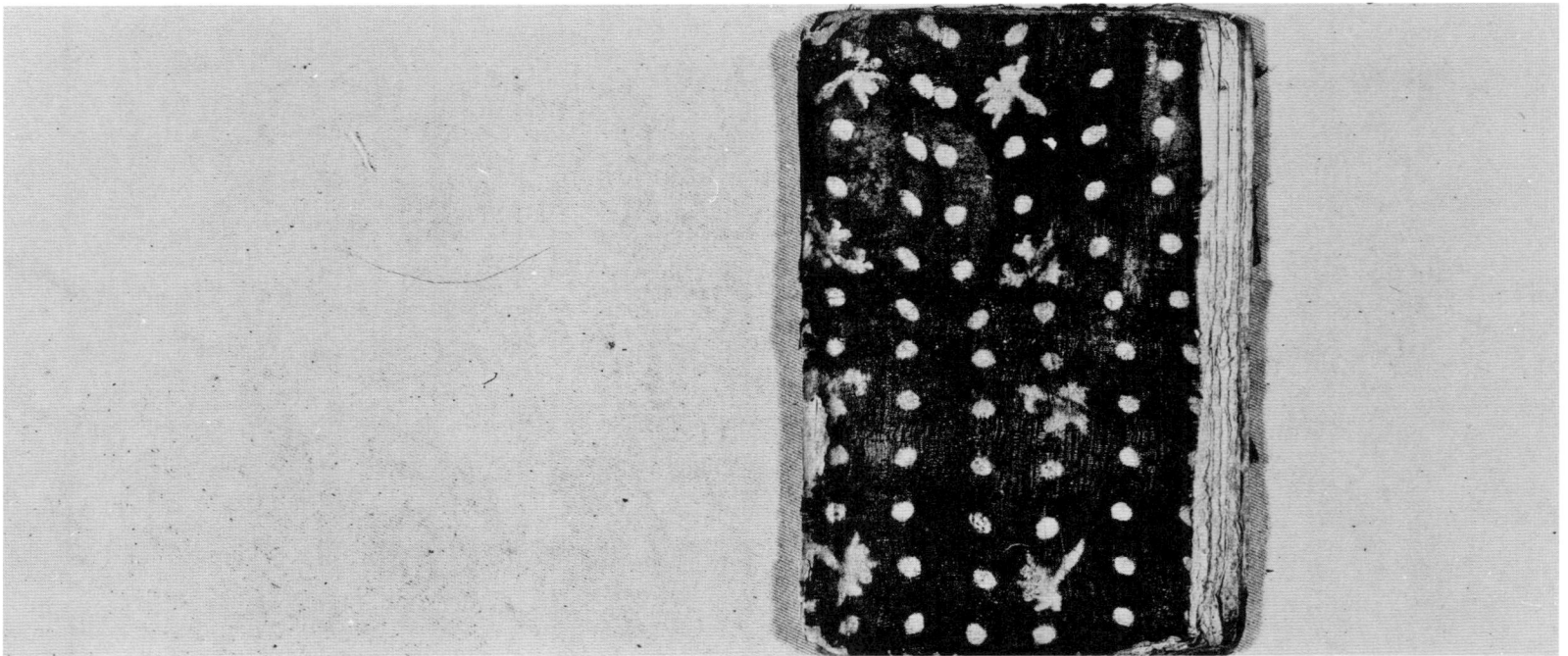

俄**И**нв.No.2512　聖大乘守護大千國土經下卷（封套）　　(2-2)

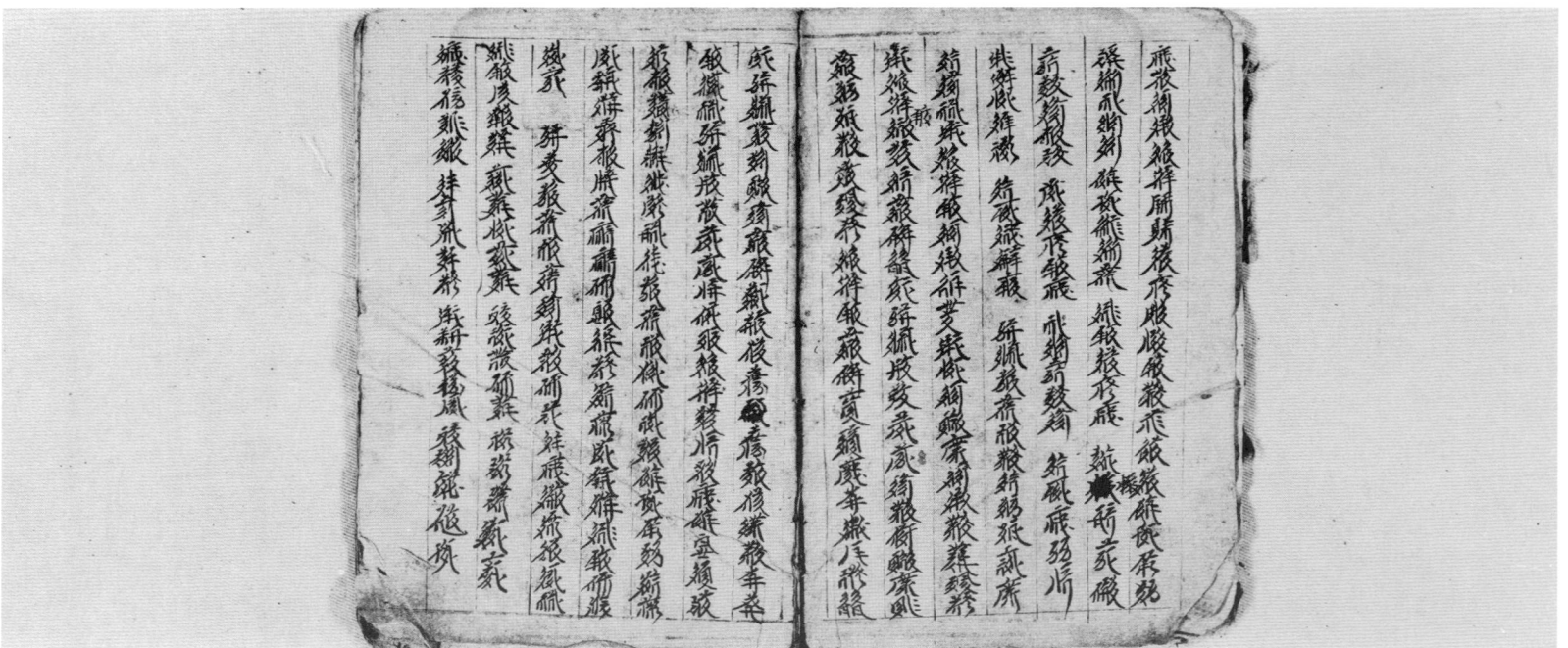

俄**И**нв.No.2512　聖大乘守護大千國土經下卷　　(19-1)

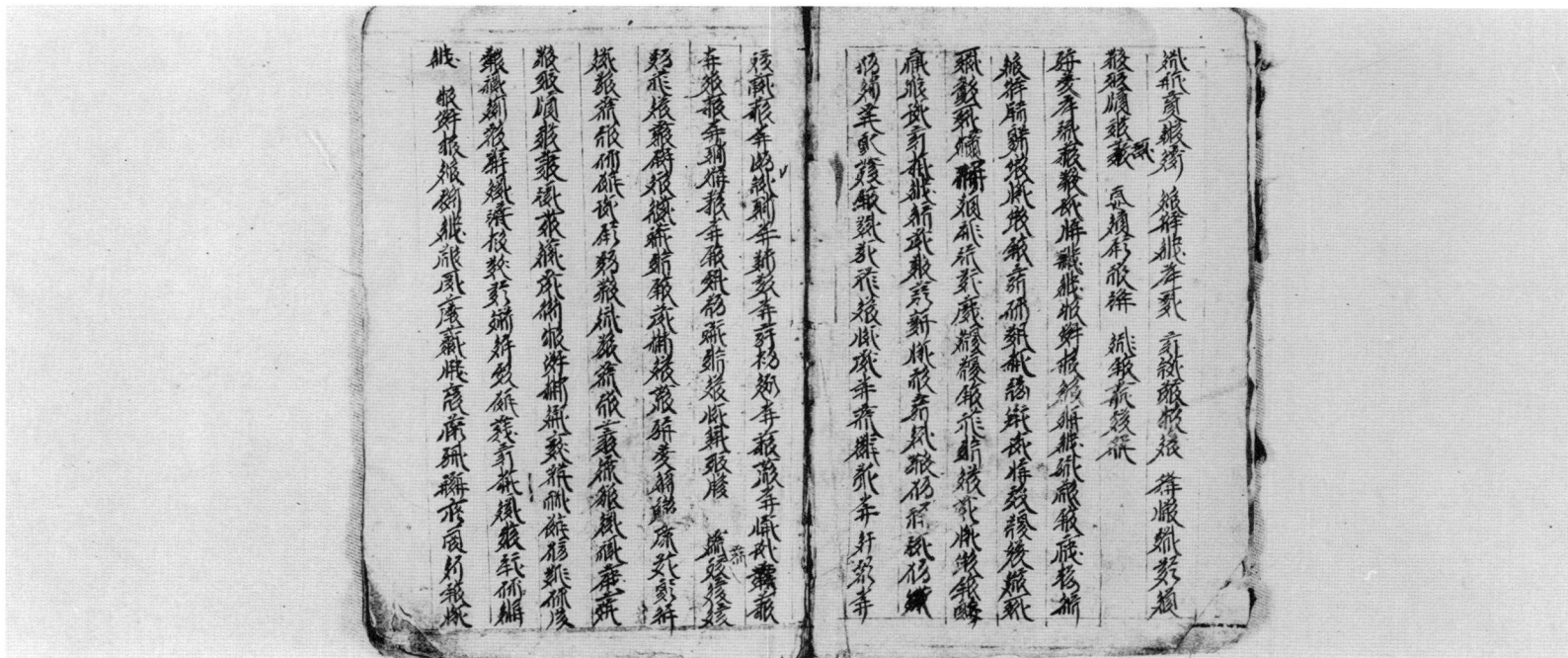

俄 **Ианв**.No.2512　聖大乘守護大千國土經下卷　　　(19-2)

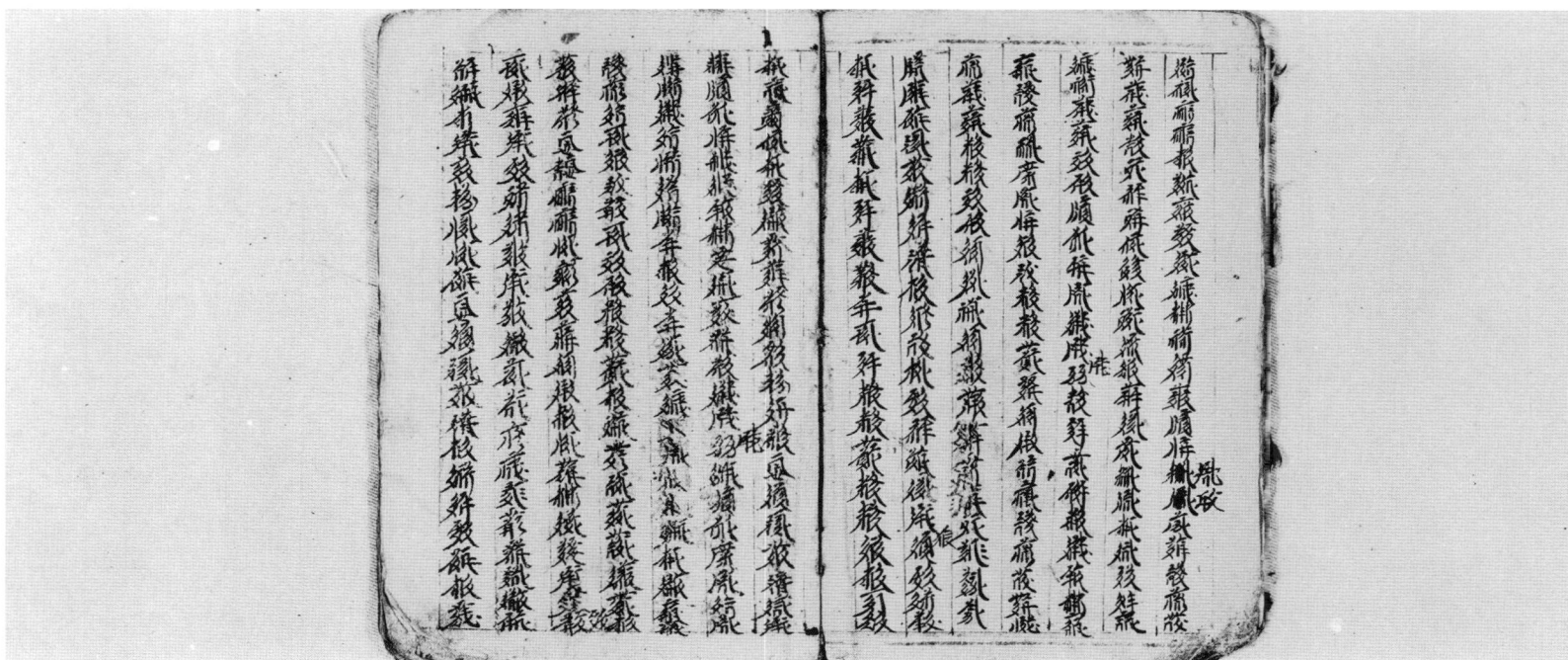

俄 **Ианв**.No.2512　聖大乘守護大千國土經下卷　　　(19-3)

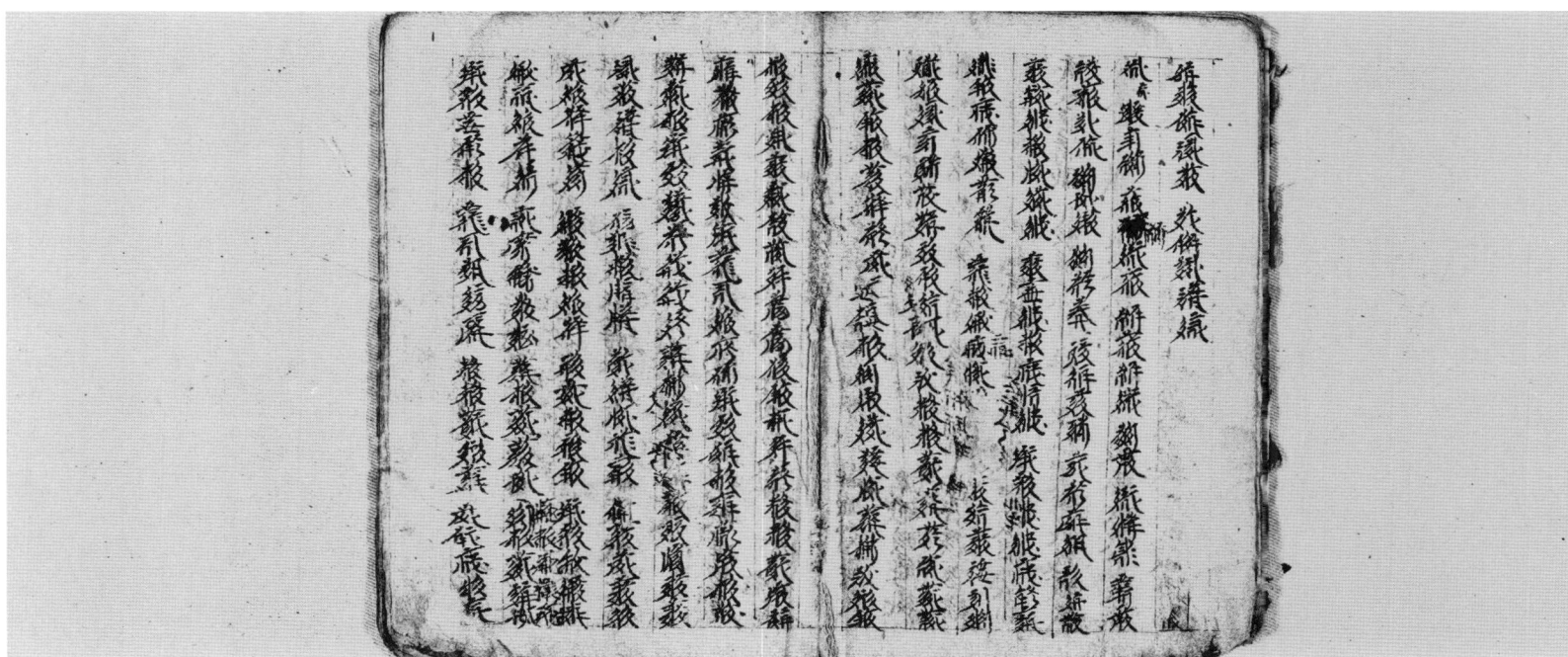

俄 **Ианв**.No.2512　聖大乘守護大千國土經下卷　　　(19-4)

157

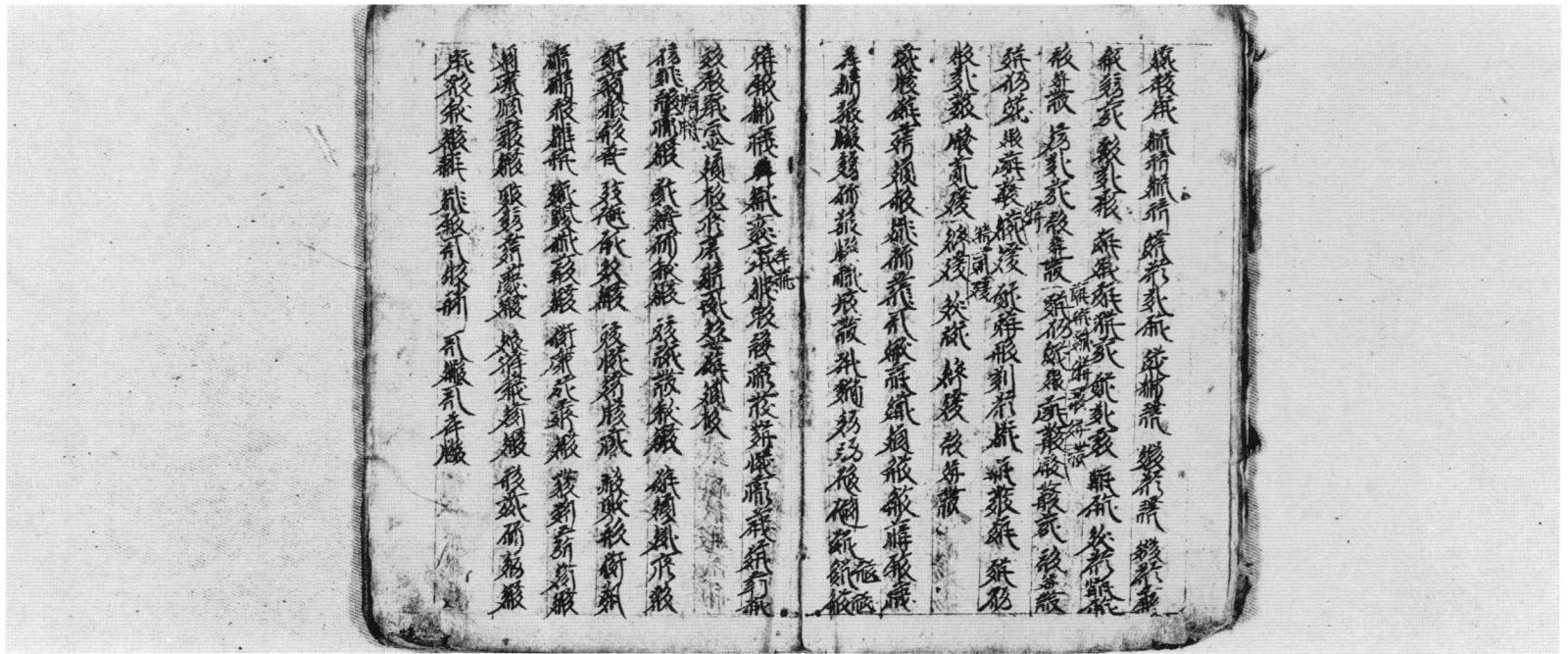

俄 **И**нв.No.2512　聖大乘守護大千國土經下卷　　　(19-5)

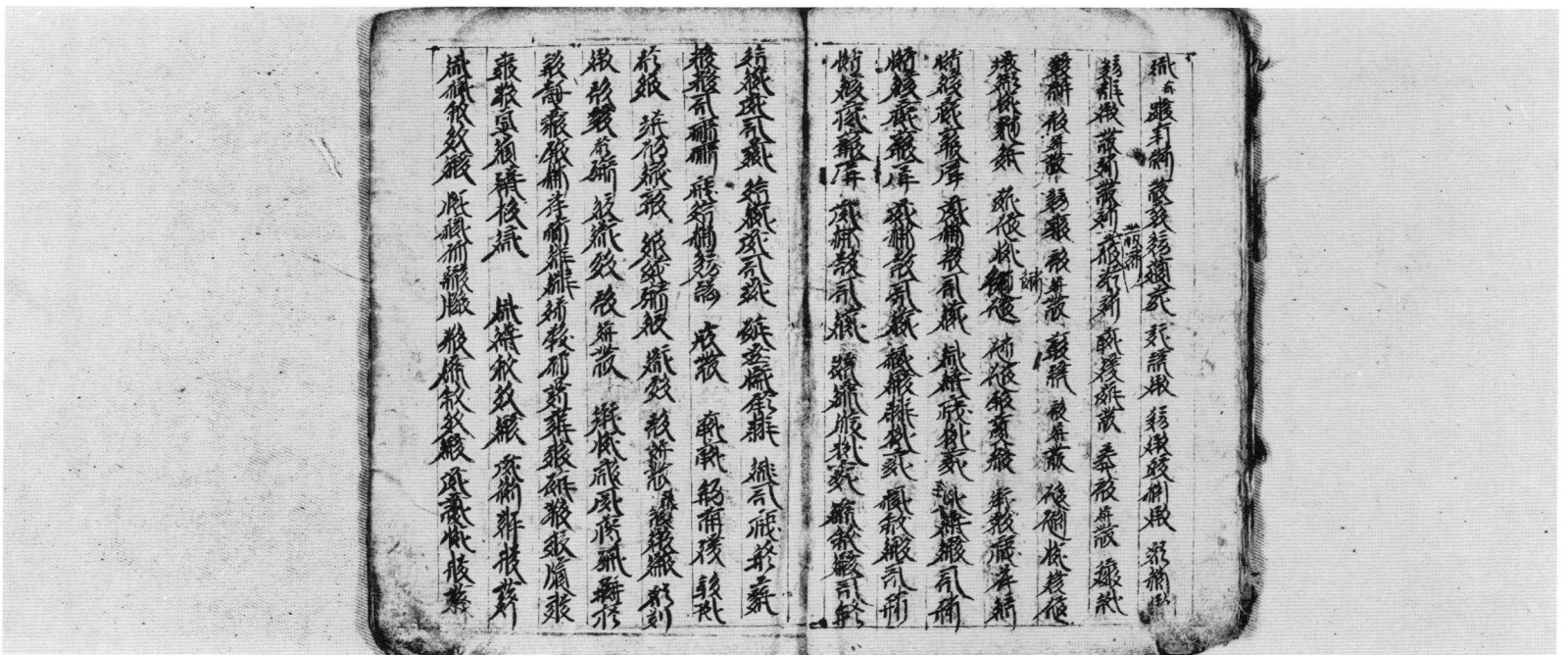

俄 **И**нв.No.2512　聖大乘守護大千國土經下卷　　　(19-6)

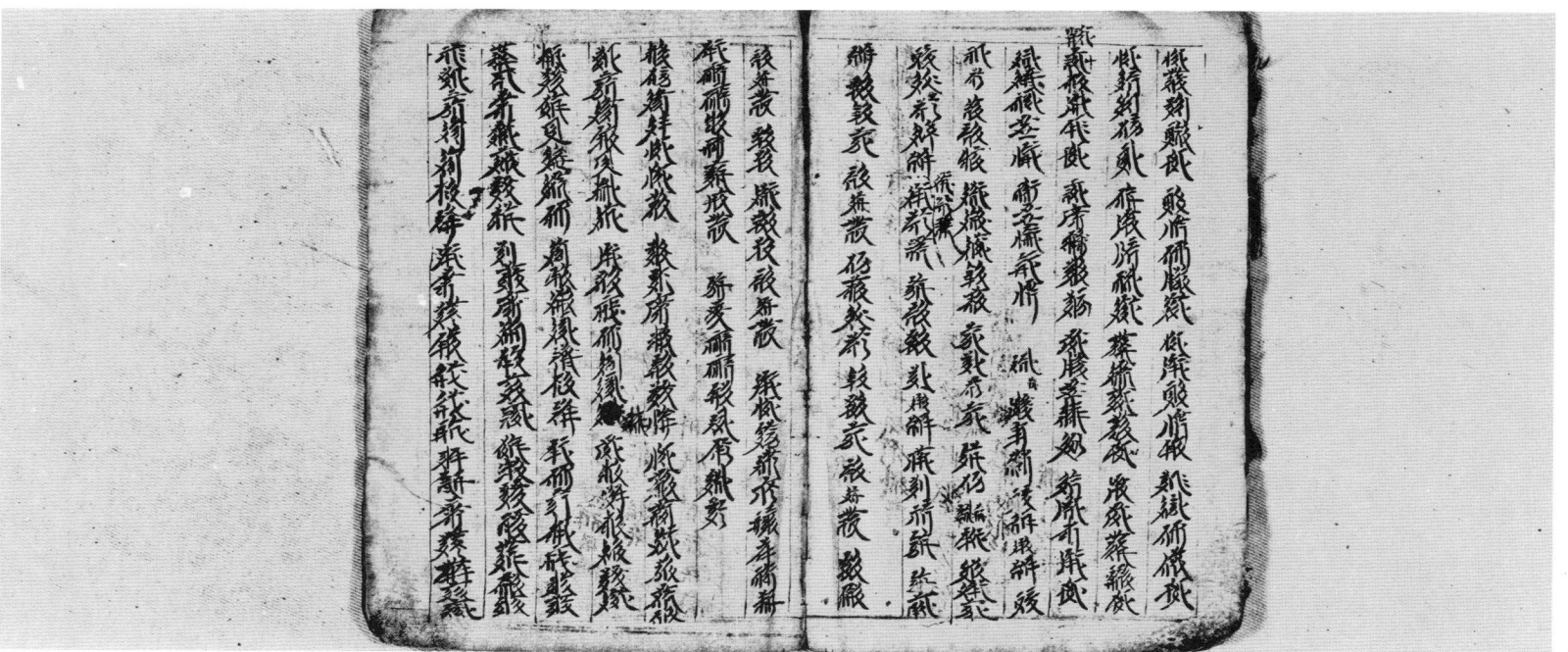

俄 **И**нв.No.2512　聖大乘守護大千國土經下卷　　　(19-7)

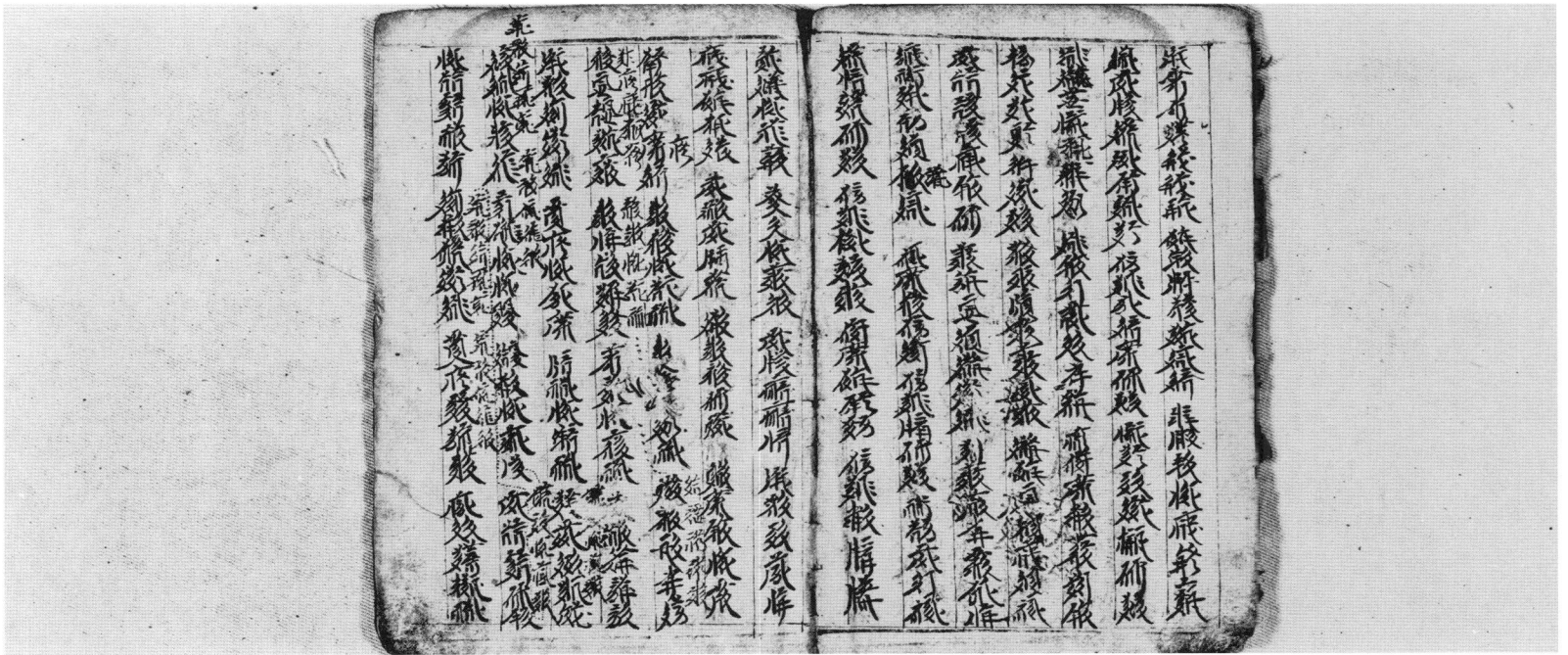

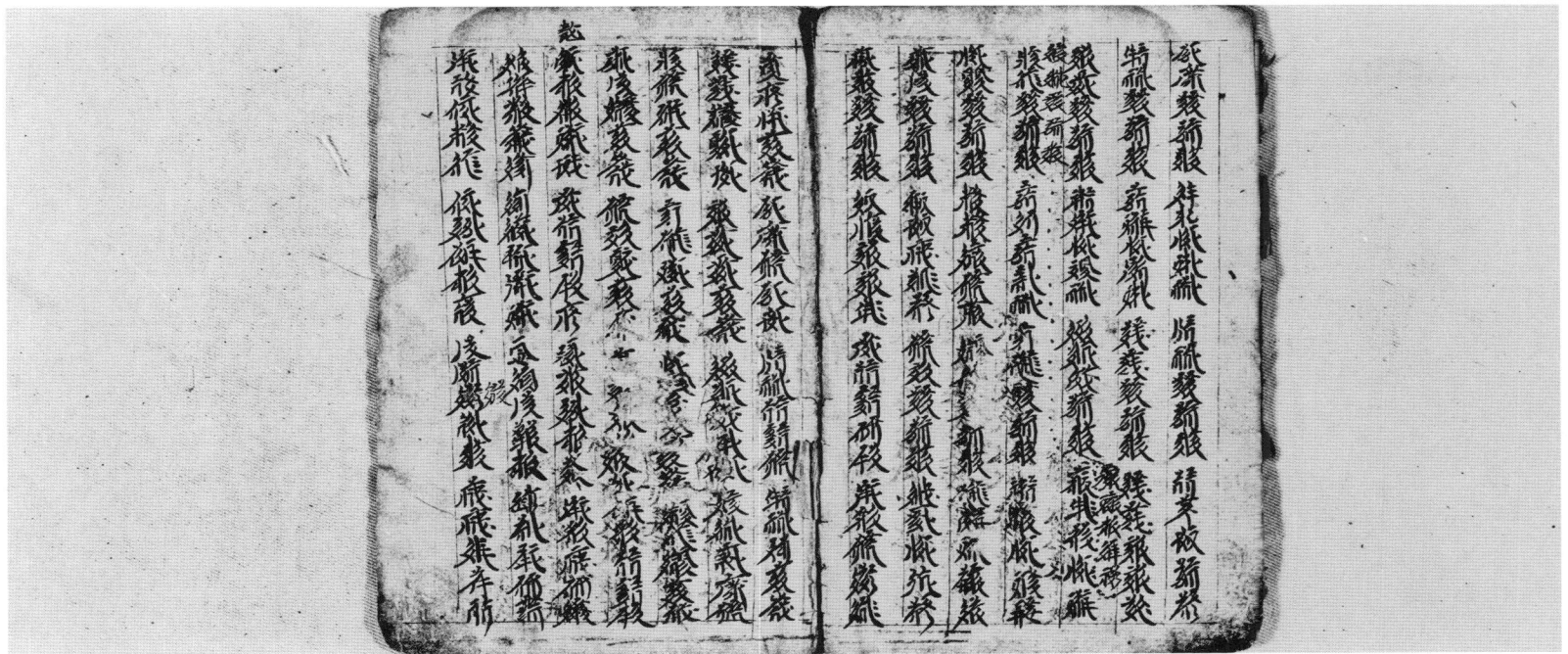

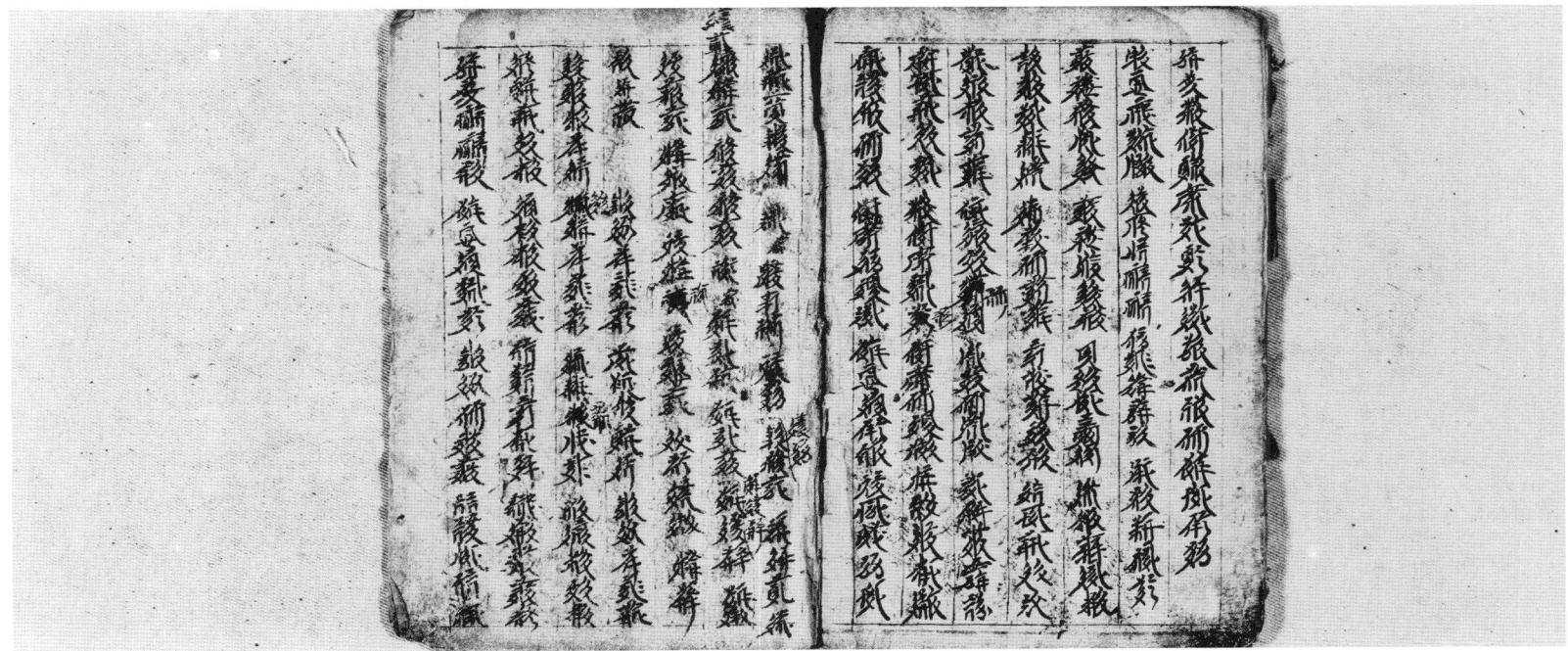

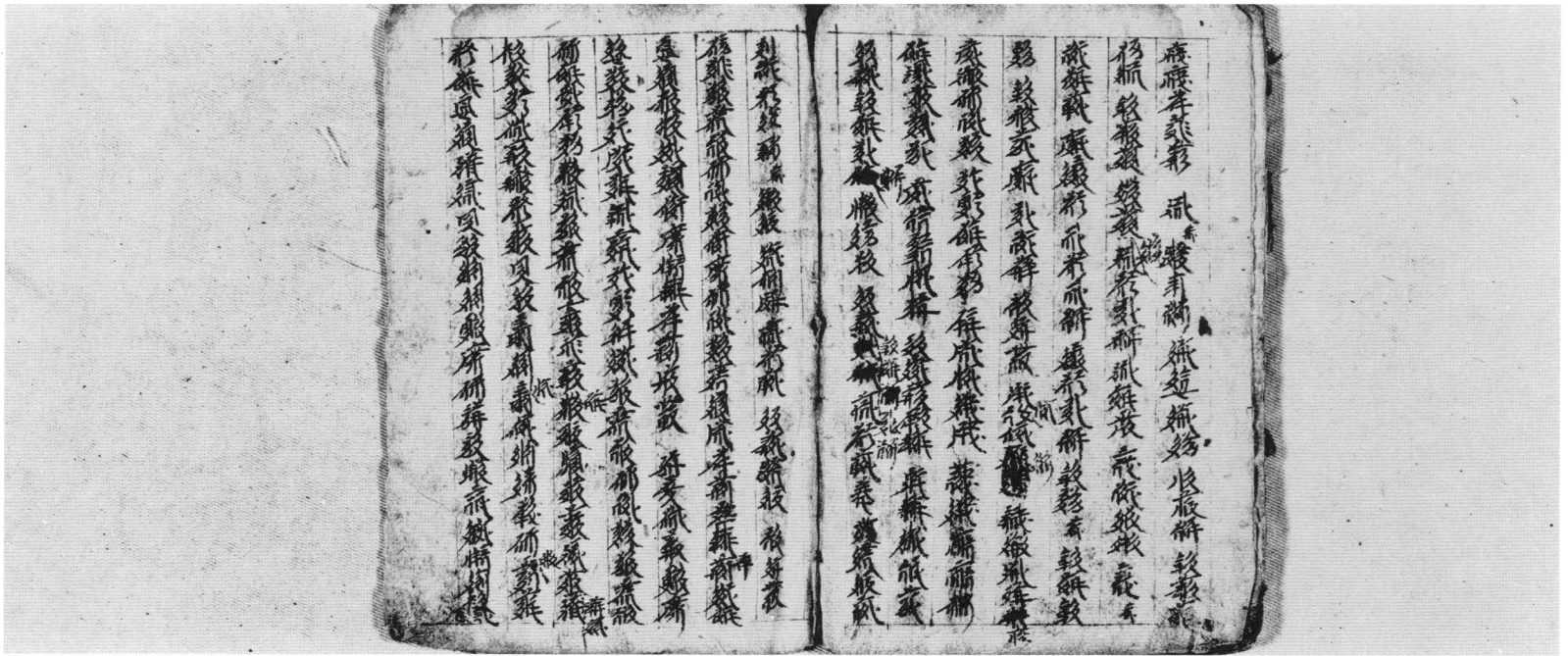

俄 **И**нв.No.2512　聖大乘守護大千國土經下卷　　　(19-11)

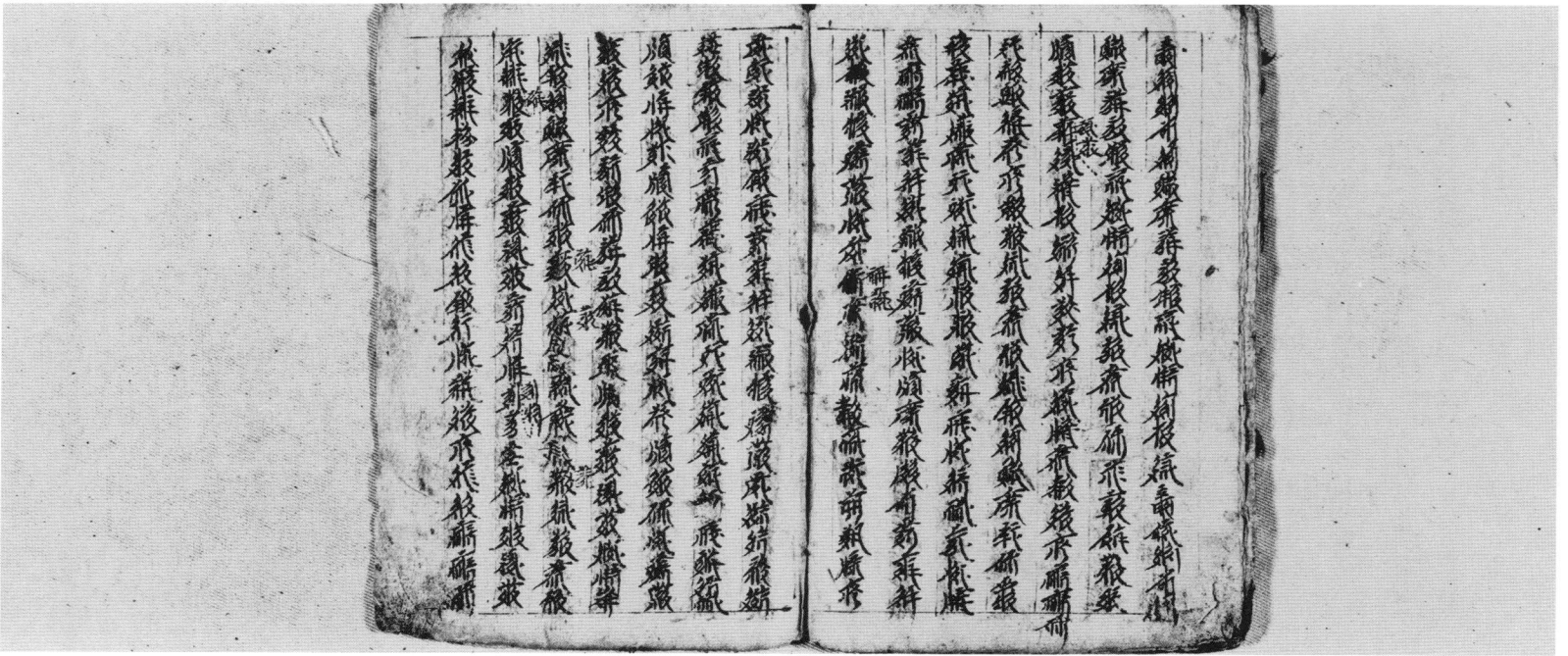

俄 **И**нв.No.2512　聖大乘守護大千國土經下卷　　　(19-12)

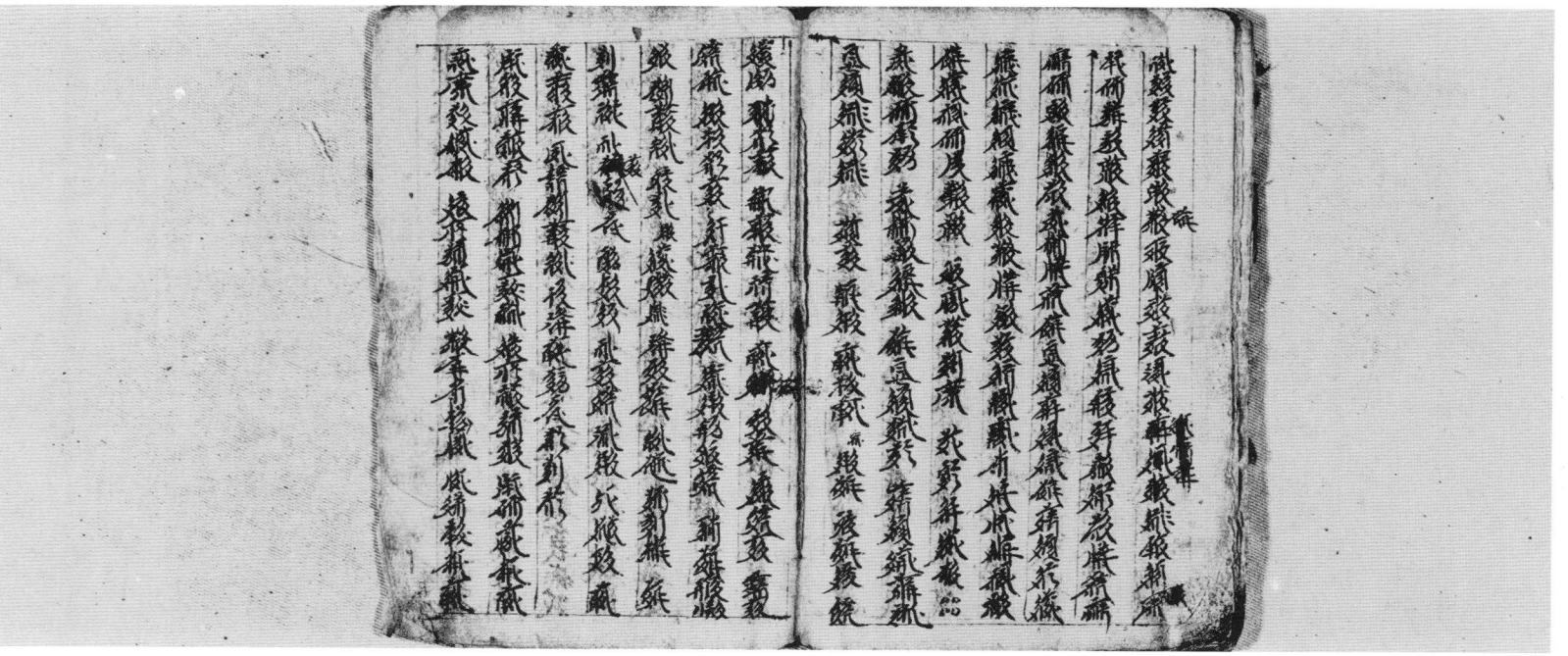

俄 **И**нв.No.2512　聖大乘守護大千國土經下卷　　　(19-13)

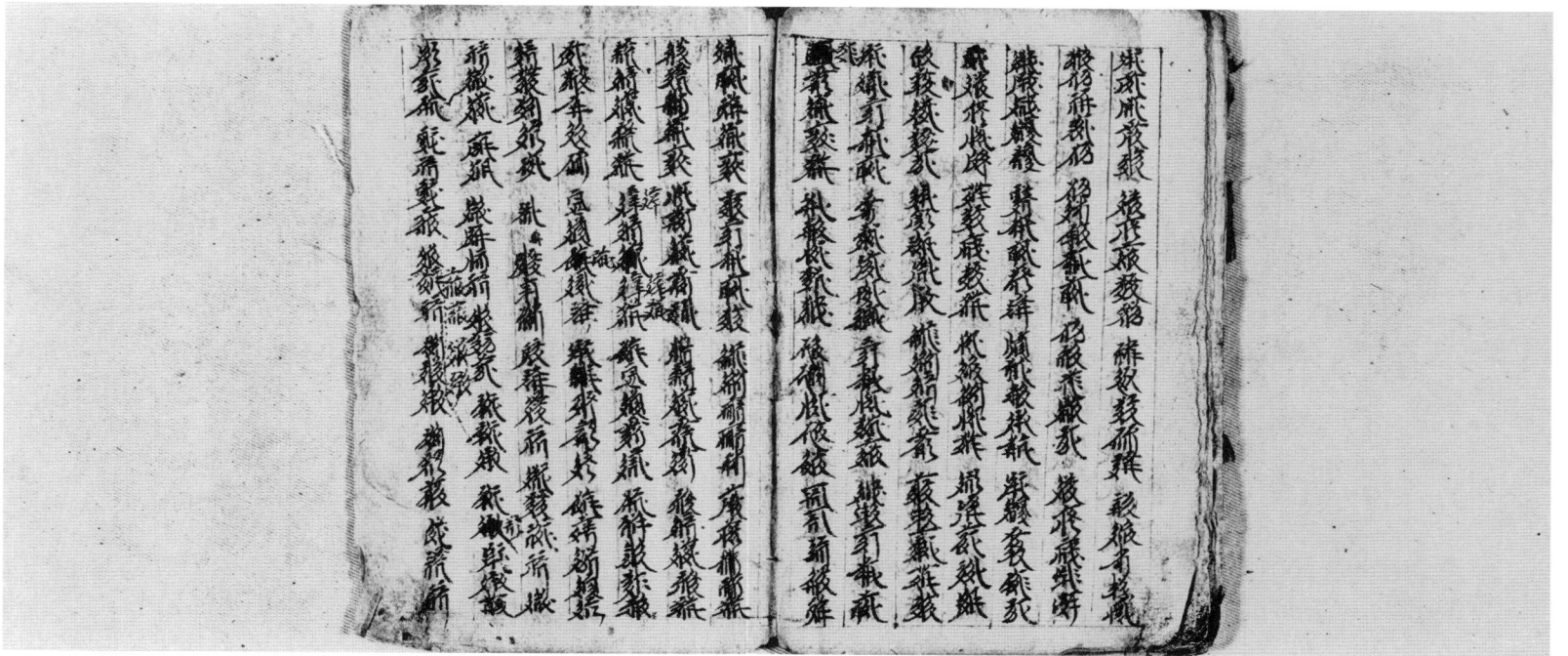

俄 **Инв**.No.2512　聖大乘守護大千國土經下卷　　　(19-14)

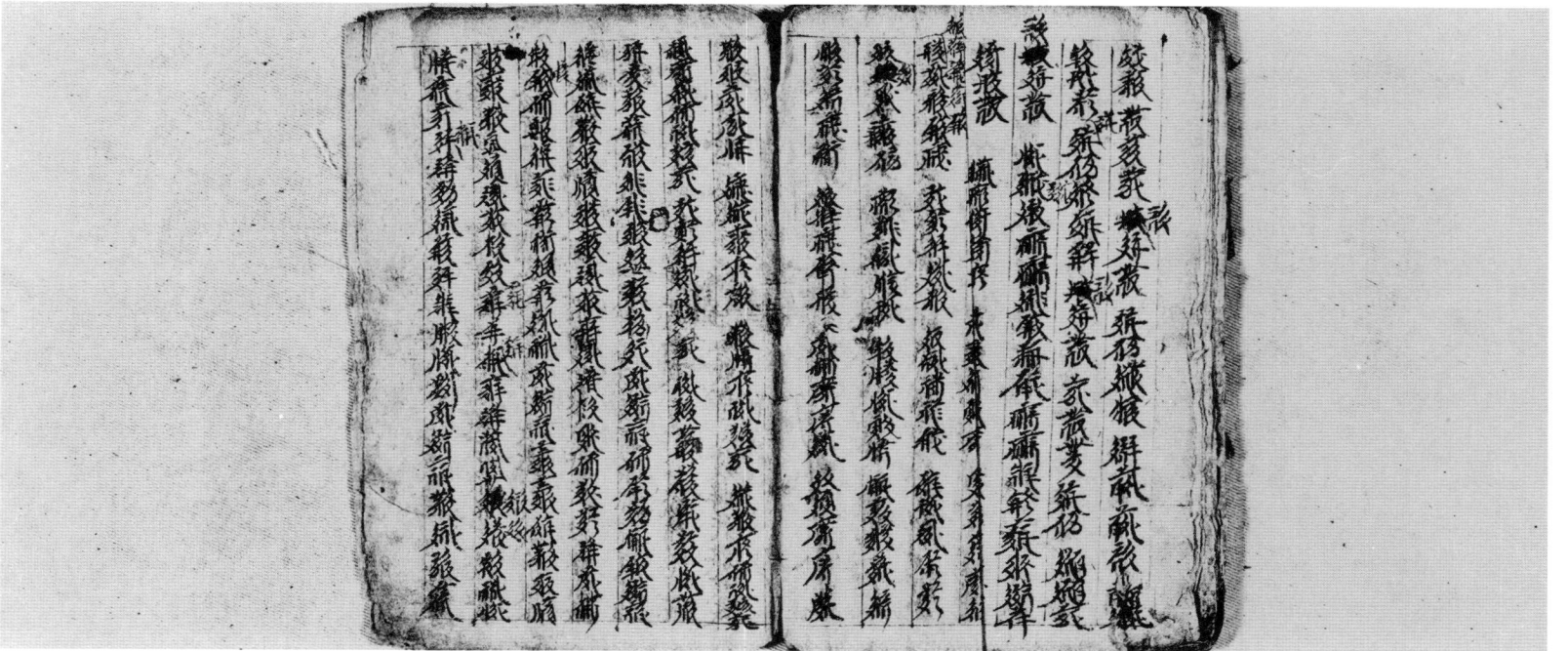

俄 **Инв**.No.2512　聖大乘守護大千國土經下卷　　　(19-15)

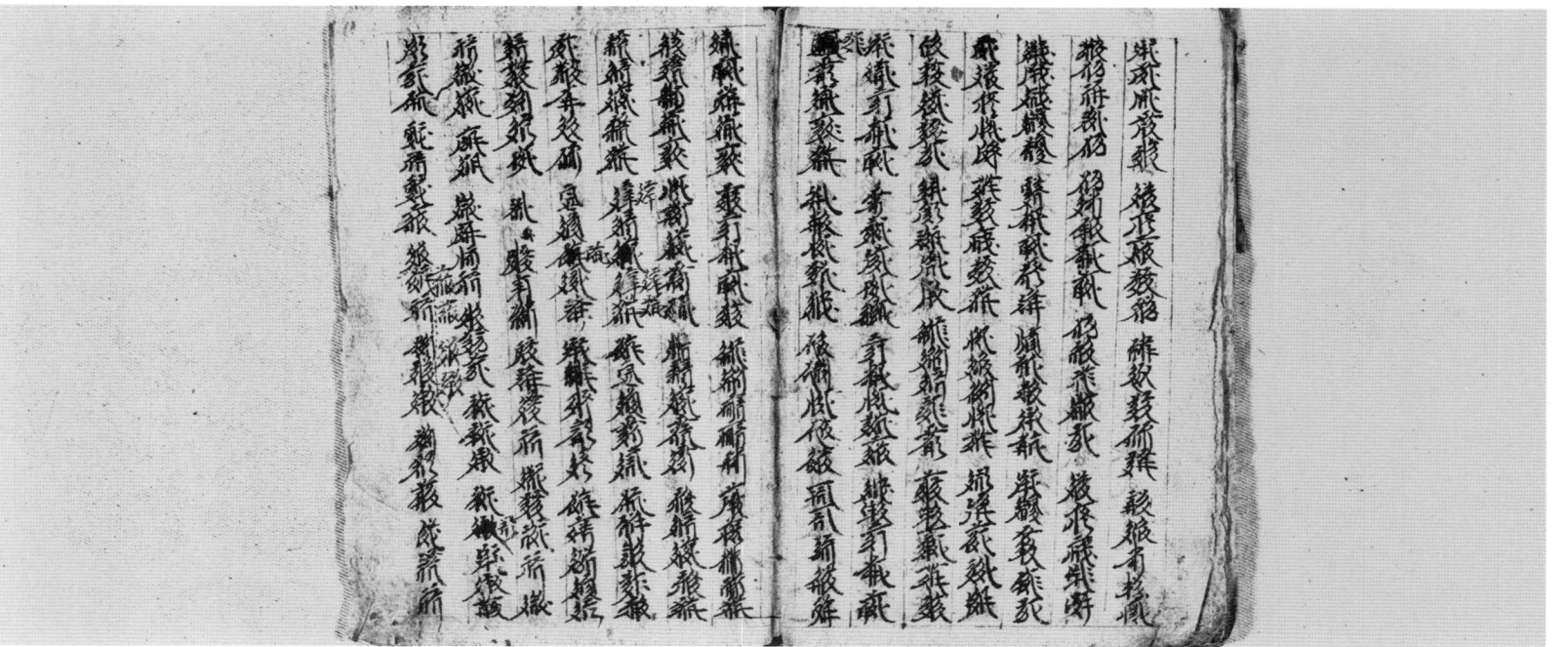

俄 **Инв**.No.2512　聖大乘守護大千國土經下卷　　　(19-16)

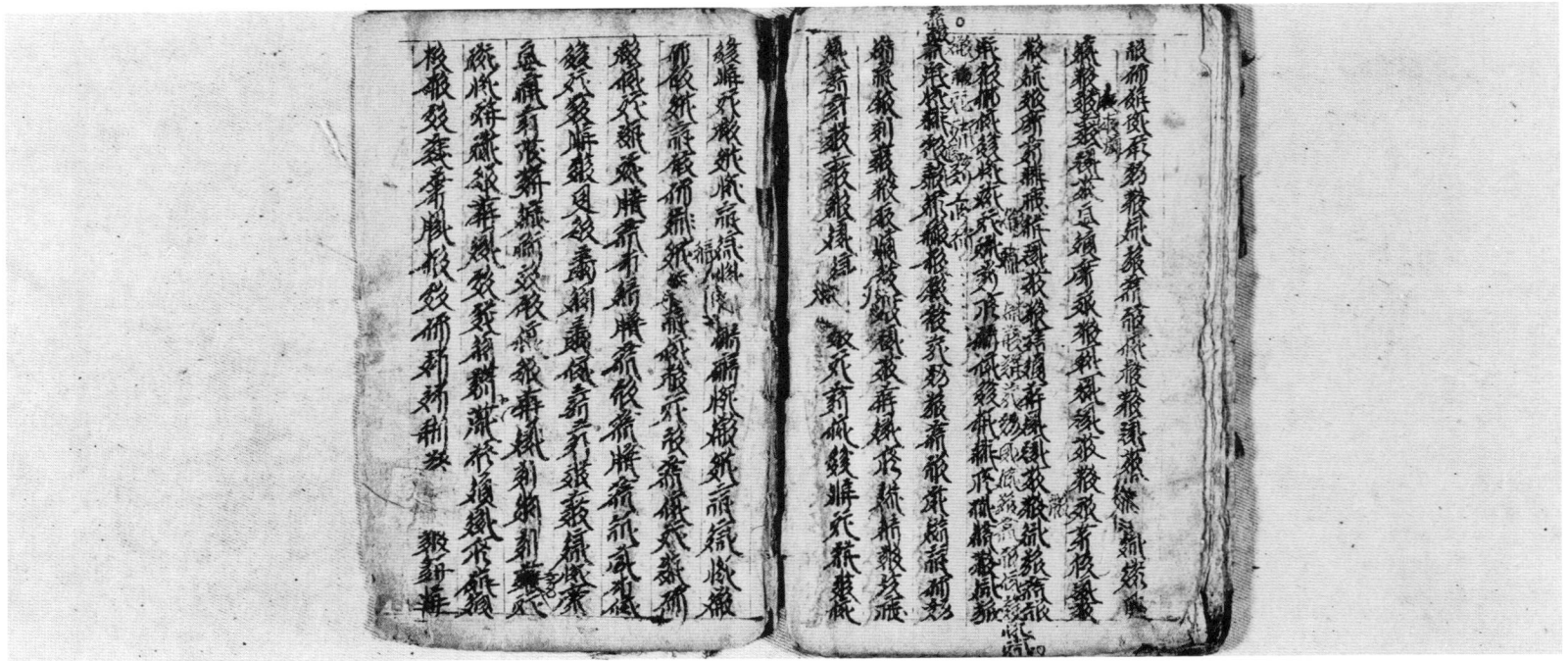

俄 Инв.No.2512　聖大乘守護大千國土經下卷　　　(19-17)

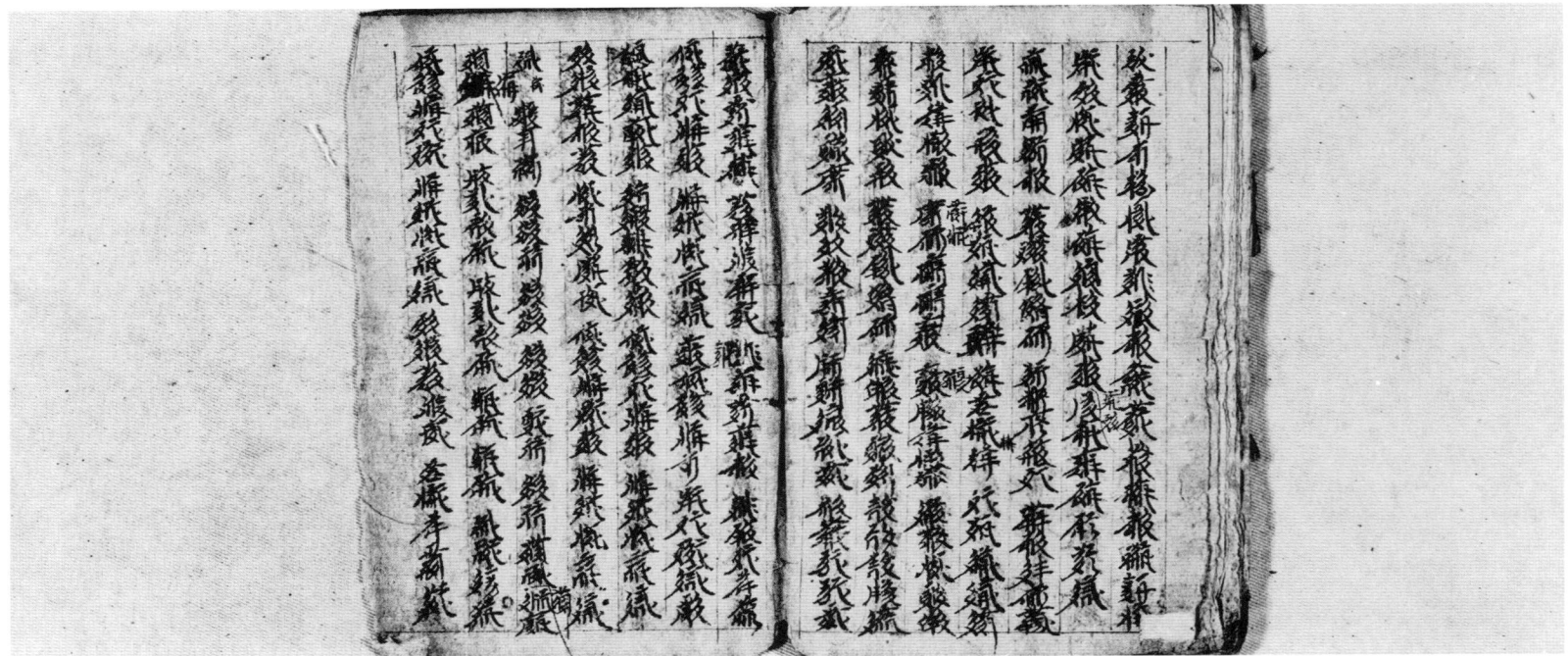

俄 Инв.No.2512　聖大乘守護大千國土經下卷　　　(19-18)

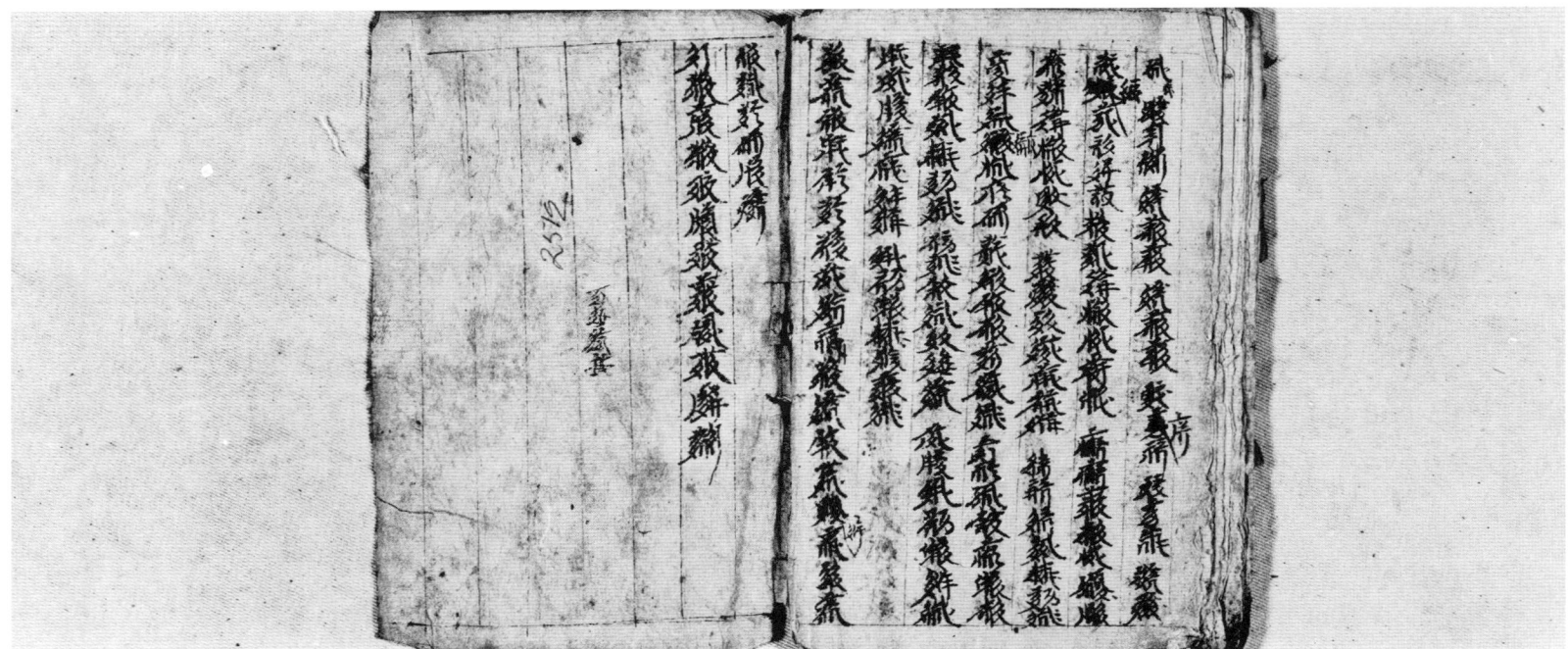

俄 Инв.No.2512　聖大乘守護大千國土經下卷　　　(19-19)

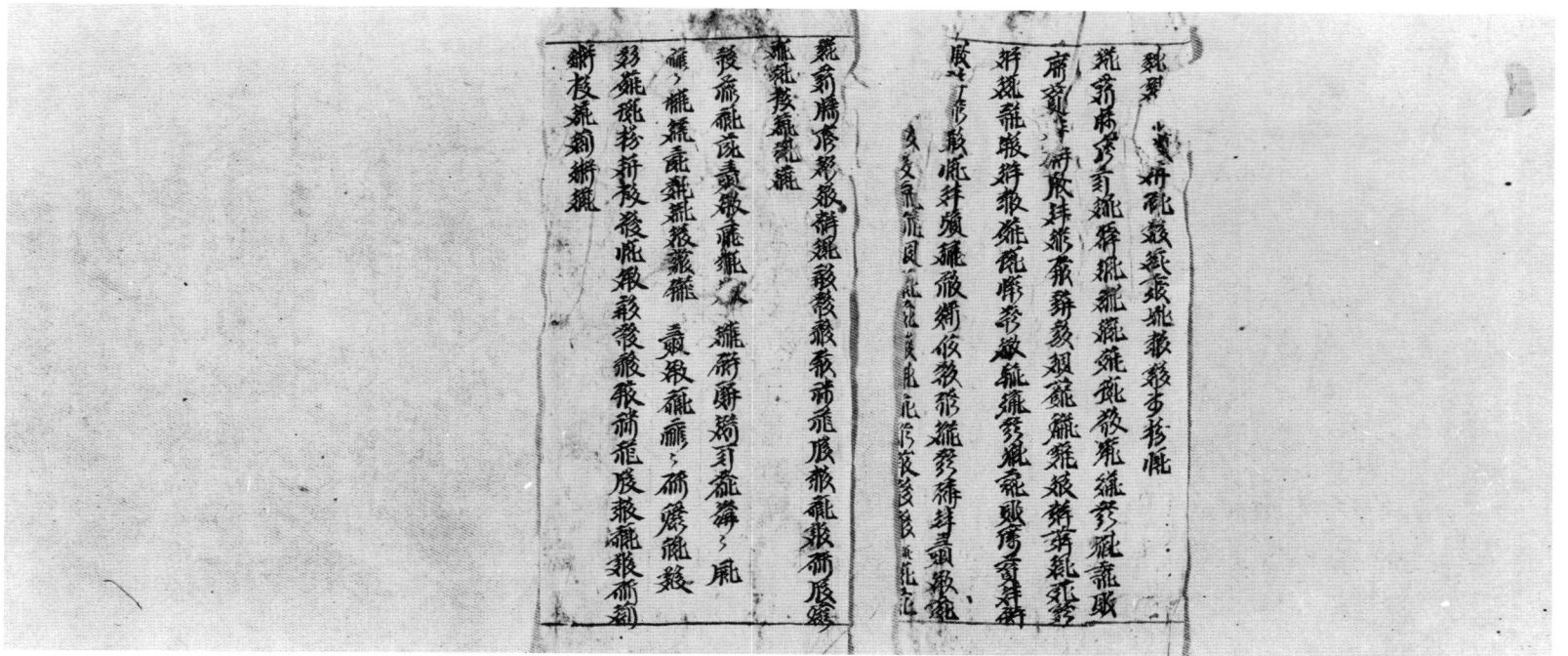

俄 **Инв**.No.4016　聖大乘守護大千國土經下卷　　　(2-1)

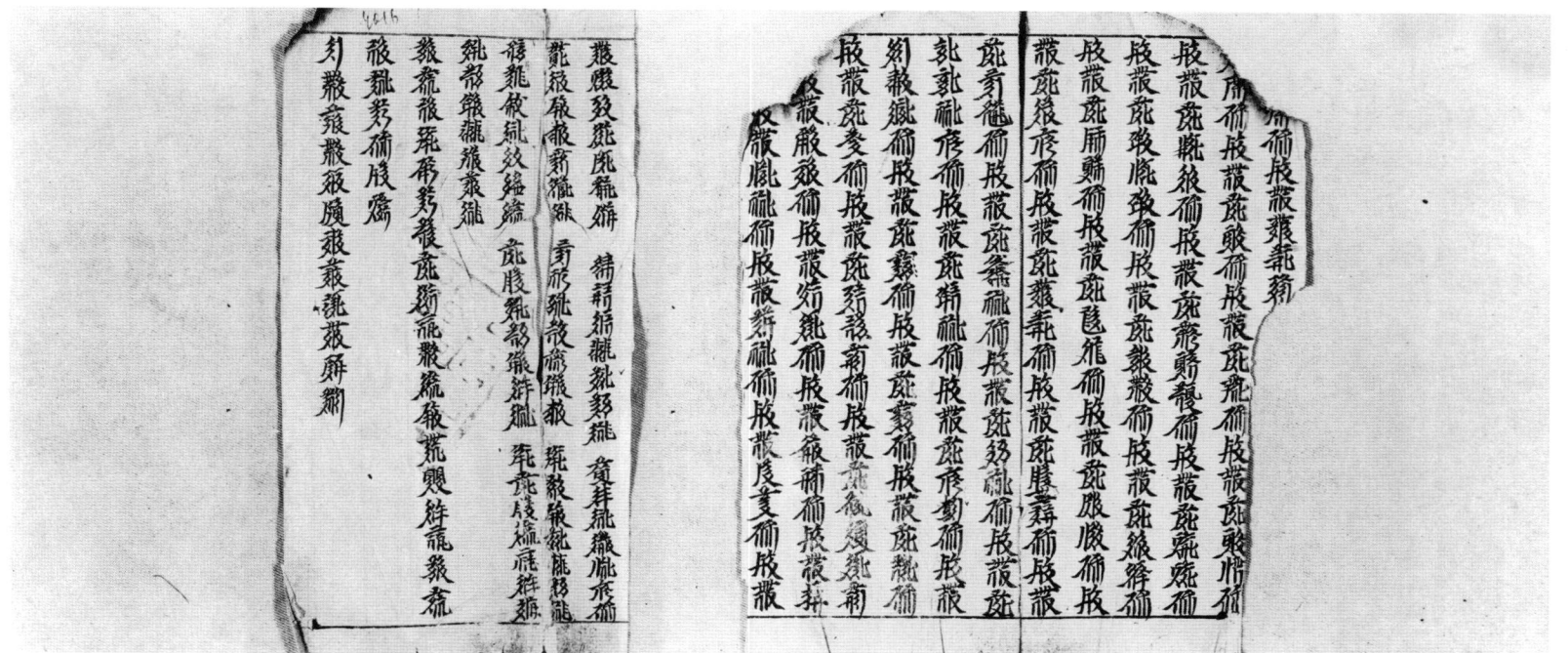

俄 **Инв**.No.4016　聖大乘守護大千國土經下卷　　　(2-2)

俄 **Инв**.No.4016V　印章

俄 Инв.No.4778　聖大乘守護大千國土經下卷　　　(3-1)

俄 Инв.No.4778　聖大乘守護大千國土經下卷　　　(3-2)

俄 Инв.No.4778　聖大乘守護大千國土經下卷　　　(3-3)

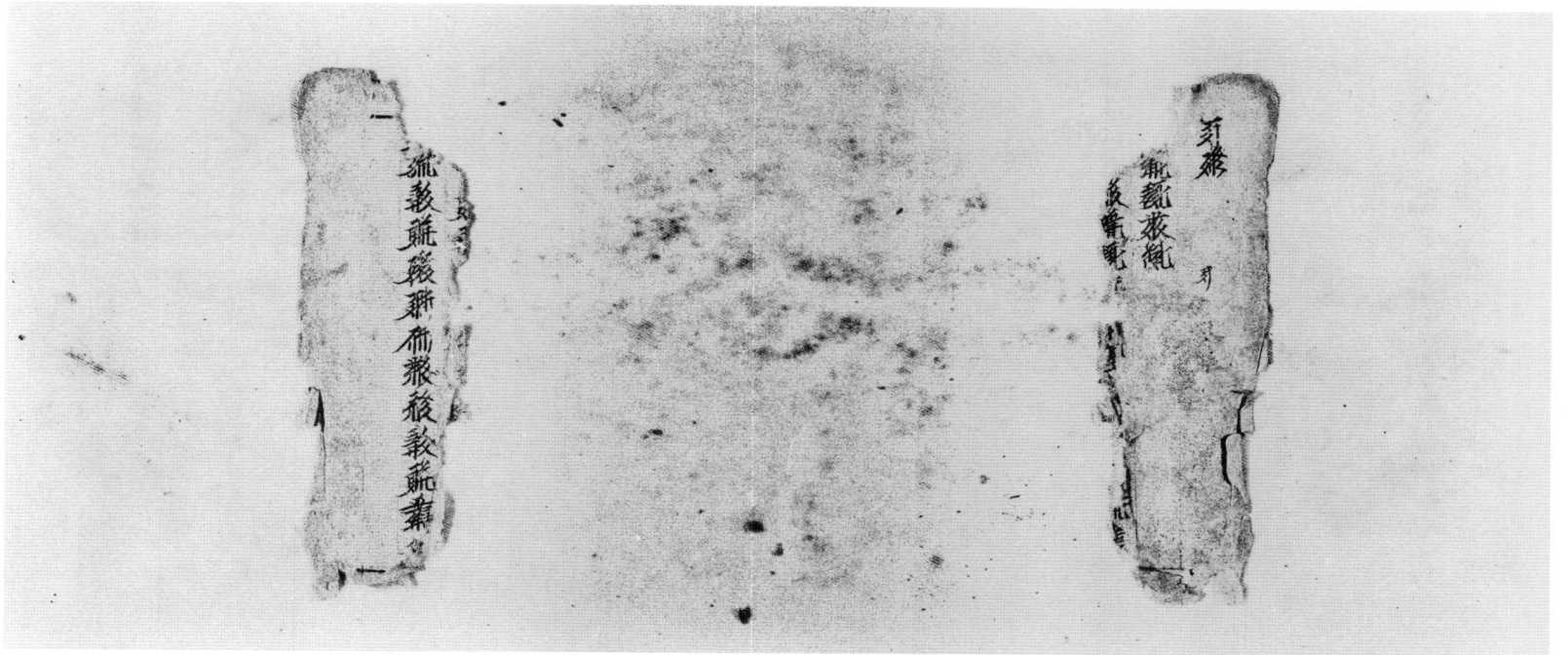

俄 **И**нв.No.5757　　1.聖大乘守護大千國土經上卷　　　(44-1)

俄 **И**нв.No.5757　　1.聖大乘守護大千國土經上卷　　　(44-2)

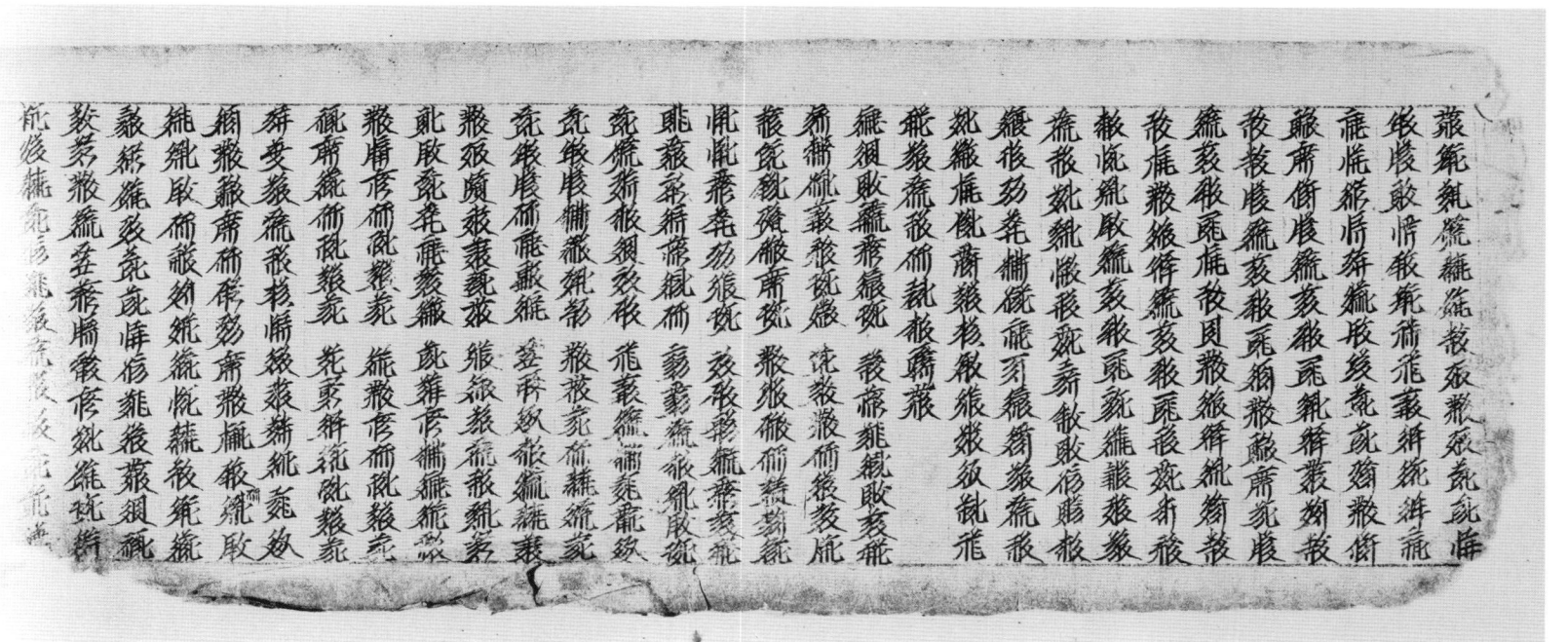

俄 **И**нв.No.5757　　1.聖大乘守護大千國土經上卷　　　(44-3)

俄 Инв.No.5757　1.聖大乘守護大千國土經上卷　　　（44-4）

俄 Инв.No.5757　1.聖大乘守護大千國土經上卷　　　（44-5）

俄 Инв.No.5757　1.聖大乘守護大千國土經上卷　　　（44-6）

俄Инв.No.5757　1.聖大乘守護大千國土經上卷　　　(44-7)

俄Инв.No.5757　1.聖大乘守護大千國土經上卷　　　(44-8)

俄Инв.No.5757　1.聖大乘守護大千國土經上卷　　　(44-9)

俄 **И**нв.No.5757　1.聖大乘守護大千國土經上卷　　　(44-10)

俄 **И**нв.No.5757　1.聖大乘守護大千國土經上卷　　　(44-11)

俄 **И**нв.No.5757　1.聖大乘守護大千國土經上卷　　　(44-12)

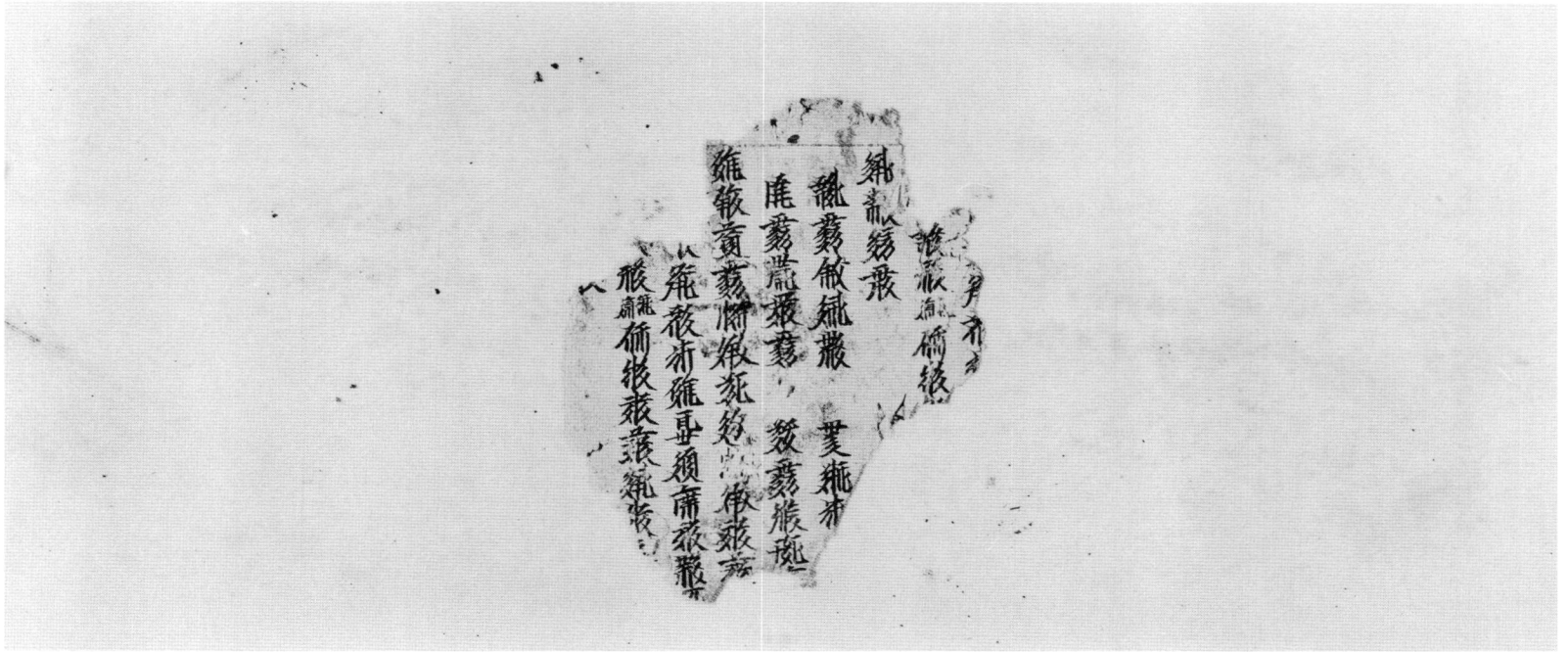

俄 **Инв**.No.5757　　1.聖大乘守護大千國土經上卷　　　　(44-13)

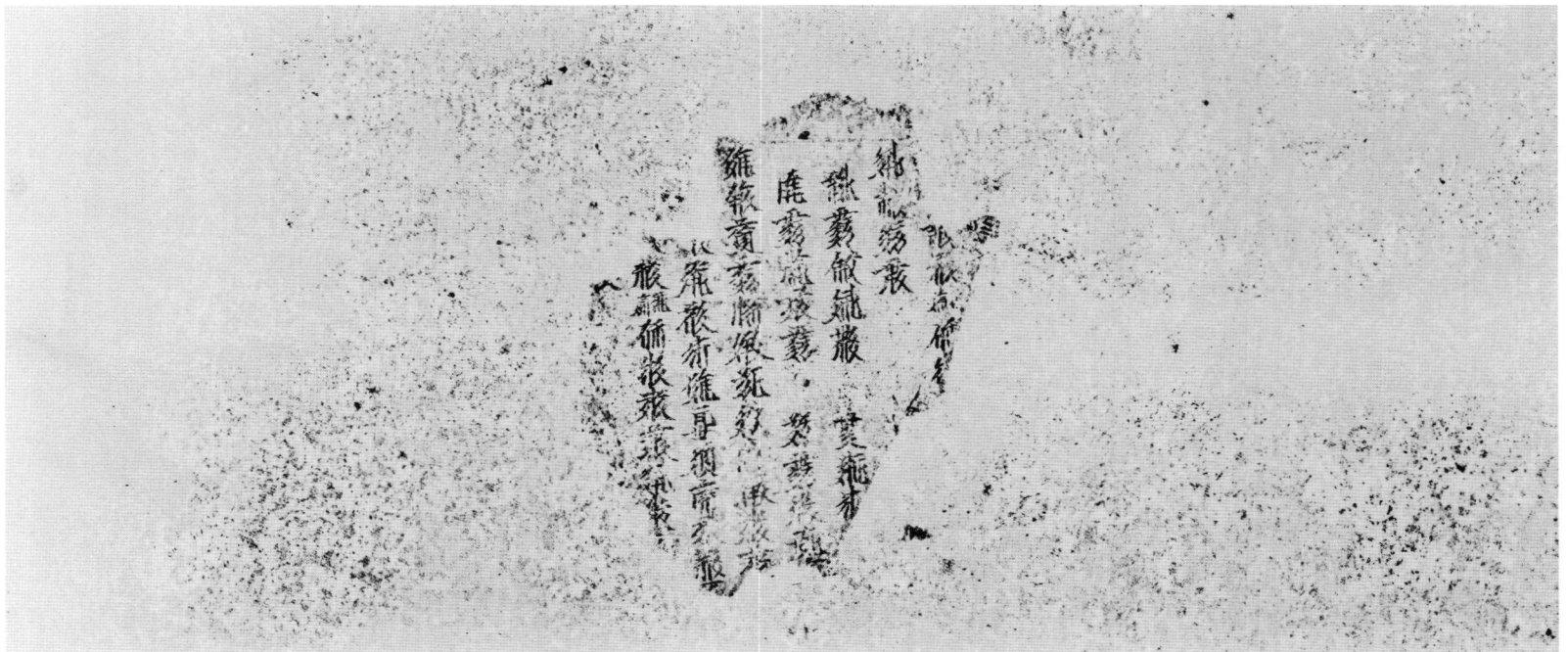

俄 **Инв**.No.5757　　1.聖大乘守護大千國土經上卷　　　　(44-14)

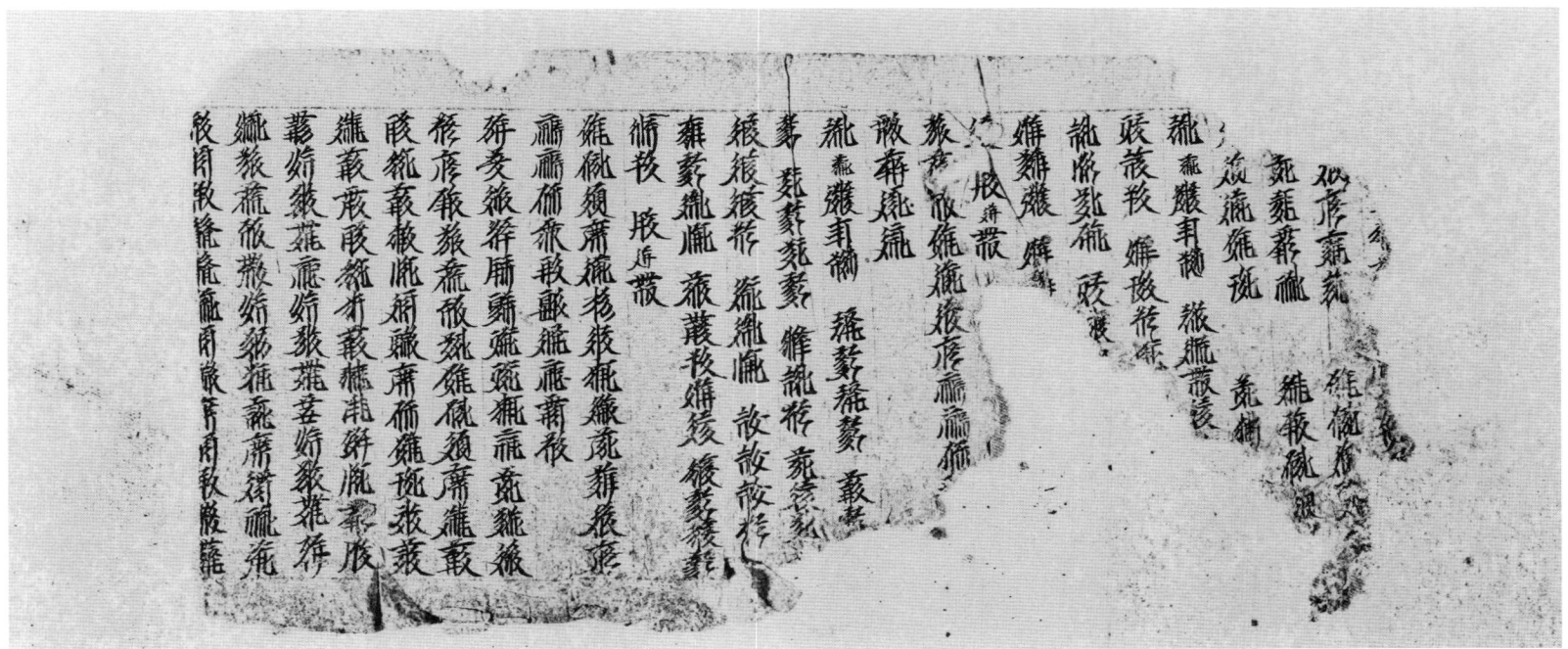

俄 **Инв**.No.5757　　1.聖大乘守護大千國土經上卷　　　　(44-15)

俄 **Инв**.No.5757　1.聖大乘守護大千國土經上卷　　(44-16)

俄 **Инв**.No.5757　1.聖大乘守護大千國土經上卷　　(44-17)

俄 **Инв**.No.5757　2.聖大乘守護大千國土經中卷　　(44-18)

俄 **Инв**.No.5757　2.聖大乘守護大千國土經中卷　　　(44-19)

俄 **Инв**.No.5757　2.聖大乘守護大千國土經中卷　　　(44-20)

俄 **Инв**.No.5757　2.聖大乘守護大千國土經中卷　　　(44-21)

俄 **И**нв.No.5757　2.聖大乘守護大千國土經中卷　　　(44-22)

俄 **И**нв.No.5757　2.聖大乘守護大千國土經中卷　　　(44-23)

俄 **И**нв.No.5757　2.聖大乘守護大千國土經中卷　　　(44-24)

俄 Инв.No.5757　2.聖大乘守護大千國土經中卷　　　(44-25)

俄 Инв.No.5757　2.聖大乘守護大千國土經中卷　　　(44-26)

俄 Инв.No.5757　2.聖大乘守護大千國土經中卷　　　(44-27)

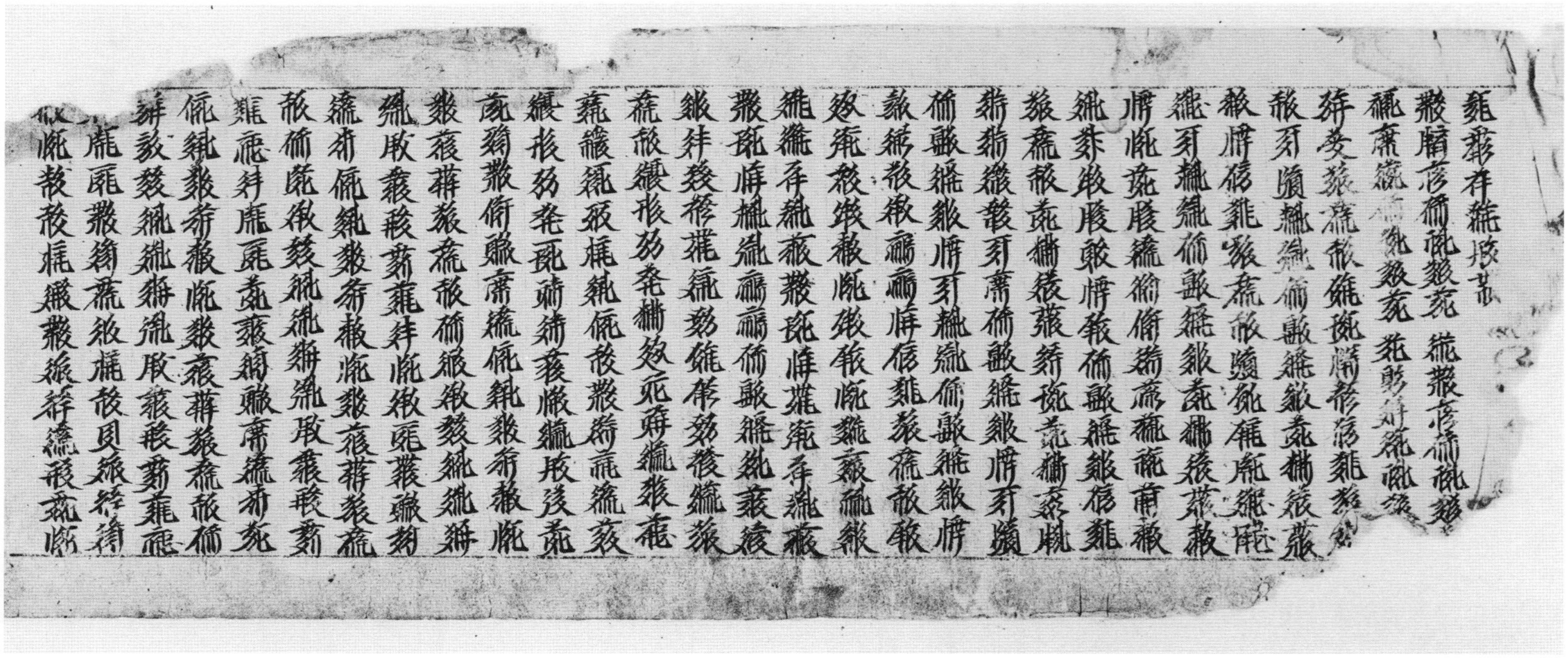

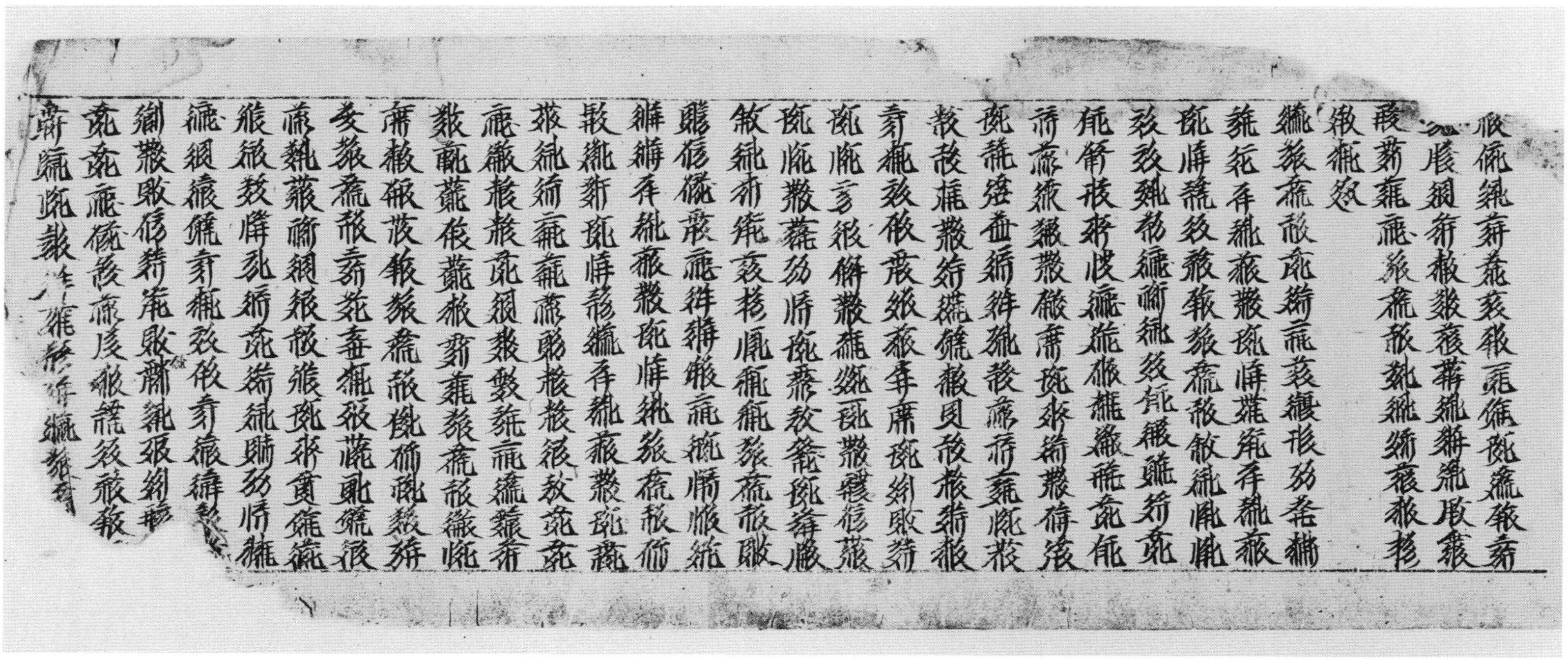

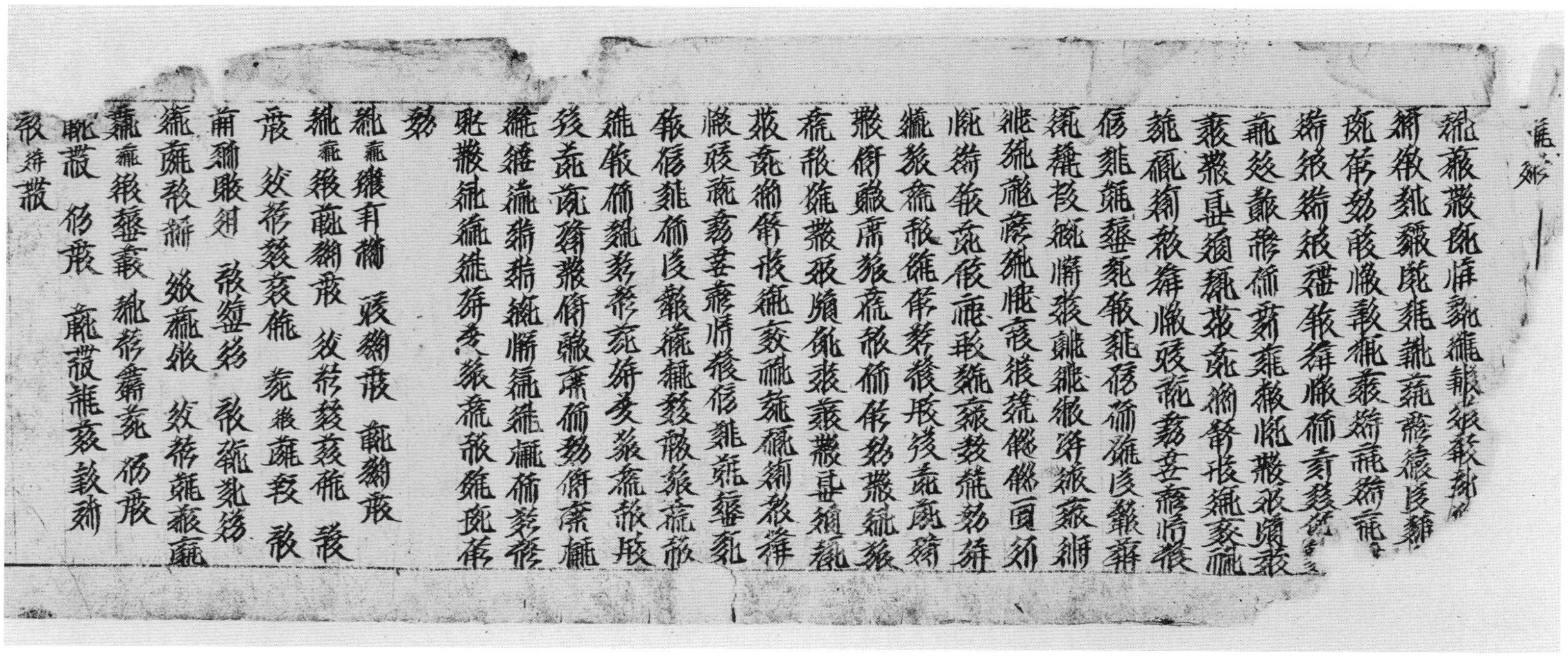

俄 **Инв**.No.5757　2.聖大乘守護大千國土經中卷　　　(44-31)

俄 **Инв**.No.5757　2.聖大乘守護大千國土經中卷　　　(44-32)

俄 **Инв**.No.5757　2.聖大乘守護大千國土經中卷　　　(44-33)

俄 **И**нв.No.5757　2.聖大乘守護大千國土經中卷　　　(44-34)

俄 **И**нв.No.5757　2.聖大乘守護大千國土經中卷　　　(44-35)

俄 **И**нв.No.5757　3.聖大乘守護大千國土經下卷　　　(44-36)

俄 Инв.No.5757　3.聖大乘守護大千國土經下卷　　　（44-37）

俄 Инв.No.5757　3.聖大乘守護大千國土經下卷　　　（44-38）

俄 Инв.No.5757　3.聖大乘守護大千國土經下卷　　　（44-39）

俄 **И**нв.Nо.5757　3.聖大乘守護大千國土經下卷　　　(44-40)

俄 **И**нв.Nо.5757　3.聖大乘守護大千國土經下卷　　　(44-41)

俄 **И**нв.Nо.5757　3.聖大乘守護大千國土經下卷　　　(44-42)

俄 Инв.No.5757　3.聖大乘守護大千國土經下卷　　　(44-43)

俄 Инв.No.5757　3.聖大乘守護大千國土經下卷　　　(44-44)

俄 Инв.No.817　佛說聖佛母般若波羅蜜多心經大千國守護吉祥頌等　　　(4-1)

俄 Инв.No.817　佛説聖佛母般若波羅蜜多心經大千國守護吉祥頌等　　(4-2)

俄 Инв.No.817　佛説聖佛母般若波羅蜜多心經大千國守護吉祥頌等　　(4-3)

俄 Инв.No.817　佛説聖佛母般若波羅蜜多心經大千國守護吉祥頌等　　(4-4)

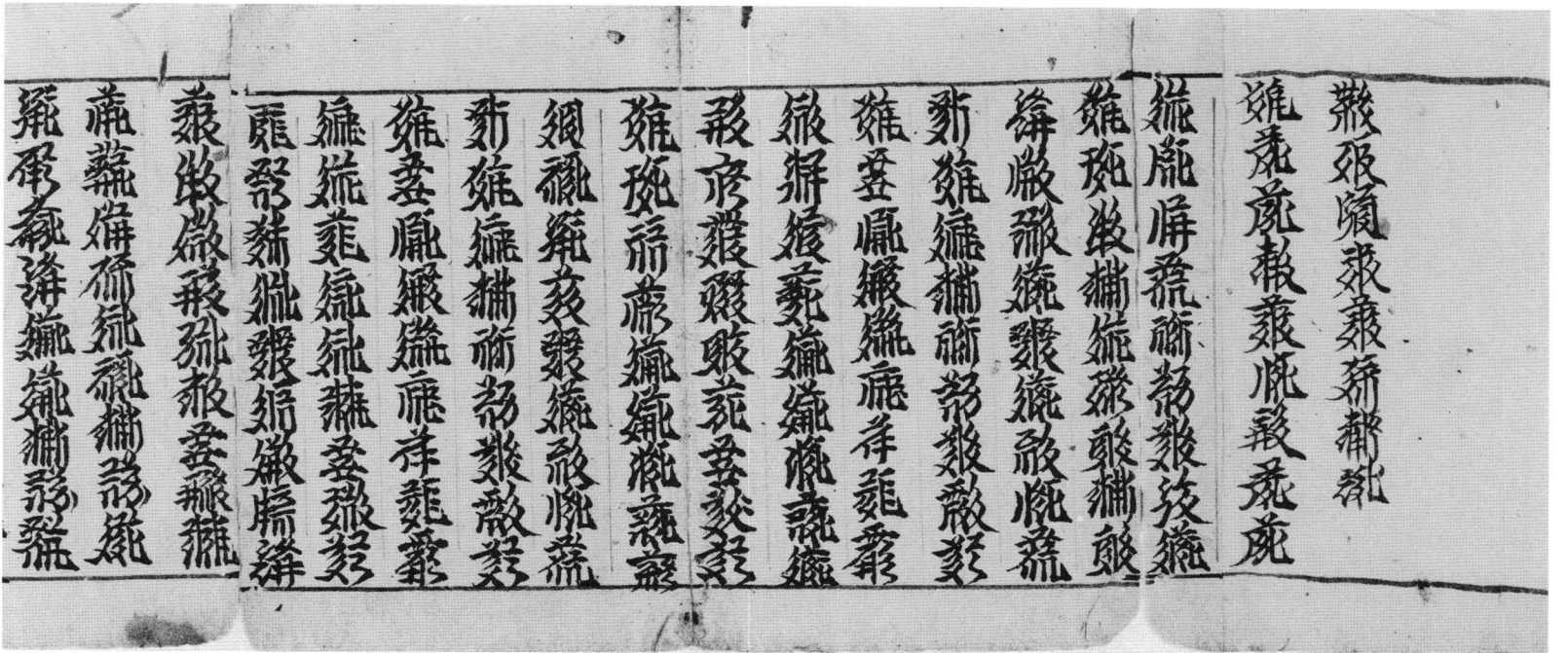

俄 Инв.No.7100　守護大千國土吉祥頌　　　(2-1)

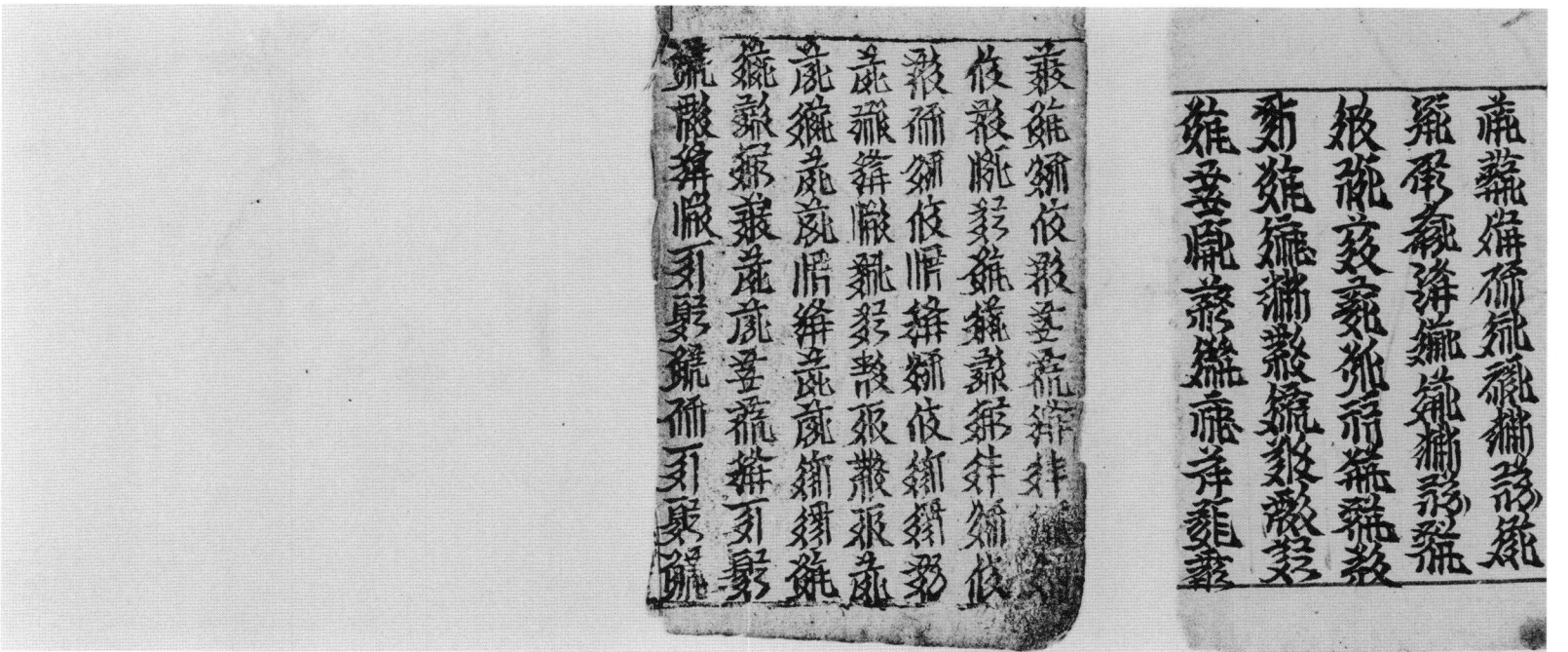

俄 Инв.No.7100　守護大千國土吉祥頌　　　(2-2)

俄 Инв.No.2　明咒母王大孔雀經上卷　　　(19-1)

俄Инв.No.2　明咒母王大孔雀經上卷　　　　（19-2）

俄Инв.No.2　明咒母王大孔雀經上卷　　　　（19-3）

俄Инв.No.2　明咒母王大孔雀經上卷　　　　（19-4）

俄 **И**нв.No.2　明咒母王大孔雀經上卷　　　　(19-5)

俄 **И**нв.No.2　明咒母王大孔雀經上卷　　　　(19-6)

俄 **И**нв.No.2　明咒母王大孔雀經上卷　　　　(19-7)

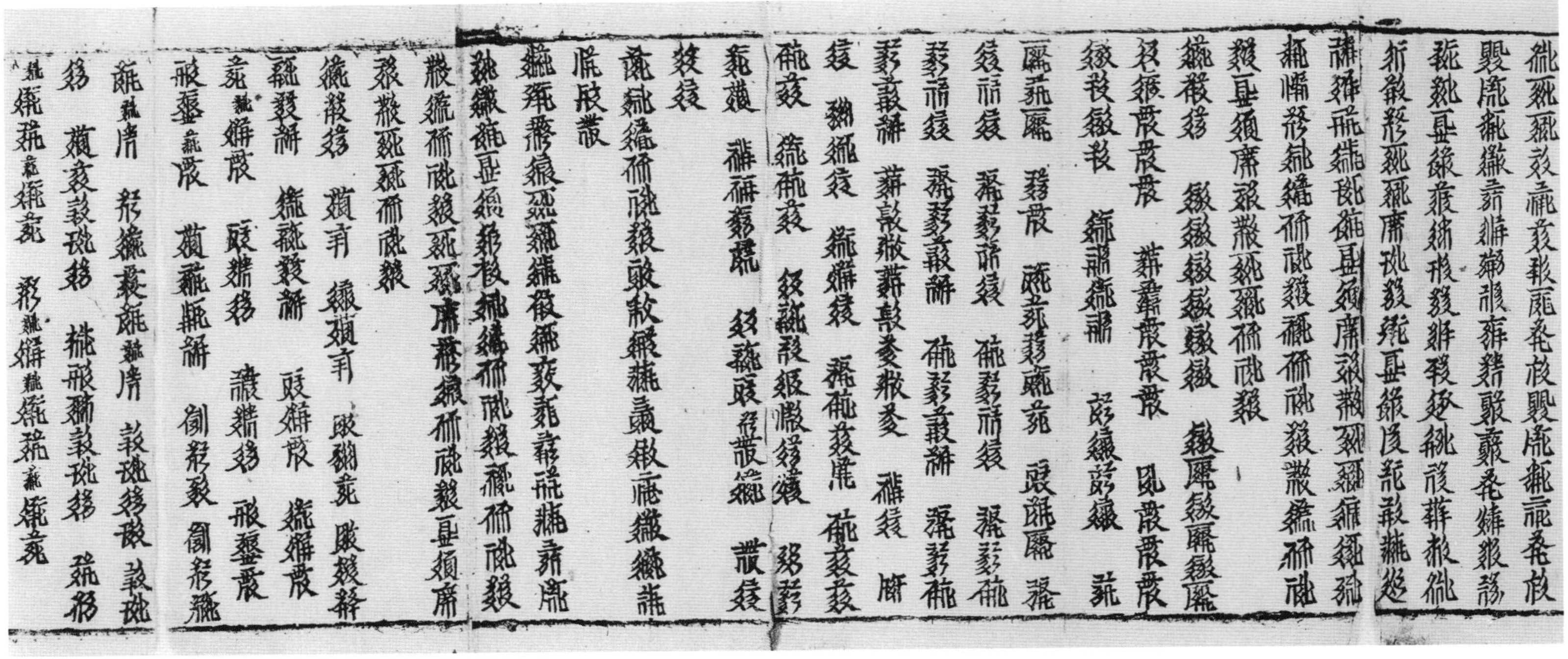

俄 Инв.No.2 明咒母王大孔雀經上卷 (19–8)

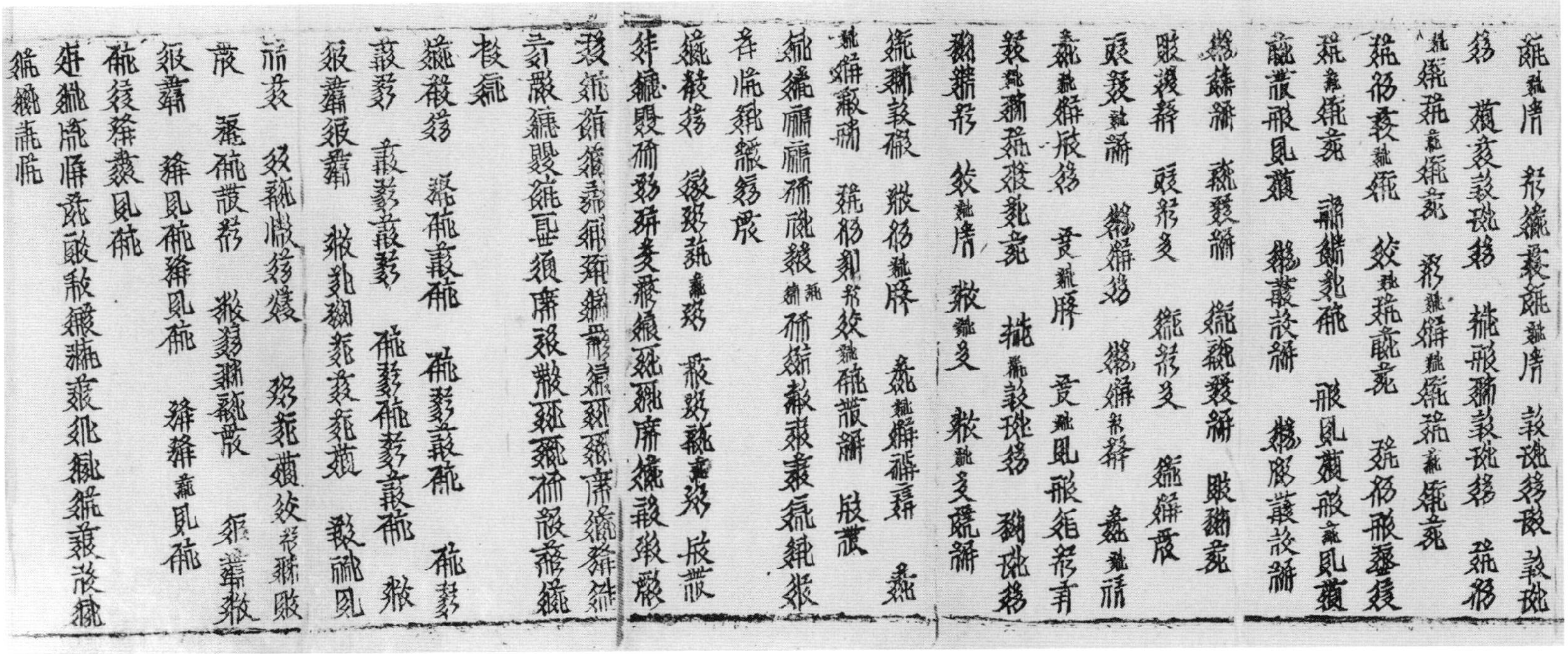

俄 Инв.No.2 明咒母王大孔雀經上卷 (19–9)

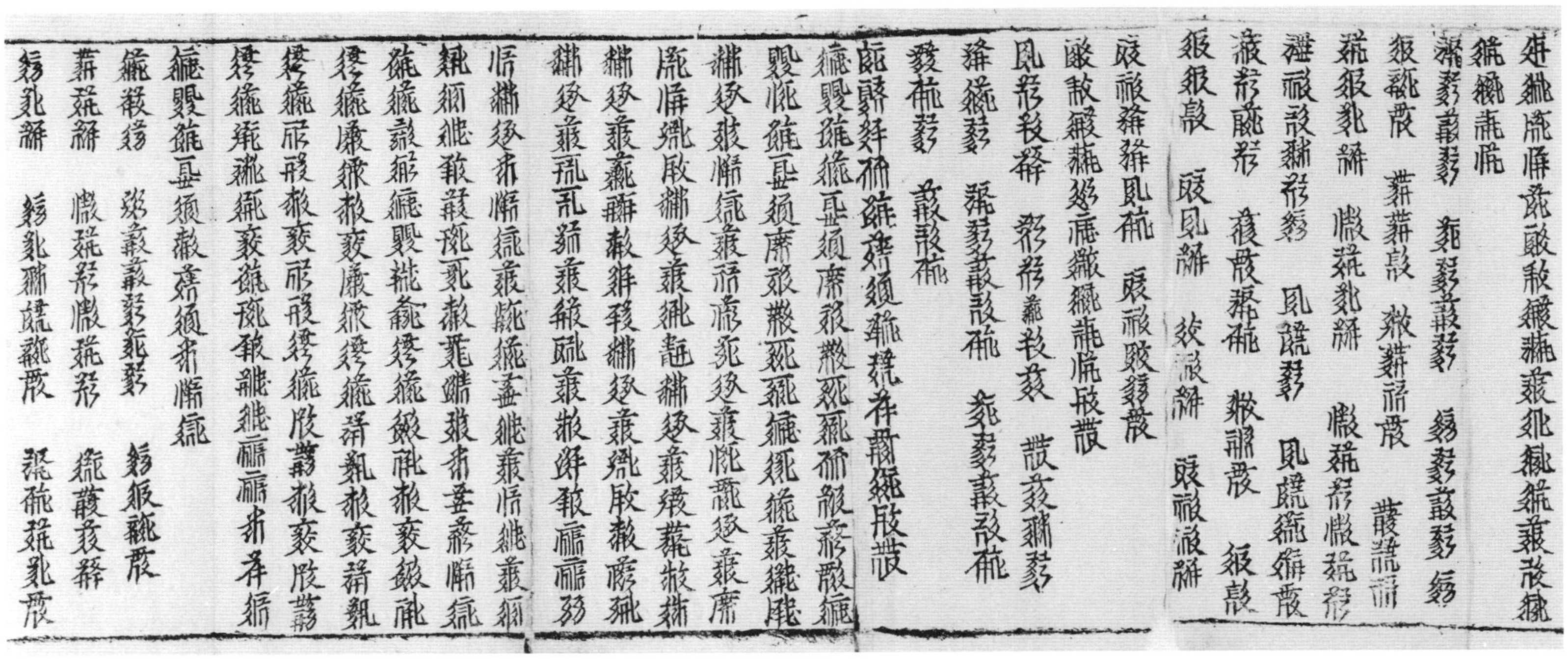

俄 Инв.No.2 明咒母王大孔雀經上卷 (19–10)

俄 **И**нв.No.2　明咒母王大孔雀經上卷　　　(19-11)

俄 **И**нв.No.2　明咒母王大孔雀經上卷　　　(19-12)

俄 **И**нв.No.2　明咒母王大孔雀經上卷　　　(19-13)

俄ИНВ.No.2　明咒母王大孔雀經上卷　　　　(19-17)

俄ИНВ.No.2　明咒母王大孔雀經上卷　　　　(19-18)

俄ИНВ.No.2　明咒母王大孔雀經上卷　　　　(19-19)

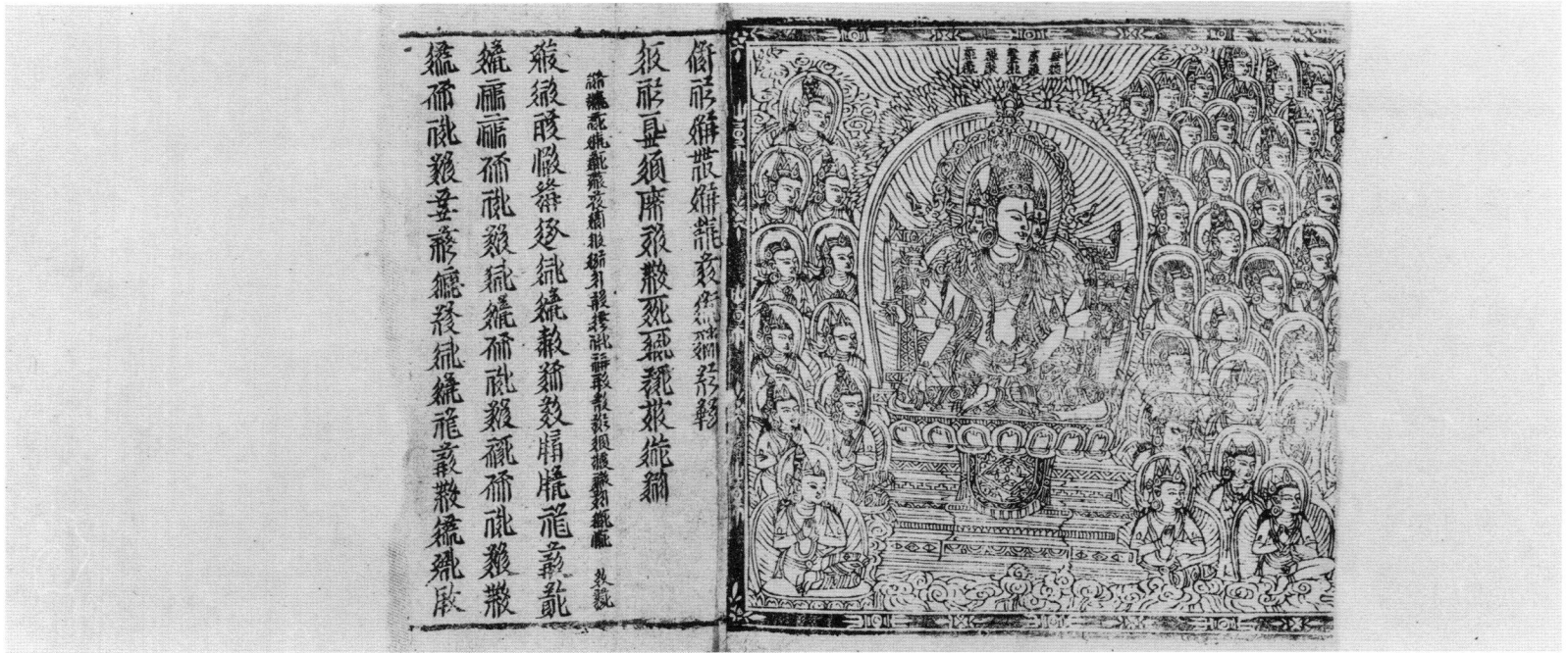

俄 ИНВ.No.3　明咒母王大孔雀經上卷　　　(3-1)

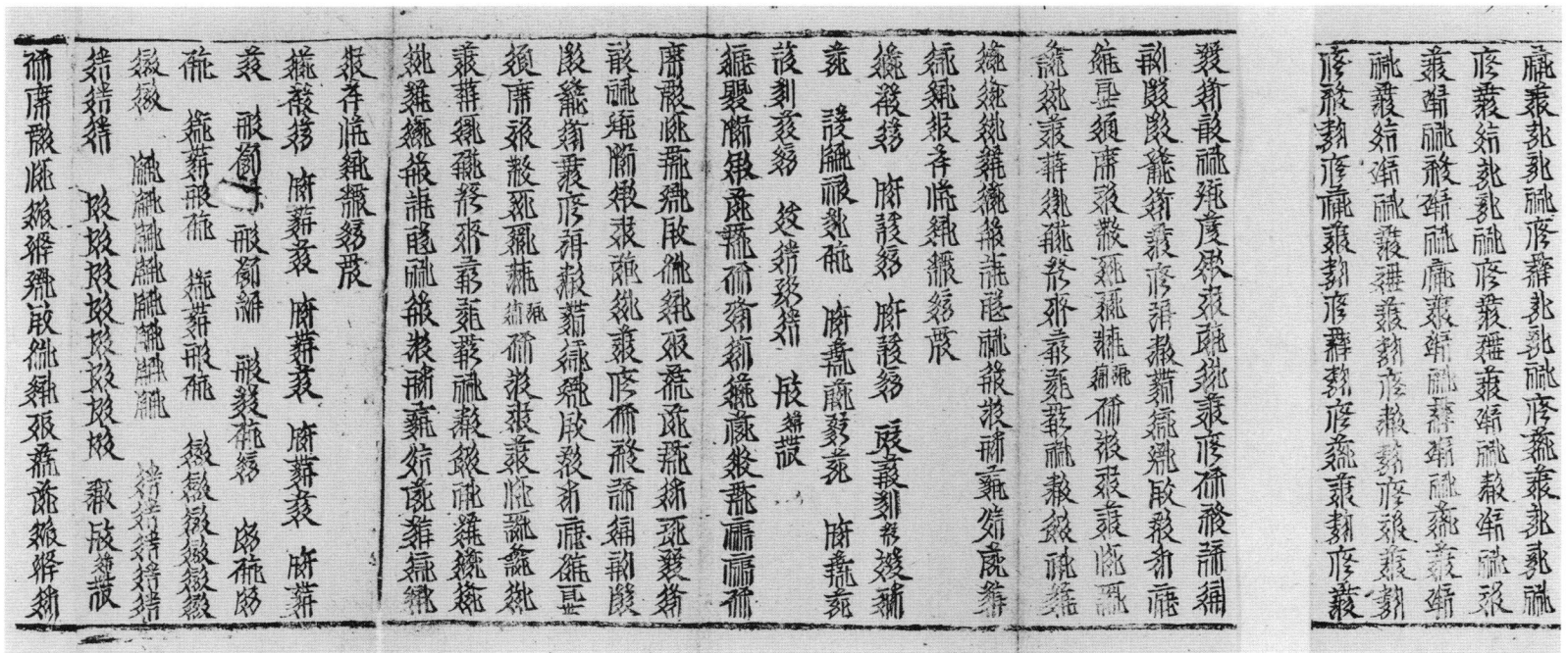

俄 ИНВ.No.3　明咒母王大孔雀經上卷　　　(3-2)

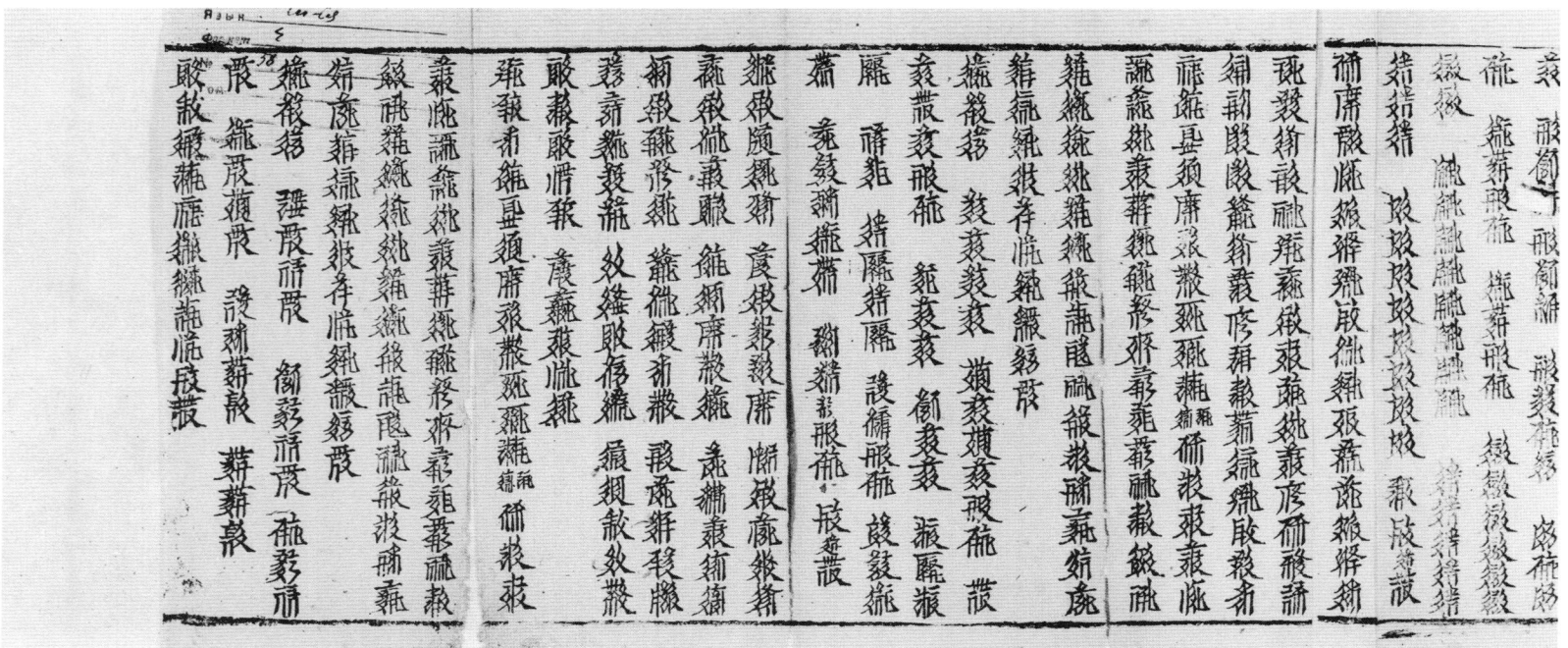

俄 ИНВ.No.3　明咒母王大孔雀經上卷　　　(3-3)

俄 Инв.No.6050　明咒母王大孔雀經上卷

俄 Инв.No.6617　明咒母王大孔雀經上卷

俄 Инв.No.8322　明咒母王大孔雀經上卷

俄Инв.No.5784 明咒母王大孔雀經上卷等

俄Инв.No.7 明咒母王大孔雀經上卷第四（封套）

俄Инв.No.7 明咒母王大孔雀經上卷第四

俄 **И**нв.No.947　明咒母王大孔雀經上卷等　　　(6-1)

俄 **И**нв.No.947　明咒母王大孔雀經上卷等　　　(6-2)

俄 **И**нв.No.947　明咒母王大孔雀經上卷等　　　(6-3)

俄 **И**нв.No.947 　明咒母王大孔雀經上卷等 　　　(6-4)

俄 **И**нв.No.947 　明咒母王大孔雀經上卷等 　　　(6-5)

俄 **И**нв.No.947 　明咒母王大孔雀經上卷等 　　　(6-6)

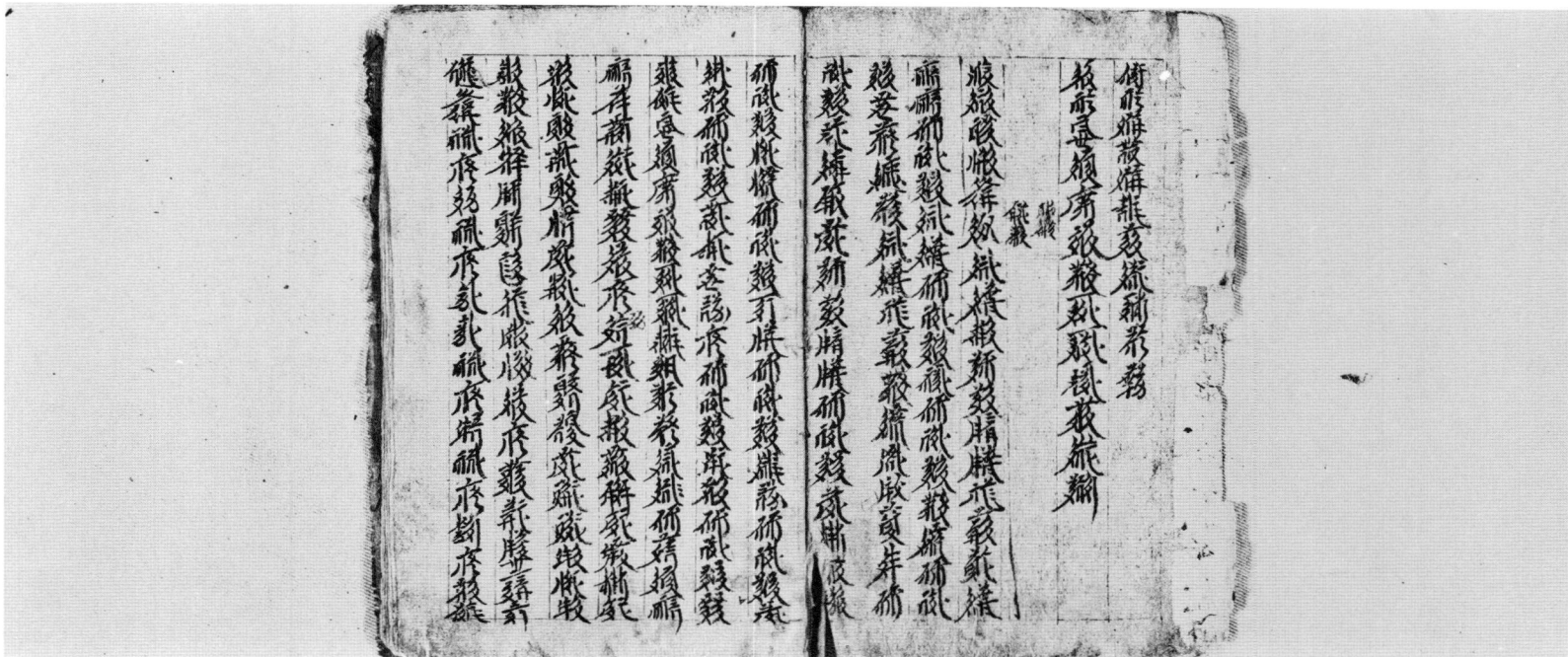

俄 **И**нв.No.11　明咒母王大孔雀經上卷　　　(27-1)

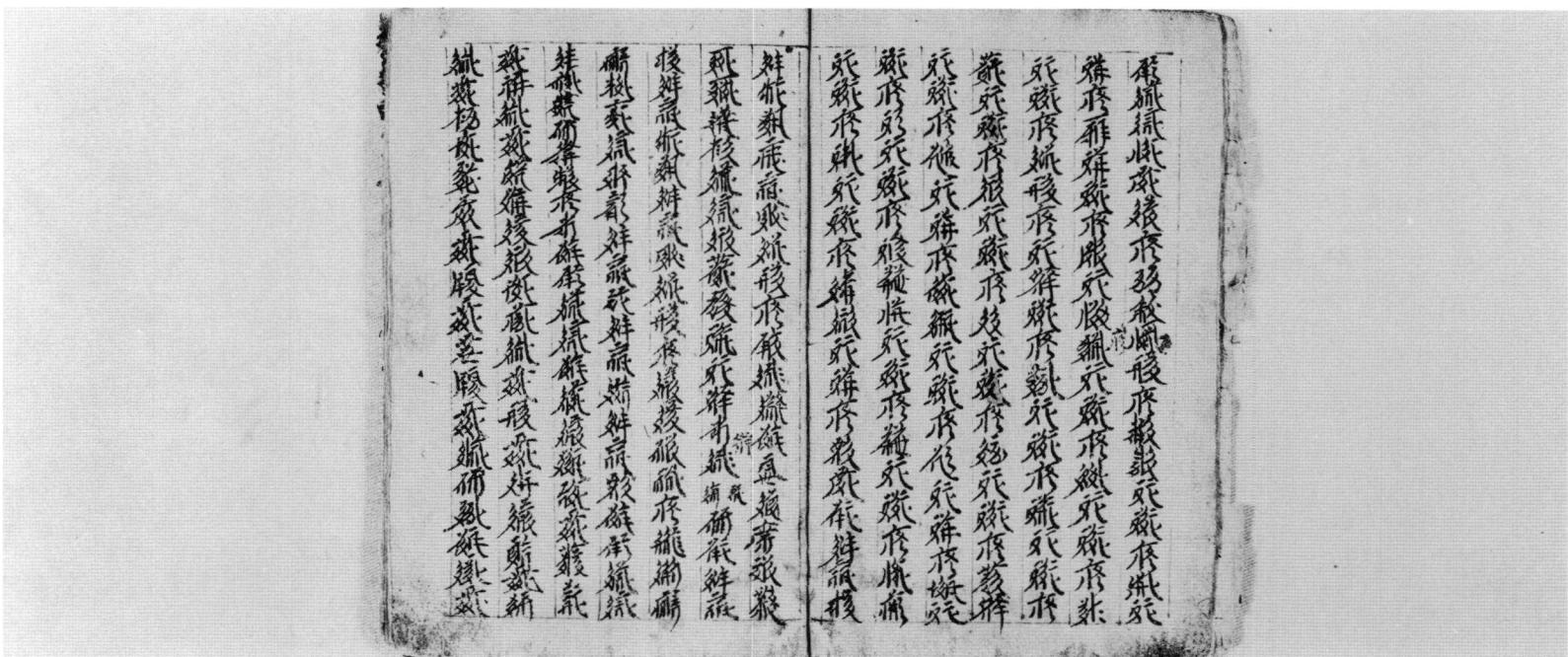

俄 **И**нв.No.11　明咒母王大孔雀經上卷　　　(27-2)

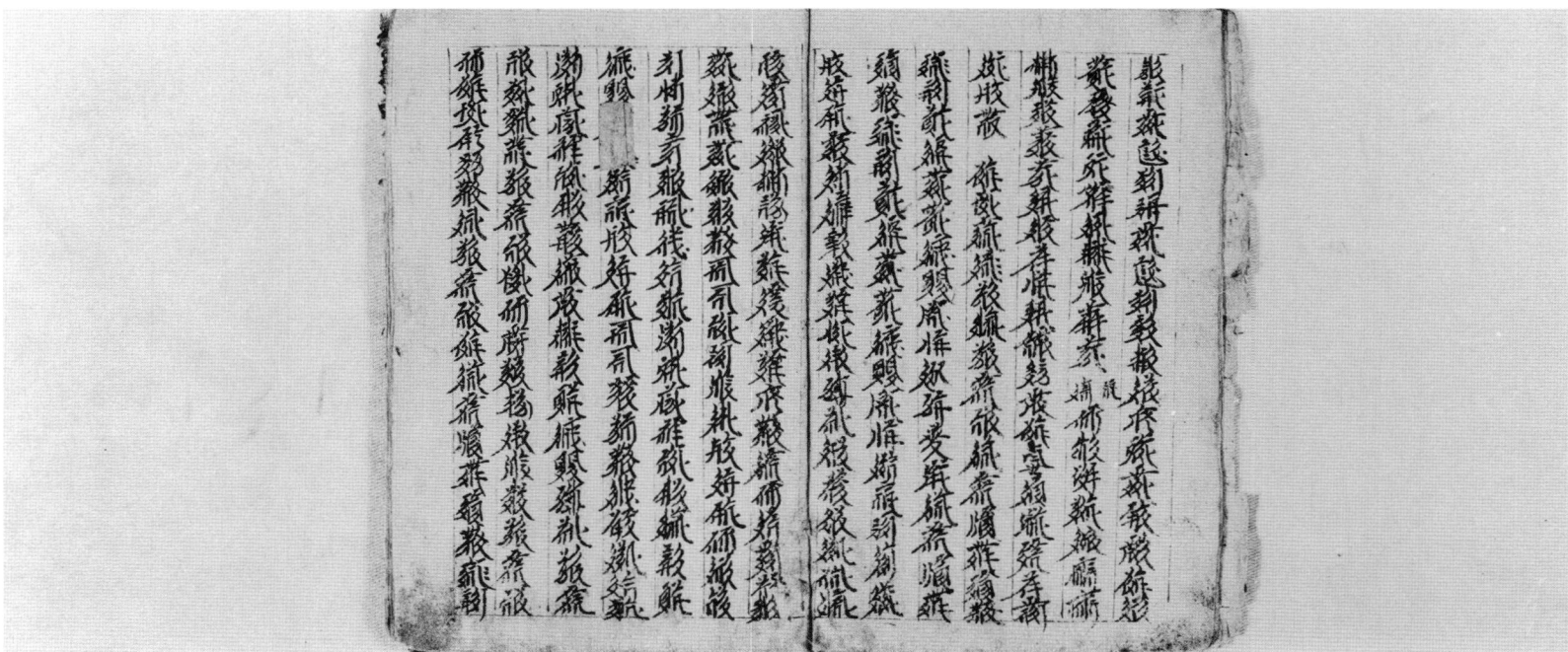

俄 **И**нв.No.11　明咒母王大孔雀經上卷　　　(27-3)

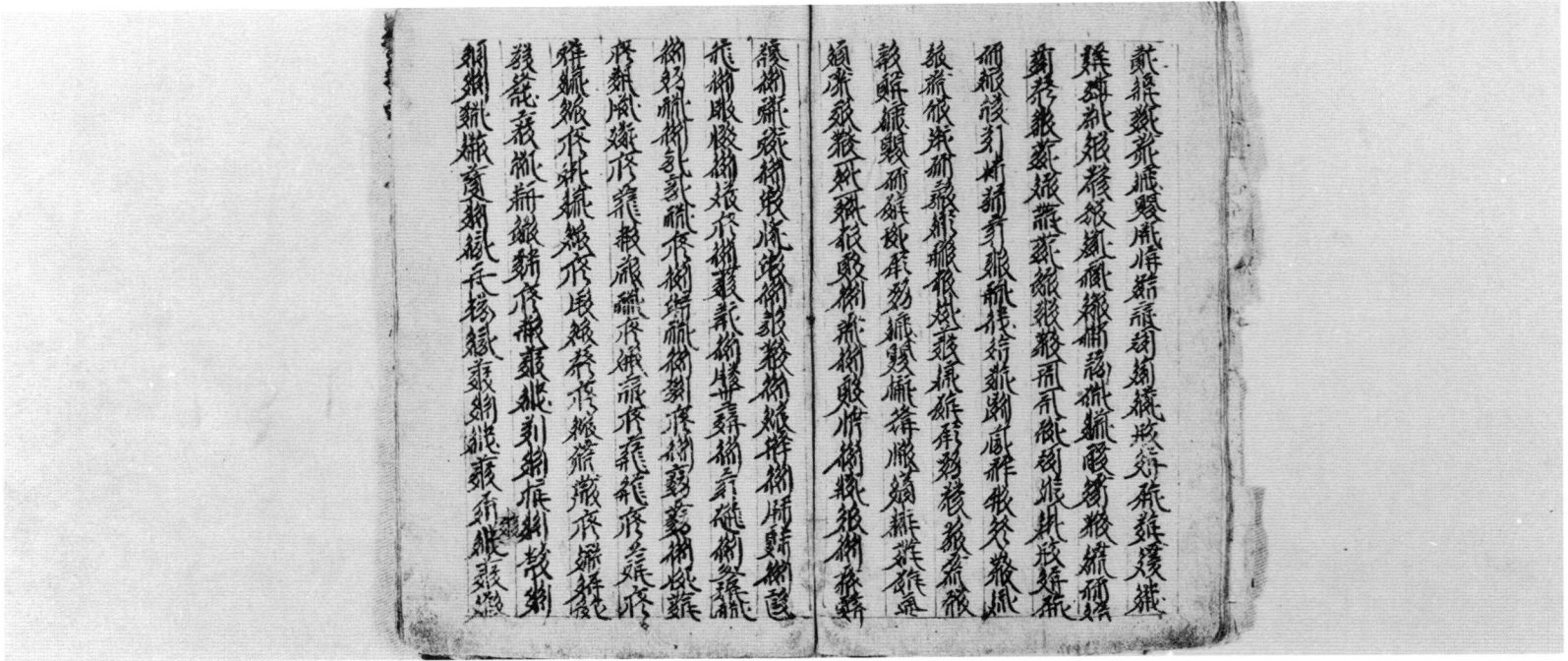

俄 **И**нв.No.11　明咒母王大孔雀經上卷　　　(27-4)

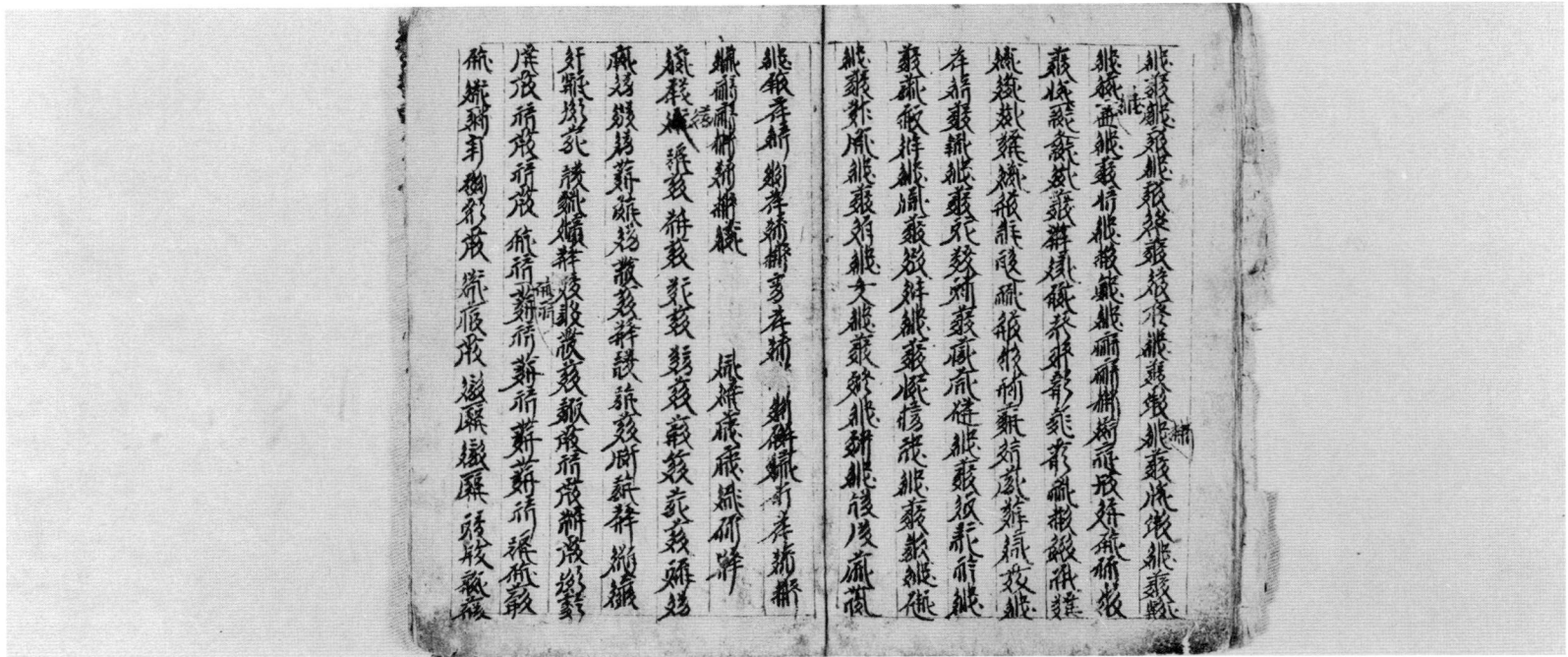

俄 **И**нв.No.11　明咒母王大孔雀經上卷　　　(27-5)

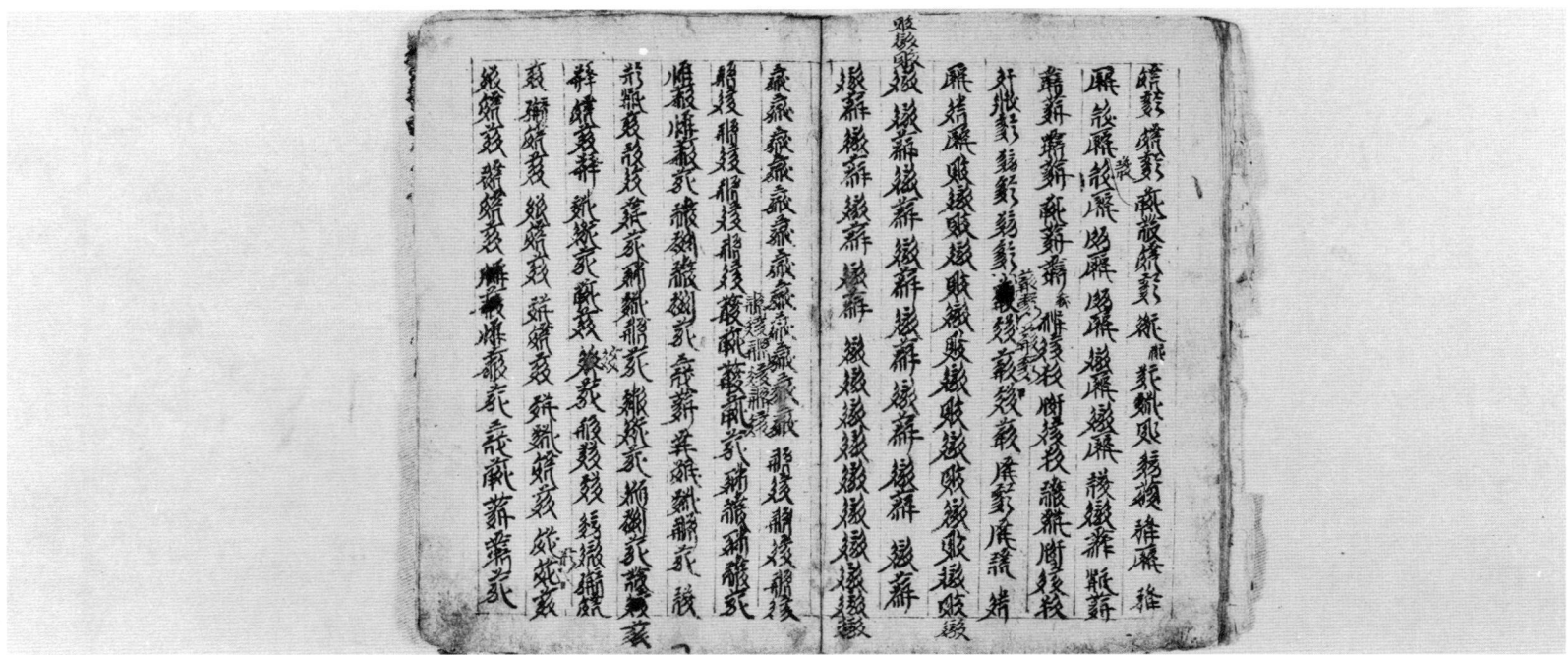

俄 **И**нв.No.11　明咒母王大孔雀經上卷　　　(27-6)

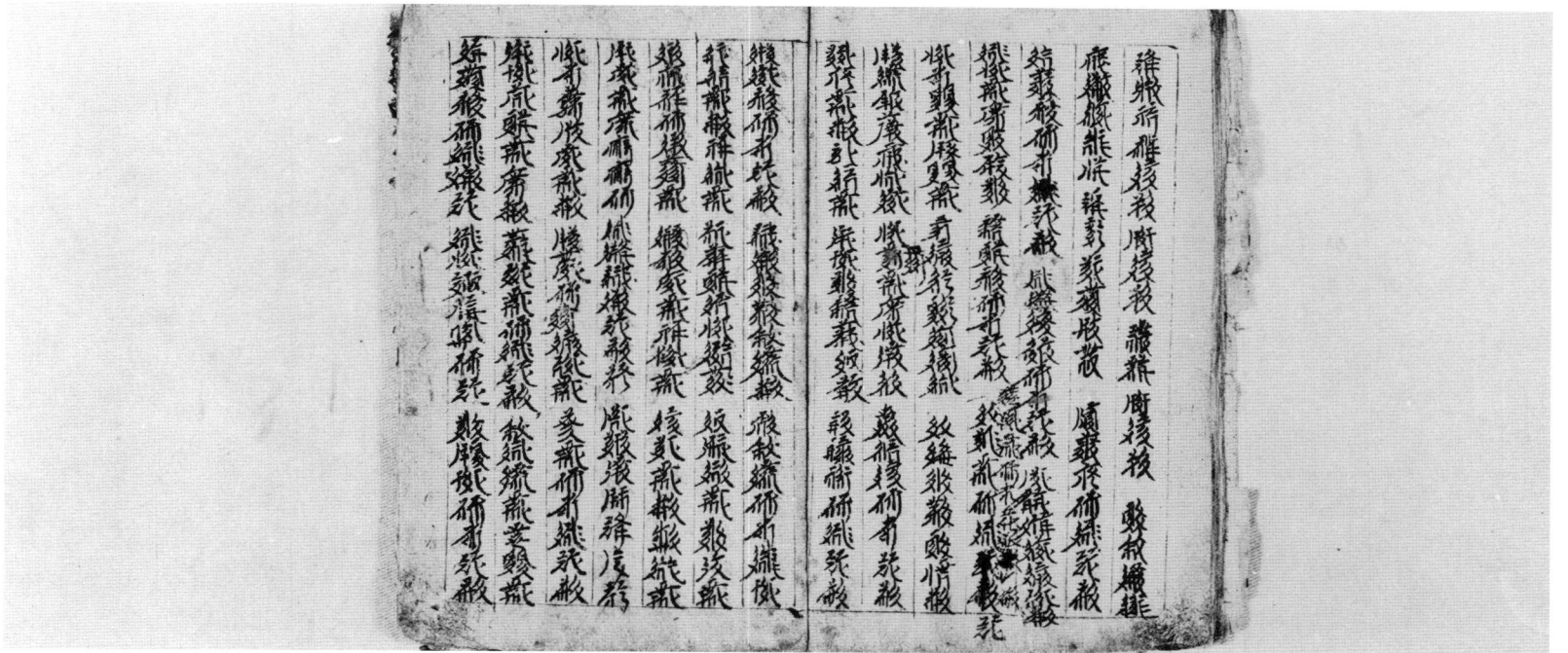

俄Инв.No.11　明咒母王大孔雀經上卷　　　(27-7)

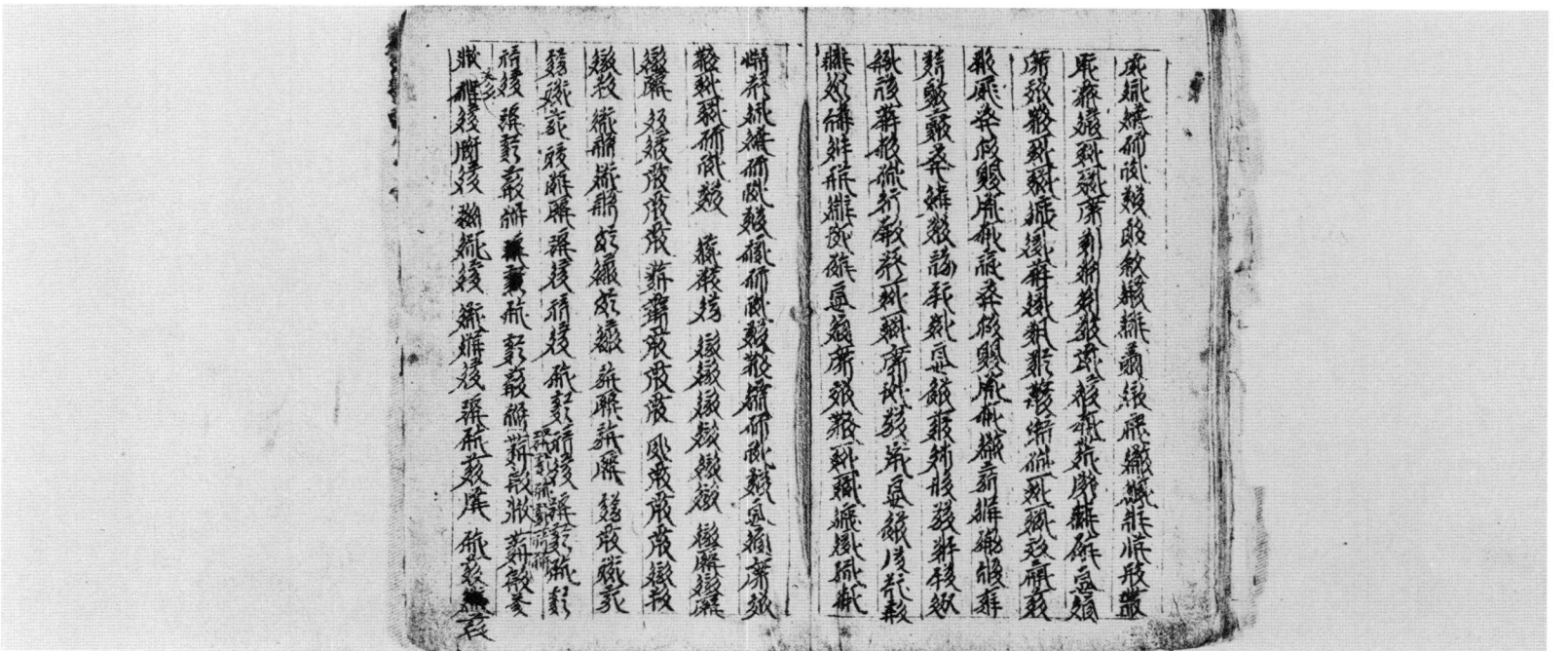

俄Инв.No.11　明咒母王大孔雀經上卷　　　(27-8)

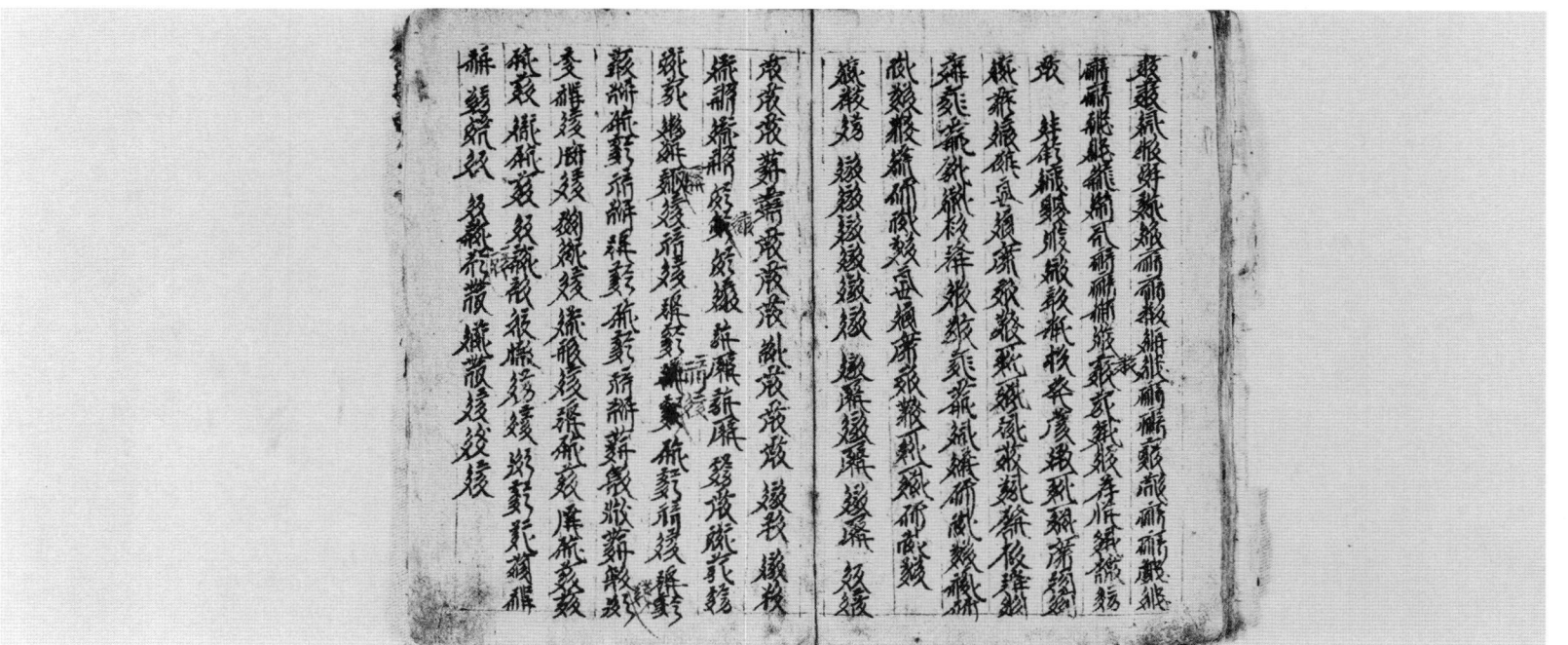

俄Инв.No.11　明咒母王大孔雀經上卷　　　(27-9)

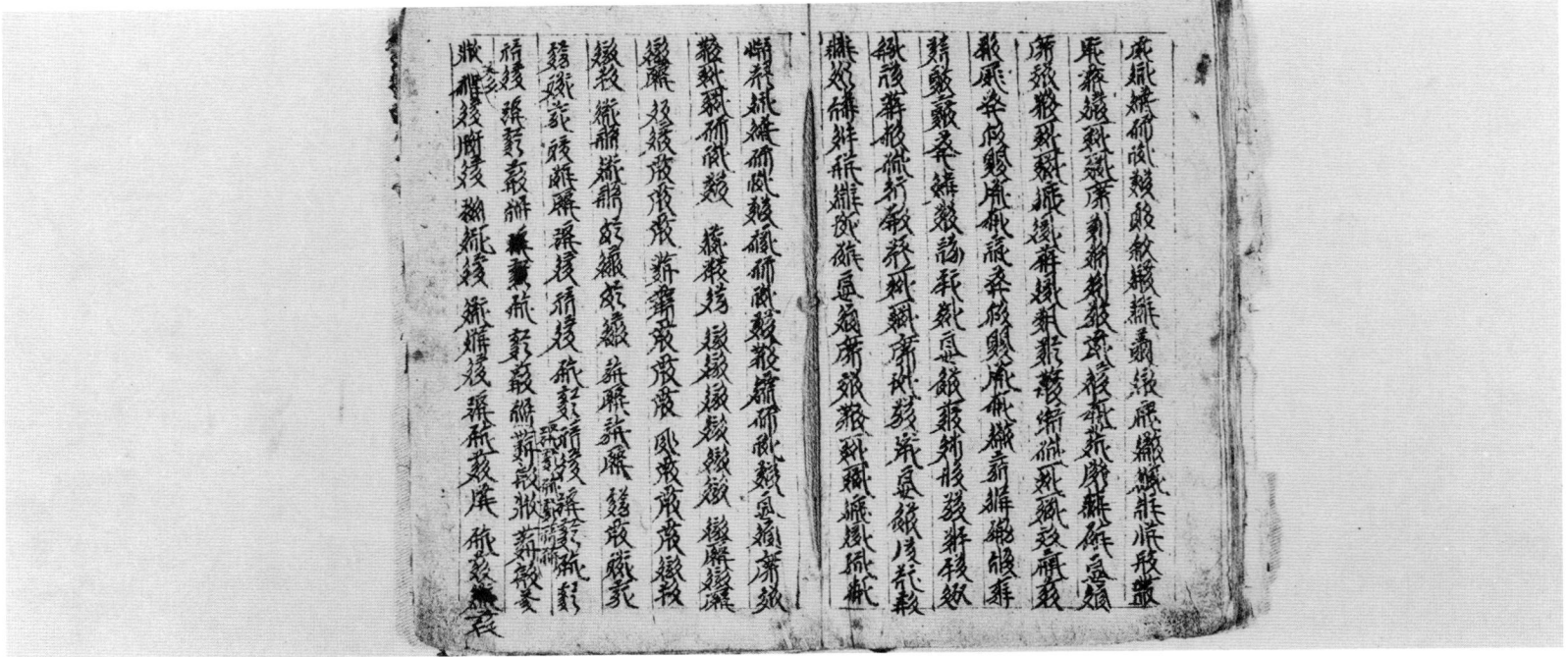

俄Инв.No.11　明咒母王大孔雀經上卷　　　(27-10)

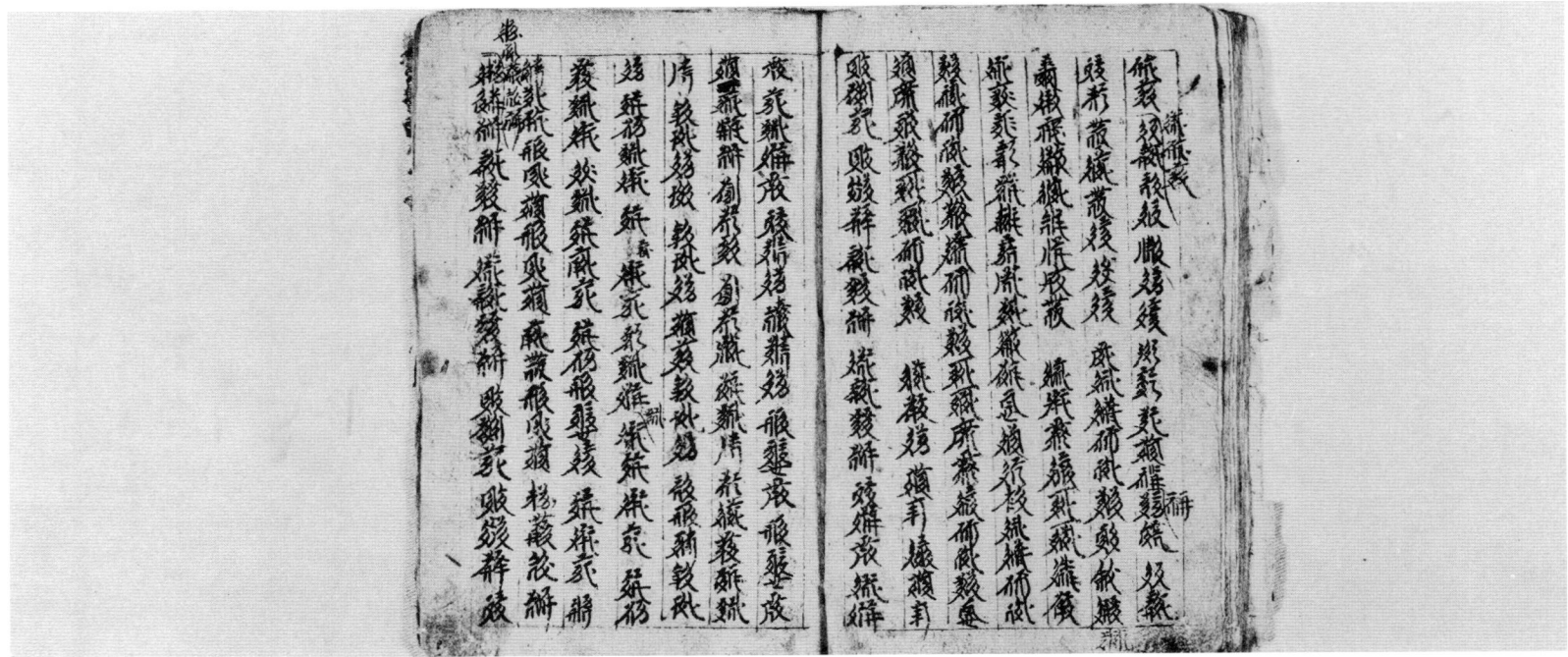

俄Инв.No.11　明咒母王大孔雀經上卷　　　(27-11)

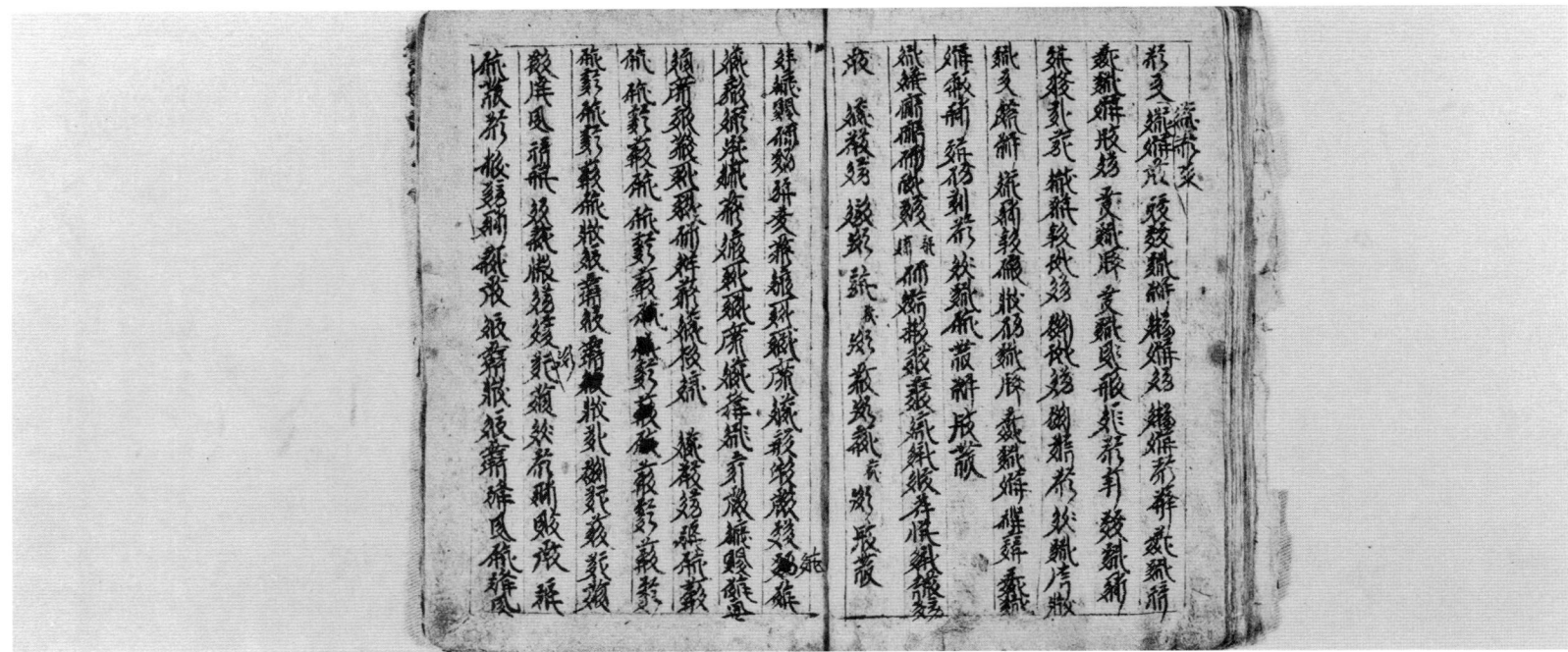

俄Инв.No.11　明咒母王大孔雀經上卷　　　(27-12)

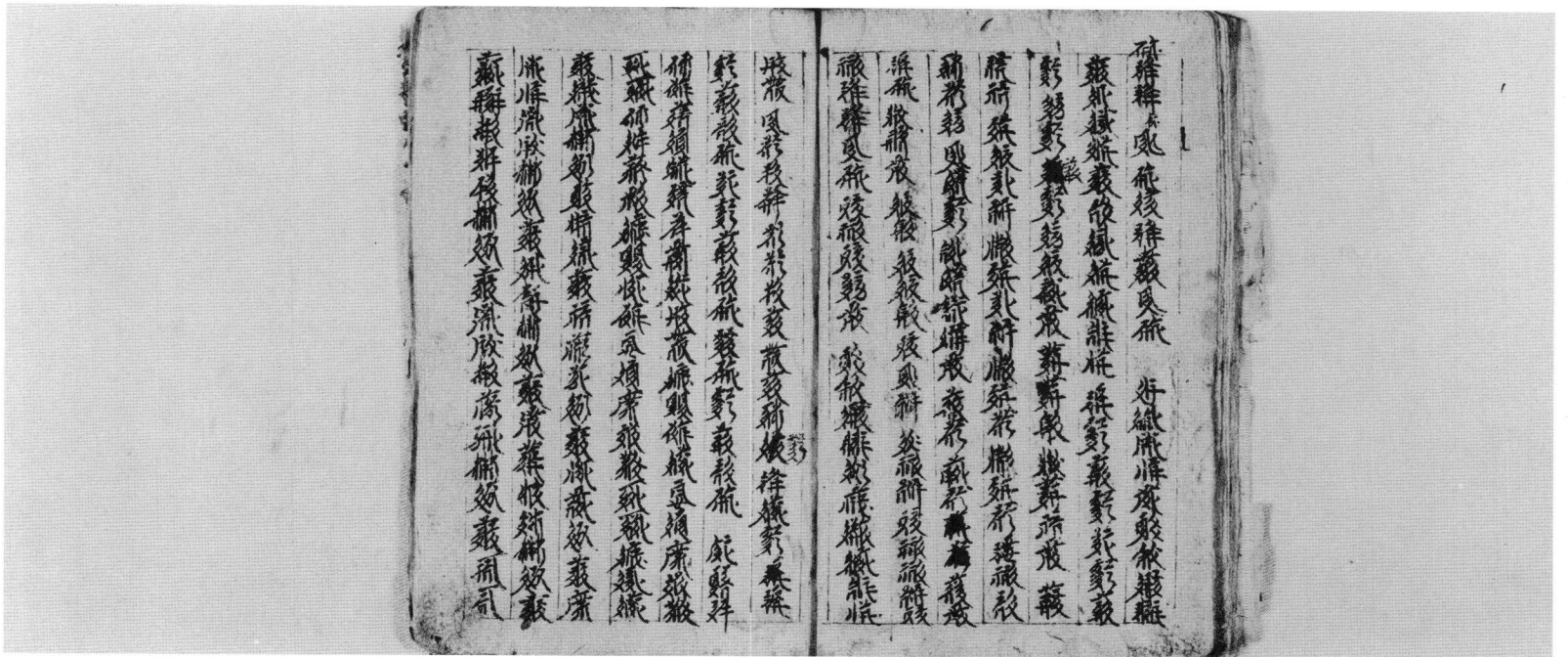

俄 **Инв**.No.11 　明咒母王大孔雀經上卷 　　(27-13)

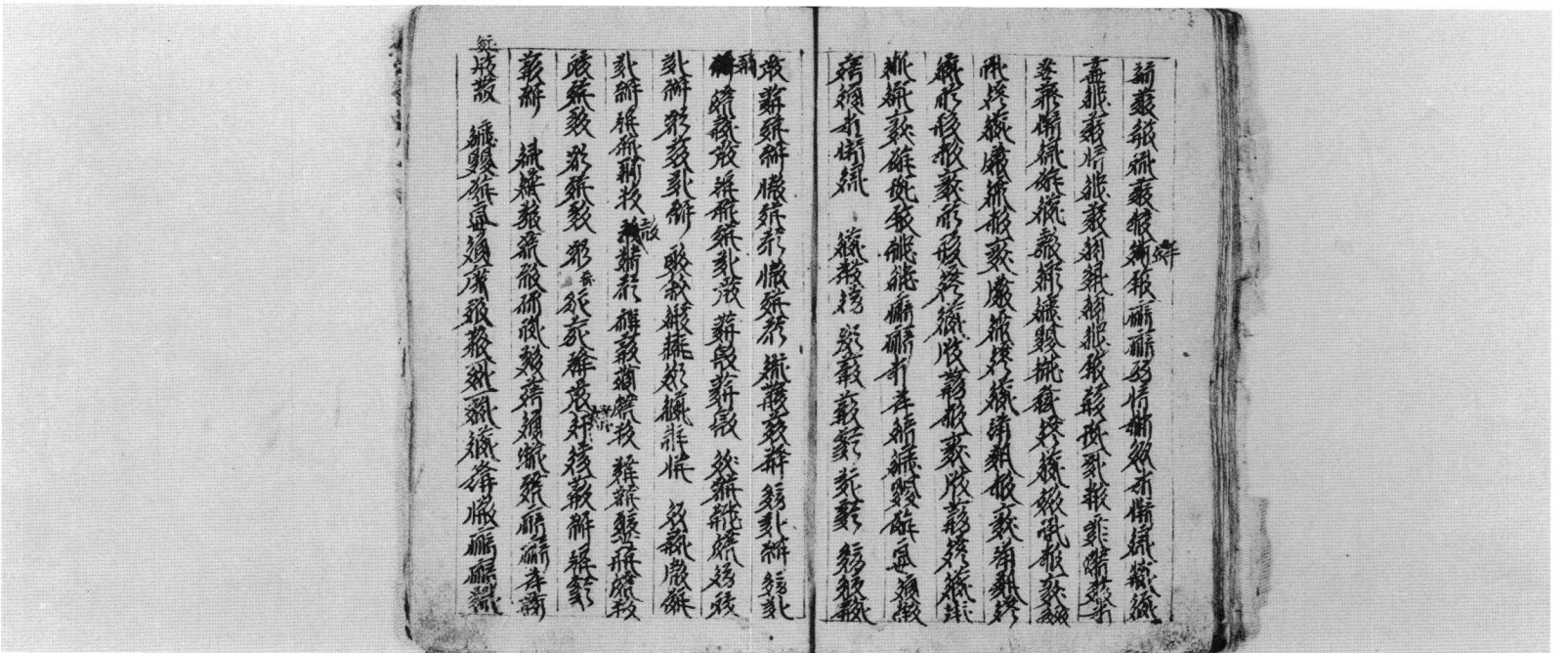

俄 **Инв**.No.11 　明咒母王大孔雀經上卷 　　(27-14)

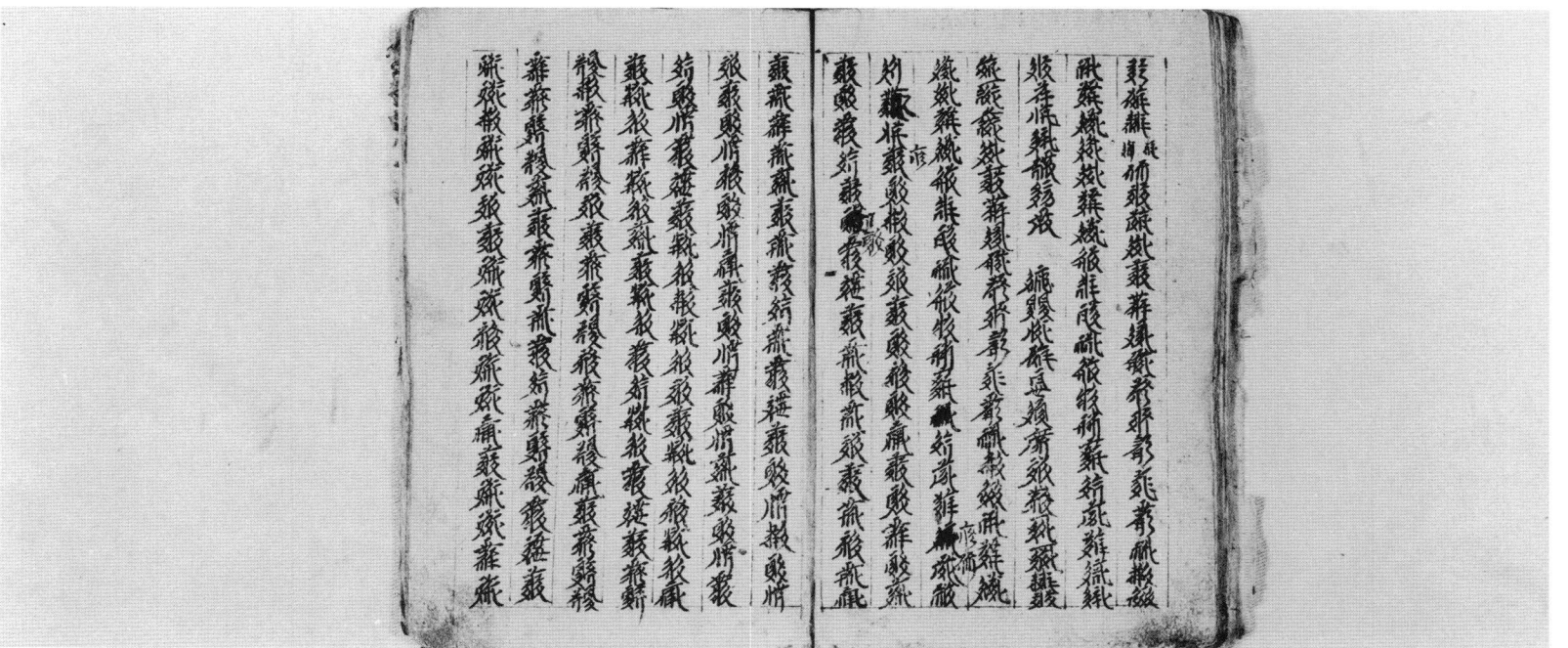

俄 **Инв**.No.11 　明咒母王大孔雀經上卷 　　(27-15)

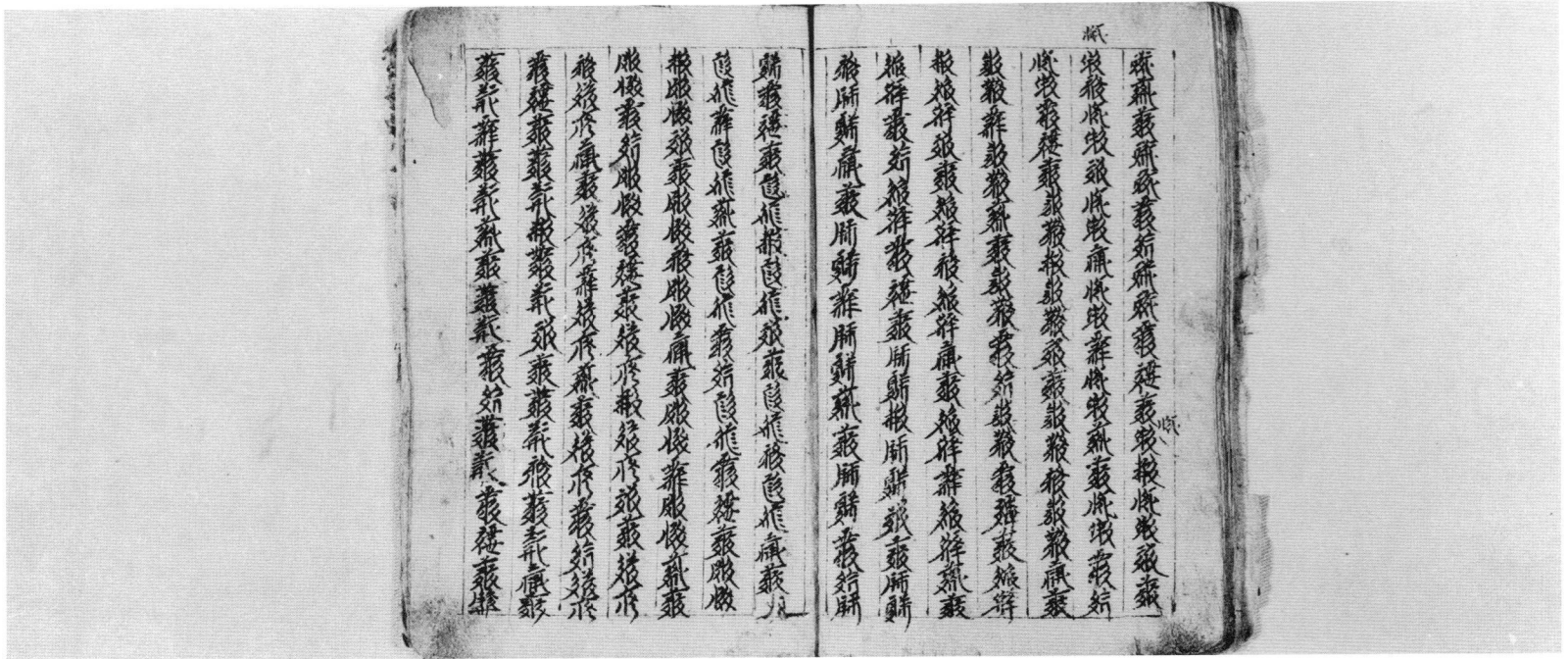

俄**И**нв.No.11　明咒母王大孔雀經上卷　　　(27-16)

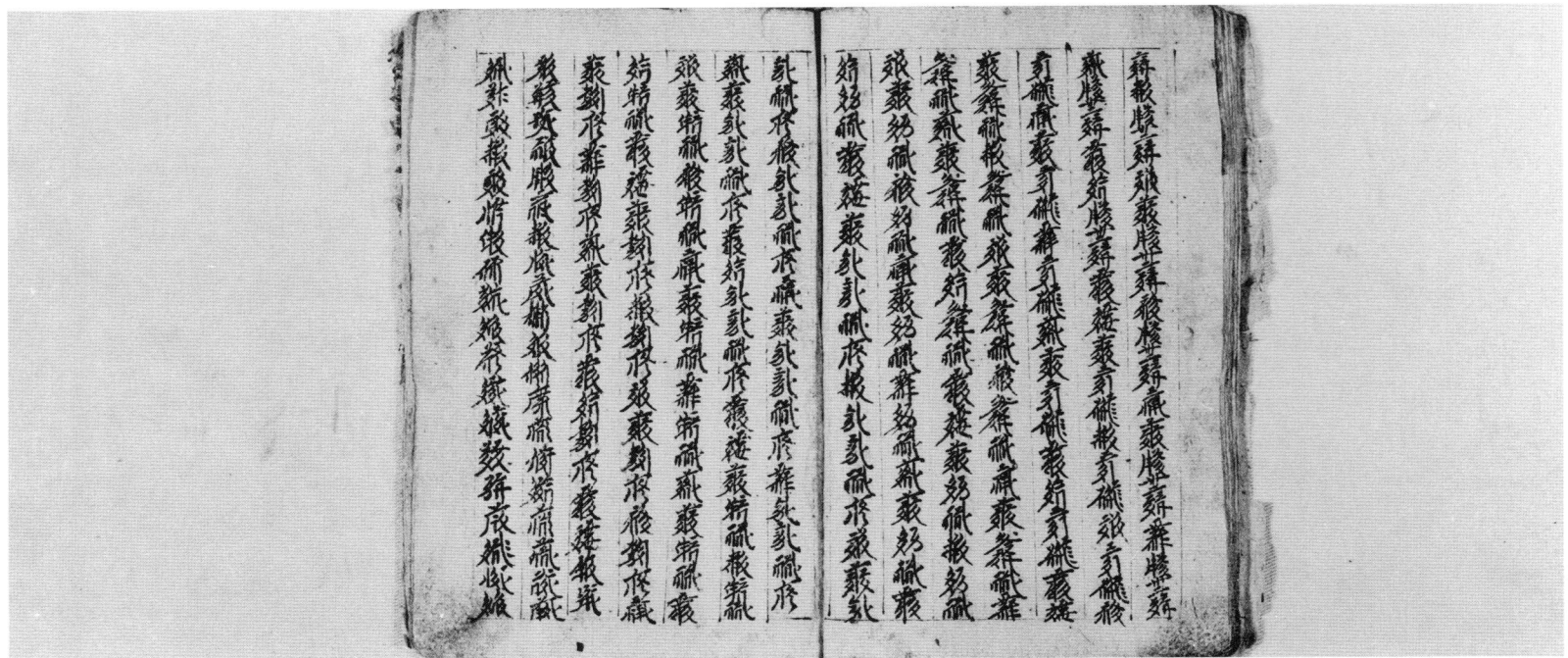

俄**И**нв.No.11　明咒母王大孔雀經上卷　　　(27-17)

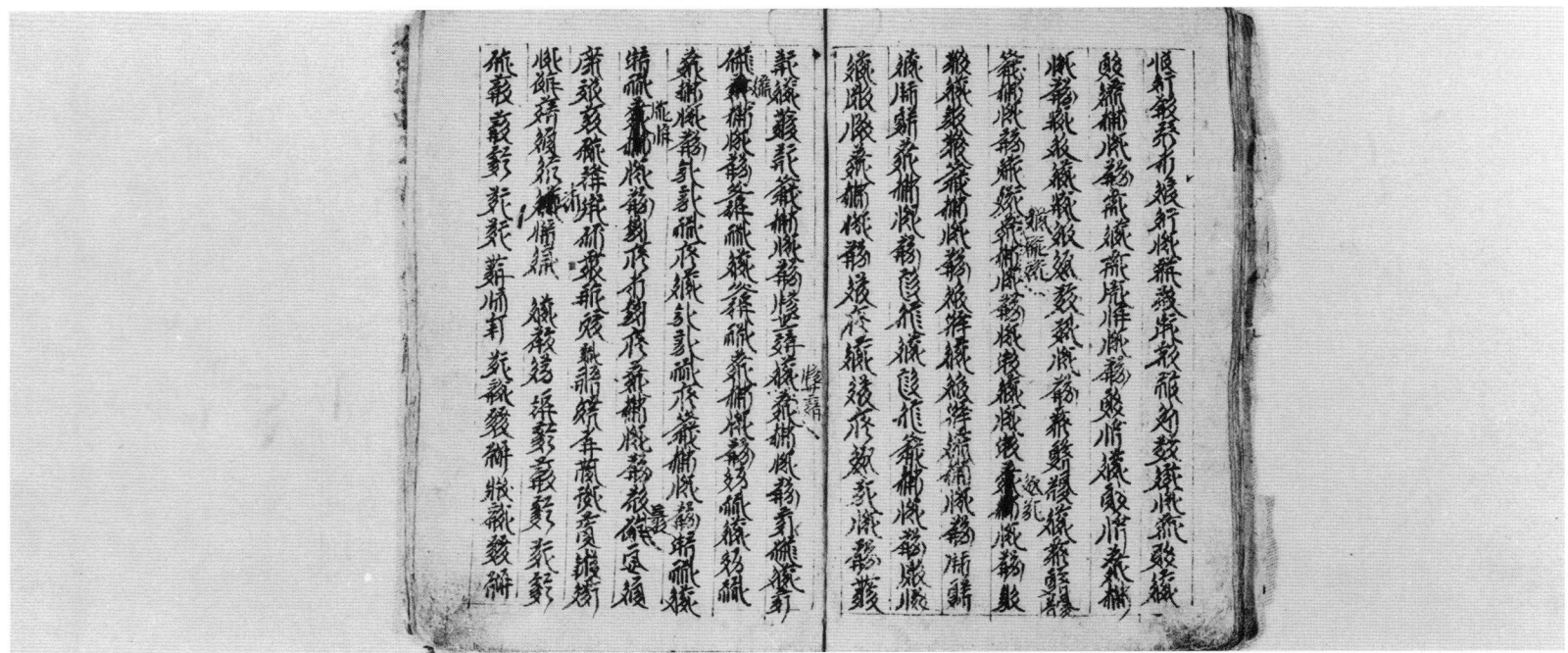

俄**И**нв.No.11　明咒母王大孔雀經上卷　　　(27-18)

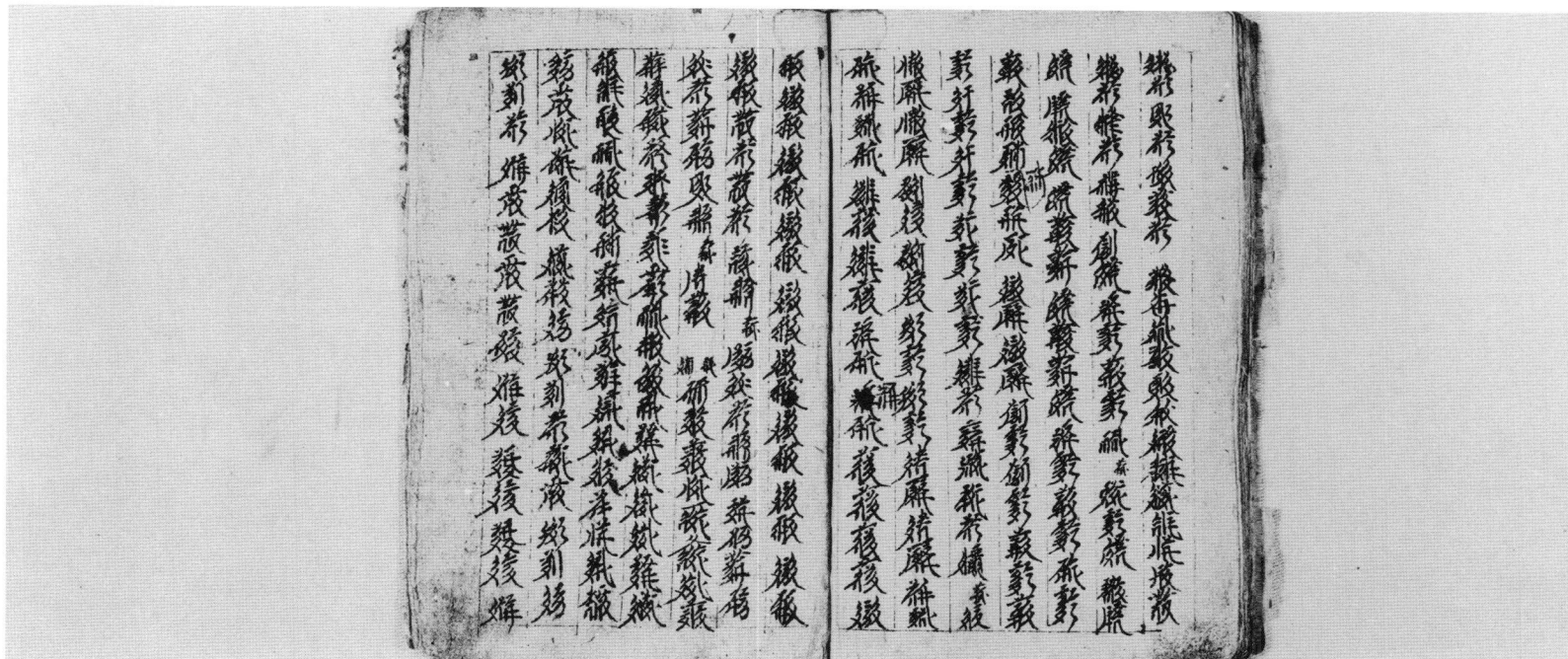

俄 Инв.No.11　明咒母王大孔雀經上卷　　　(27-19)

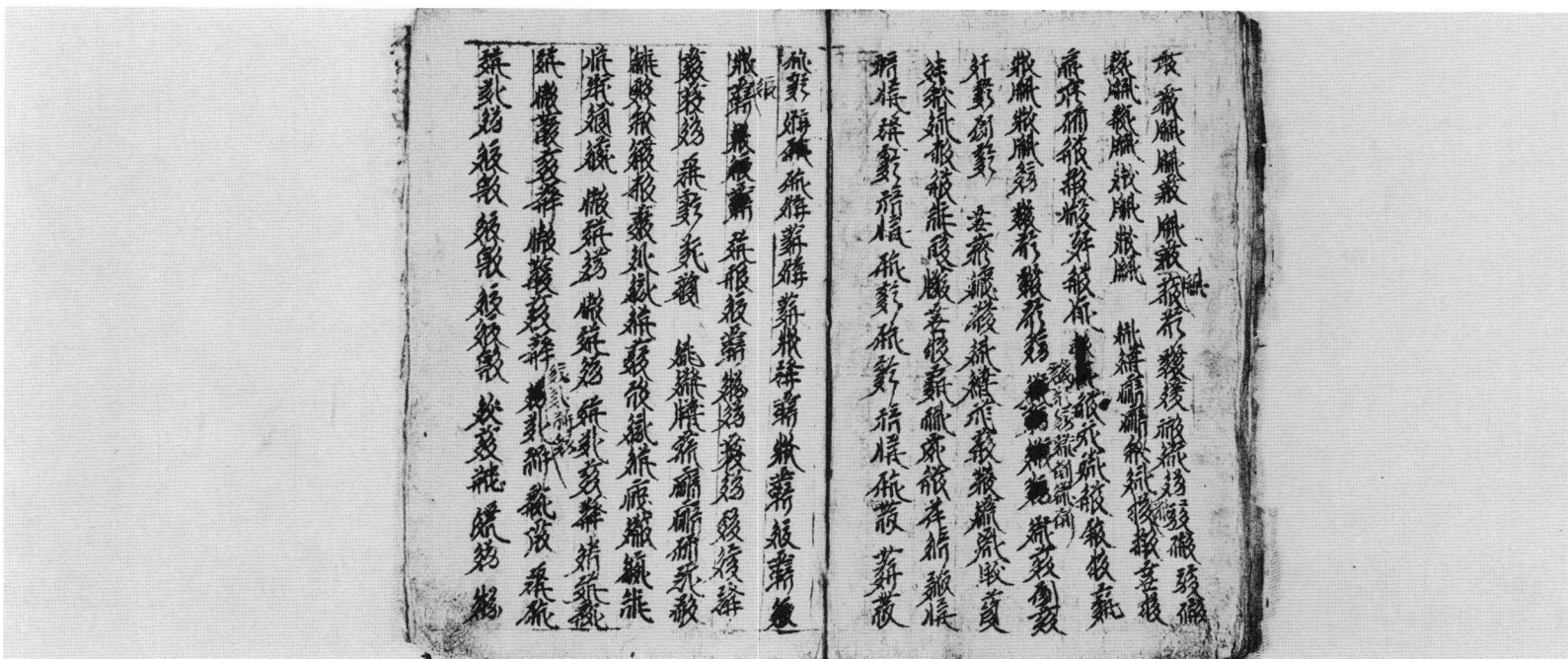

俄 Инв.No.11　明咒母王大孔雀經上卷　　　(27-20)

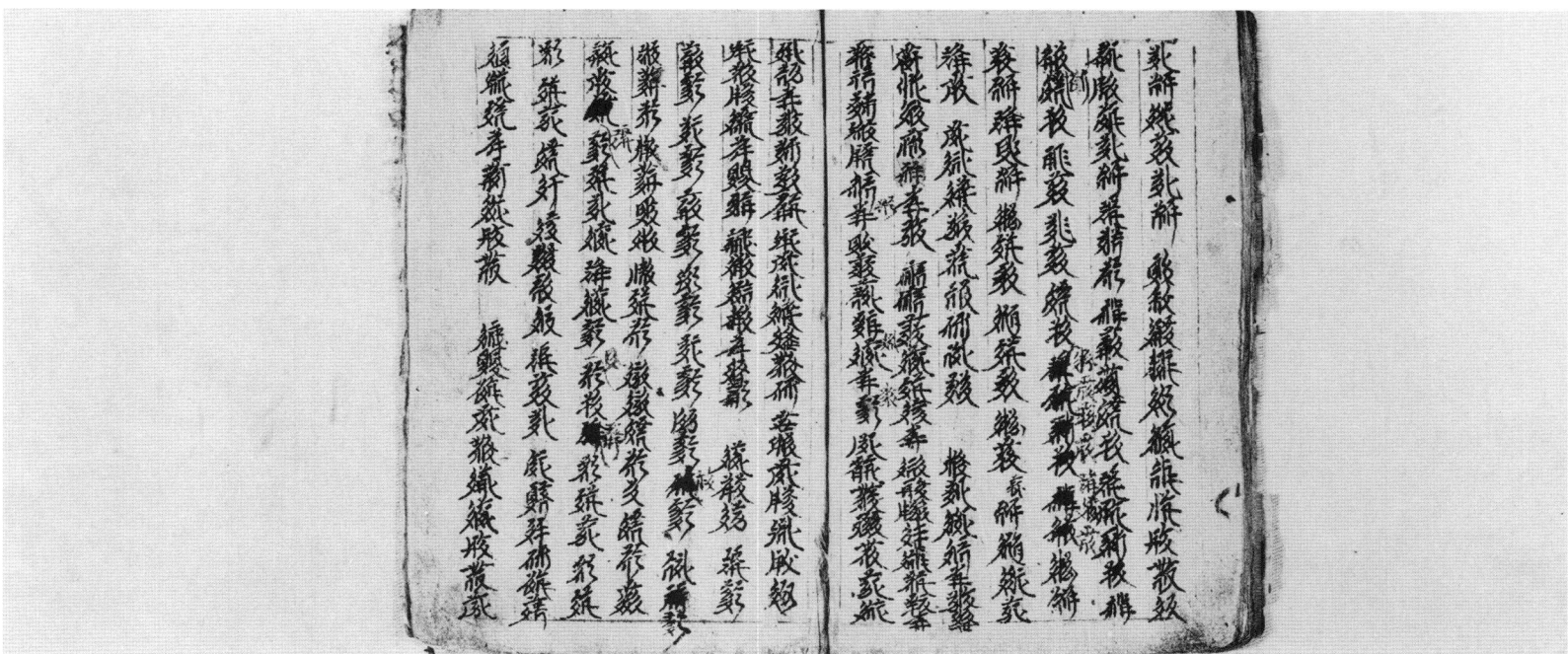

俄 Инв.No.11　明咒母王大孔雀經上卷　　　(27-21)

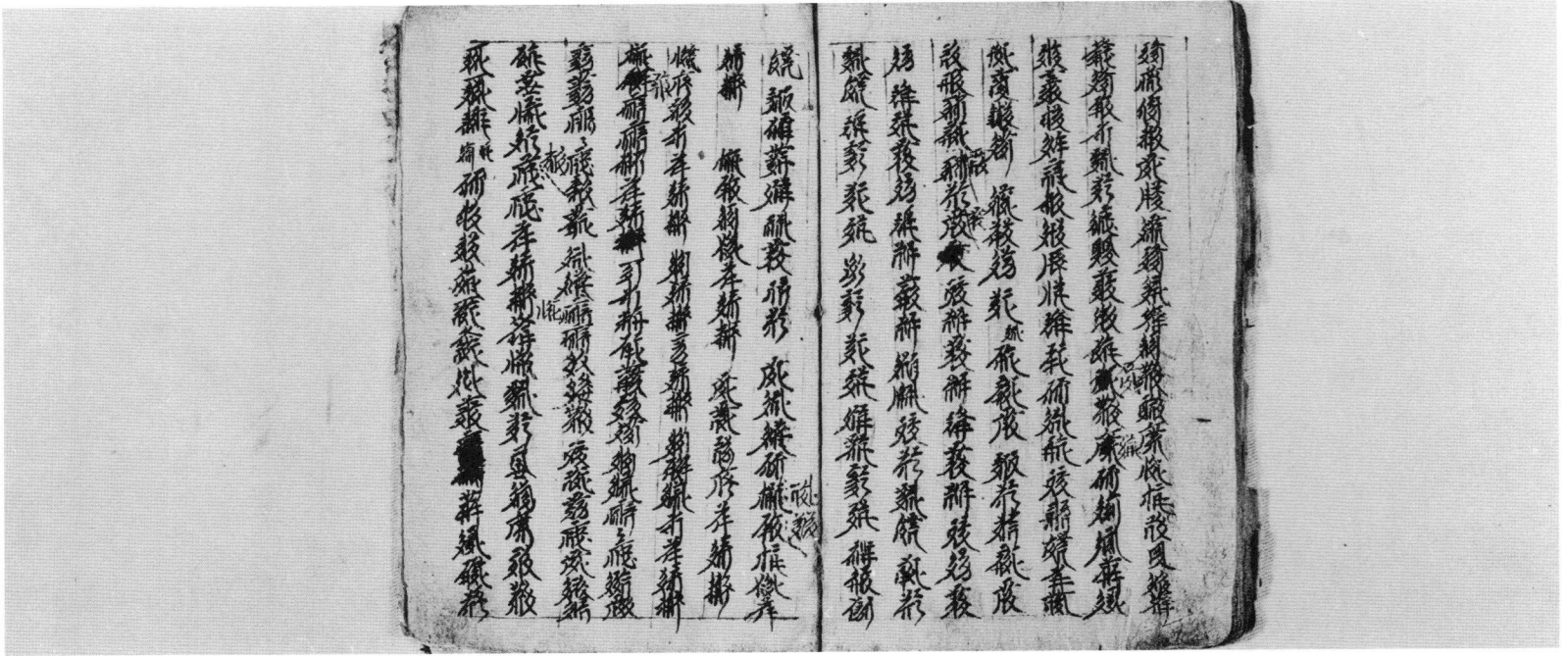

俄 **И**нв.No.11　明咒母王大孔雀經上卷　　(27-22)

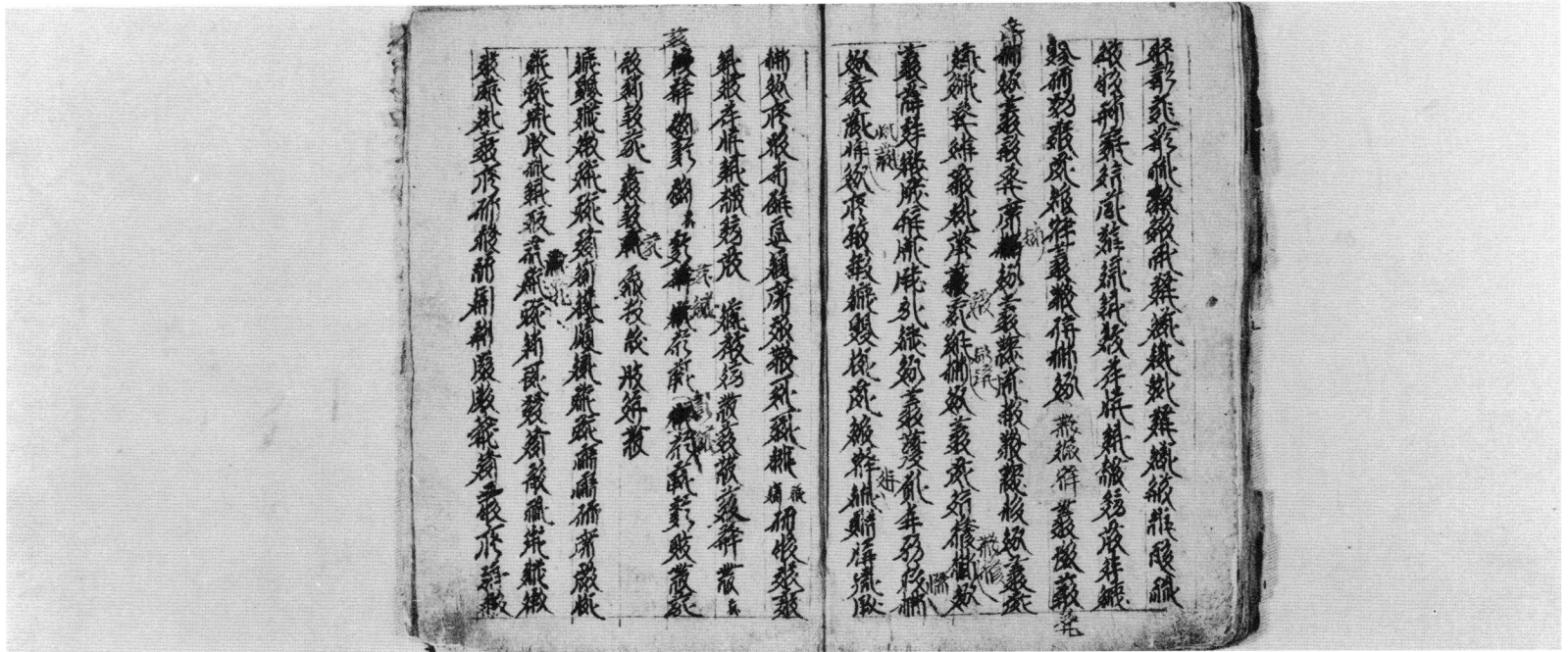

俄 **И**нв.No.11　明咒母王大孔雀經上卷　　(27-23)

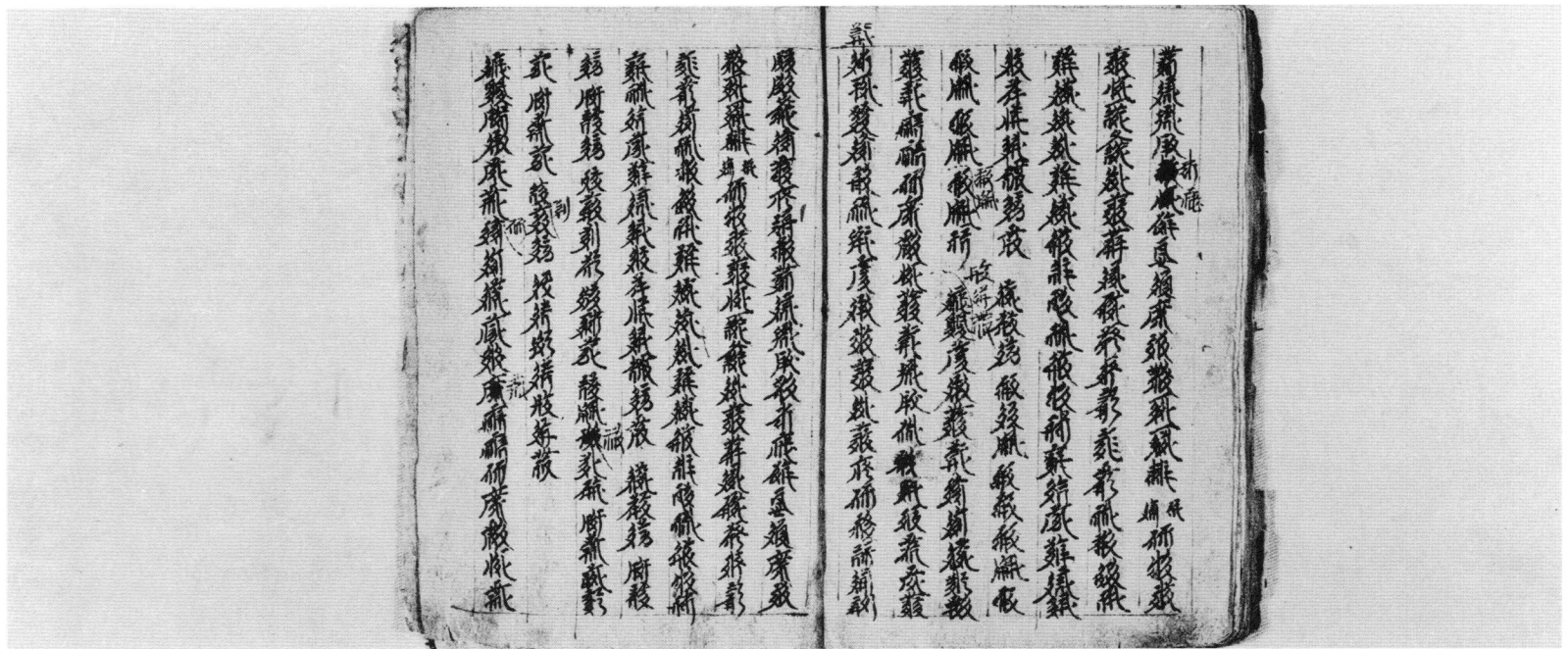

俄 **И**нв.No.11　明咒母王大孔雀經上卷　　(27-24)

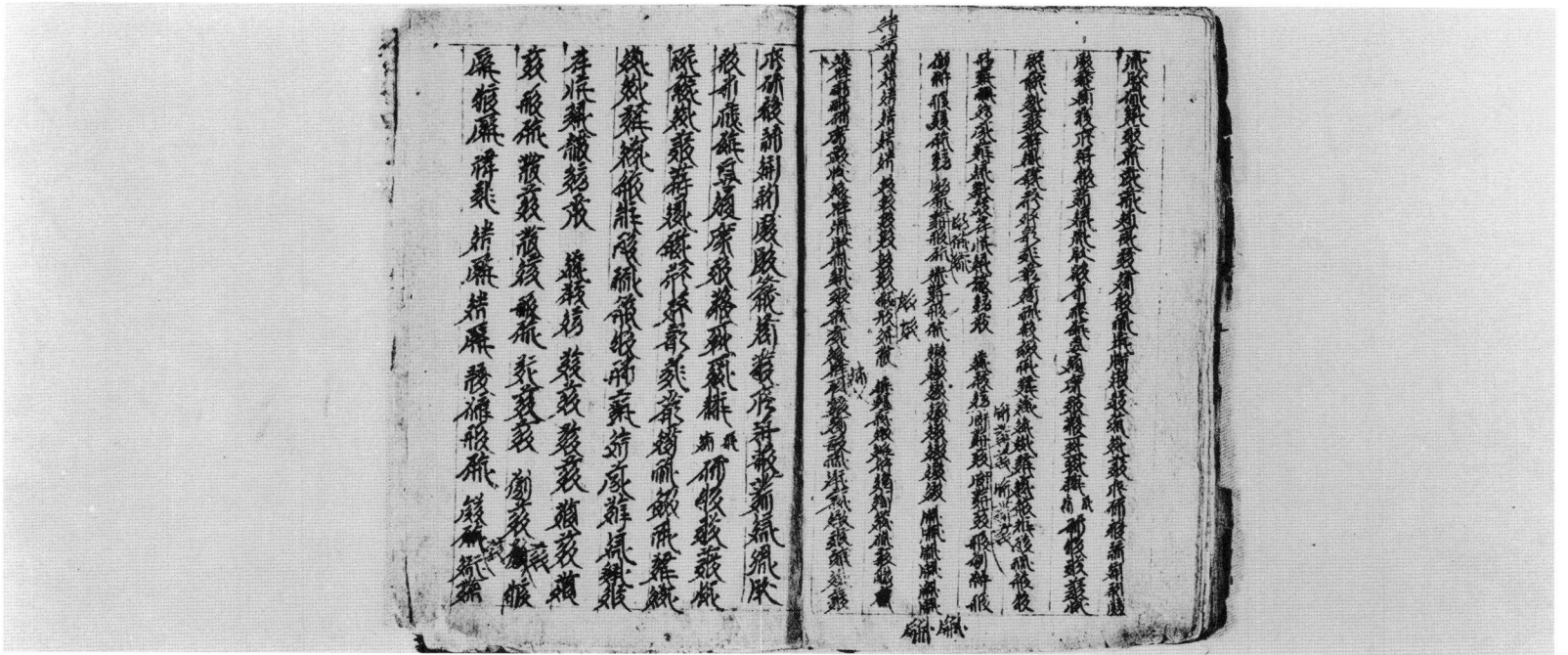

俄 **И**нв.No.11　明咒母王大孔雀經上卷　　　(27-25)

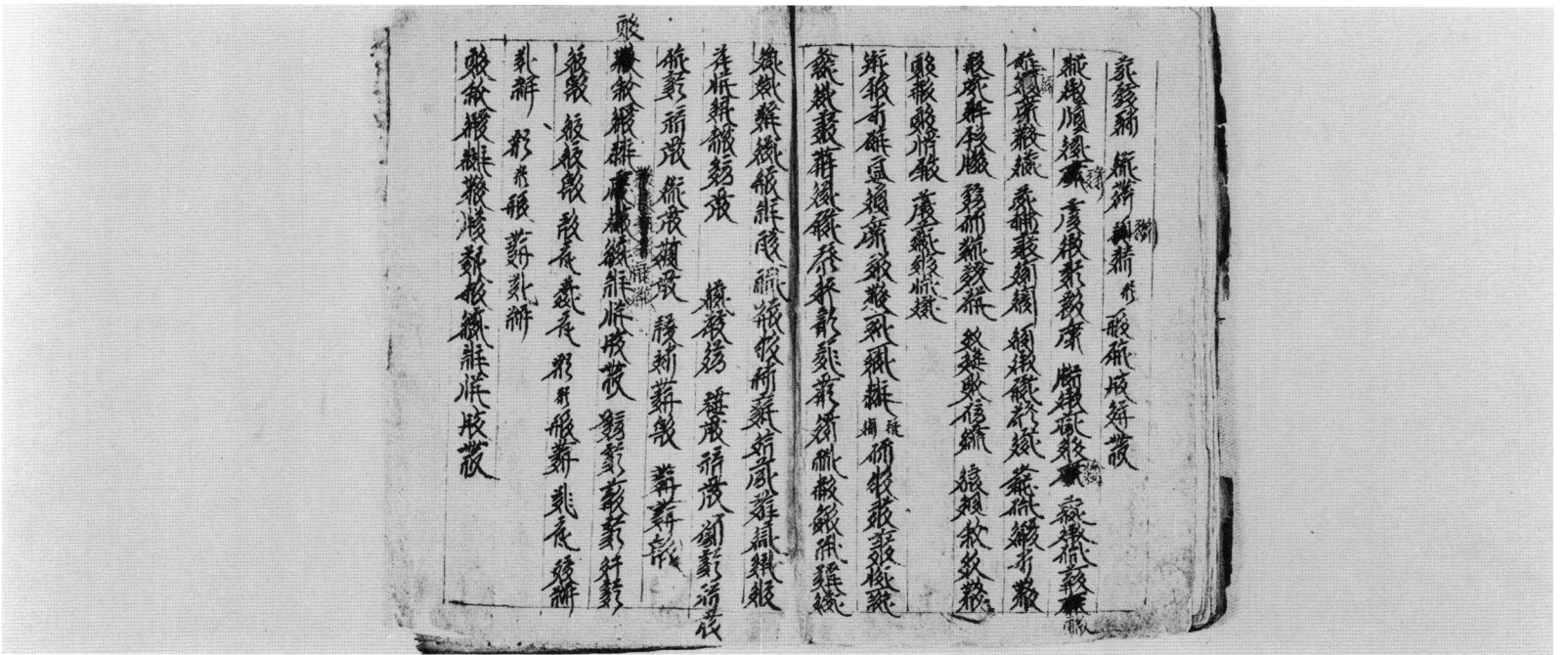

俄 **И**нв.No.11　明咒母王大孔雀經上卷　　　(27-26)

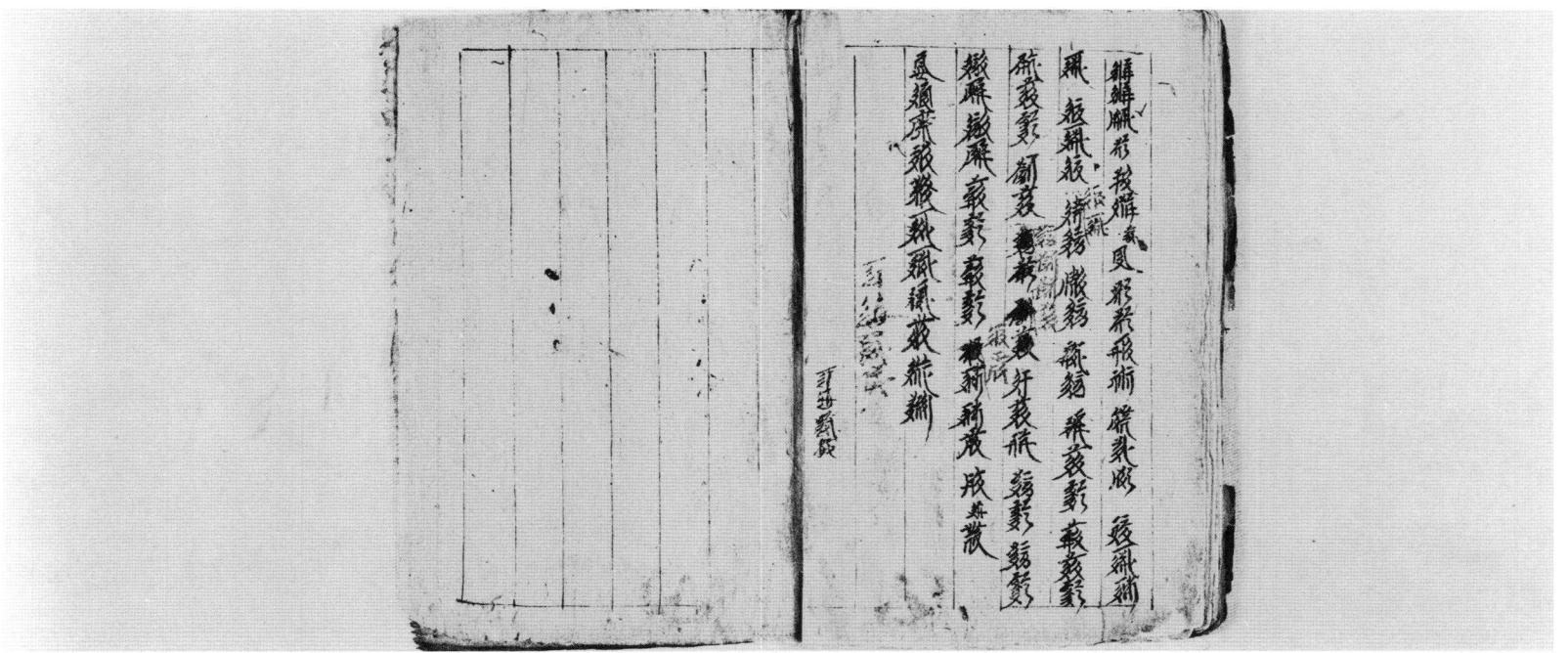

俄 **И**нв.No.11　明咒母王大孔雀經上卷　　　(27-27)

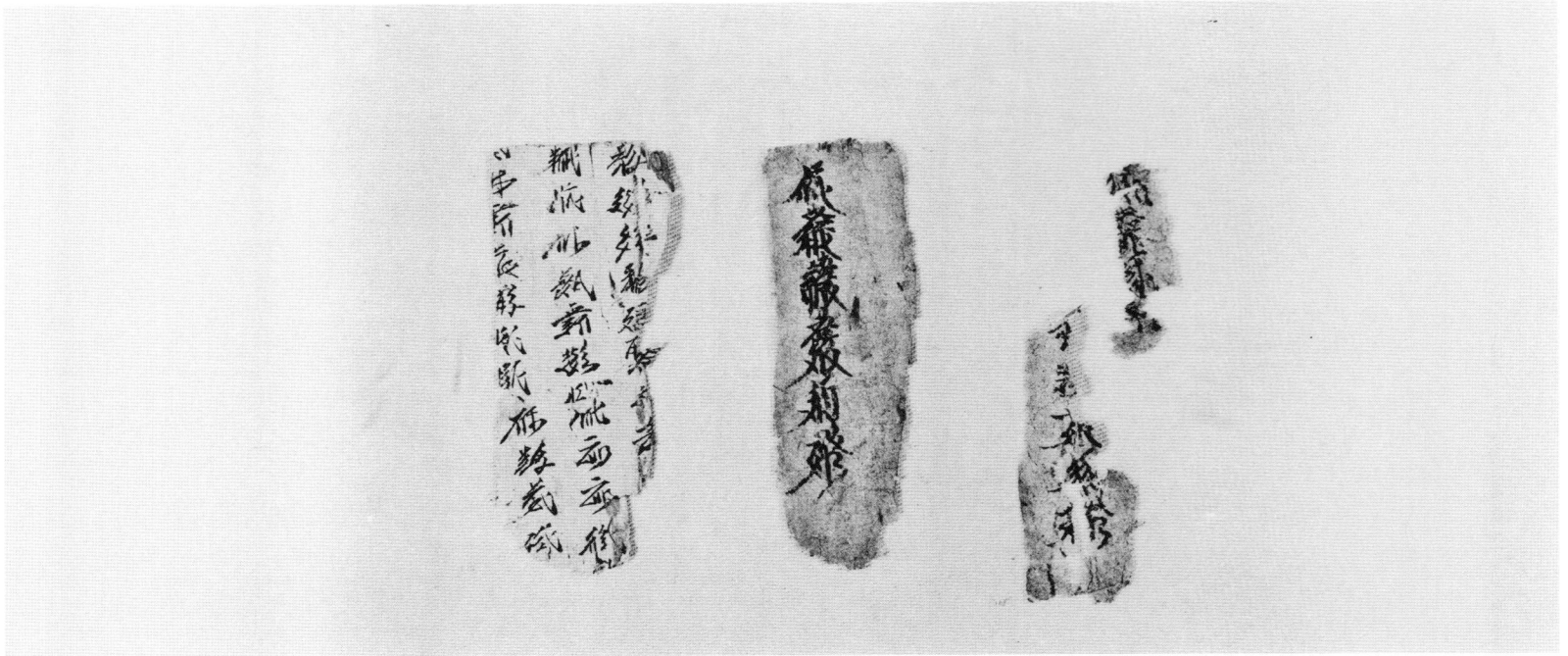

俄 **И**нв.No.11P. 殘片

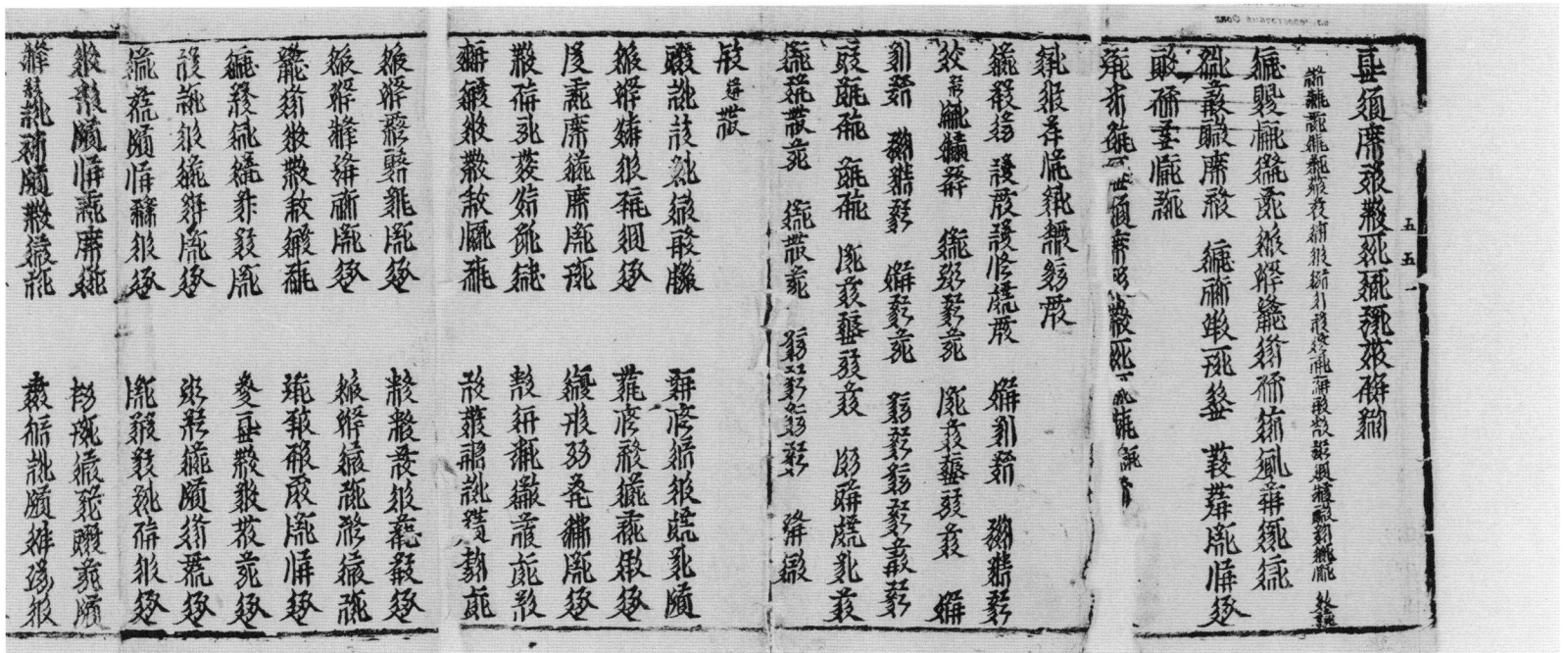

俄 **И**нв.No.5 明咒母王大孔雀經中卷 （18-1）

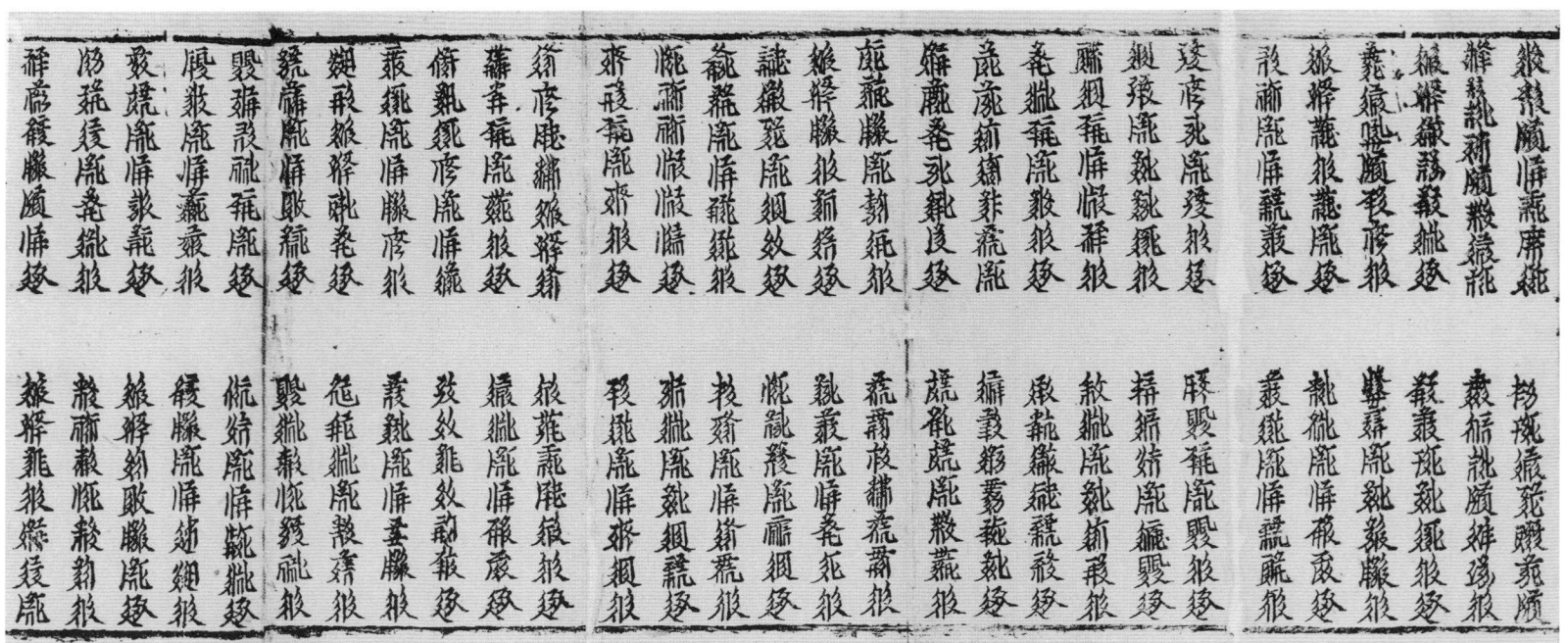

俄 **И**нв.No.5 明咒母王大孔雀經中卷 （18-2）

俄Инв.No.5　明咒母王大孔雀經中卷　　　（18-3）

俄Инв.No.5　明咒母王大孔雀經中卷　　　（18-4）

俄Инв.No.5　明咒母王大孔雀經中卷　　　（18-5）

俄Инв.No.5　明咒母王大孔雀經中卷　　　(18-6)

俄Инв.No.5　明咒母王大孔雀經中卷　　　(18-7)

俄Инв.No.5　明咒母王大孔雀經中卷　　　(18-8)

俄 Инв.No.5　明咒母王大孔雀經中卷　　　(18-9)

俄 Инв.No.5　明咒母王大孔雀經中卷　　　(18-10)

俄 Инв.No.5　明咒母王大孔雀經中卷　　　(18-11)

俄 **И**нв.No.5　明咒母王大孔雀經中卷　　　（18-12）

俄 **И**нв.No.5　明咒母王大孔雀經中卷　　　（18-13）

俄 **И**нв.No.5　明咒母王大孔雀經中卷　　　（18-14）

俄 Инв.No.5　明咒母王大孔雀經中卷　　　　(18-15)

俄 Инв.No.5　明咒母王大孔雀經中卷　　　　(18-16)

俄 Инв.No.5　明咒母王大孔雀經中卷　　　　(18-17)

俄 **И**нв.No.5　明咒母王大孔雀經中卷　　　　　(18-18)

俄 **И**нв.No.948　明咒母王大孔雀經中卷　　　　(5-1)

俄 **И**нв.No.948　明咒母王大孔雀經中卷　　　　(5-2)

俄 **Инв**.No.948　明咒母王大孔雀經中卷　　　　(5-3)

俄 **Инв**.No.948　明咒母王大孔雀經中卷　　　　(5-4)

俄 **Инв**.No.948　明咒母王大孔雀經中卷　　　　(5-5)

俄 **И**нв.No.949　明咒母王大孔雀經中卷　　(5-1)

俄 **И**нв.No.949　明咒母王大孔雀經中卷　　(5-2)

俄 **И**нв.No.949　明咒母王大孔雀經中卷　　(5-3)

俄 **И**нв.No.949　明咒母王大孔雀經中卷　　　(5-4)

俄 **И**нв.No.949　明咒母王大孔雀經中卷　　　(5-5)

俄 **И**нв.No.8　明咒母王大孔雀經中卷第五　　(2-1)

俄 **И**нв.No.8　明咒母王大孔雀經中卷第五　　　(2-2)

俄 **И**нв.No.946　明咒母王大孔雀經中卷　　　(20-1)

俄 **И**нв.No.946　明咒母王大孔雀經中卷　　　(20-2)

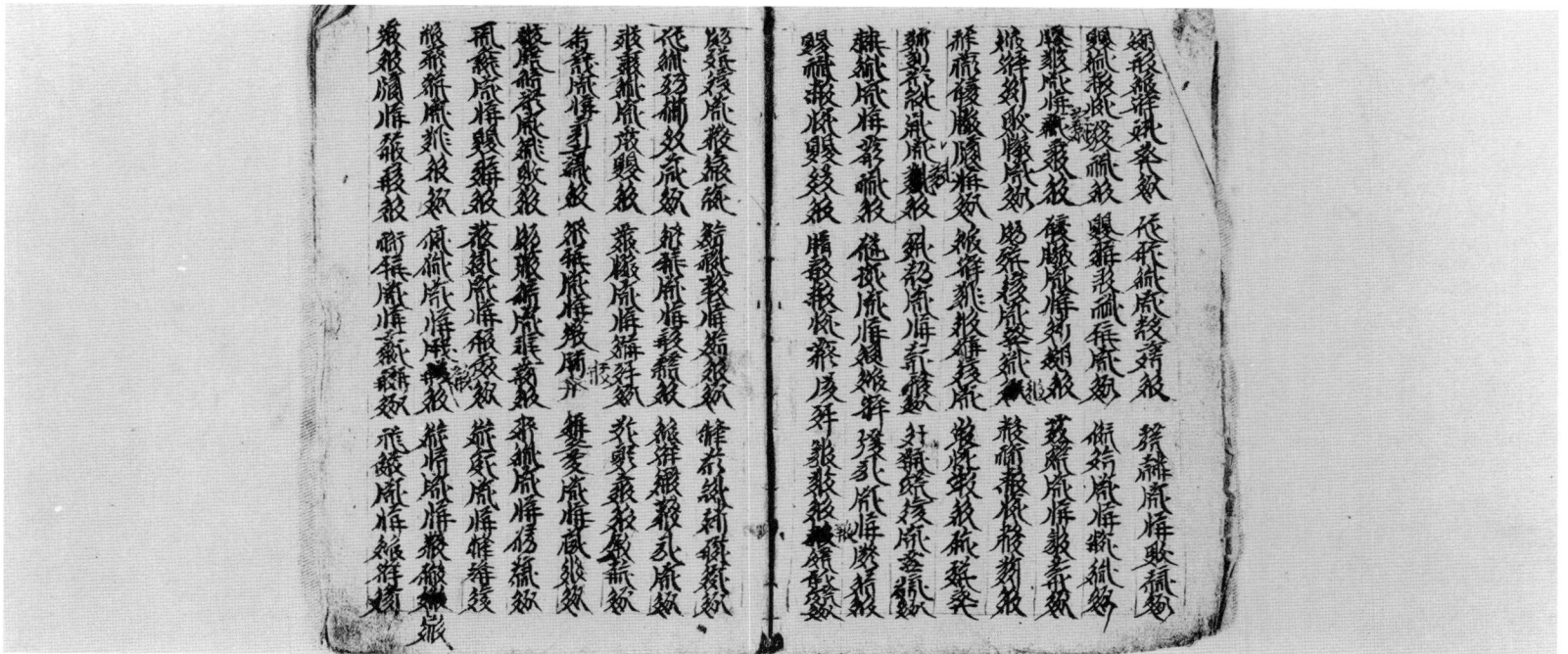

俄Инв.No.946　明咒母王大孔雀經中卷　　　（20-3）

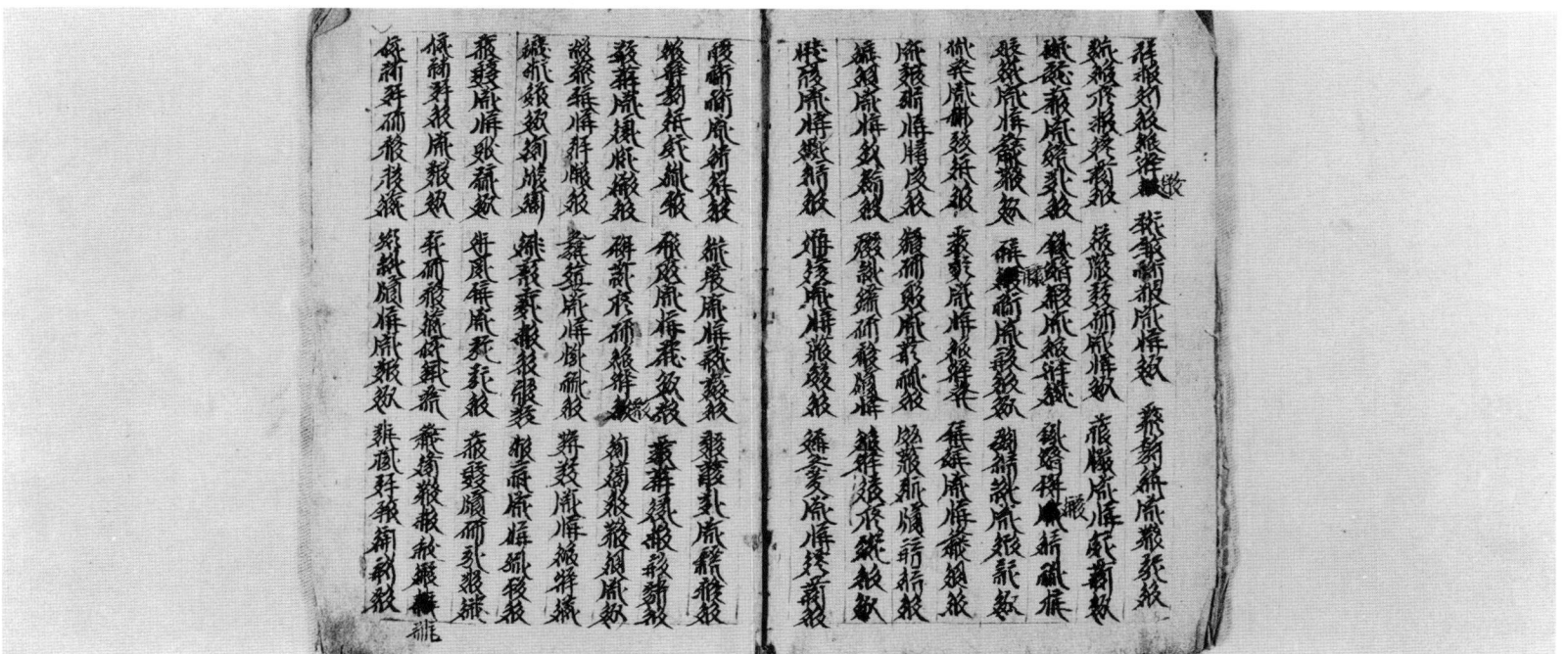

俄Инв.No.946　明咒母王大孔雀經中卷　　　（20-4）

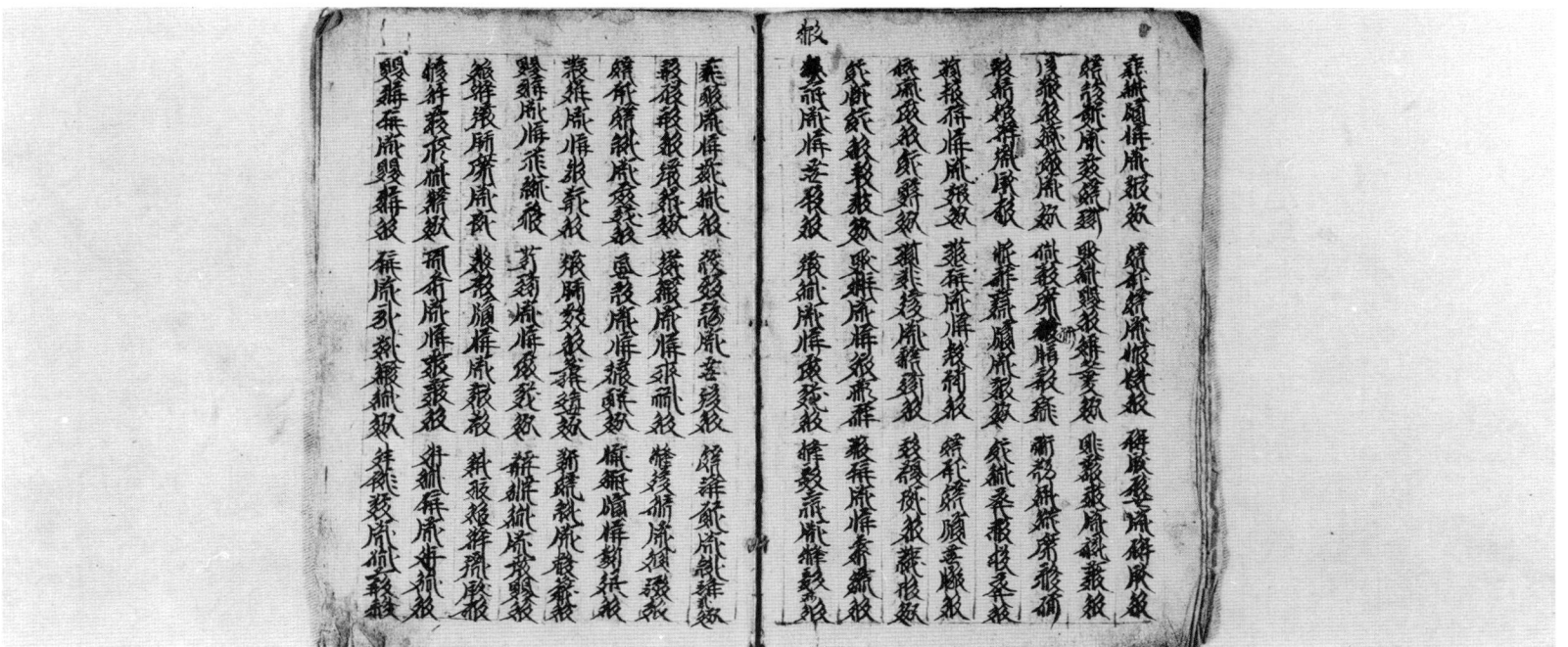

俄Инв.No.946　明咒母王大孔雀經中卷　　　（20-5）

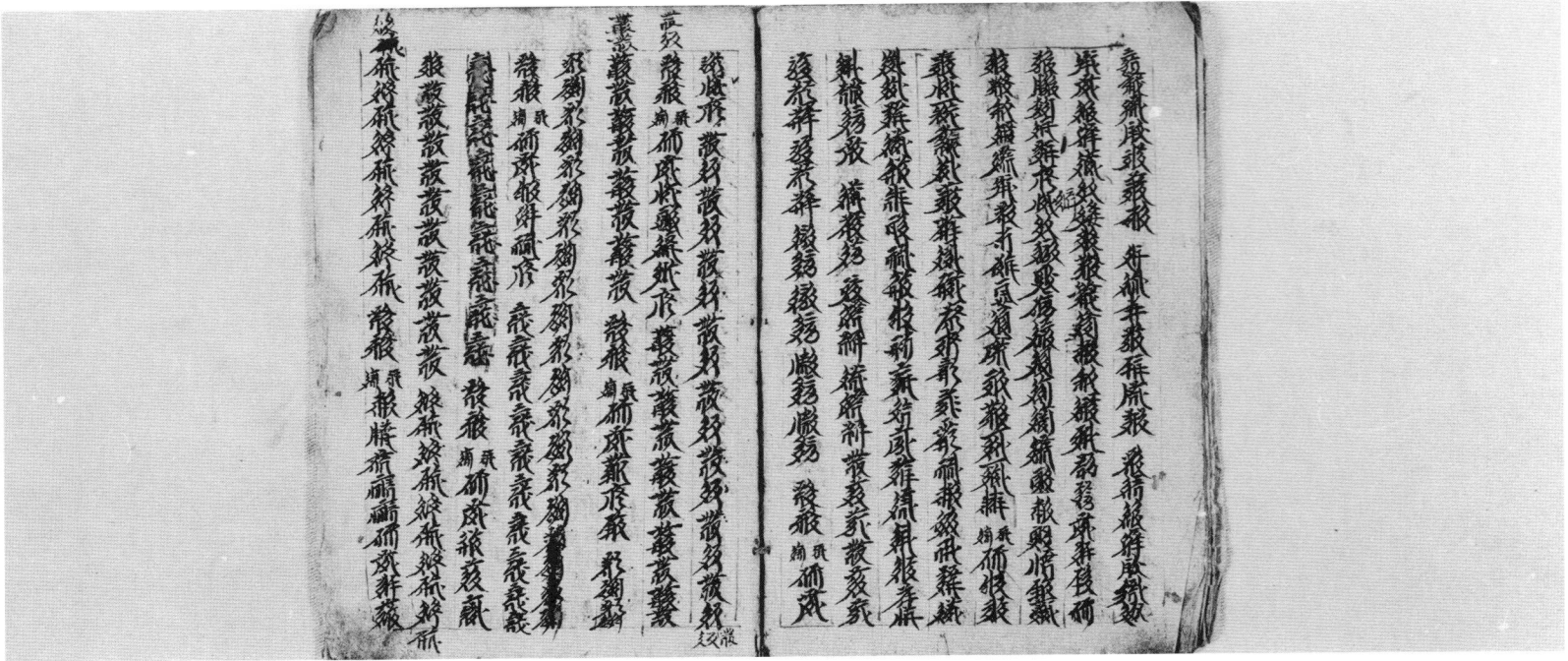

俄 **И**нв.No.946　明咒母王大孔雀經中卷　　　(20-6)

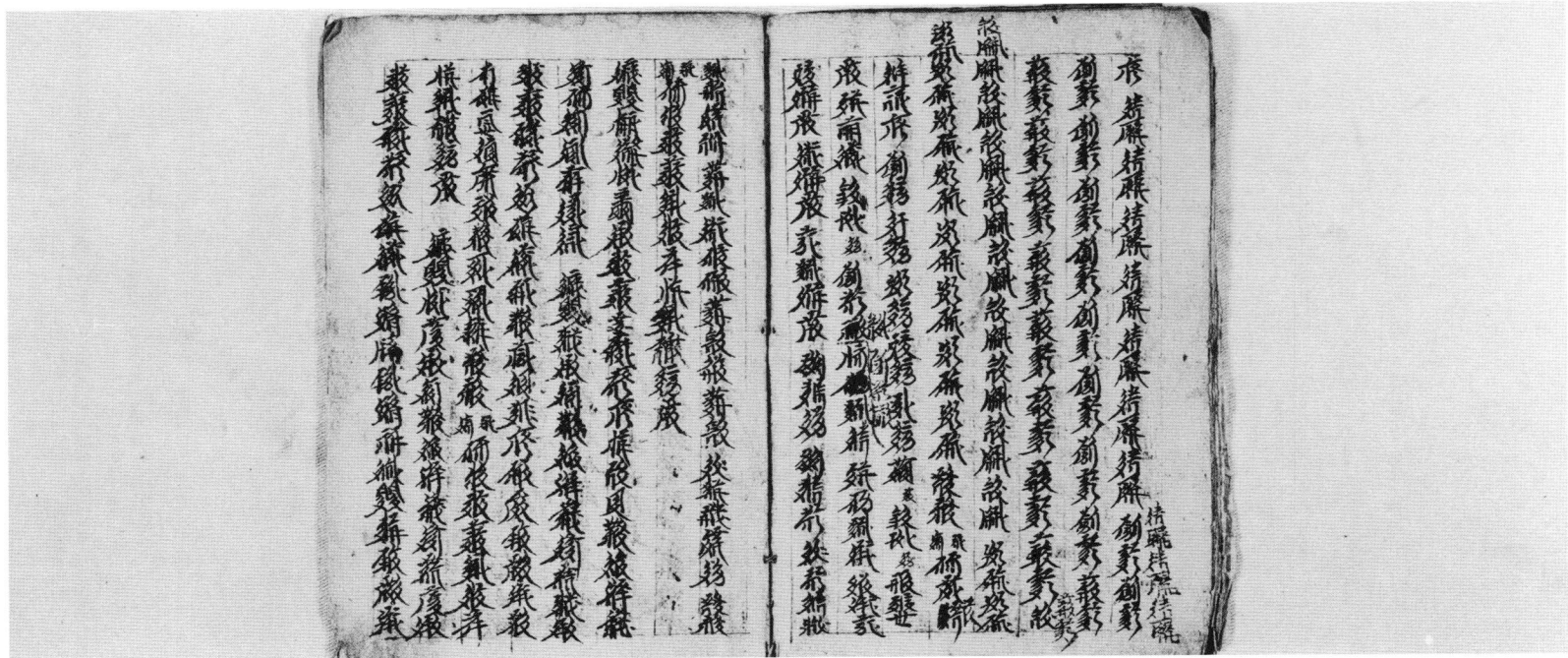

俄 **И**нв.No.946　明咒母王大孔雀經中卷　　　(20-7)

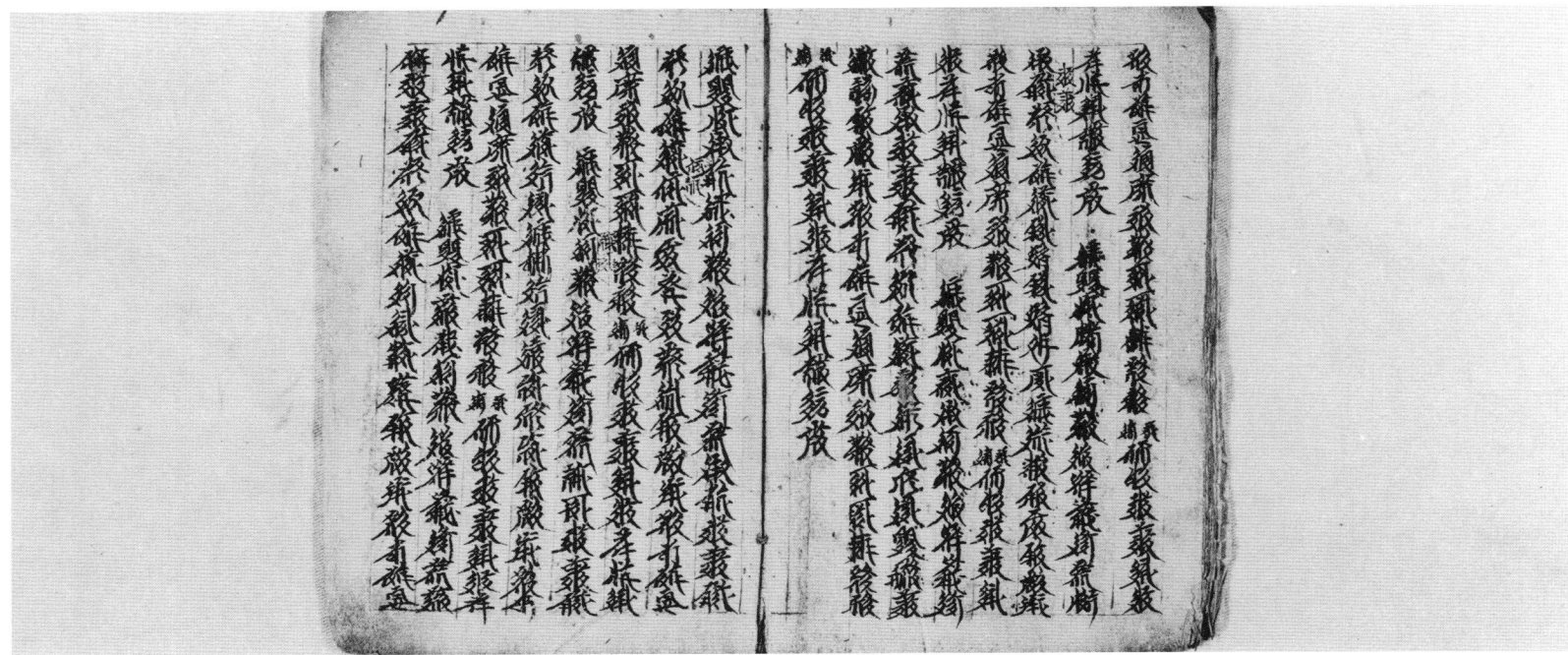

俄 **И**нв.No.946　明咒母王大孔雀經中卷　　　(20-8)

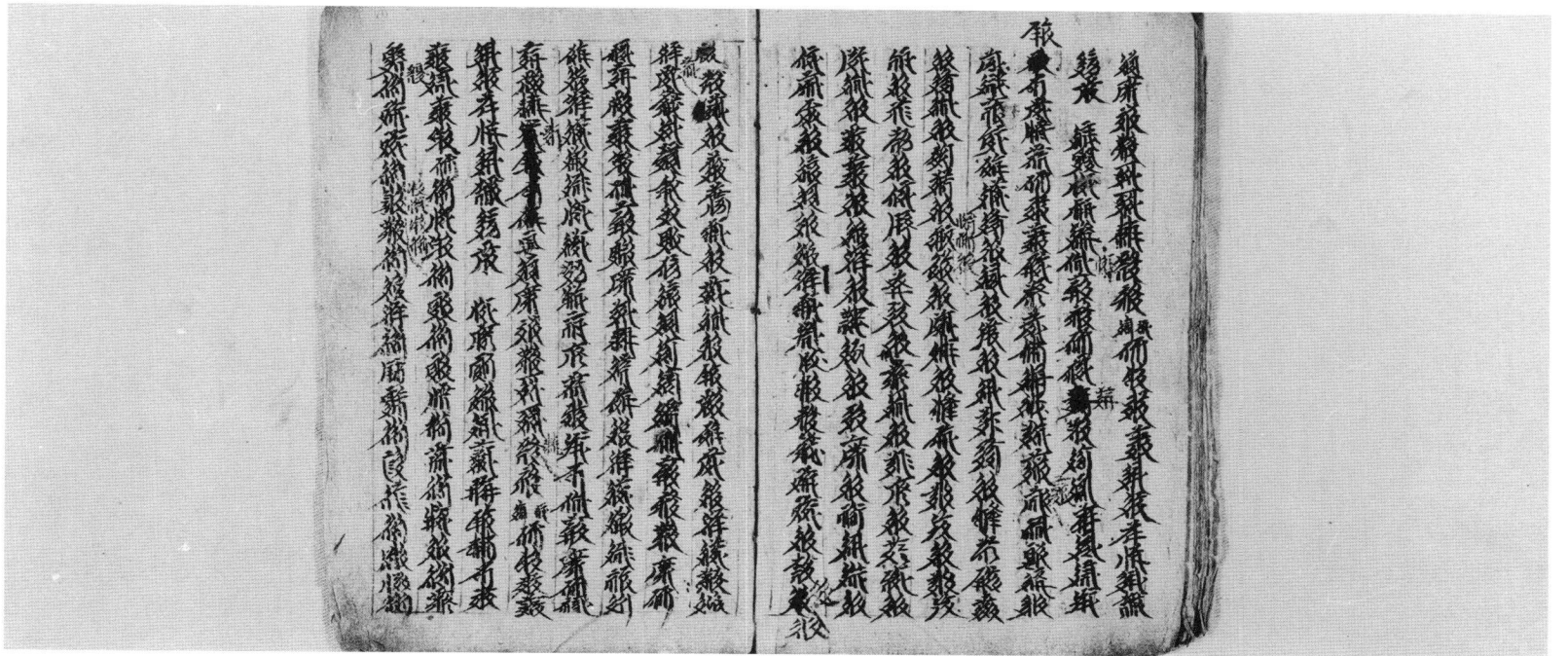

俄Инв.No.946　明咒母王大孔雀經中卷　　　(20-9)

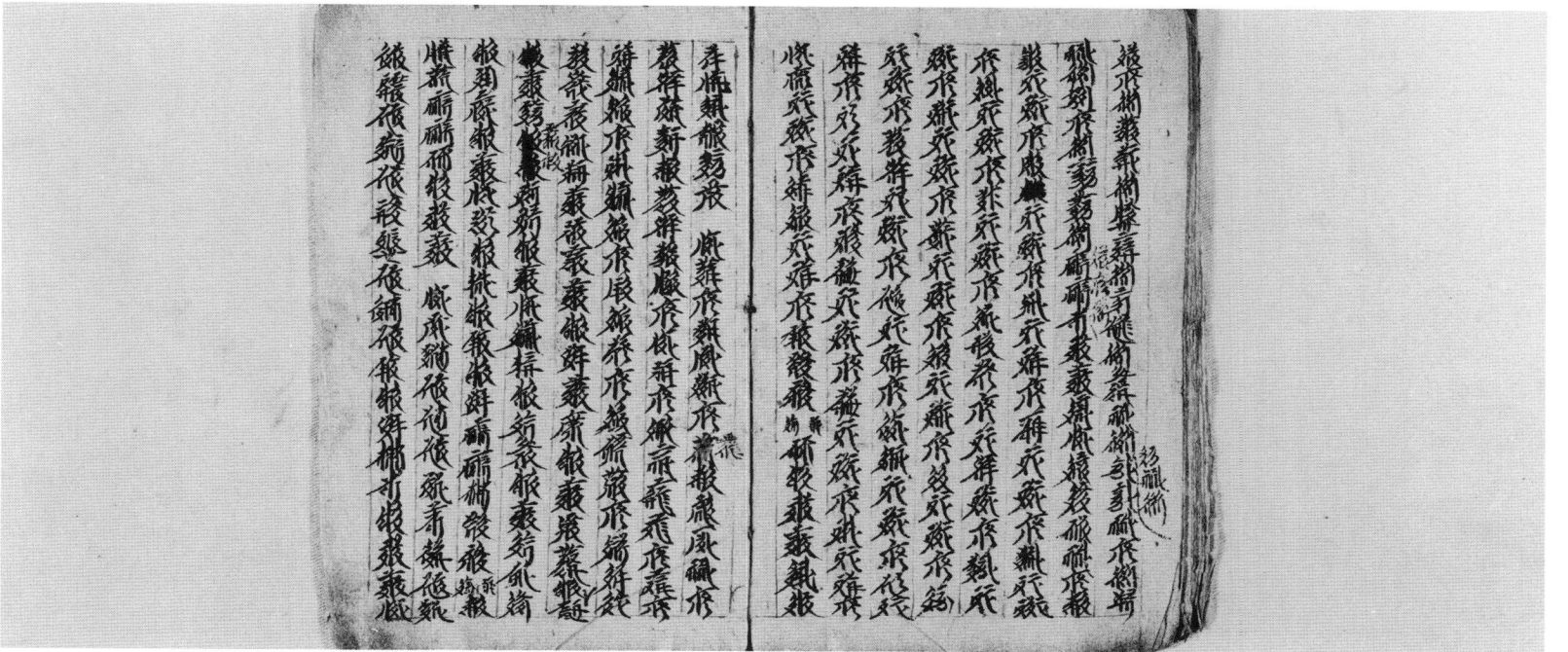

俄Инв.No.946　明咒母王大孔雀經中卷　　　(20-10)

俄Инв.No.946　明咒母王大孔雀經中卷　　　(20-11)

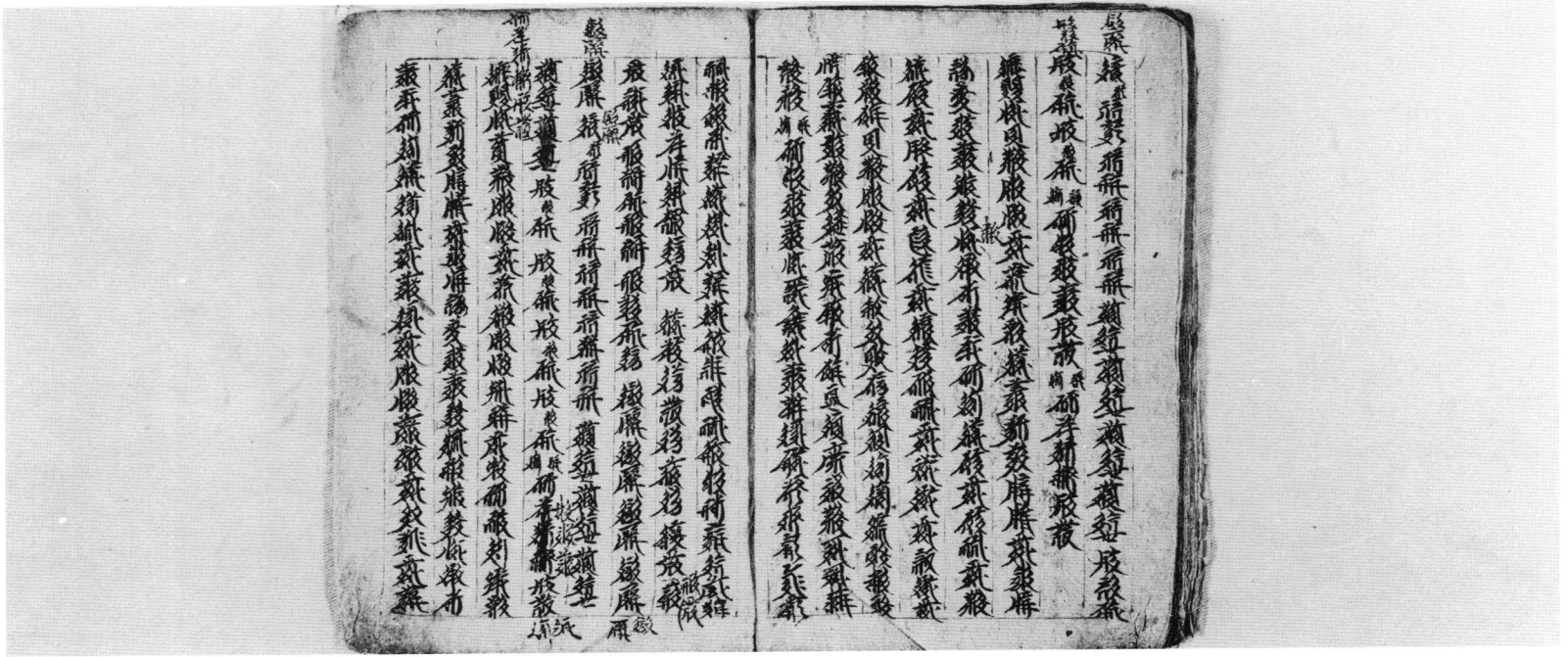

俄Инв.No.946　明咒母王大孔雀經中卷　　　(20-12)

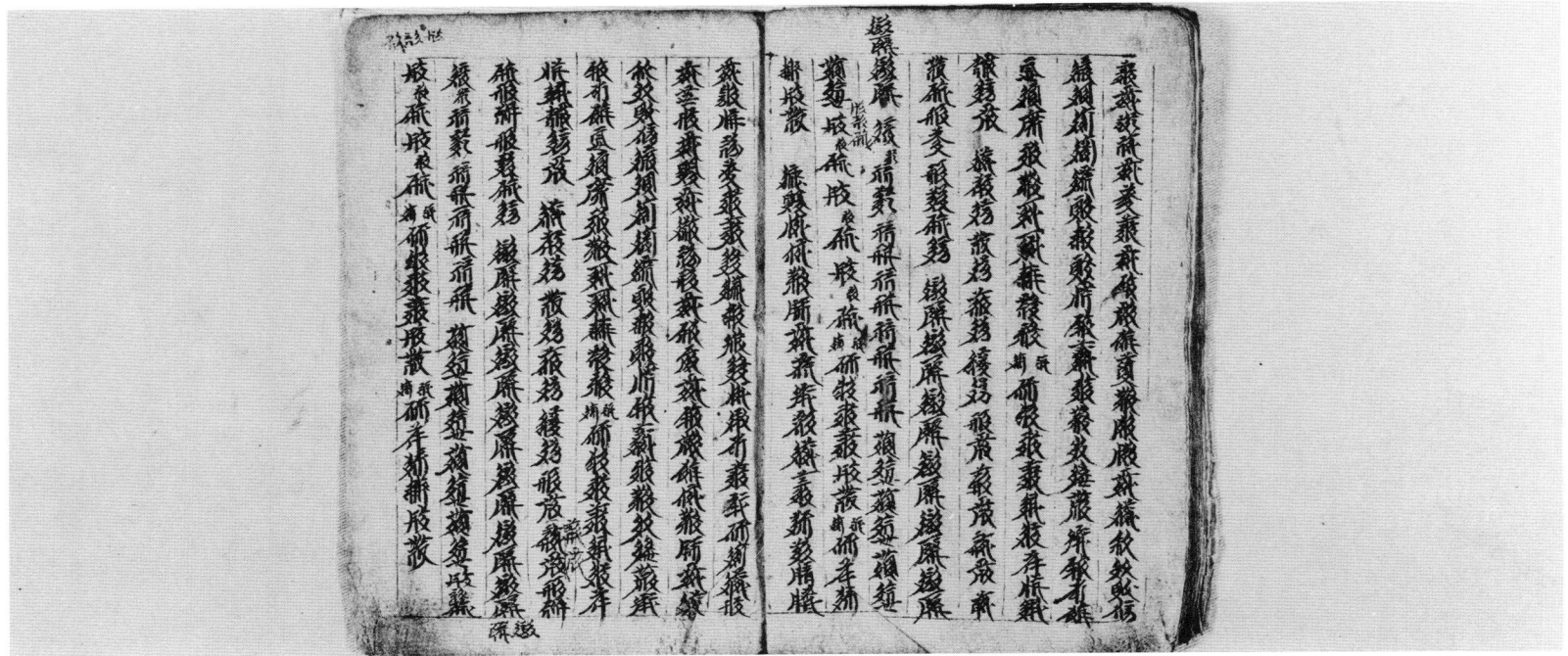

俄Инв.No.946　明咒母王大孔雀經中卷　　　(20-13)

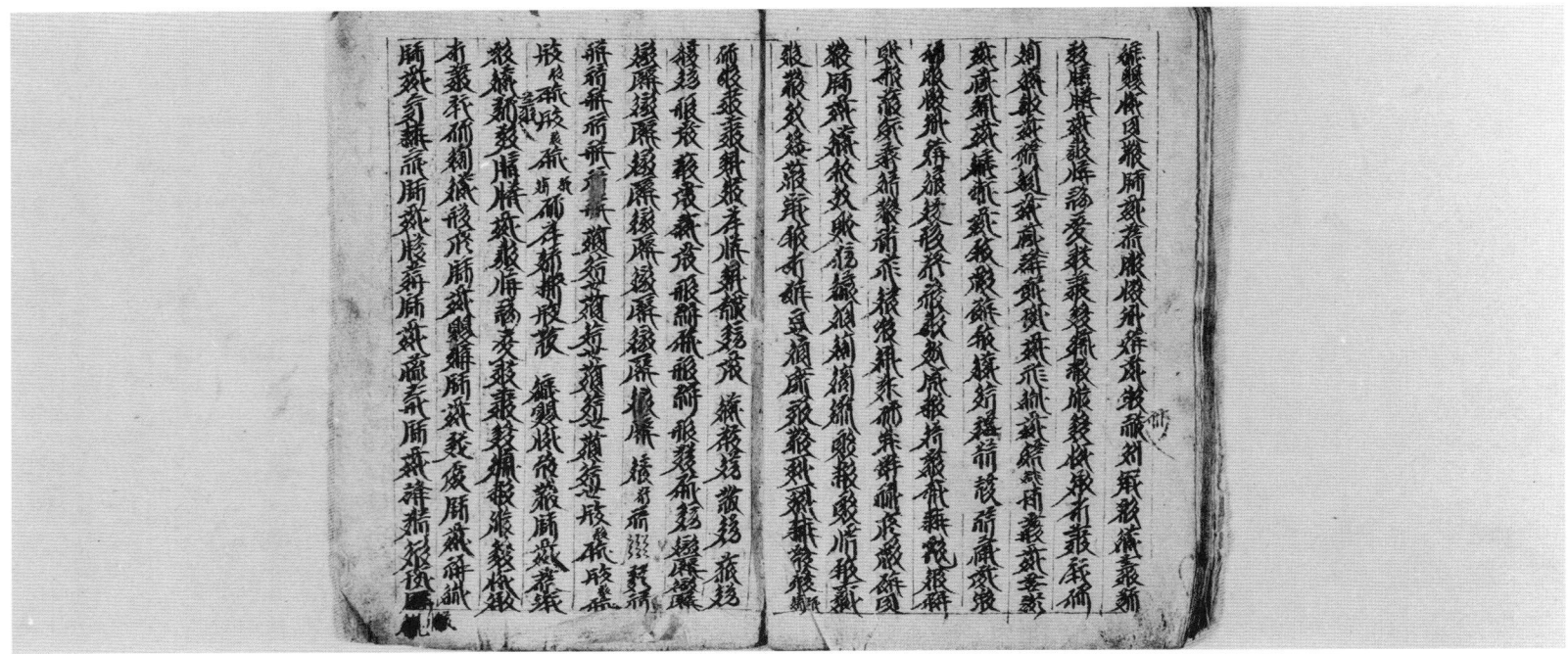

俄Инв.No.946　明咒母王大孔雀經中卷　　　(20-14)

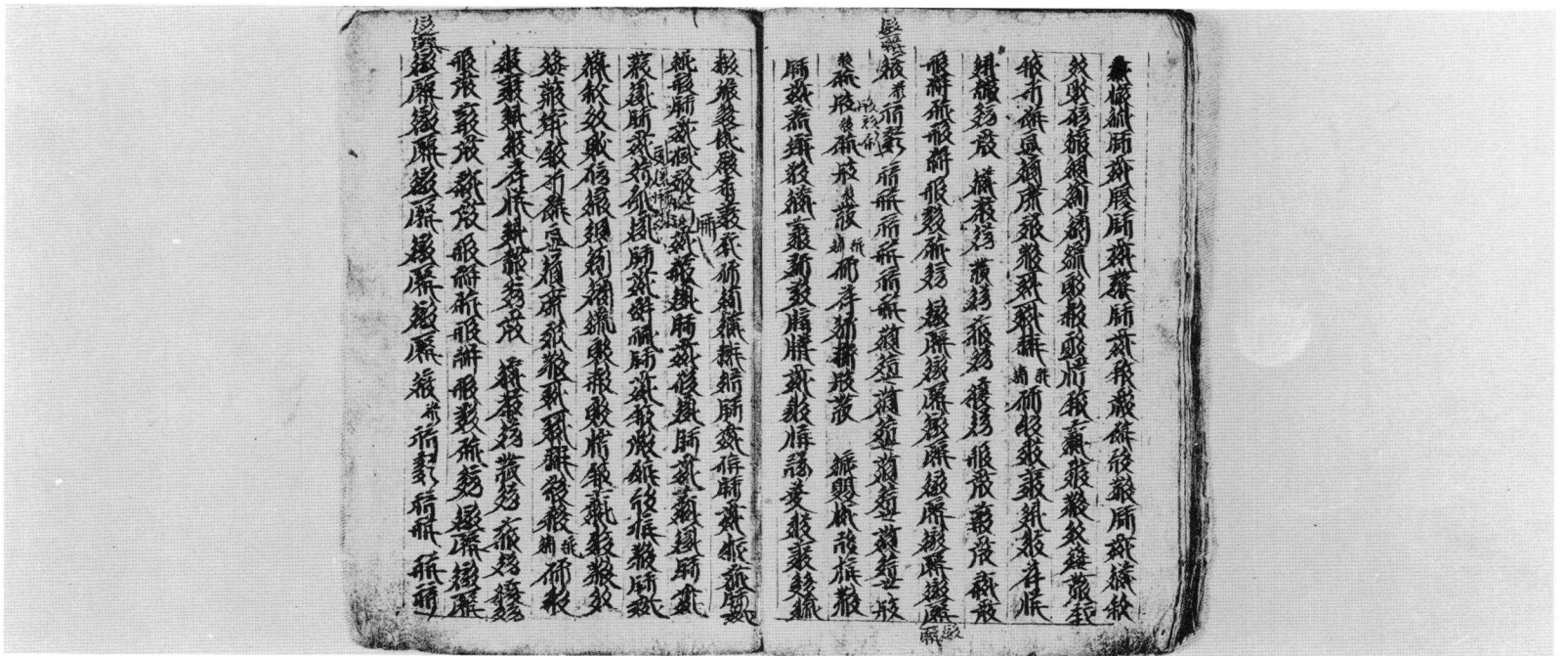

俄 **И**нв.No.946　　明咒母王大孔雀經中卷　　　　(20-15)

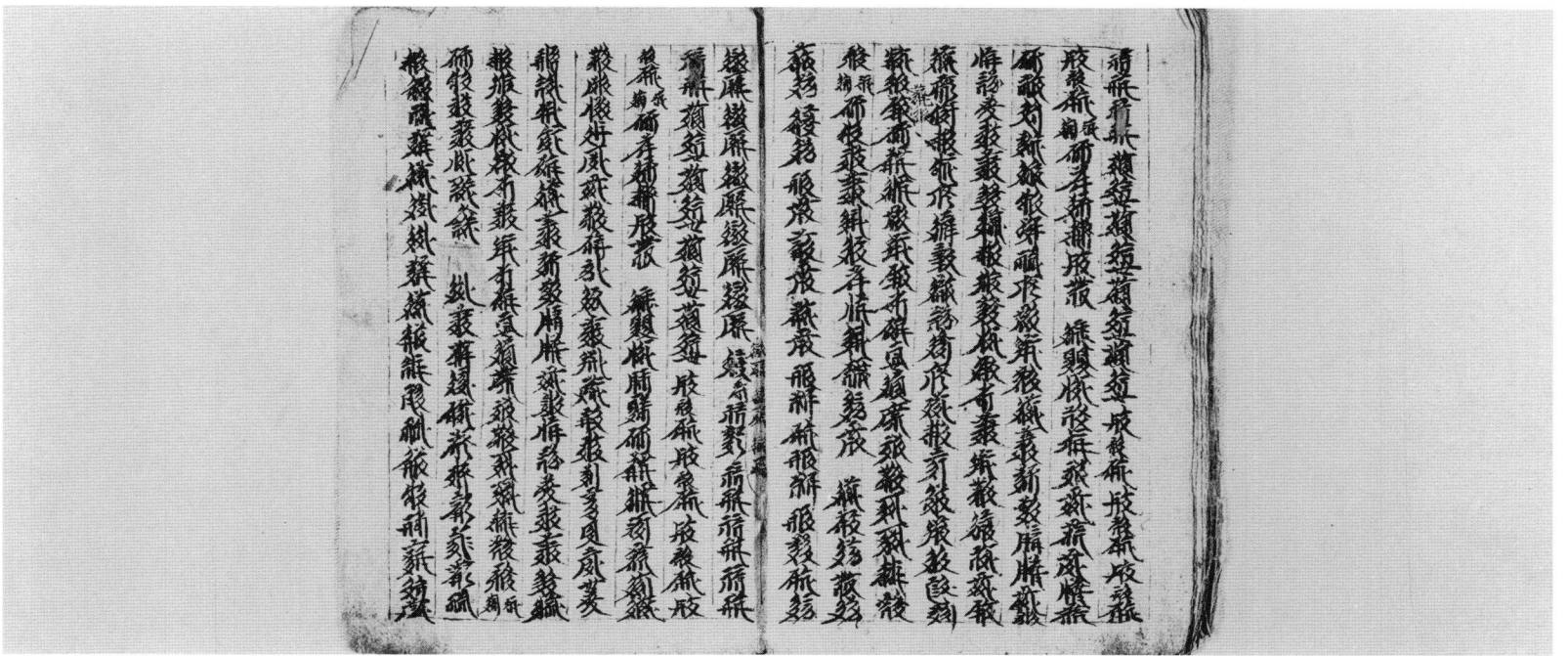

俄 **И**нв.No.946　　明咒母王大孔雀經中卷　　　　(20-16)

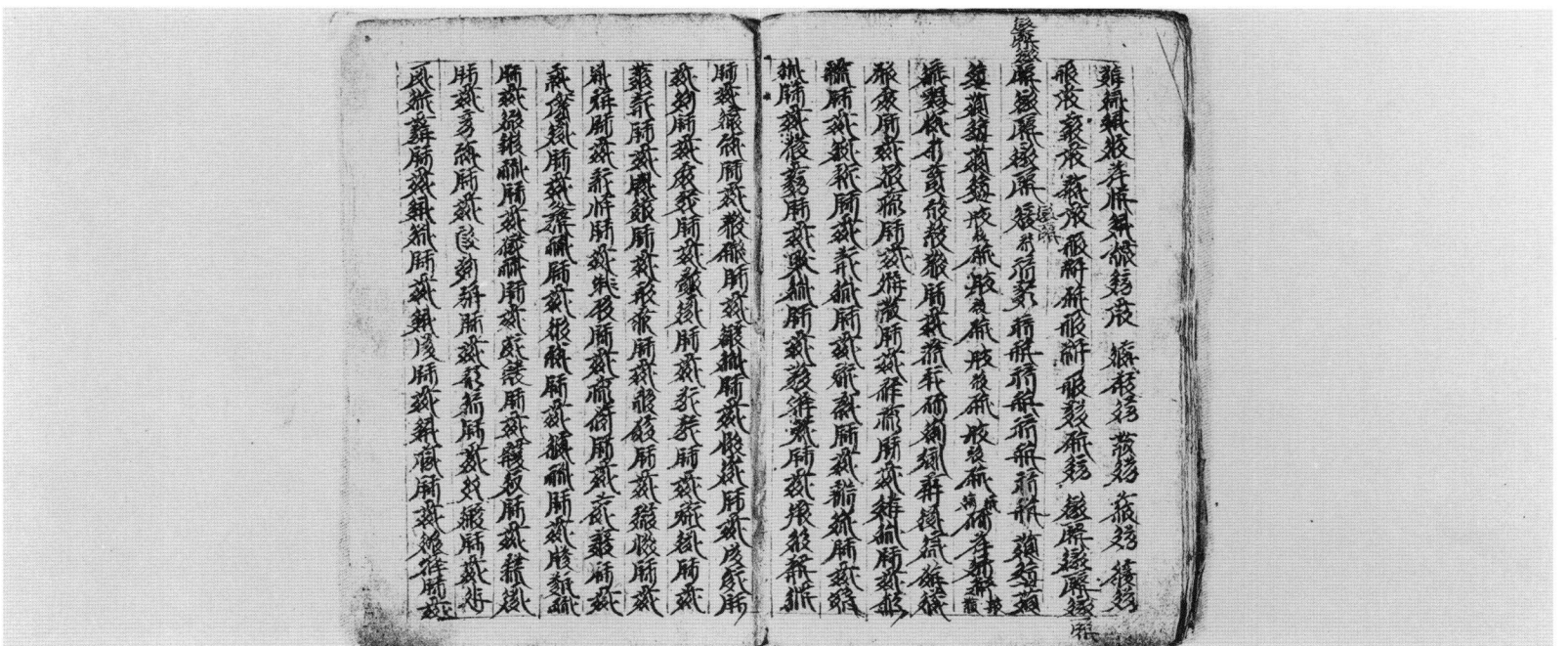

俄 **И**нв.No.946　　明咒母王大孔雀經中卷　　　　(20-17)

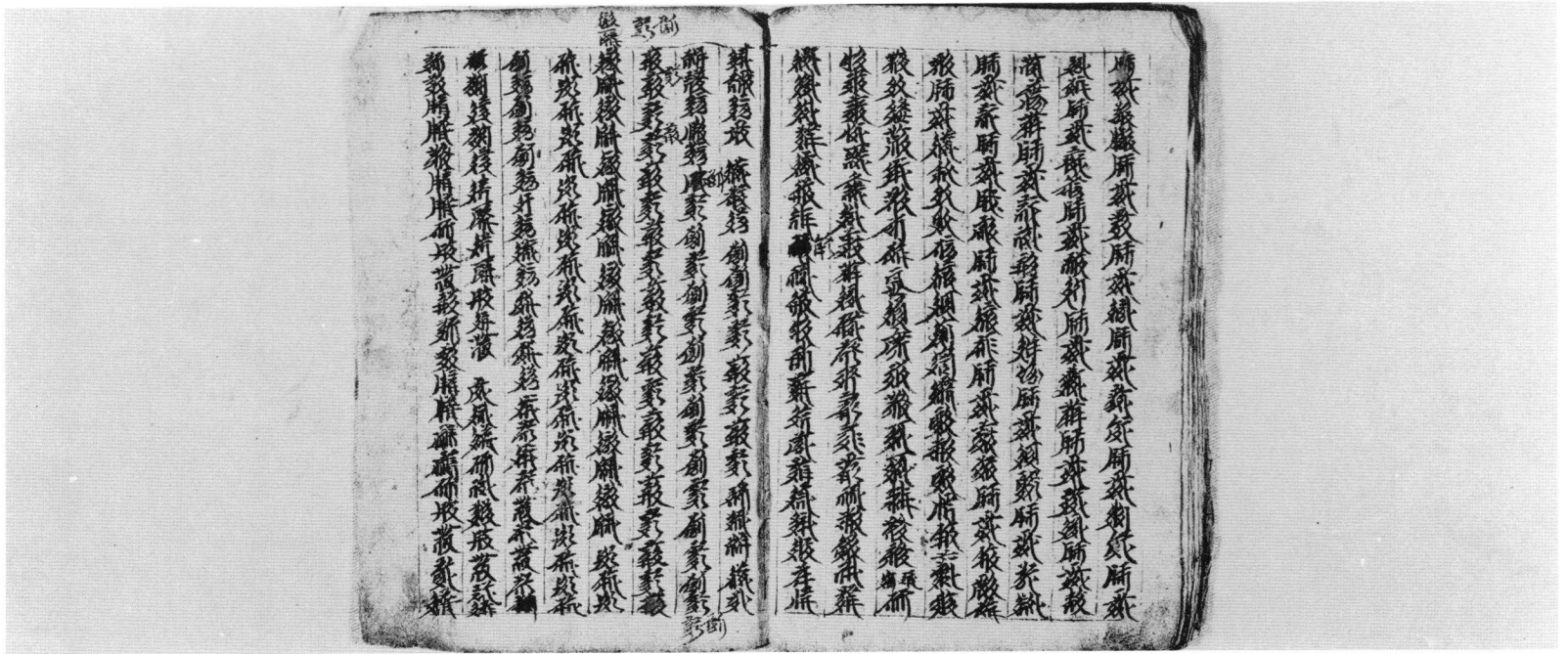

俄Инв.No.946　明咒母王大孔雀經中卷　　　(20-18)

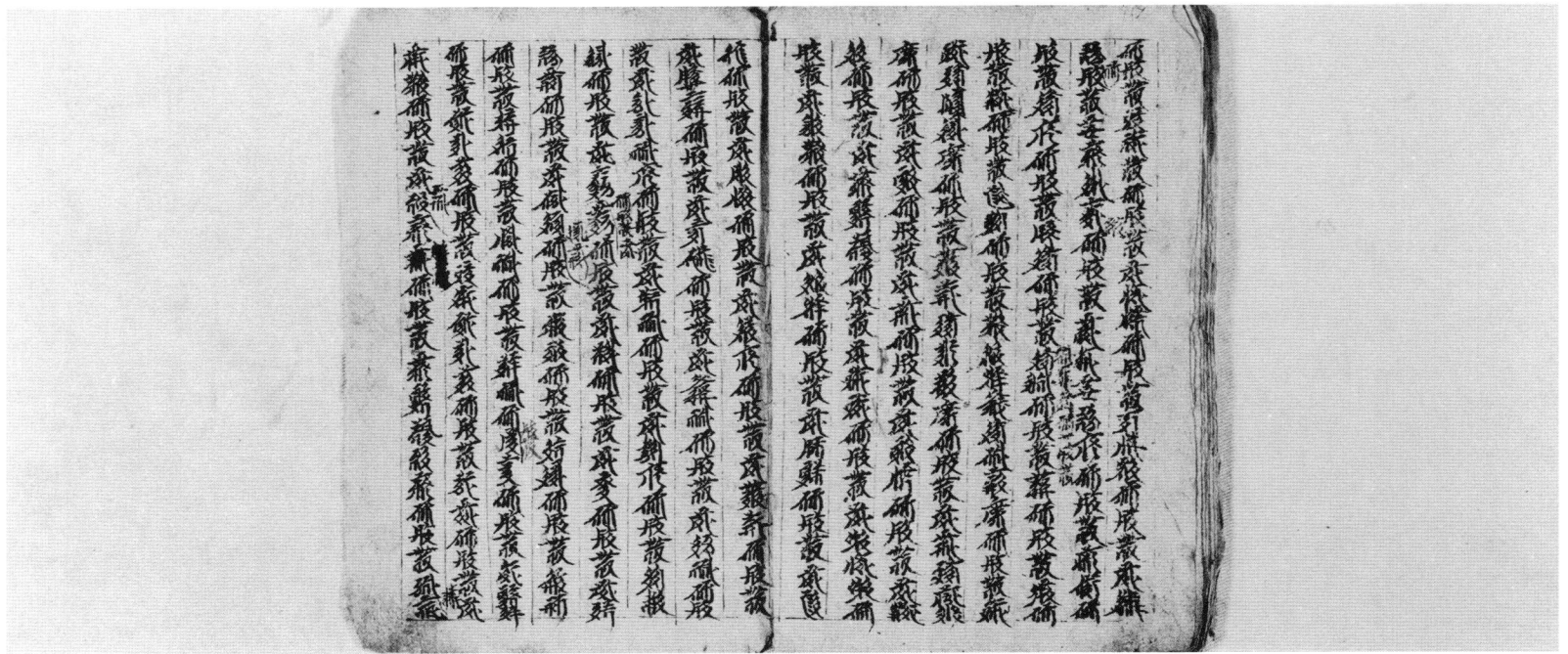

俄Инв.No.946　明咒母王大孔雀經中卷　　　(20-19)

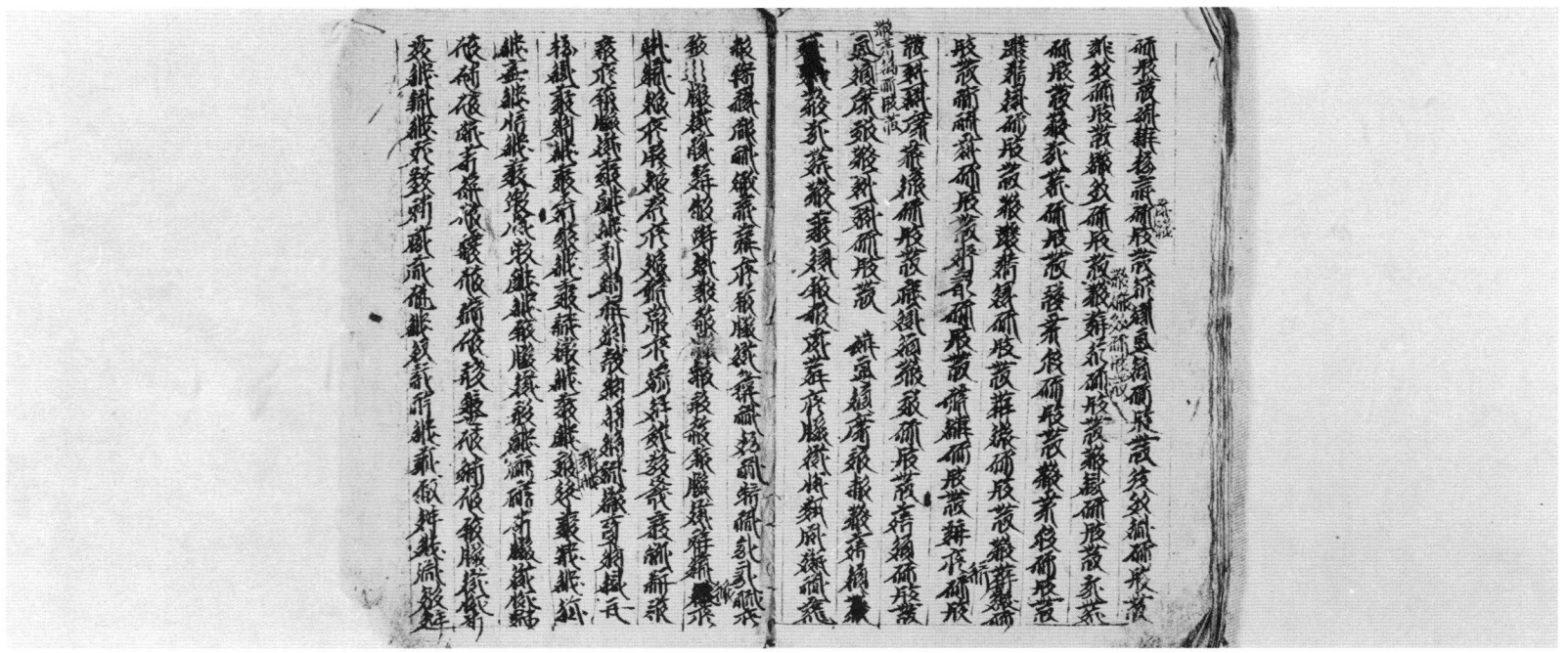

俄Инв.No.946　明咒母王大孔雀經中卷　　　(20-20)

俄Инв.No.9　明咒母王大孔雀經下卷第六　　(2-1)

俄Инв.No.9　明咒母王大孔雀經下卷第六　　(2-2)

俄Инв.No.10　明咒母王大孔雀經下卷　　(2-1)

俄Инв.No.10　明咒母王大孔雀經下卷　　　(2-2)

俄Инв.No.18　明咒母王大孔雀經下卷　　　(6-1)

俄Инв.No.18　明咒母王大孔雀經下卷　　　(6-2)

俄Инв.No.18　明咒母王大孔雀經下卷　　　(6-3)

俄Инв.No.18　明咒母王大孔雀經下卷　　　(6-4)

俄Инв.No.18　明咒母王大孔雀經下卷　　　(6-5)

俄Инв.No.18 明咒母王大孔雀經下卷 (6-6)

俄Инв.No.29 明咒母王大孔雀經下卷 (20-1)

俄Инв.No.29 明咒母王大孔雀經下卷 (20-2)

俄 Инв.No.29　明咒母王大孔雀經下卷　　　(20-3)

俄 Инв.No.29　明咒母王大孔雀經下卷　　　(20-4)

俄 Инв.No.29　明咒母王大孔雀經下卷　　　(20-5)

俄 ИНВ.No.29　明咒母王大孔雀經下卷　　　(20-6)

俄 ИНВ.No.29　明咒母王大孔雀經下卷　　　(20-7)

俄 ИНВ.No.29　明咒母王大孔雀經下卷　　　(20-8)

俄 Инв.No.29　明咒母王大孔雀經下卷　　　　(20-9)

俄 Инв.No.29　明咒母王大孔雀經下卷　　　　(20-10)

俄 Инв.No.29　明咒母王大孔雀經下卷　　　　(20-11)

俄 **И**нв.No.29　明咒母王大孔雀經下卷　　　(20-12)

俄 **И**нв.No.29　明咒母王大孔雀經下卷　　　(20-13)

俄 **И**нв.No.29　明咒母王大孔雀經下卷　　　(20-14)

俄Инв.No.29　明咒母王大孔雀經下卷　　　　(20-15)

俄Инв.No.29　明咒母王大孔雀經下卷　　　　(20-16)

俄Инв.No.29　明咒母王大孔雀經下卷　　　　(20-17)

俄 Инв.No.29　明咒母王大孔雀經下卷　　　(20-18)

俄 Инв.No.29　明咒母王大孔雀經下卷　　　(20-19)

俄 Инв.No.29　明咒母王大孔雀經下卷　　　(20-20)

俄Инв.No.714　明咒母王大孔雀經下卷（封套）

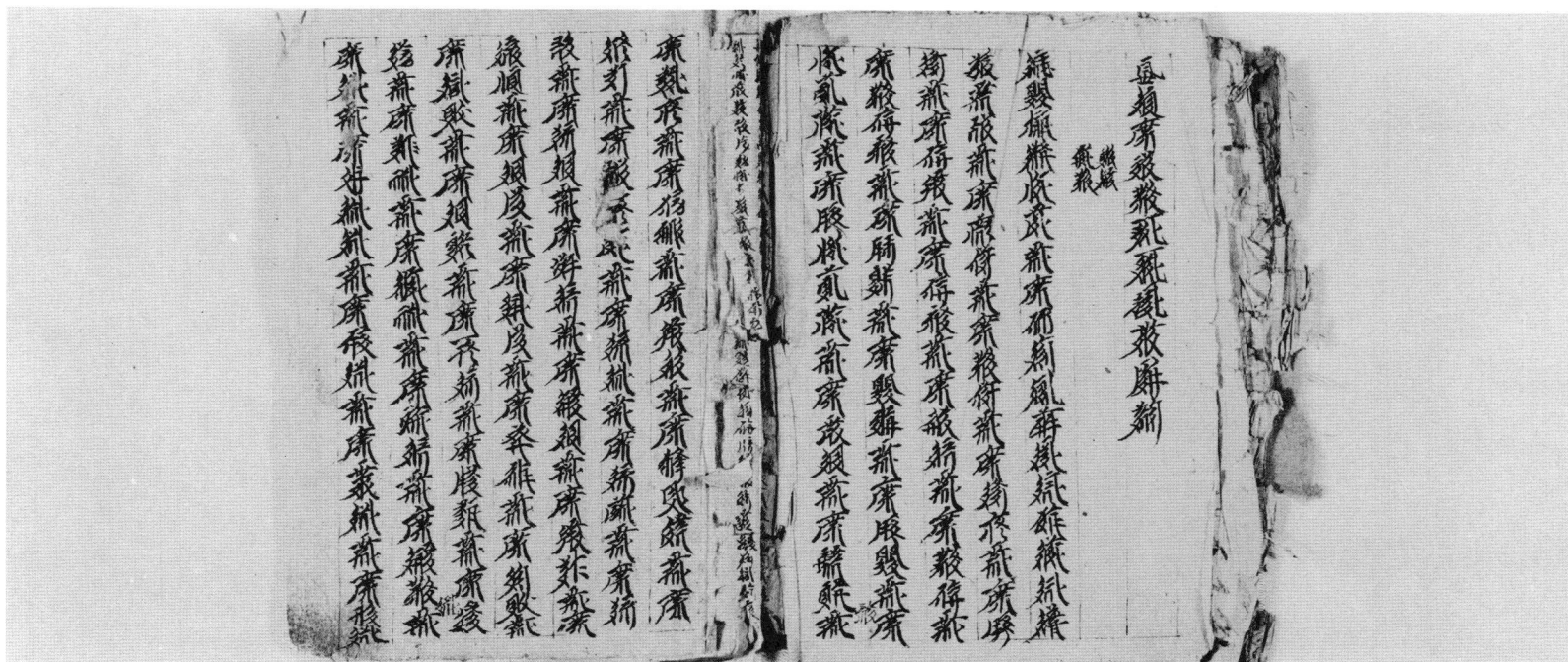

俄Инв.No.714　明咒母王大孔雀經下卷　　(28-1)

俄Инв.No.714　明咒母王大孔雀經下卷　　(28-2)

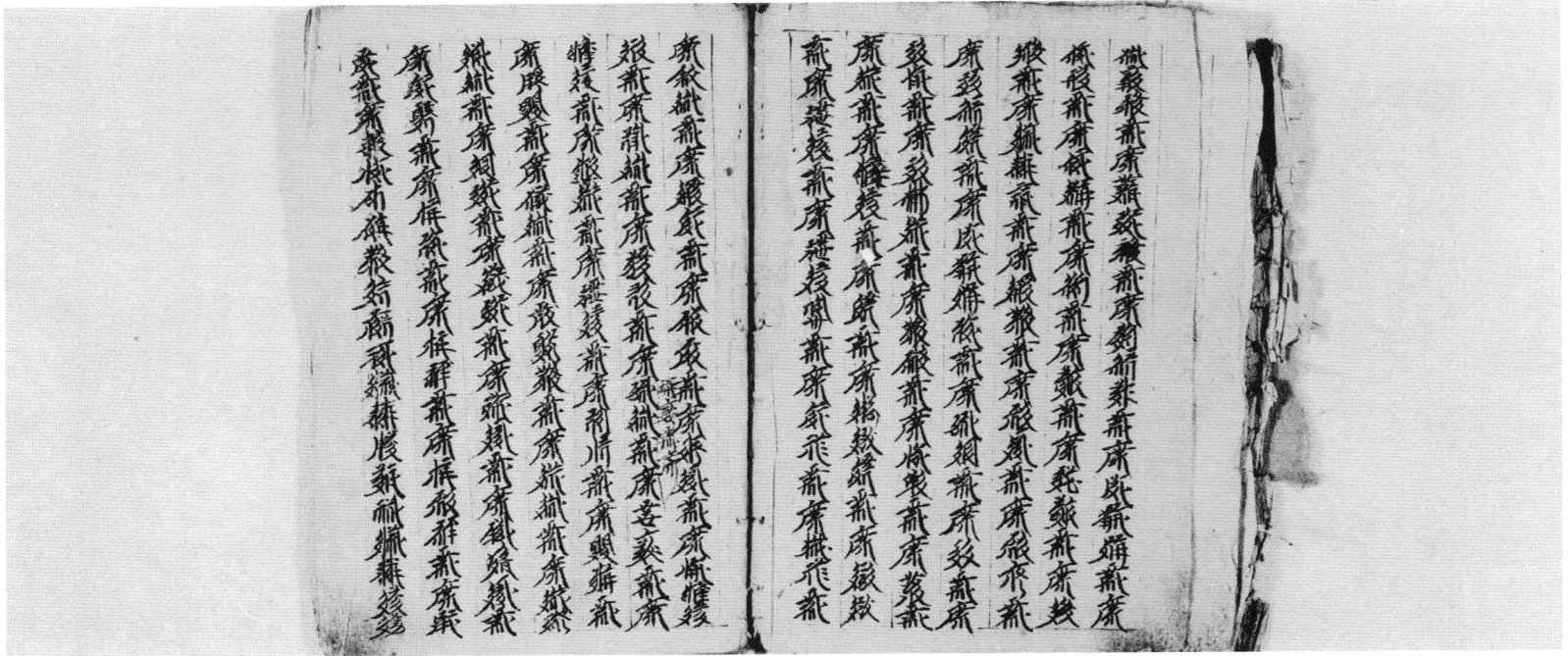

俄 **И**нв.No.714　明咒母王大孔雀經下卷　　　(28-3)

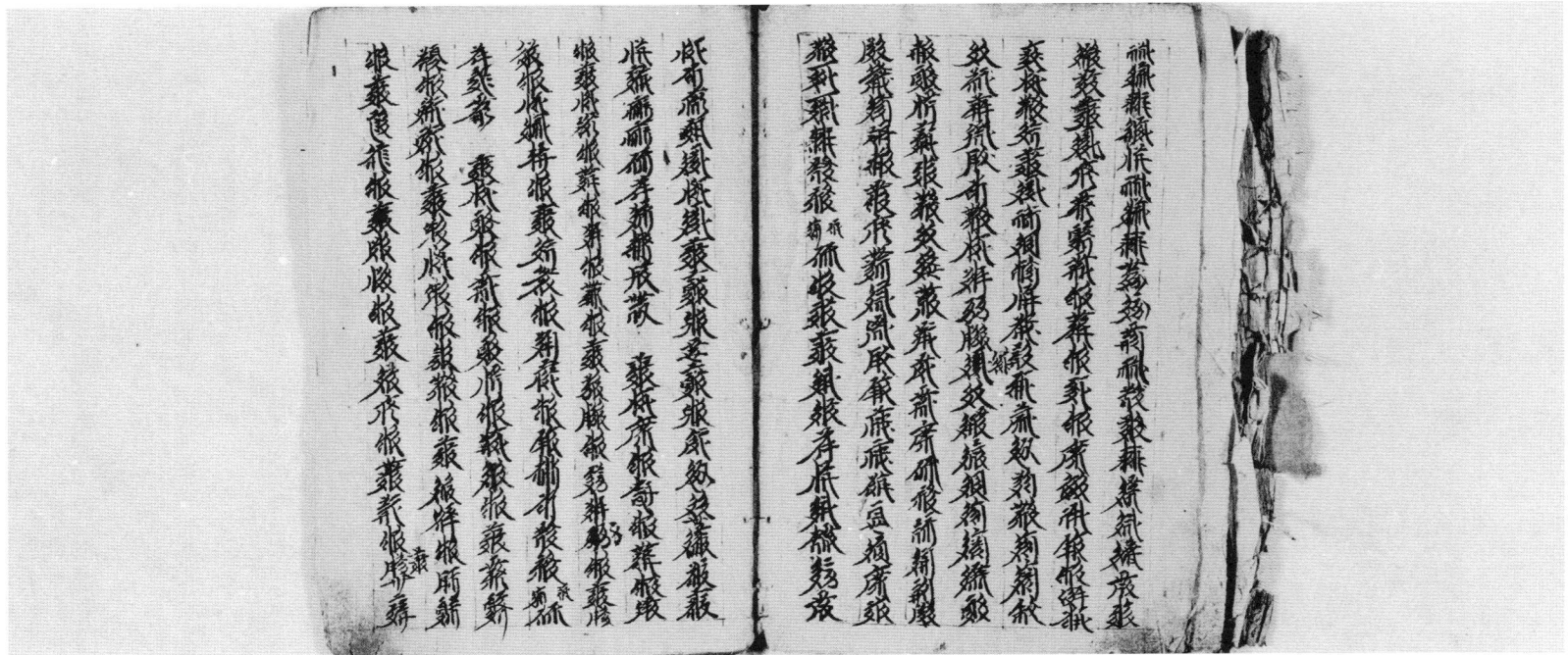

俄 **И**нв.No.714　明咒母王大孔雀經下卷　　　(28-4)

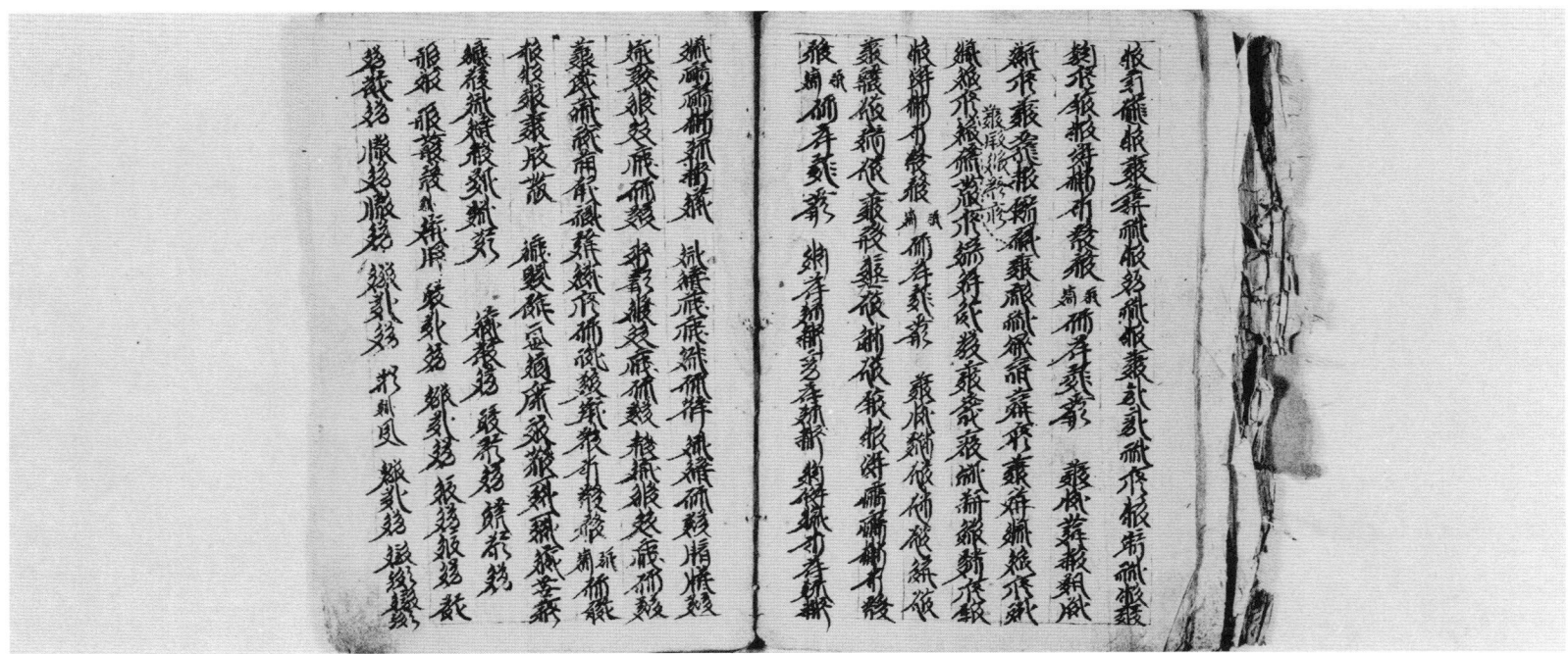

俄 **И**нв.No.714　明咒母王大孔雀經下卷　　　(28-5)

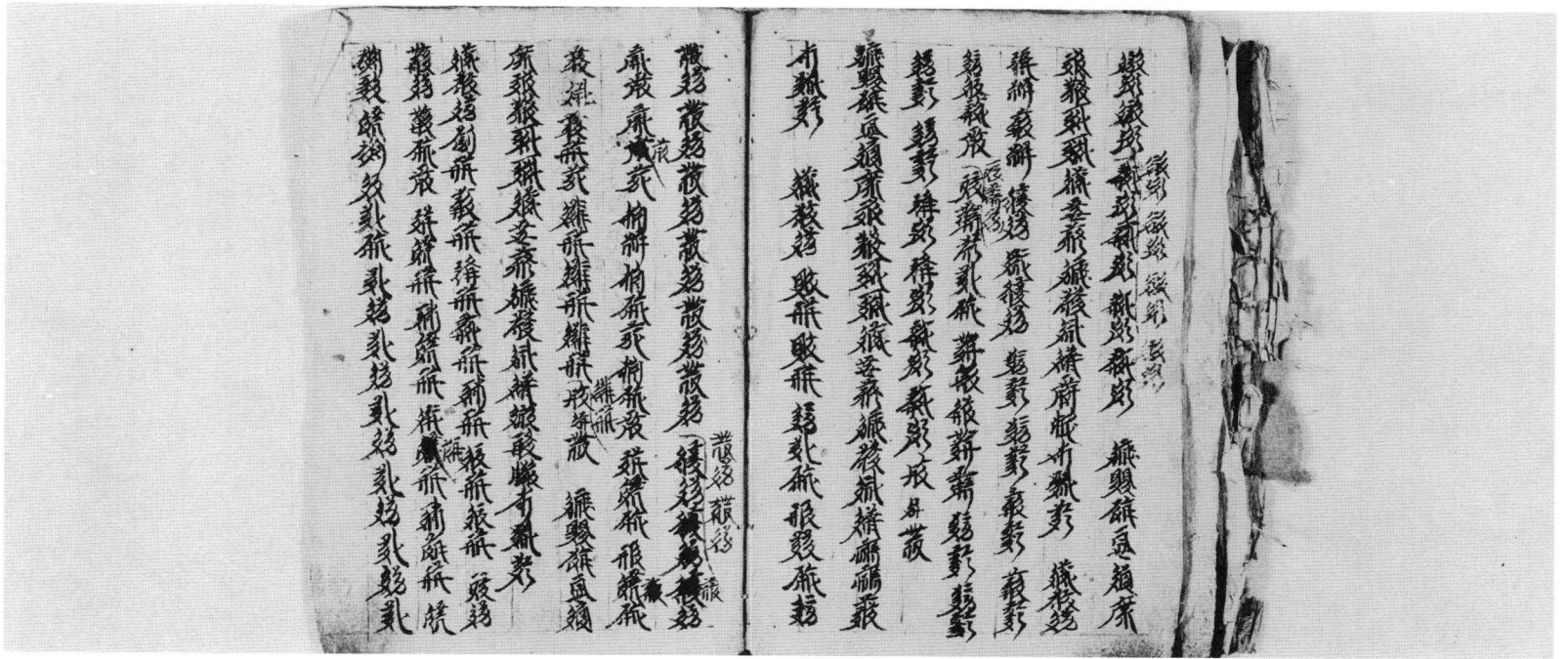

俄**И**нв.No.714　明咒母王大孔雀經下卷　　(28-6)

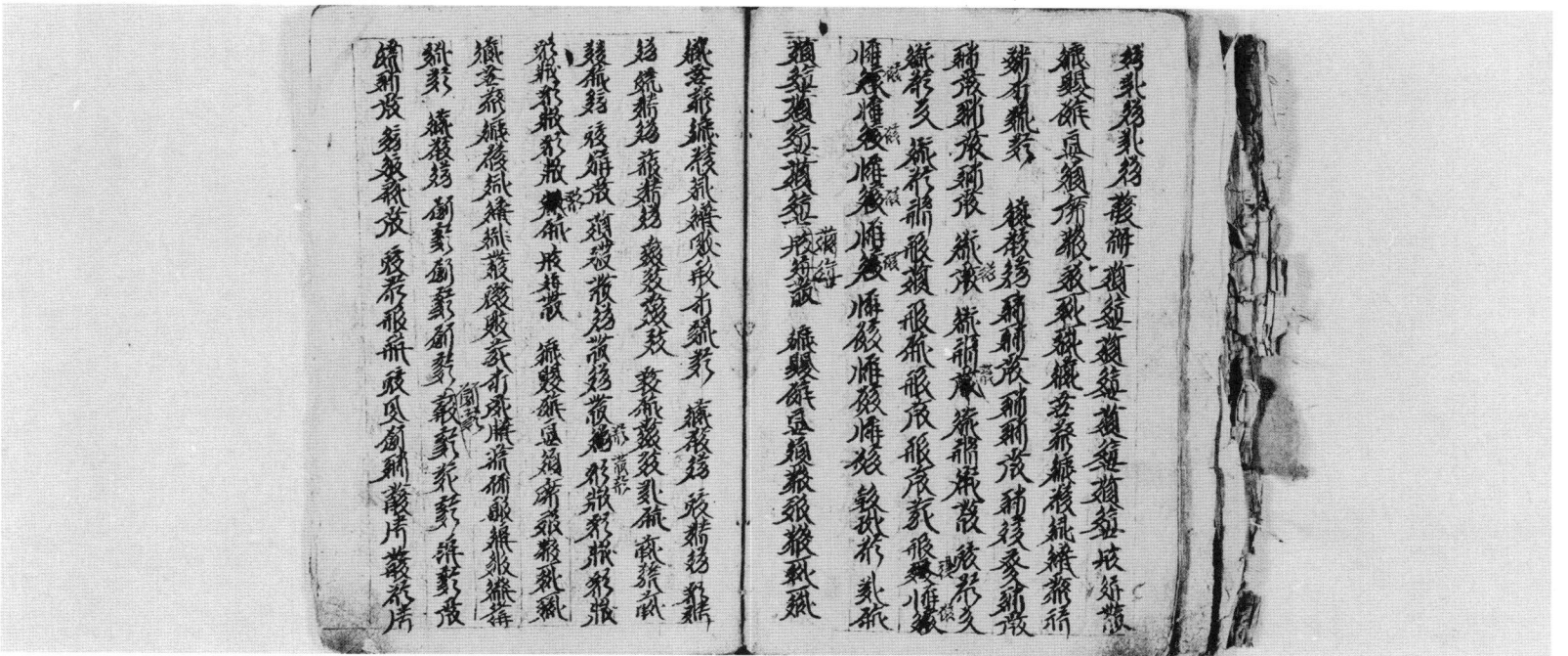

俄**И**нв.No.714　明咒母王大孔雀經下卷　　(28-7)

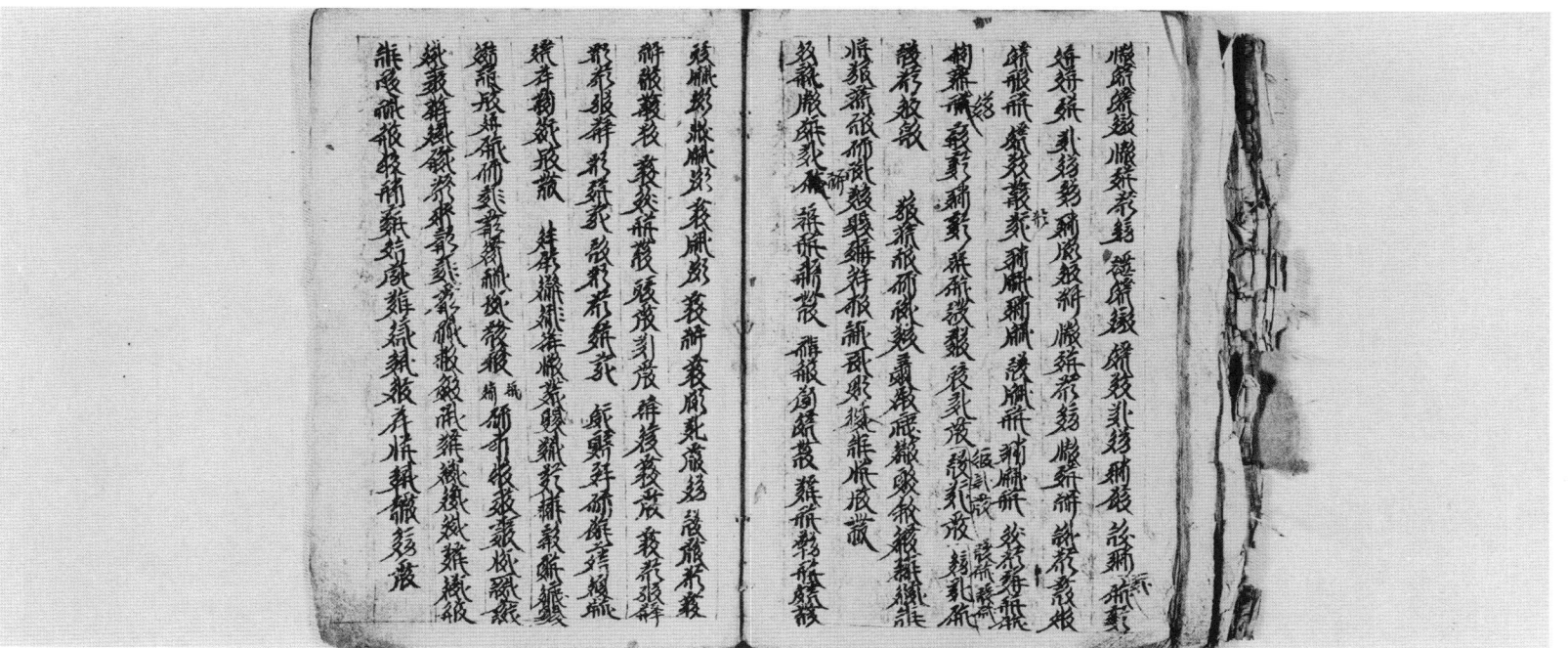

俄**И**нв.No.714　明咒母王大孔雀經下卷　　(28-8)

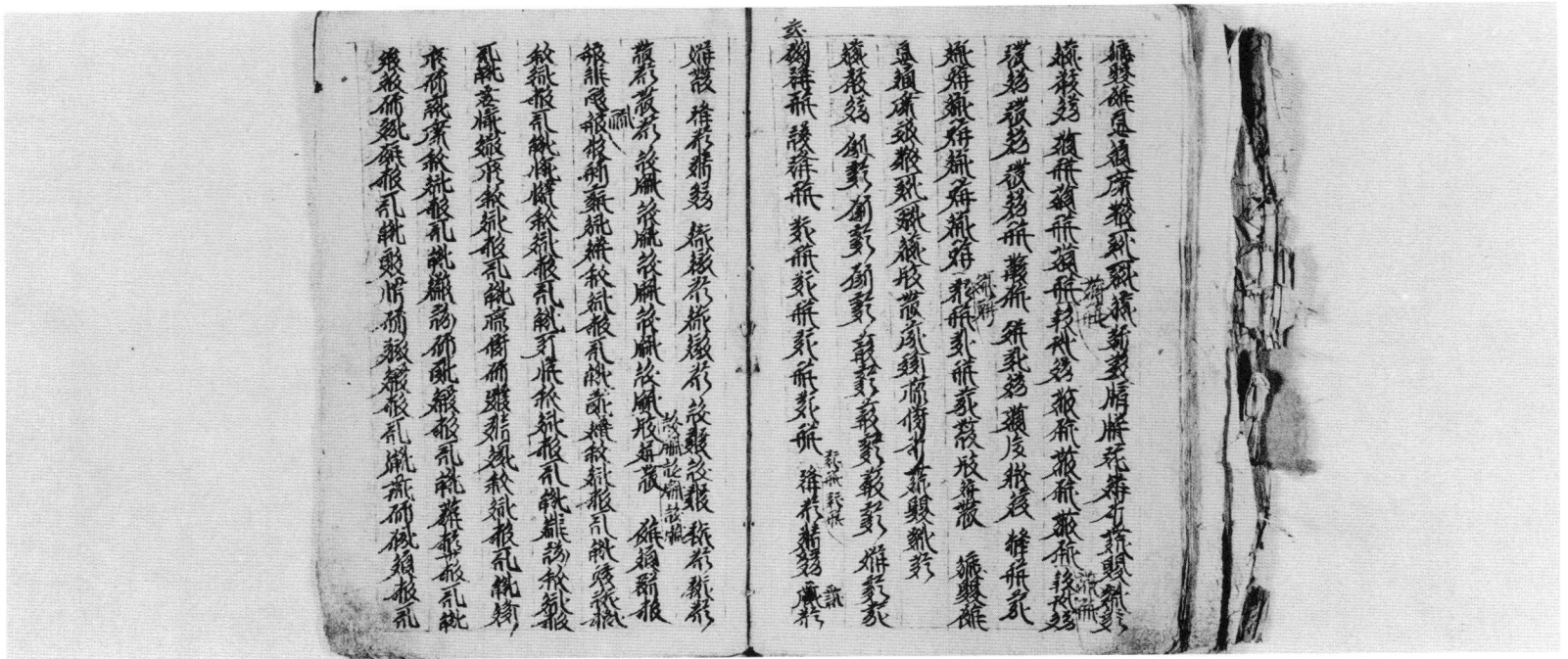

俄 Инв.No.714　明咒母王大孔雀經下卷　　(28-9)

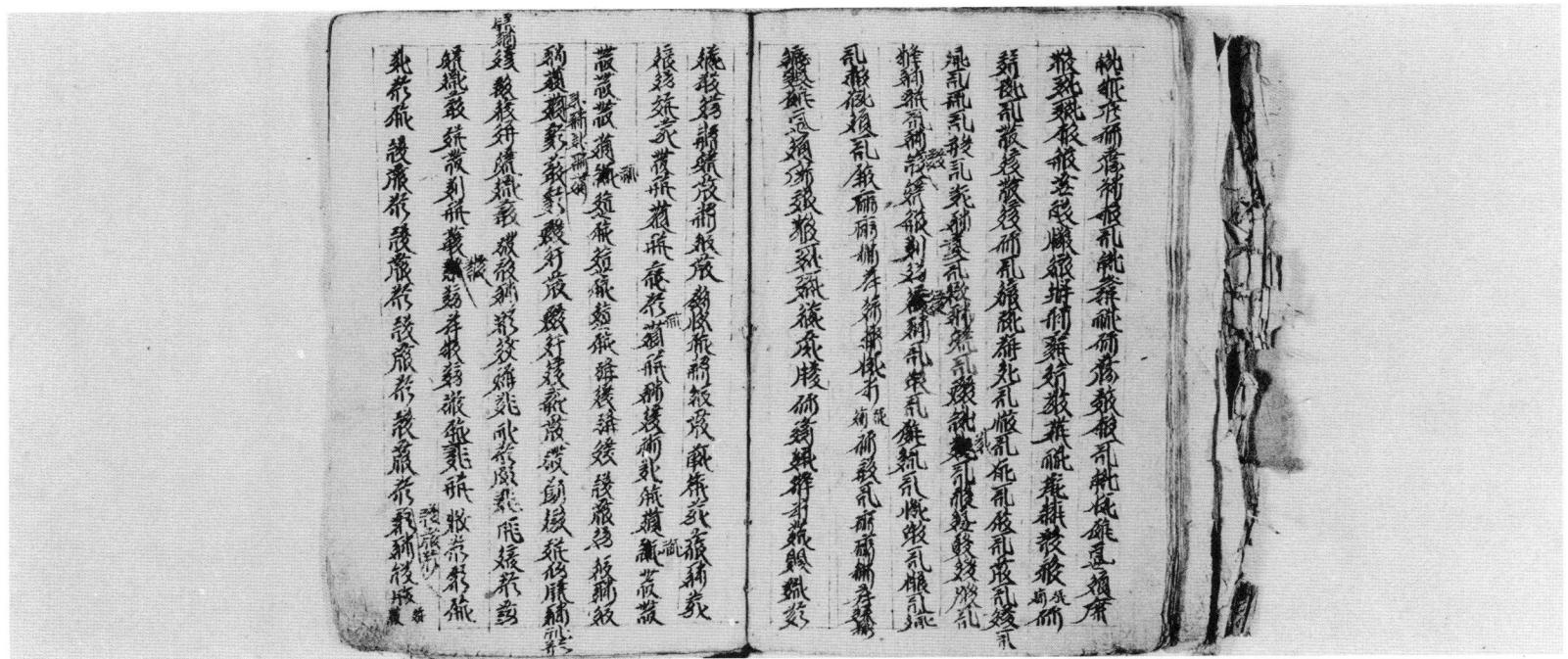

俄 Инв.No.714　明咒母王大孔雀經下卷　　(28-10)

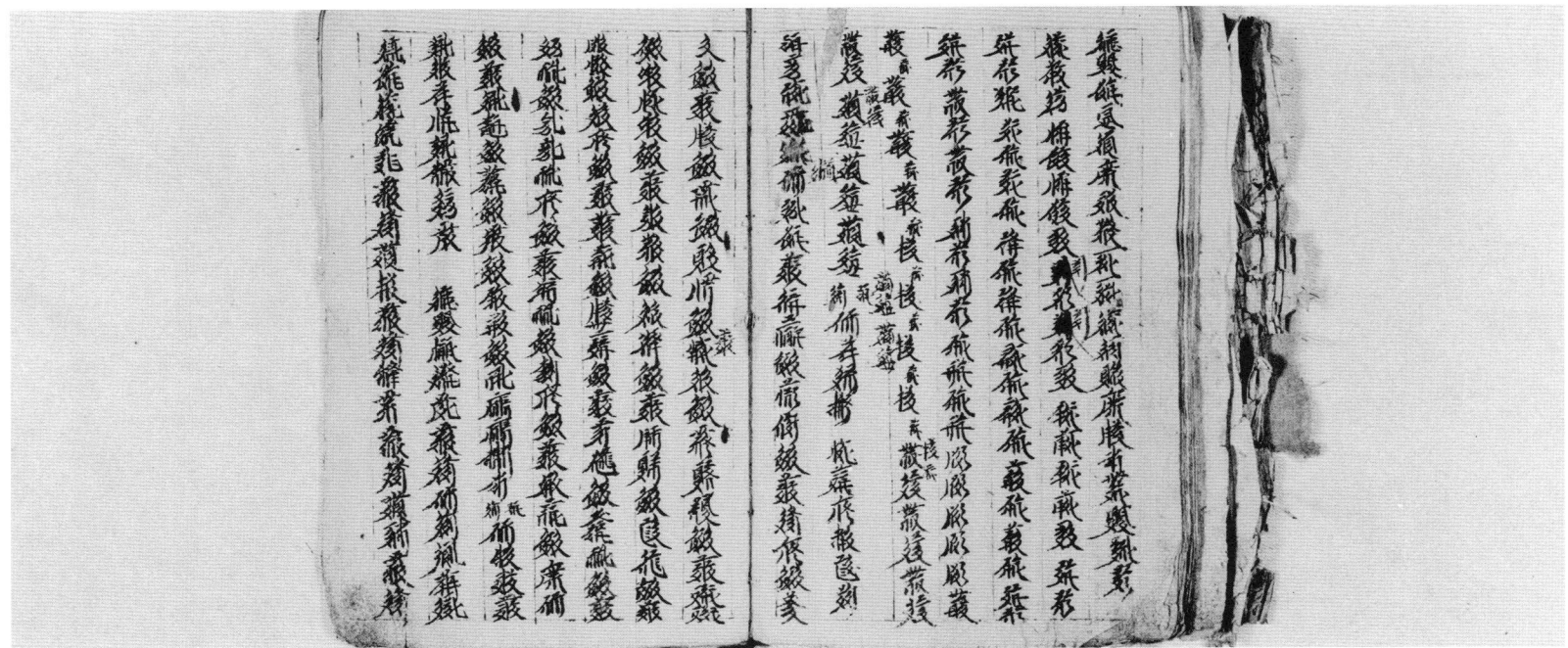

俄 Инв.No.714　明咒母王大孔雀經下卷　　(28-11)

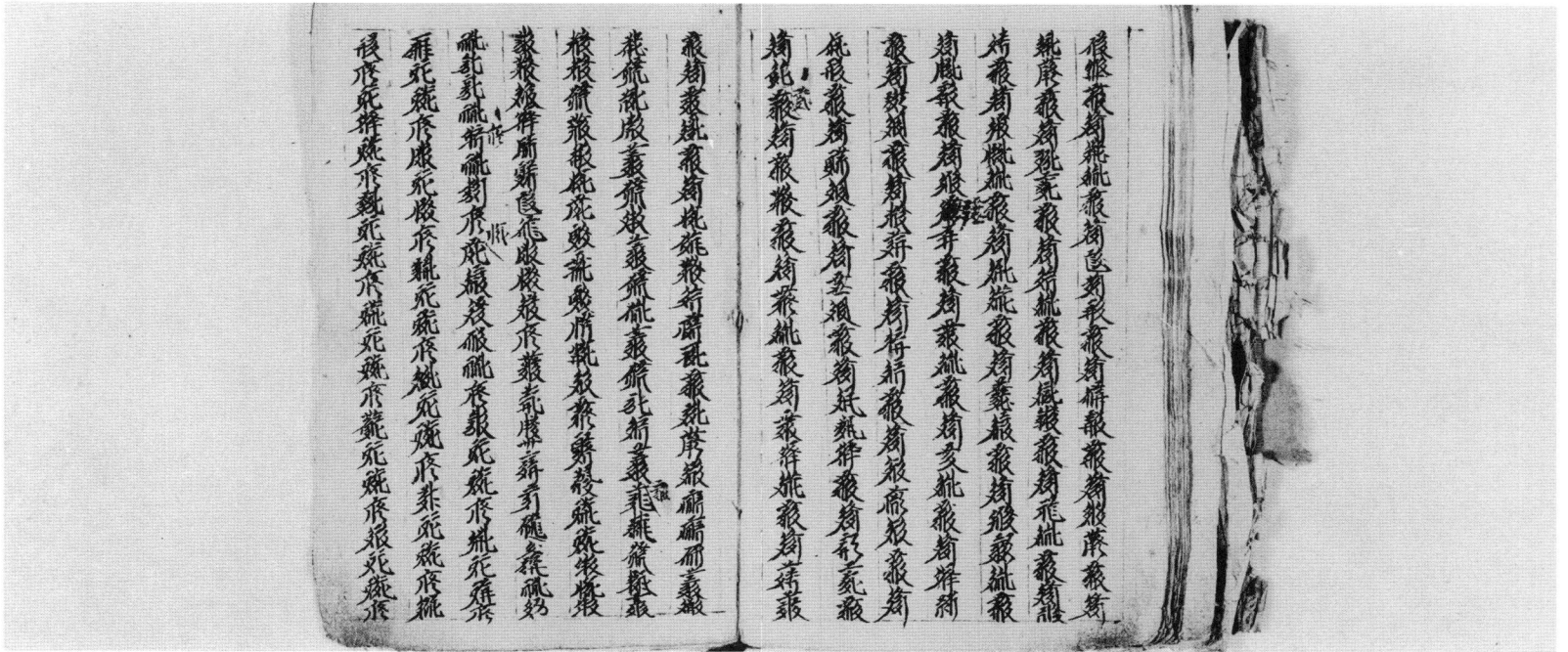

俄 **И**нв.No.714　明咒母王大孔雀經下卷　　　(28-12)

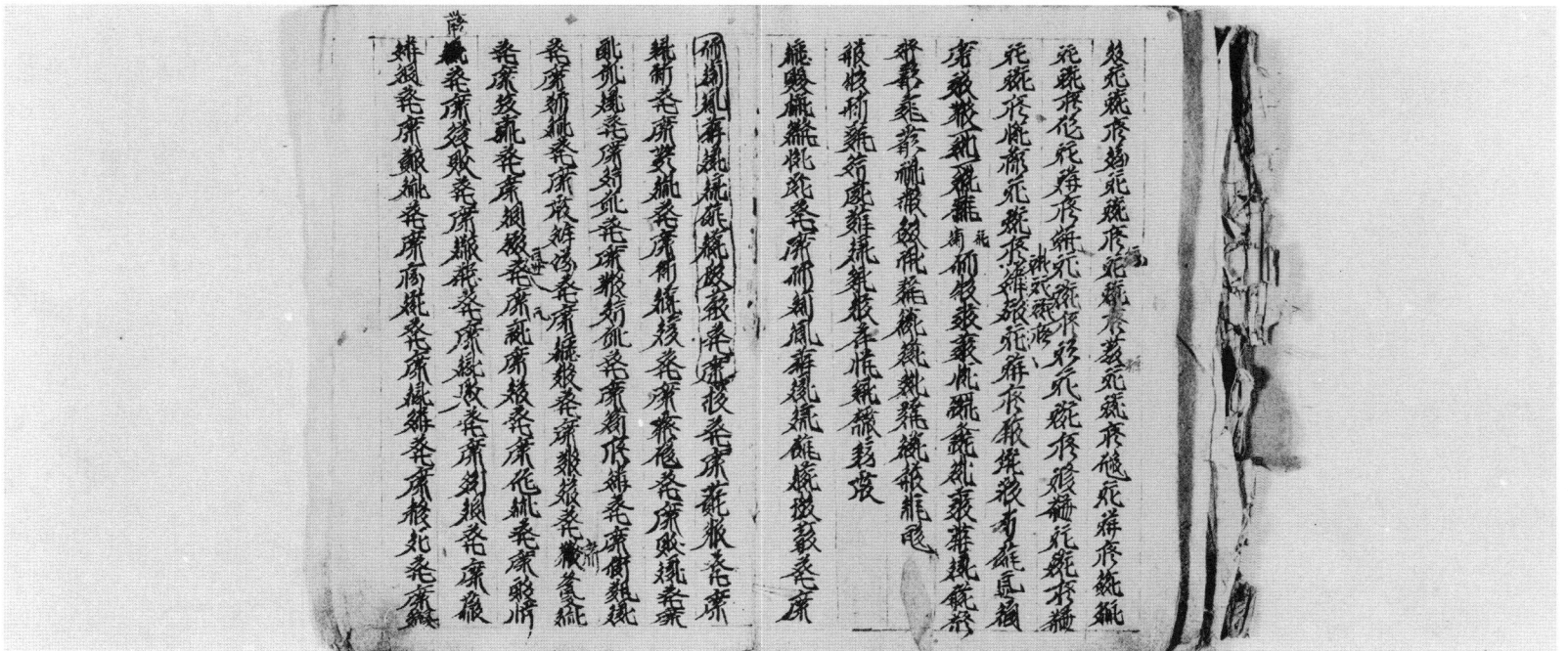

俄 **И**нв.No.714　明咒母王大孔雀經下卷　　　(28-13)

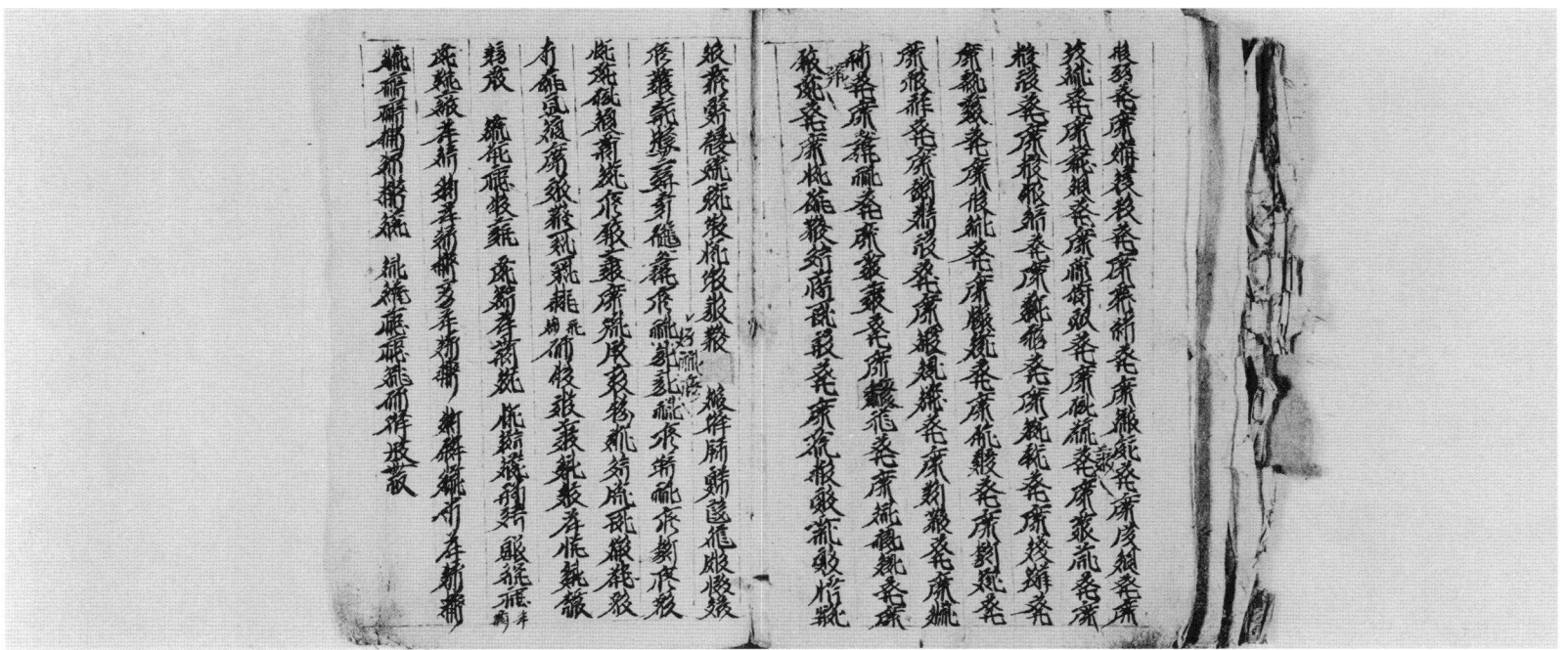

俄 **И**нв.No.714　明咒母王大孔雀經下卷　　　(28-14)

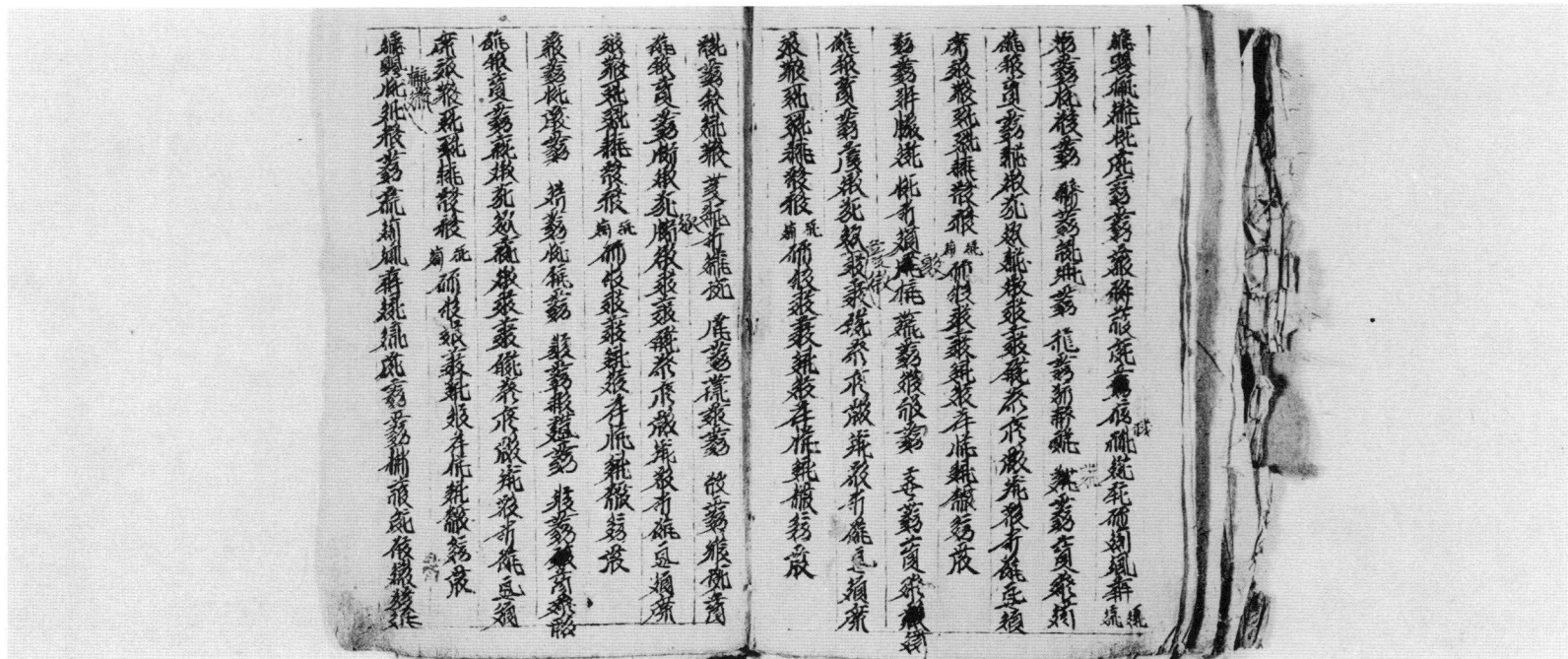

俄 **И**нв.No.714　明咒母王大孔雀經下卷　　　(28-15)

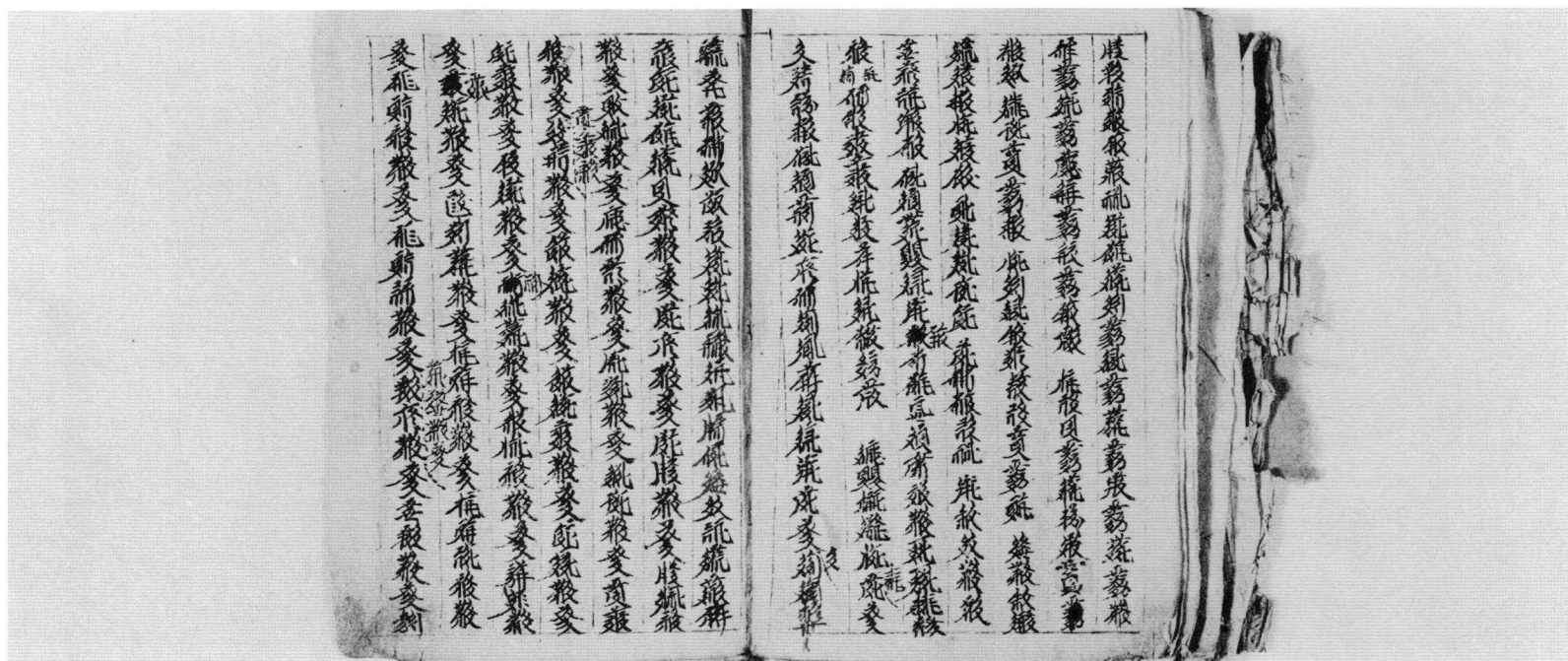

俄 **И**нв.No.714　明咒母王大孔雀經下卷　　　(28-16)

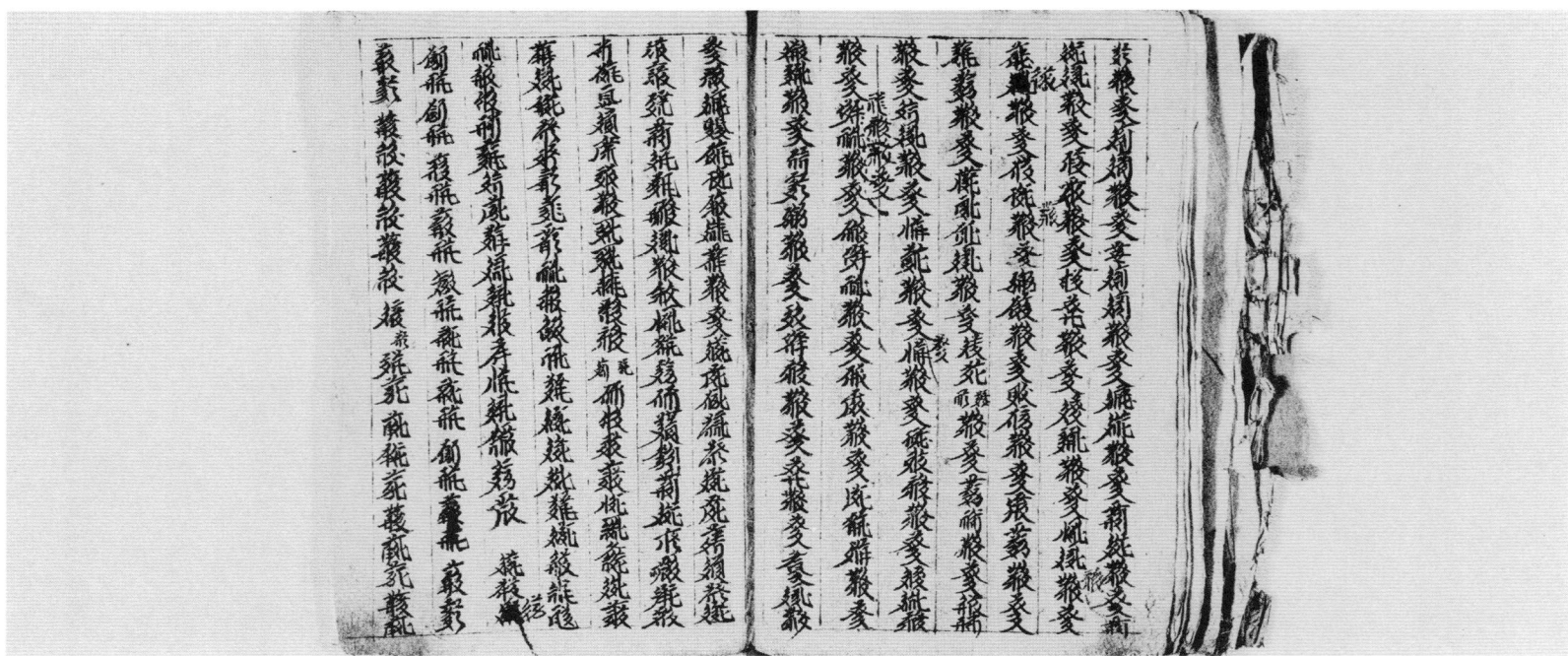

俄 **И**нв.No.714　明咒母王大孔雀經下卷　　　(28-17)

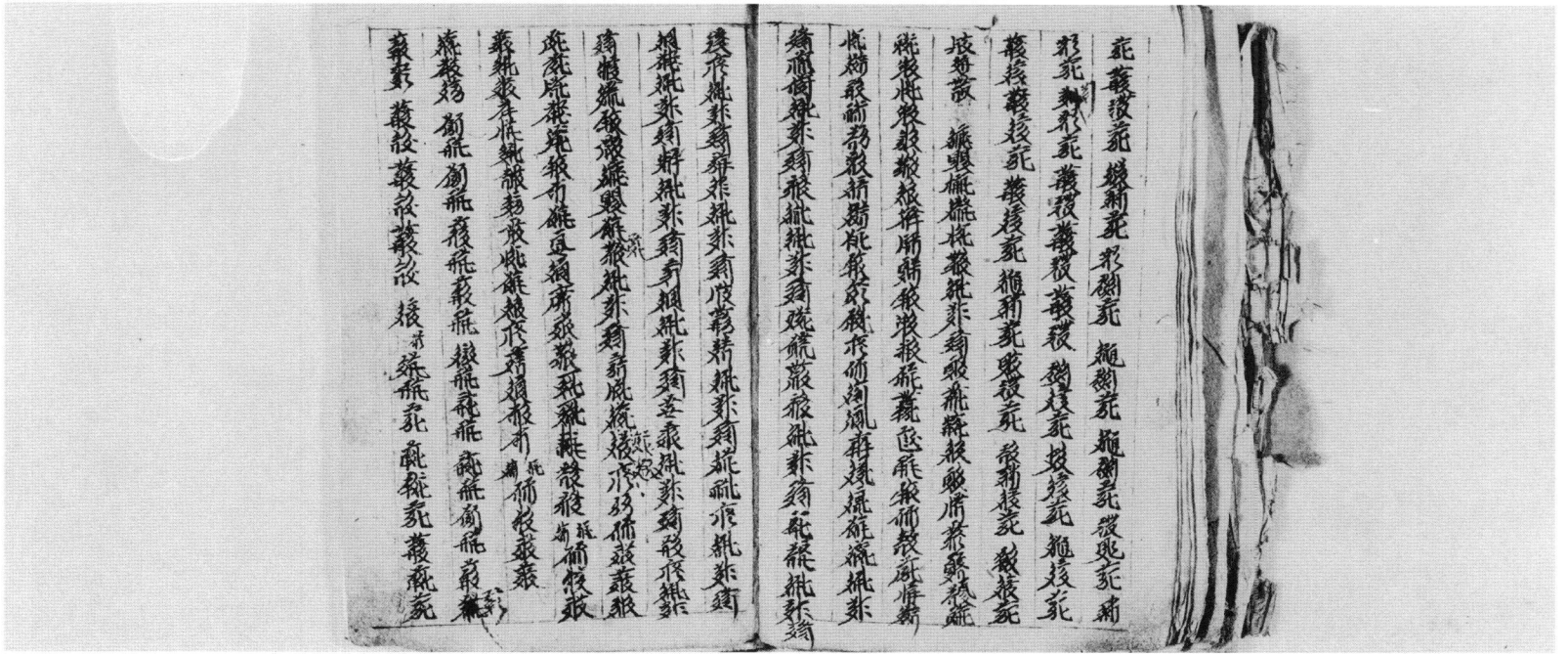

俄 **Инв**.No.714　明咒母王大孔雀經下卷　　　(28-18)

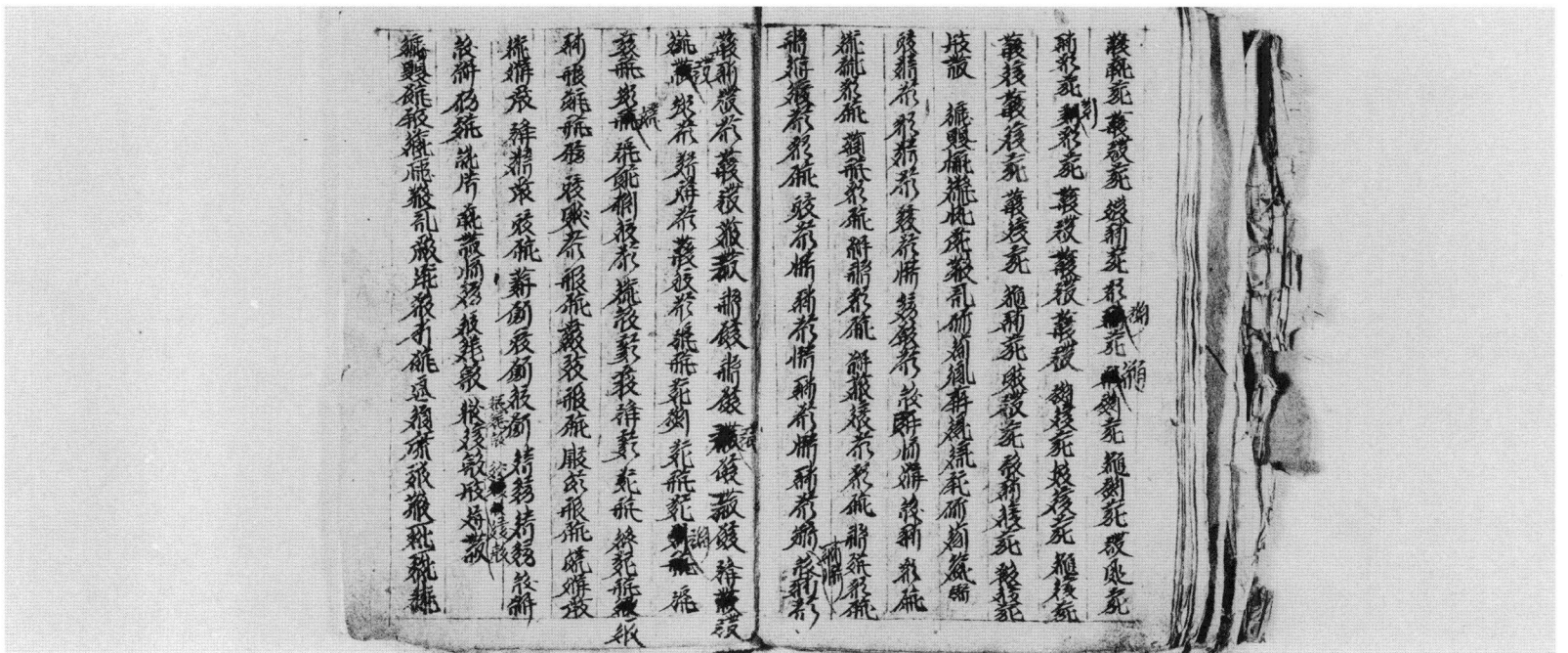

俄 **Инв**.No.714　明咒母王大孔雀經下卷　　　(28-19)

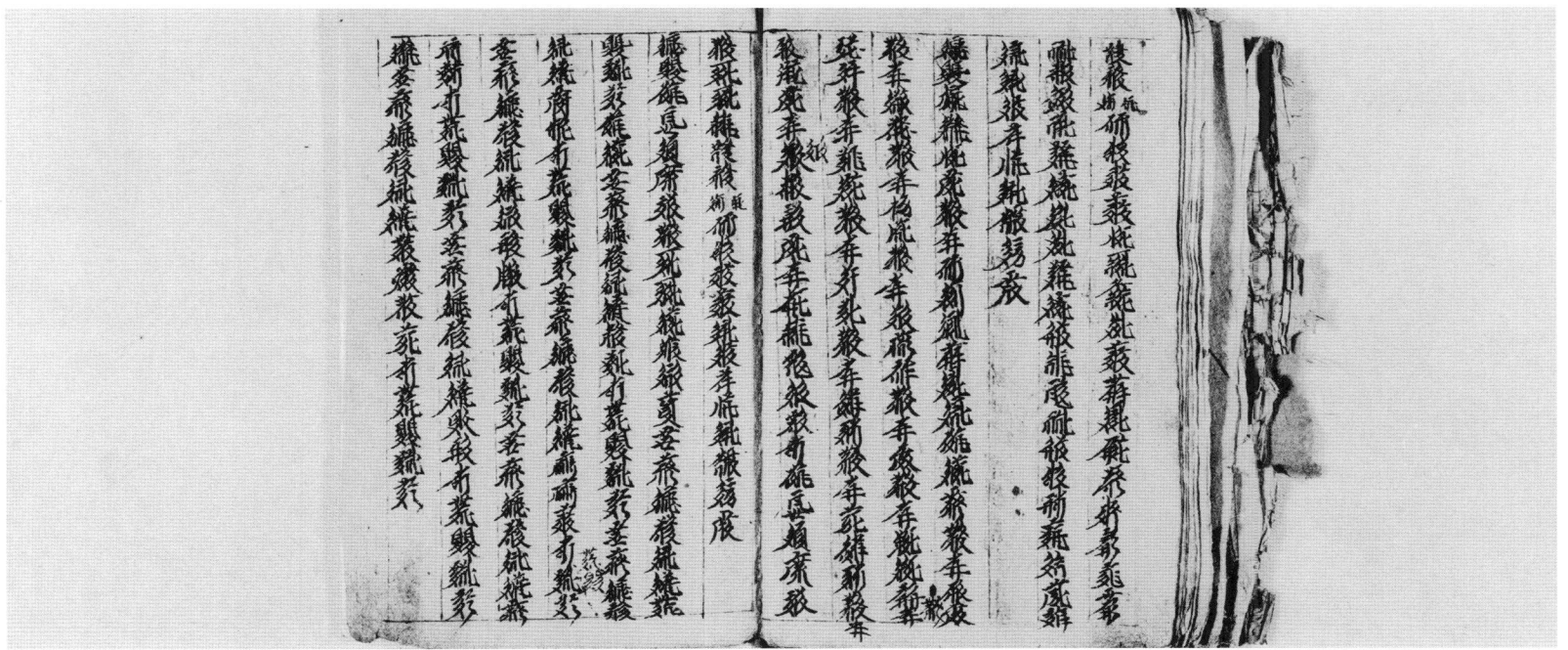

俄 **Инв**.No.714　明咒母王大孔雀經下卷　　　(28-20)

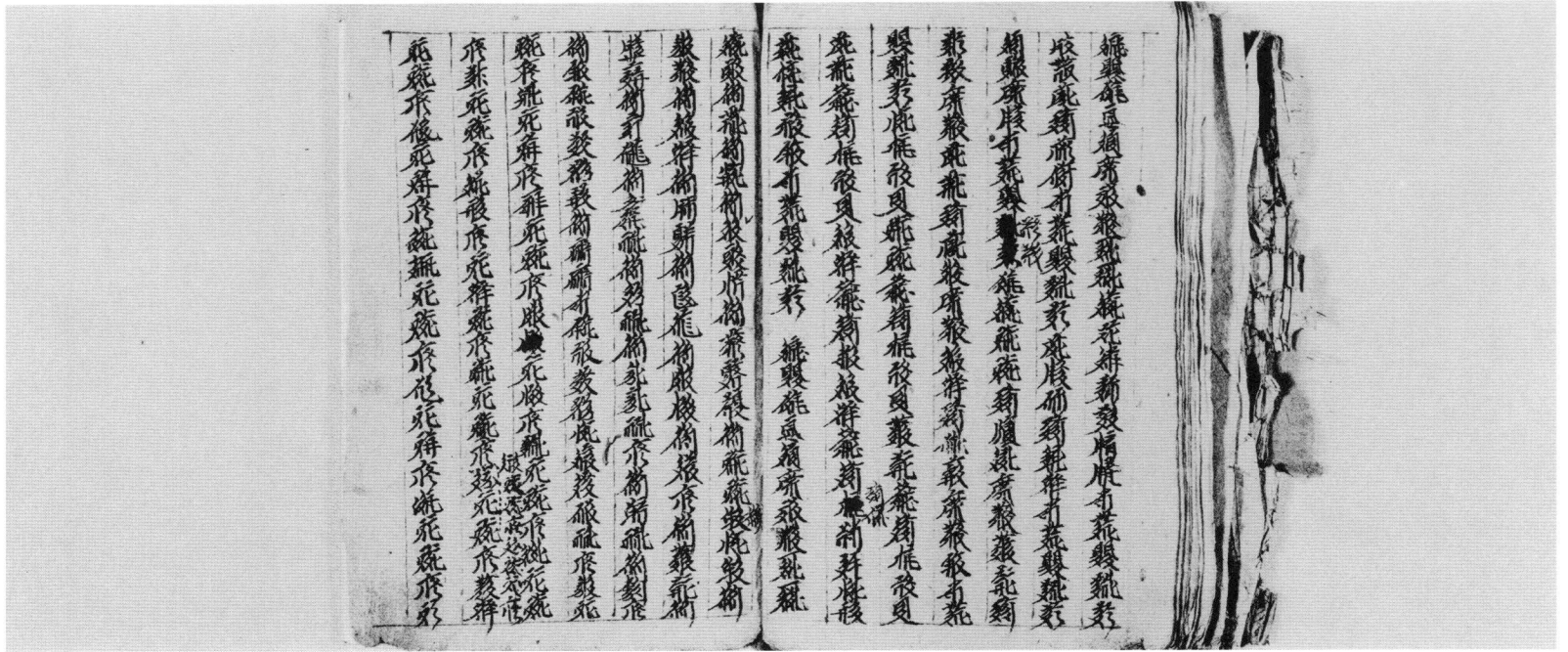

俄 **И**нв.No.714　明咒母王大孔雀經下卷　　　(28-21)

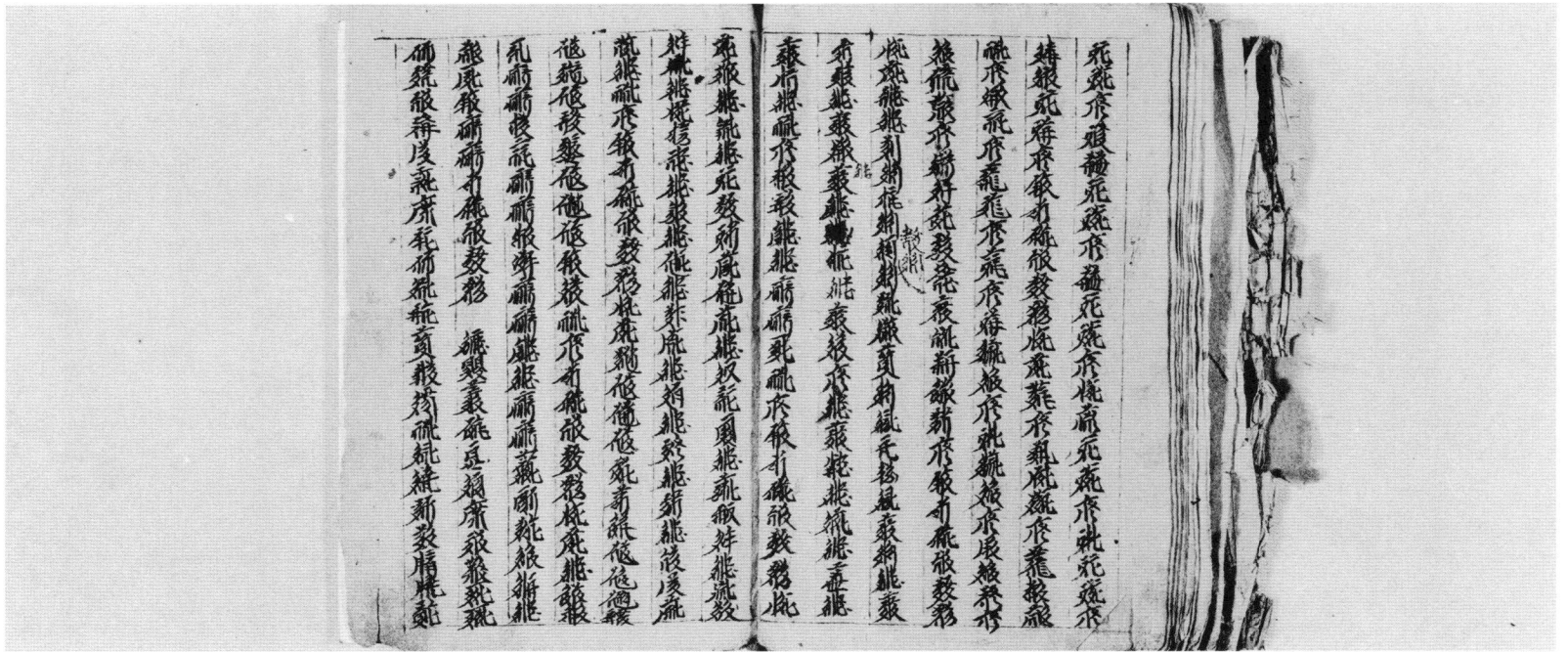

俄 **И**нв.No.714　明咒母王大孔雀經下卷　　　(28-22)

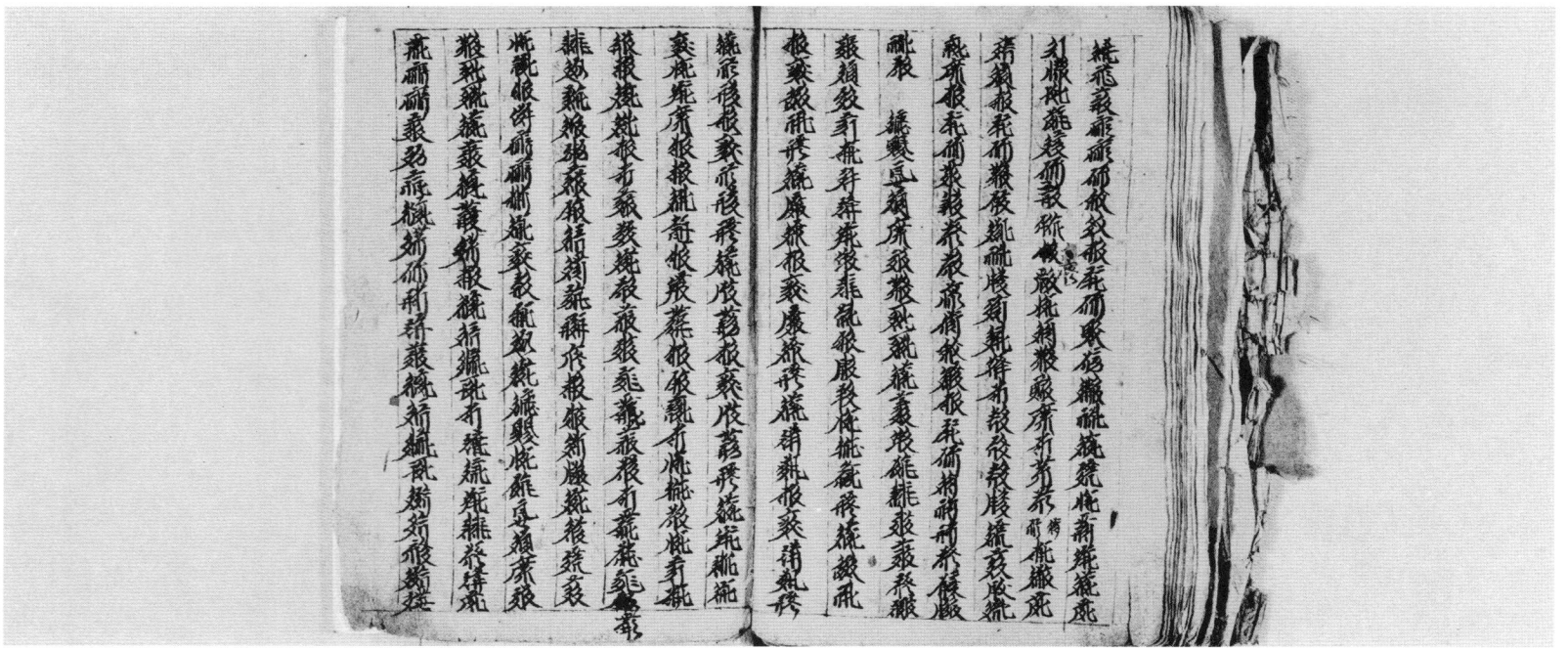

俄 **И**нв.No.714　明咒母王大孔雀經下卷　　　(28-23)

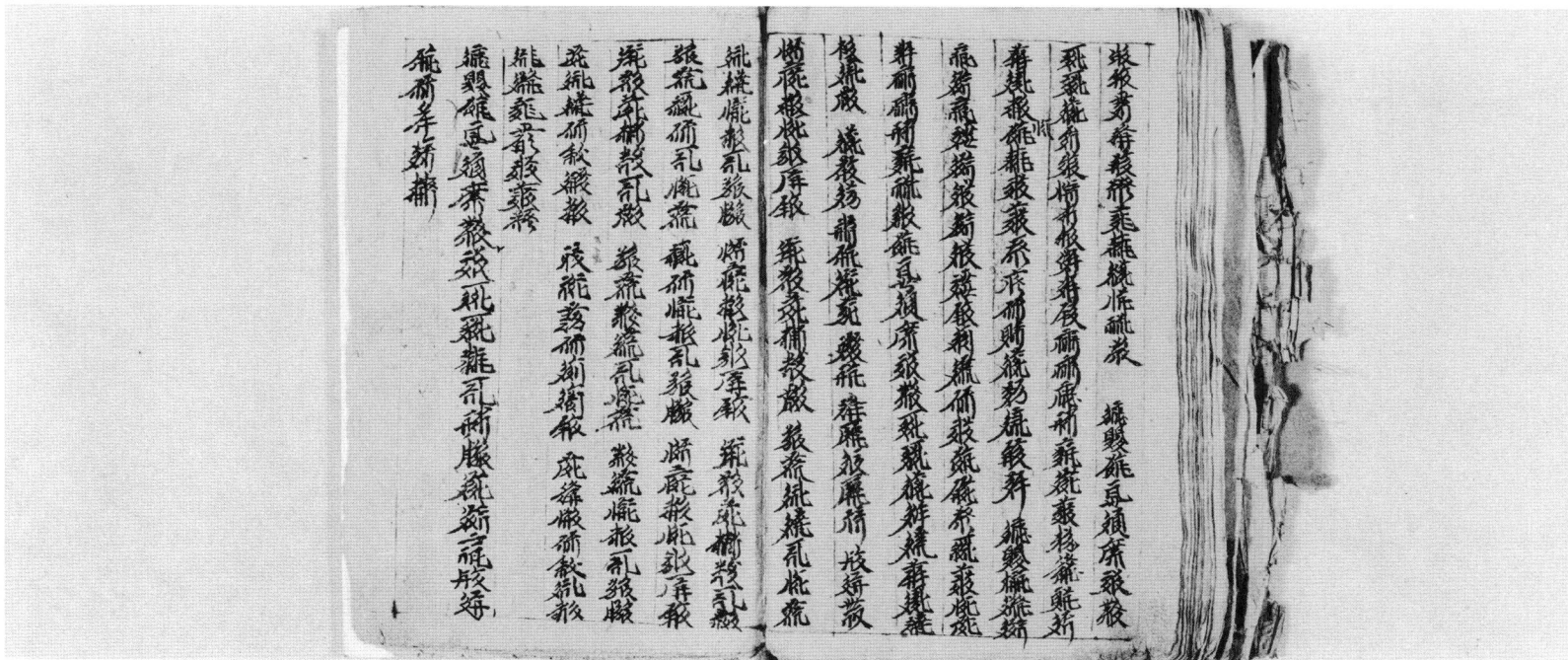

俄Инв.No.714　明咒母王大孔雀經下卷　　　(28-24)

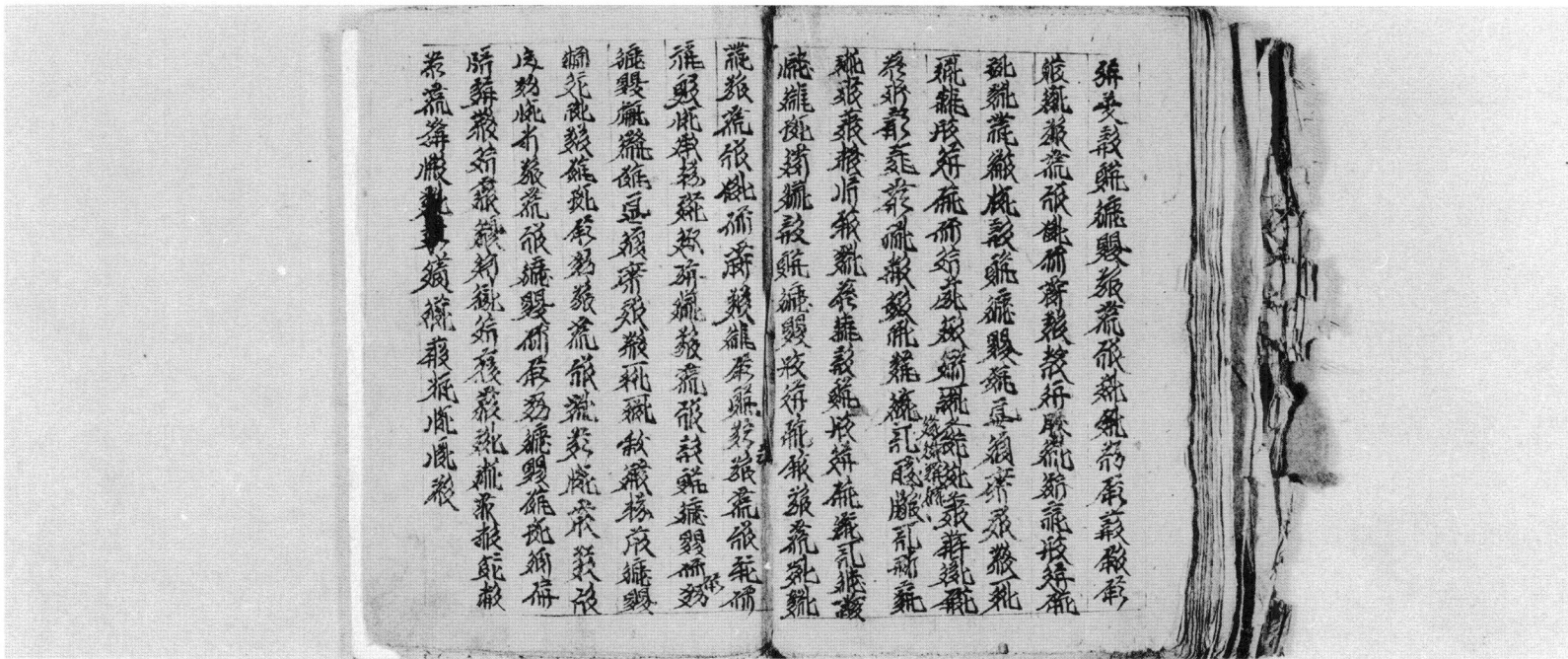

俄Инв.No.714　明咒母王大孔雀經下卷　　　(28-25)

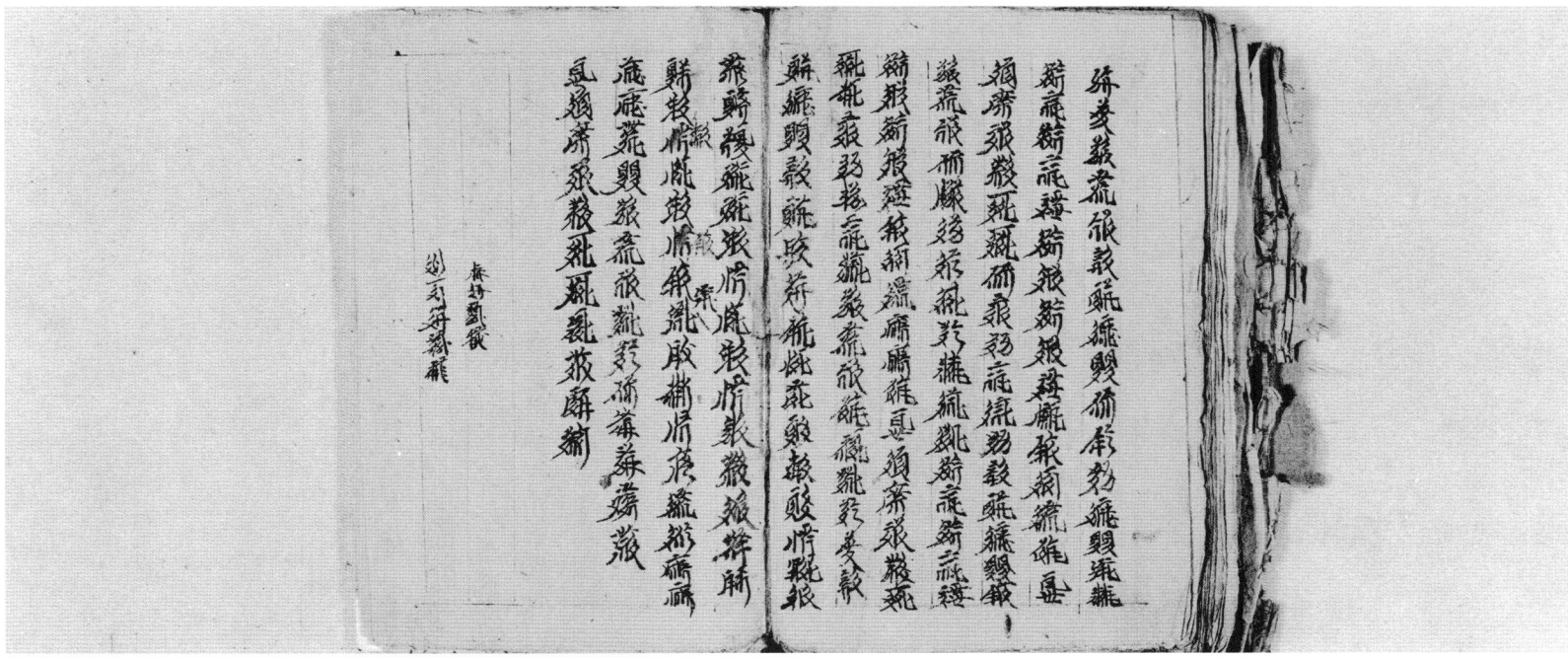

俄Инв.No.714　明咒母王大孔雀經下卷　　　(28-26)

俄Инв.No.714 明咒母王大孔雀經下卷 (28-27)

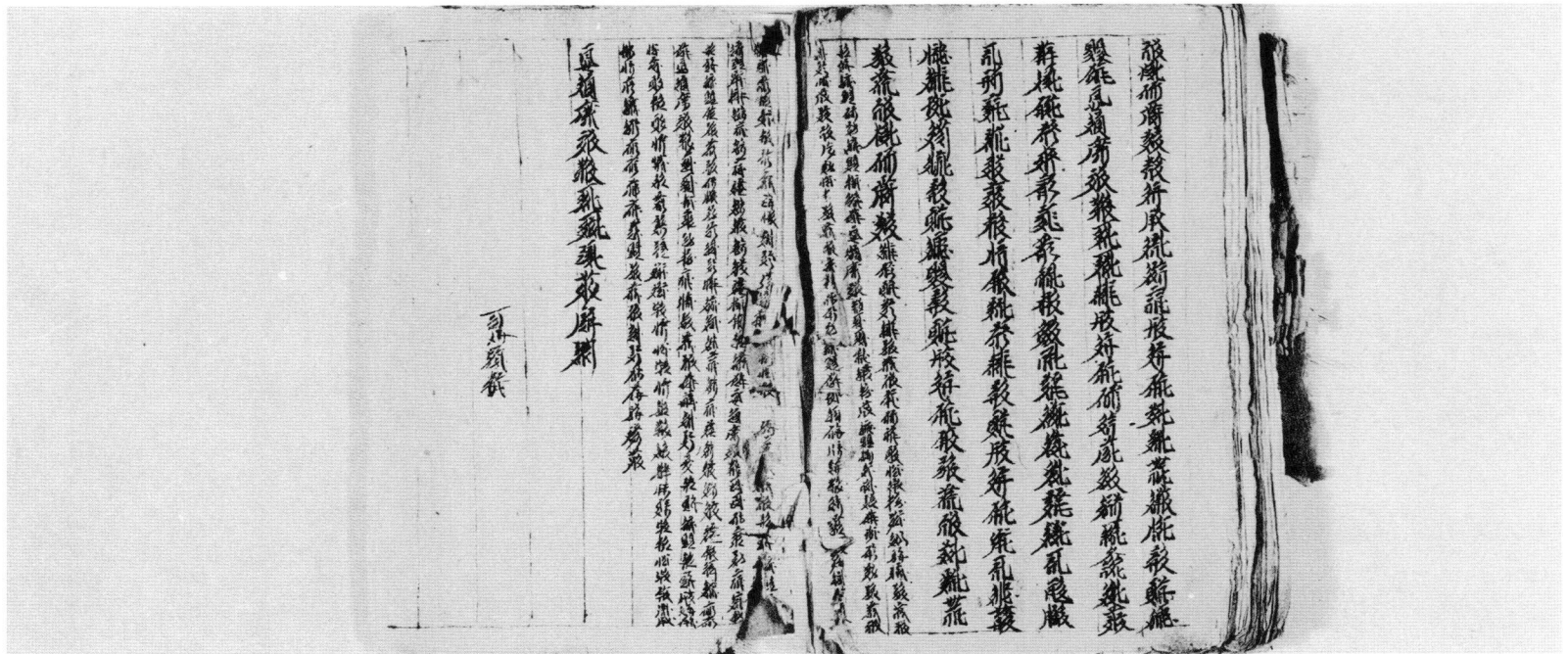

俄Инв.No.714 明咒母王大孔雀經下卷 (28-28)

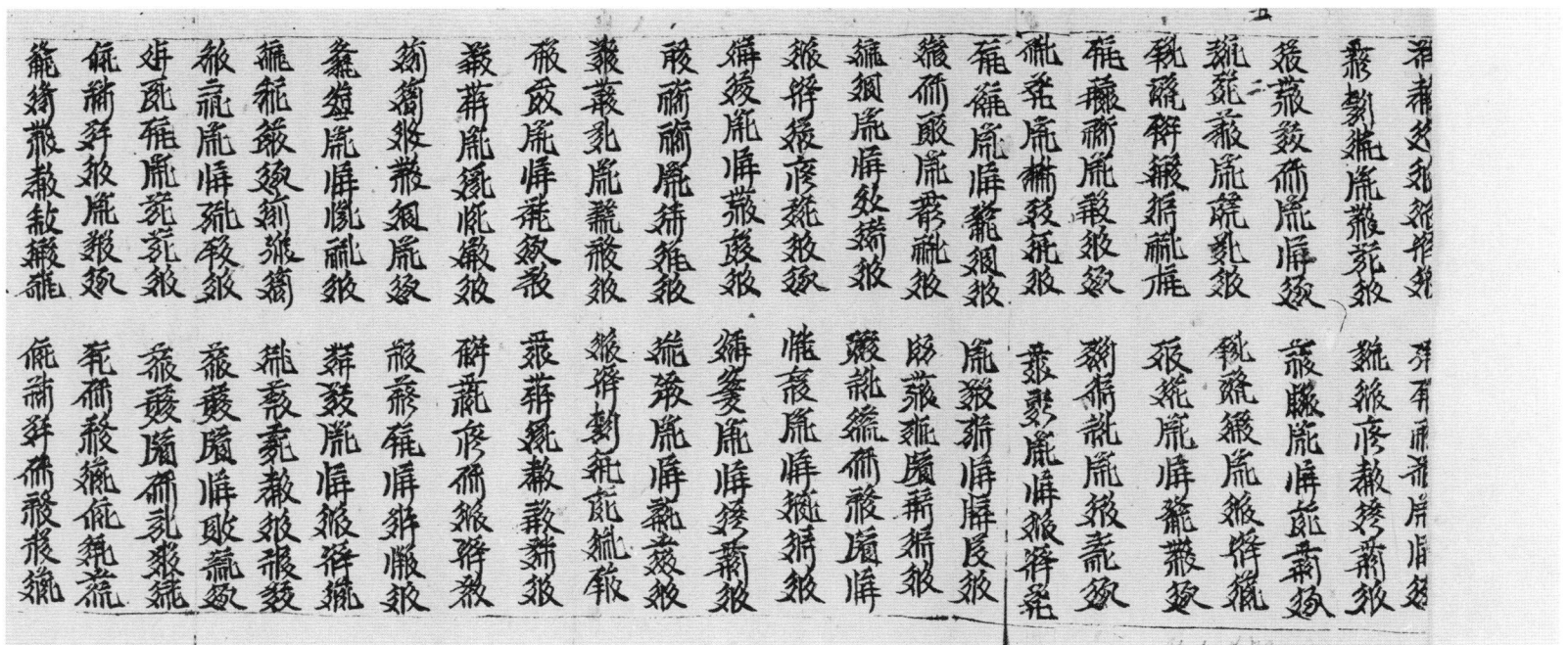

俄Инв.No.730 明咒母王大孔雀經下卷 (12-1)

俄 **Инв**.No.730 明咒母王大孔雀經下卷 （12-2）

俄 **Инв**.No.730 明咒母王大孔雀經下卷 （12-3）

俄 **Инв**.No.730 明咒母王大孔雀經下卷 （12-4）

俄Инв.No.730　明咒母王大孔雀經下卷　　　(12-5)

俄Инв.No.730　明咒母王大孔雀經下卷　　　(12-6)

俄Инв.No.730　明咒母王大孔雀經下卷　　　(12-7)

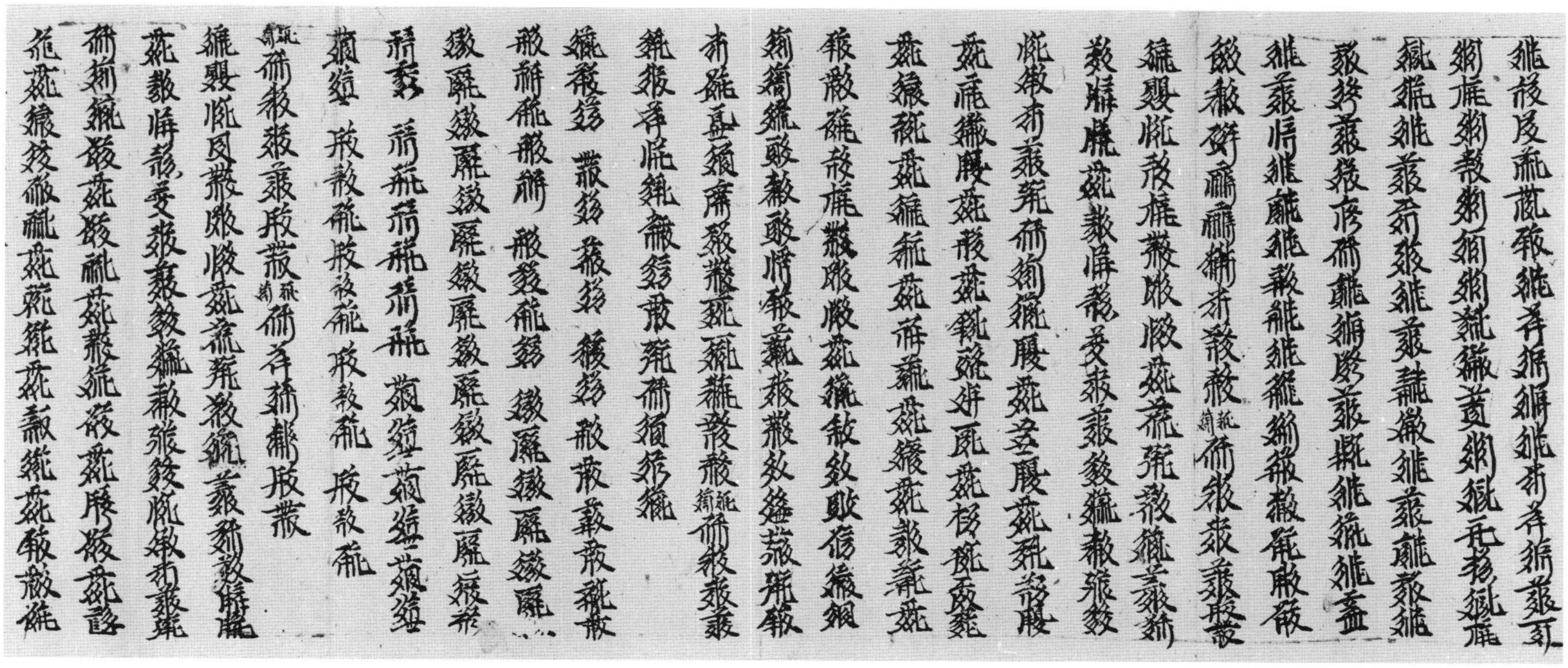

俄 Инв.No.730　明咒母王大孔雀經下卷　(12–8)

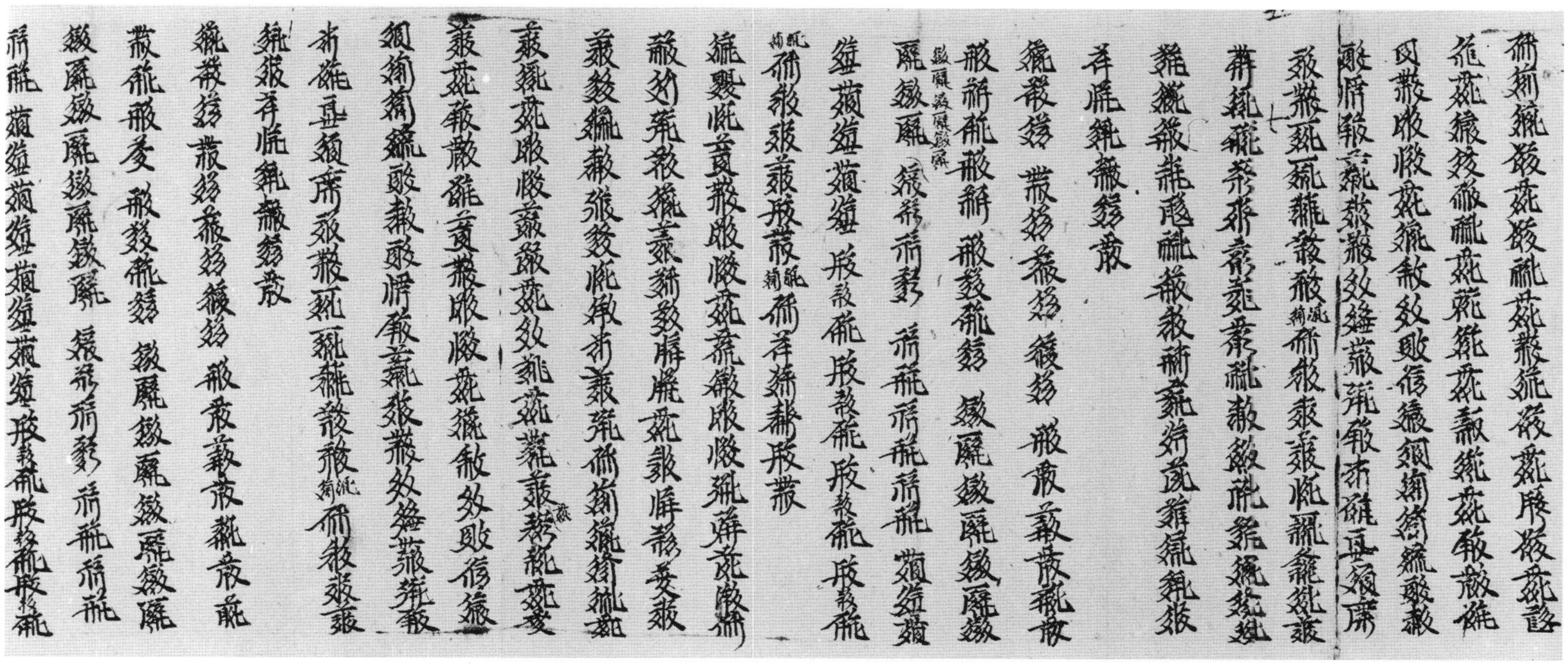

俄 Инв.No.730　明咒母王大孔雀經下卷　(12–9)

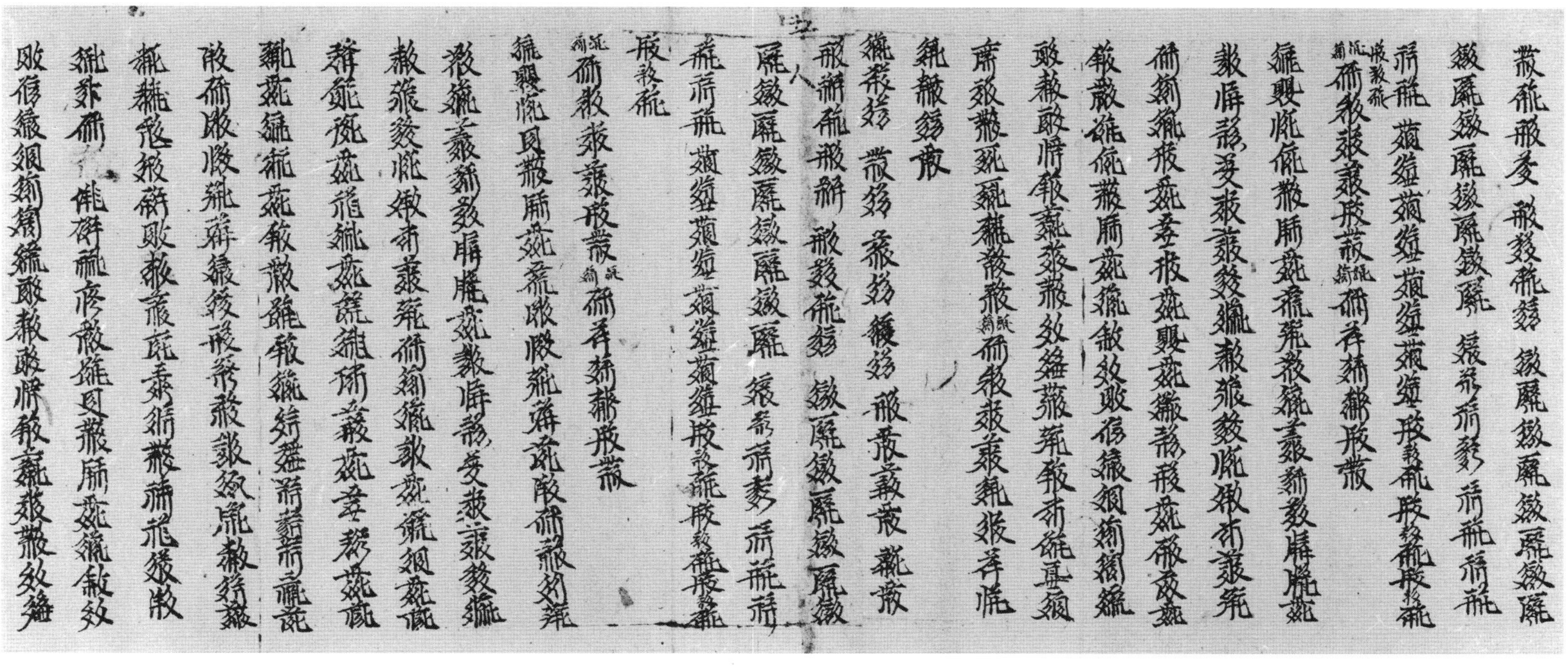

俄 Инв.No.730　明咒母王大孔雀經下卷　(12–10)

俄 Инв.No.730　明咒母王大孔雀經下卷　　　(12-11)

俄 Инв.No.730　明咒母王大孔雀經下卷　　　(12-12)

俄 Инв.No.950　明咒母王大孔雀經下卷　　　(5-1)

俄Инв.No.950　明咒母王大孔雀經下卷　　　(5-2)

俄Инв.No.950　明咒母王大孔雀經下卷　　　(5-3)

俄Инв.No.950　明咒母王大孔雀經下卷　　　(5-4)

俄 **И**нв.No.950　明咒母王大孔雀經下卷　　　(5-5)

俄 **И**нв.No.3316　明咒母王大孔雀經下卷

俄 **И**нв.No.3902　明咒母王大孔雀經下卷

俄Инв.No.4015　明咒母王大孔雀經下卷

俄Инв.No.5757　4.明咒母王大孔雀經上卷　　　(16-1)

俄Инв.No.5757　4.明咒母王大孔雀經上卷　　　(16-2)

俄Инв.No.5757　4.明咒母王大孔雀經上卷　　(16-3)

俄Инв.No.5757　4.明咒母王大孔雀經上卷　　(16-4)

俄Инв.No.5757　4.明咒母王大孔雀經上卷　　(16-5)

俄 Инв.No.5757　4.明咒母王大孔雀經上卷　　　(16-6)

俄 Инв.No.5757　4.明咒母王大孔雀經上卷　　　(16-7)

俄 Инв.No.5757　4.明咒母王大孔雀經上卷　　　(16-8)

俄 Инв.No.5757　4.明咒母王大孔雀經上卷　　　(16-9)

俄 Инв.No.5757　4.明咒母王大孔雀經上卷　　　(16-10)

俄 Инв.No.5757　4.明咒母王大孔雀經上卷　　　(16-11)

俄 Инв.No.5757　4.明咒母王大孔雀經上卷　　　(16-15)

俄 Инв.No.5757　4.明咒母王大孔雀經上卷　　　(16-16)

俄 Инв.No.5757　5.明咒母王大孔雀經上卷　　　(2-1)

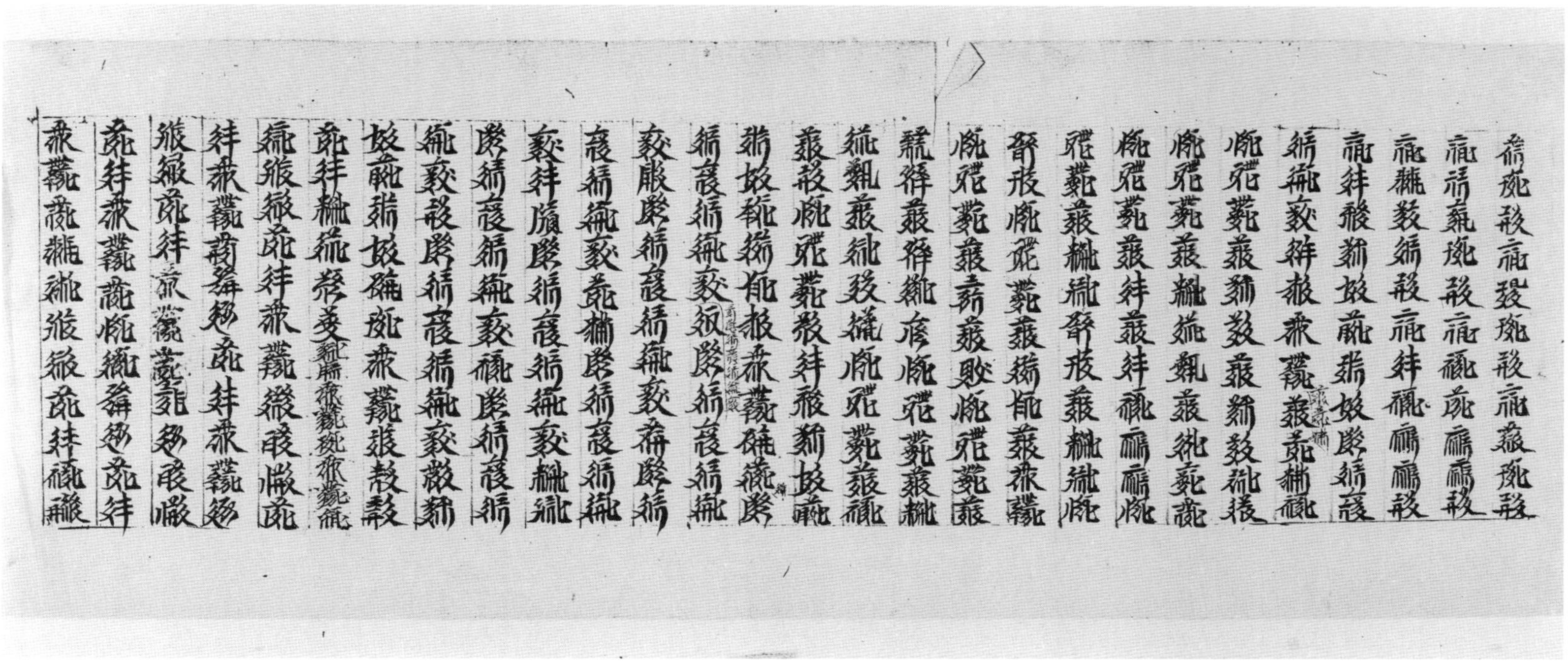

俄 Инв.No.5757　5.明咒母王大孔雀經上卷　(2-2)

俄 Инв.No.5757　6.明咒母王大孔雀經中卷　(7-1)

俄 Инв.No.5757　6.明咒母王大孔雀經中卷　(7-2)

俄 Инв.No.5757　6.明咒母王大孔雀經中卷　　　(7-3)

俄 Инв.No.5757　6.明咒母王大孔雀經中卷　　　(7-4)

俄 Инв.No.5757　6.明咒母王大孔雀經中卷　　　(7-5)

俄 **И**нв.No.5757　6.明咒母王大孔雀經中卷　　　（7-6）

俄 **И**нв.No.5757　6.明咒母王大孔雀經中卷　　　（7-7）

俄 **И**нв.No.5757　7.明咒母王大孔雀經下卷　　　（6-1）

俄Инв.No.5757　7.明咒母王大孔雀經下卷　　　(6-2)

俄Инв.No.5757　7.明咒母王大孔雀經下卷　　　(6-3)

俄Инв.No.5757　7.明咒母王大孔雀經下卷　　　(6-4)

俄 **Инв**.No.5757　7.明咒母王大孔雀經下卷　　　(6-5)

俄 **Инв**.No.5757　7.明咒母王大孔雀經下卷　　　(6-6)

俄 **Инв**.No.5757　8.明咒母王大孔雀經下卷　　　(2-1)

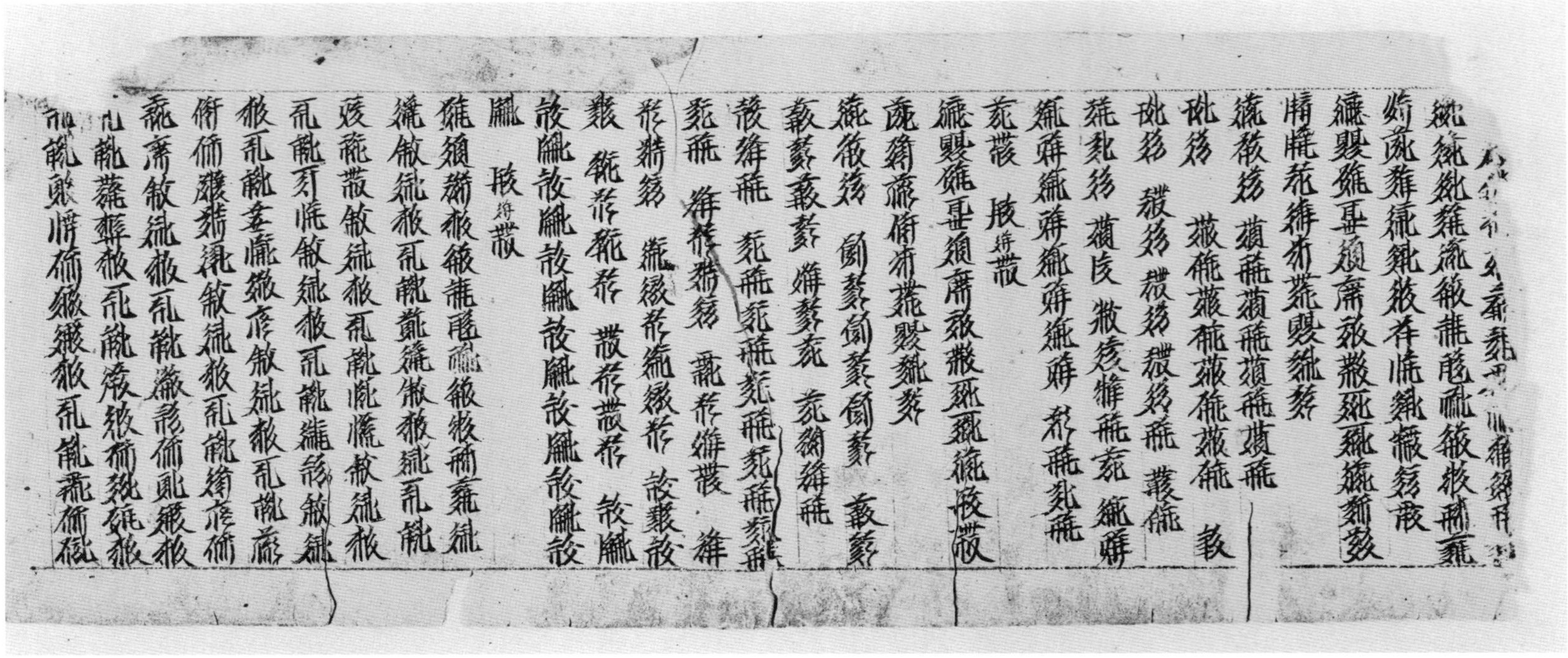

俄 Инв.No.5757　8.明咒母王大孔雀經下卷　(2–2)

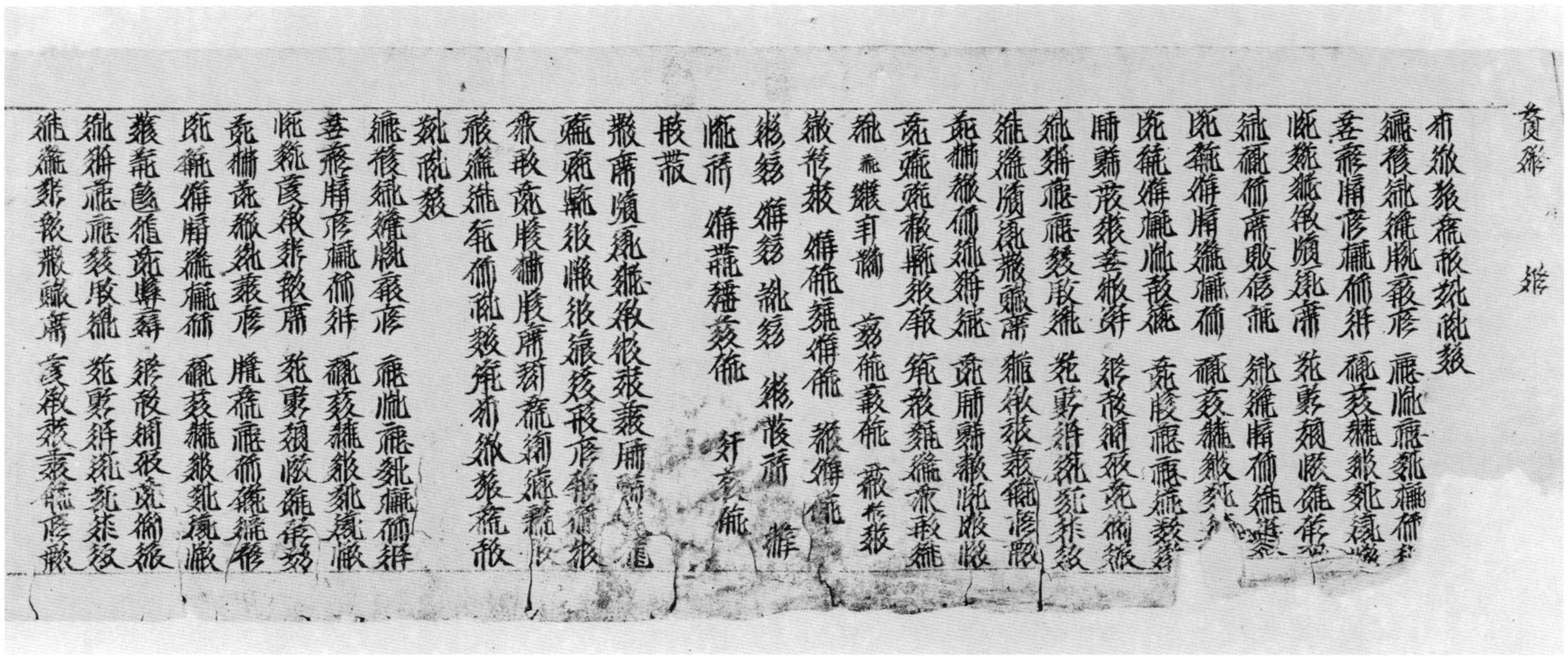

俄 Инв.No.5757　9.大寒林經　(32–1)

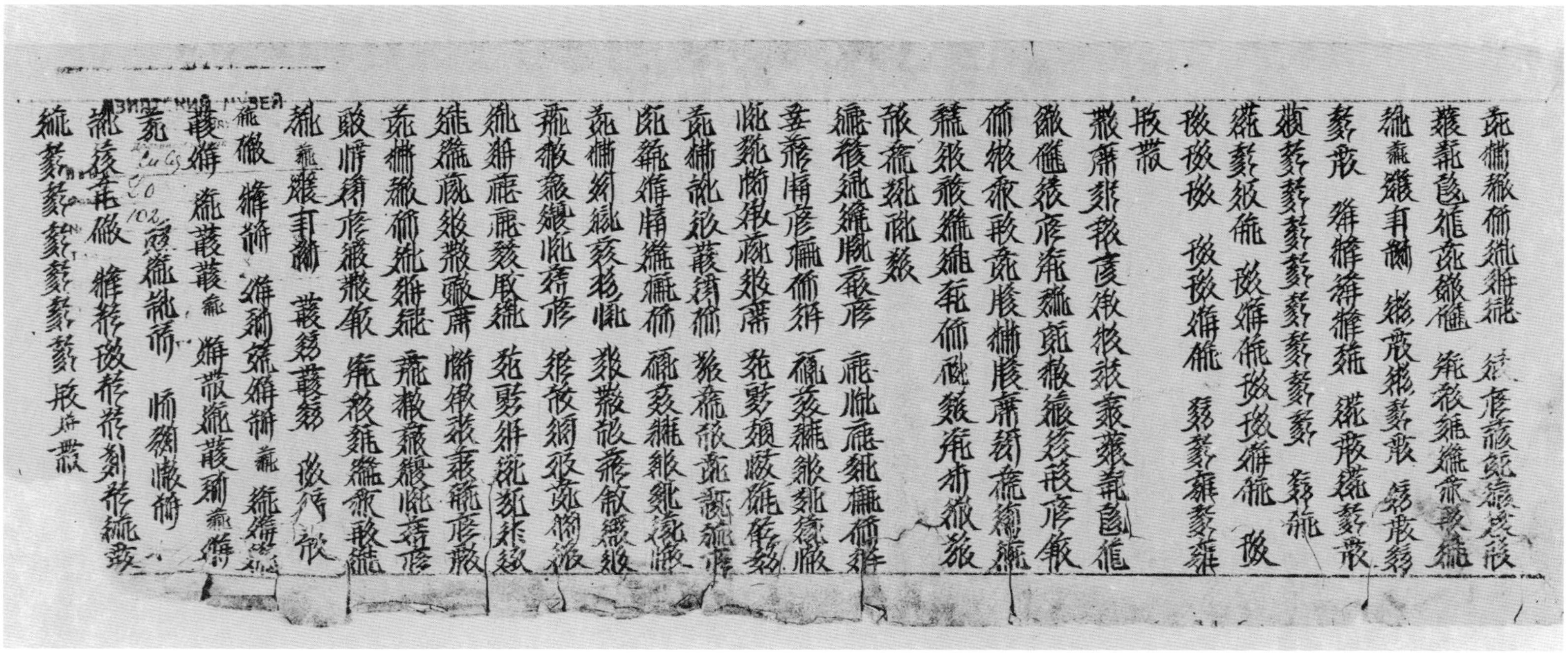

俄 Инв.No.5757　9.大寒林經　(32–2)

俄 Инв.No.5757 9.大寒林經 (32–3)

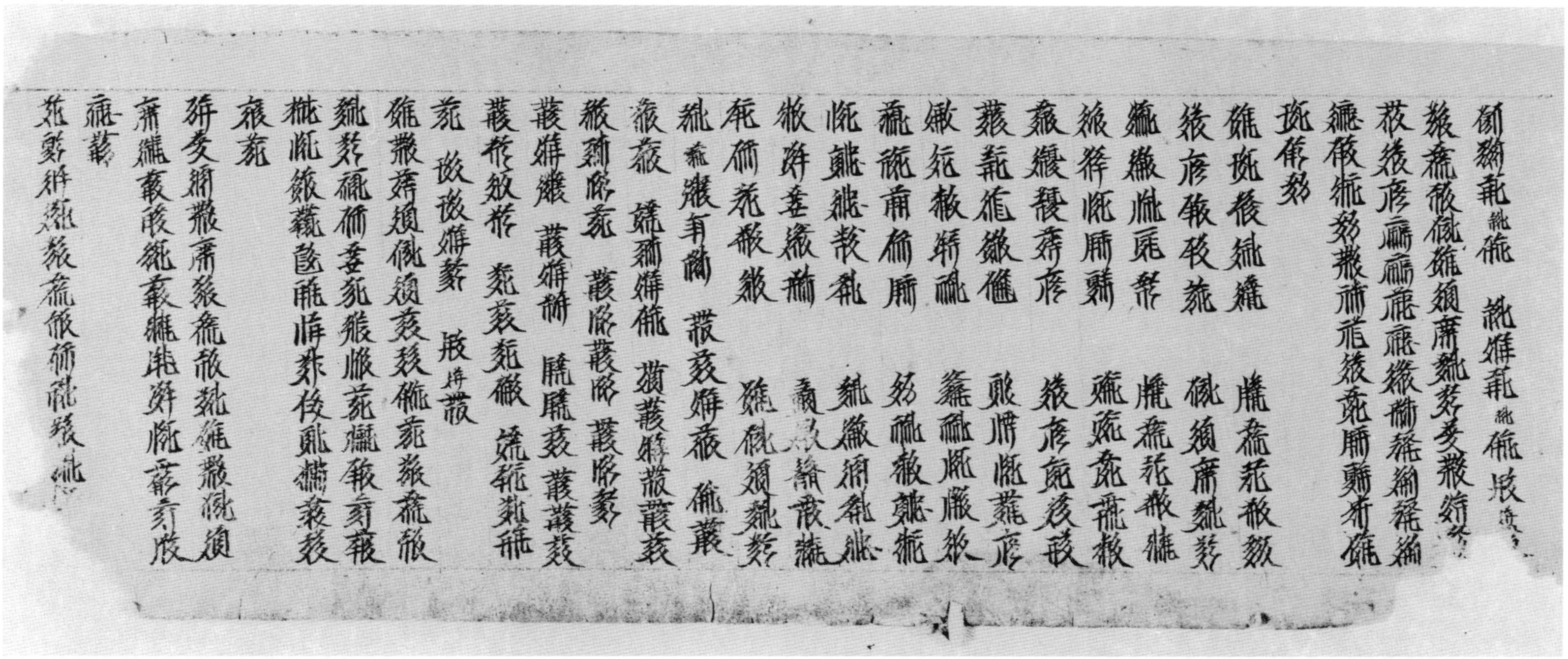

俄 Инв.No.5757 9.大寒林經 (32–4)

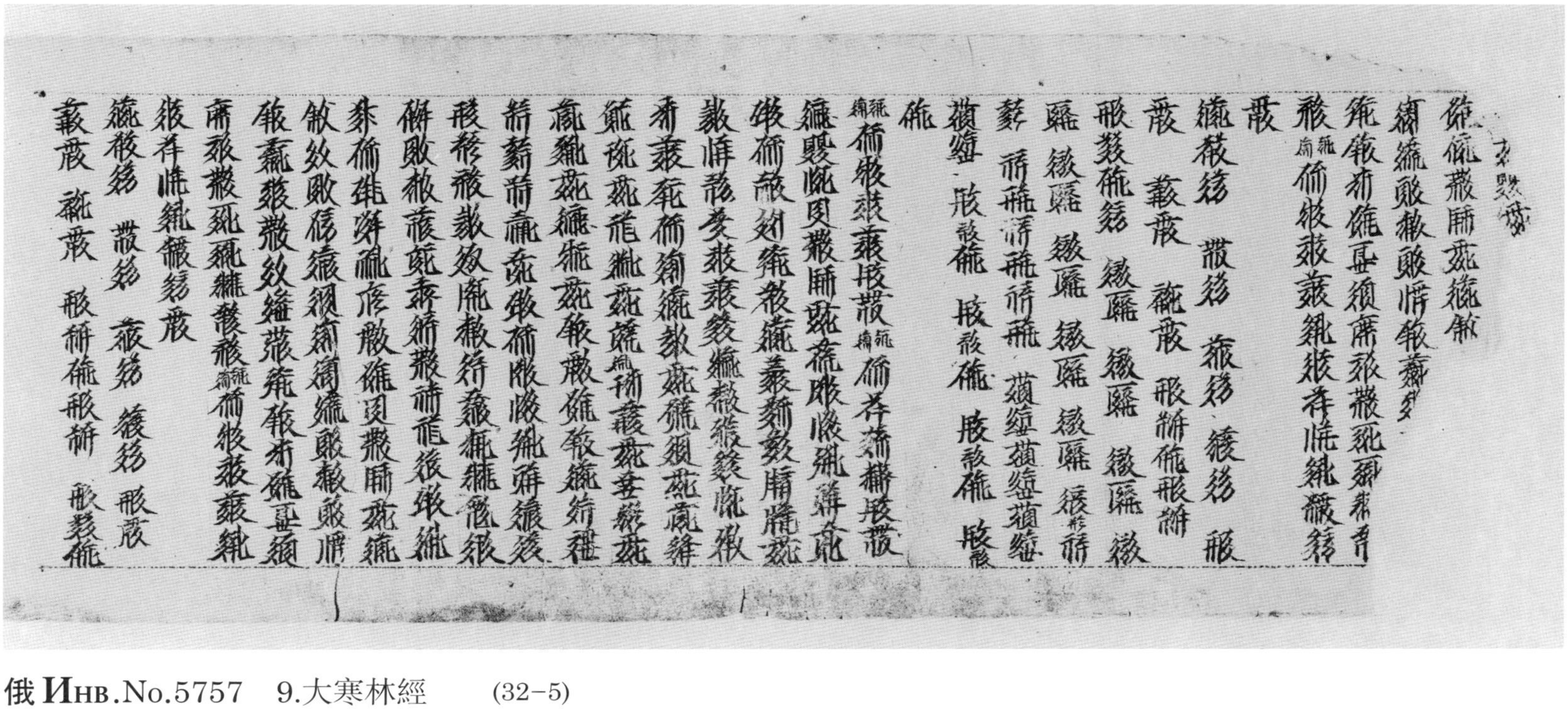

俄 Инв.No.5757 9.大寒林經 (32–5)

俄 Инв.No.5757　9.大寒林經　　(32-6)

俄 Инв.No.5757　9.大寒林經　　(32-7)

俄 Инв.No.5757　9.大寒林經　　(32-8)

俄 Инв.No.5757　9.大寒林經　　　(32-9)

俄 Инв.No.5757　9.大寒林經　　　(32-10)

俄 Инв.No.5757　9.大寒林經　　　(32-11)

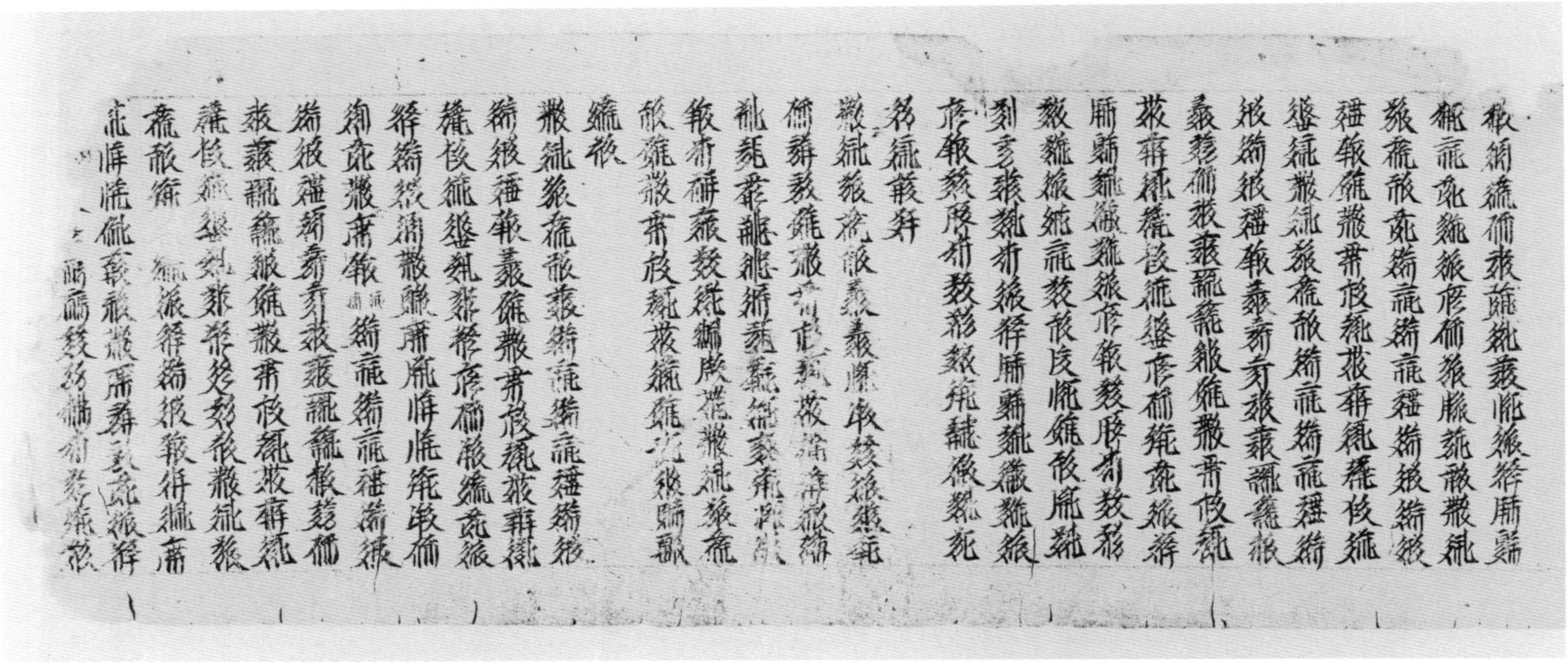

俄 Инв.No.5757　9.大寒林經　(32-12)

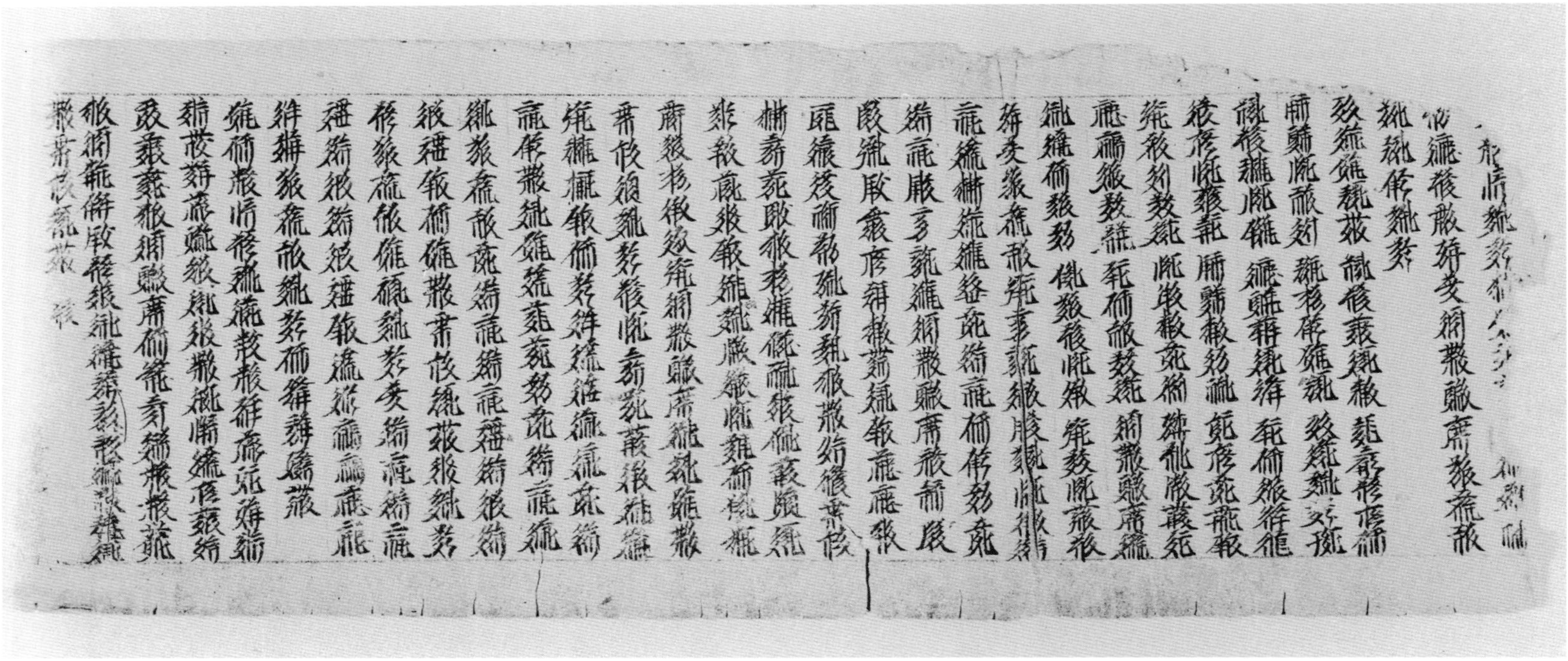

俄 Инв.No.5757　9.大寒林經　(32-13)

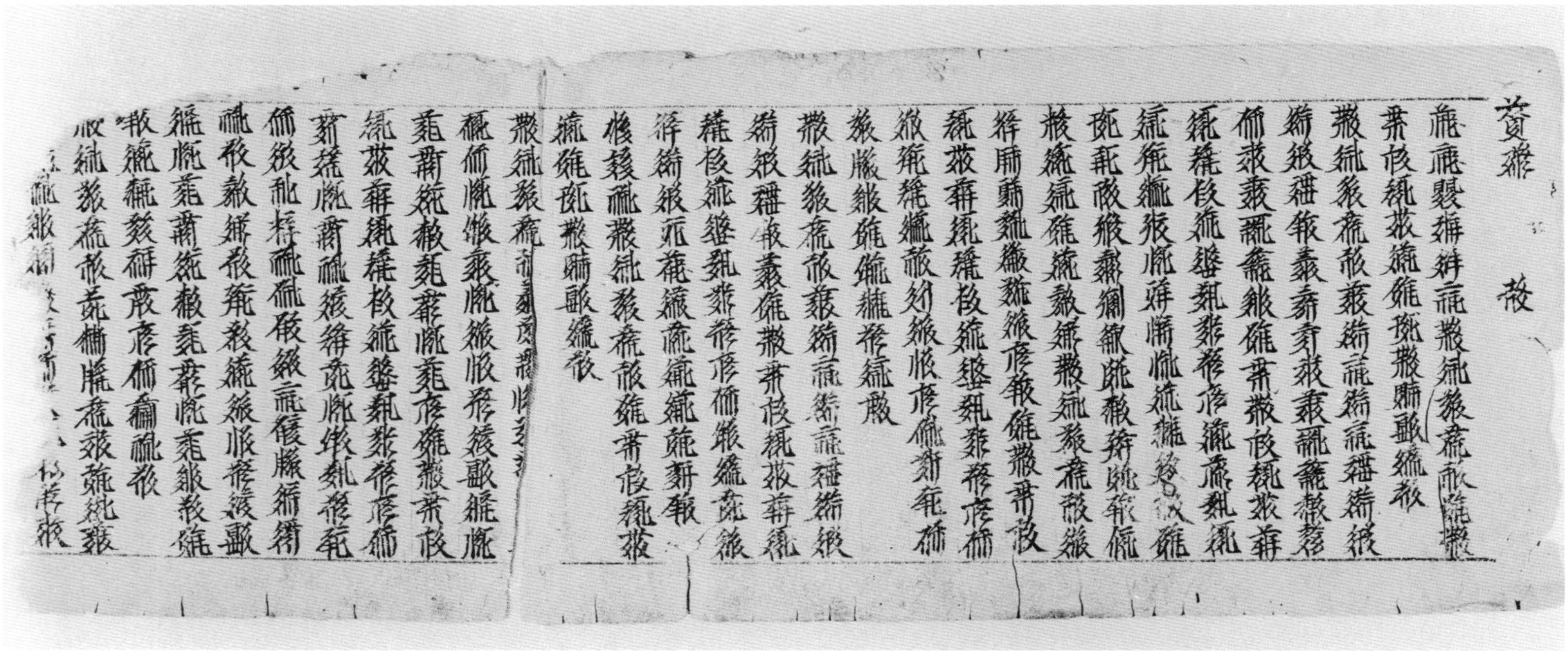

俄 Инв.No.5757　9.大寒林經　(32-14)

俄 **И**нв.No.5757　9.大寒林經　　(32-15)

俄 **И**нв.No.5757　9.大寒林經　　(32-16)

俄 **И**нв.No.5757　9.大寒林經　　(32-17)

俄 Инв.No.5757 9.大寒林經 (32-18)

俄 Инв.No.5757 9.大寒林經 (32-19)

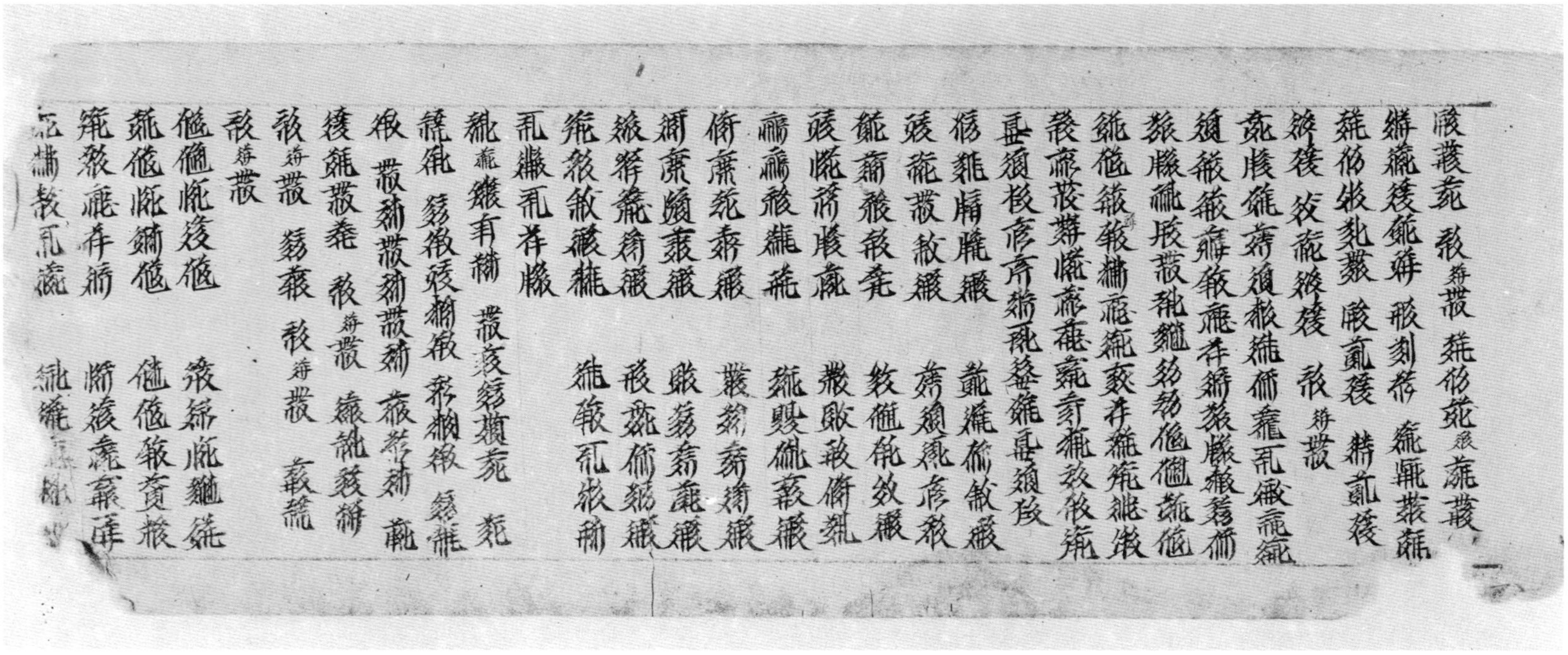

俄 Инв.No.5757 9.大寒林經 (32-20)

俄 **И**нв.No.5757　9.大寒林經　　　(32-21)

俄 **И**нв.No.5757　9.大寒林經　　　(32-22)

俄 **И**нв.No.5757　9.大寒林經　　　(32-23)

俄 Инв.No.5757　9.大寒林經　　(32-24)

俄 Инв.No.5757　9.大寒林經　　(32-25)

俄 Инв.No.5757　9.大寒林經　　(32-26)

俄 ИнВ.No.5757　9.大寒林經　　　(32-27)

俄 ИнВ.No.5757　9.大寒林經　　　(32-28)

俄 ИнВ.No.5757　9.大寒林經　　　(32-29)

俄 **И**нв.No.5757　9.大寒林經　　(32-30)

俄 **И**нв.No.5757　9.大寒林經　　(32-31)

俄 **И**нв.No.5757　9.大寒林經　　(32-32)

俄 Инв.No.5757a　1.明咒母王大孔雀經上卷　　　(4-1)

俄 Инв.No.5757a　1.明咒母王大孔雀經上卷　　(4-2)

俄 Инв.No.5757a　1.明咒母王大孔雀經上卷　　(4-3)

俄 **И**нв.No.5757a　1.明咒母王大孔雀經上卷　　　(4-4)

俄 **И**нв.No.5757a　2.大寒林經　　　(4-1)

俄 **И**нв.No.5757a　2.大寒林經　　　(4-2)

俄 Инв.No.5757a　2.大寒林經　　　(4-3)

俄 Инв.No.5757a　2.大寒林經　　　(4-4)

俄 Инв.No.43　大寒林經　　　(20-1)

269

俄Инв.No.43　大寒林經　　　(20-2)

俄Инв.No.43　大寒林經　　　(20-3)

俄Инв.No.43　大寒林經　　　(20-4)

俄Инв.No.43　大寒林經　　　（20-5）

俄Инв.No.43　大寒林經　　　（20-6）

俄Инв.No.43　大寒林經　　　（20-7）

俄ИНВ.No.43　大寒林經　　　(20-8)

俄ИНВ.No.43　大寒林經　　　(20-9)

俄ИНВ.No.43　大寒林經　　　(20-10)

俄 Инв.No.43　大寒林經　　　(20-11)

俄 Инв.No.43　大寒林經　　　(20-12)

俄 Инв.No.43　大寒林經　　　(20-13)

273

俄 **И**нв.No.43　大寒林經　　　(20-14)

俄 **И**нв.No.43　大寒林經　　　(20-15)

俄 **И**нв.No.43　大寒林經　　　(20-16)

俄 **И**нв.No.43　大寒林經　　　(20-17)

俄 **И**нв.No.43　大寒林經　　　(20-18)

俄 **И**нв.No.43　大寒林經　　　(20-19)

俄Инв.No.43　大寒林經　　　(20-20)

俄Инв.No.45　大寒林經卷第七（封套）

俄Инв.No.45　大寒林經卷第七　　(2-1)

俄 Инв.No.45　大寒林經卷第七　　　(2-2)

俄 Инв.No.711　大寒林經　　　(35-1)

俄 Инв.No.711　大寒林經　　　(35-2)

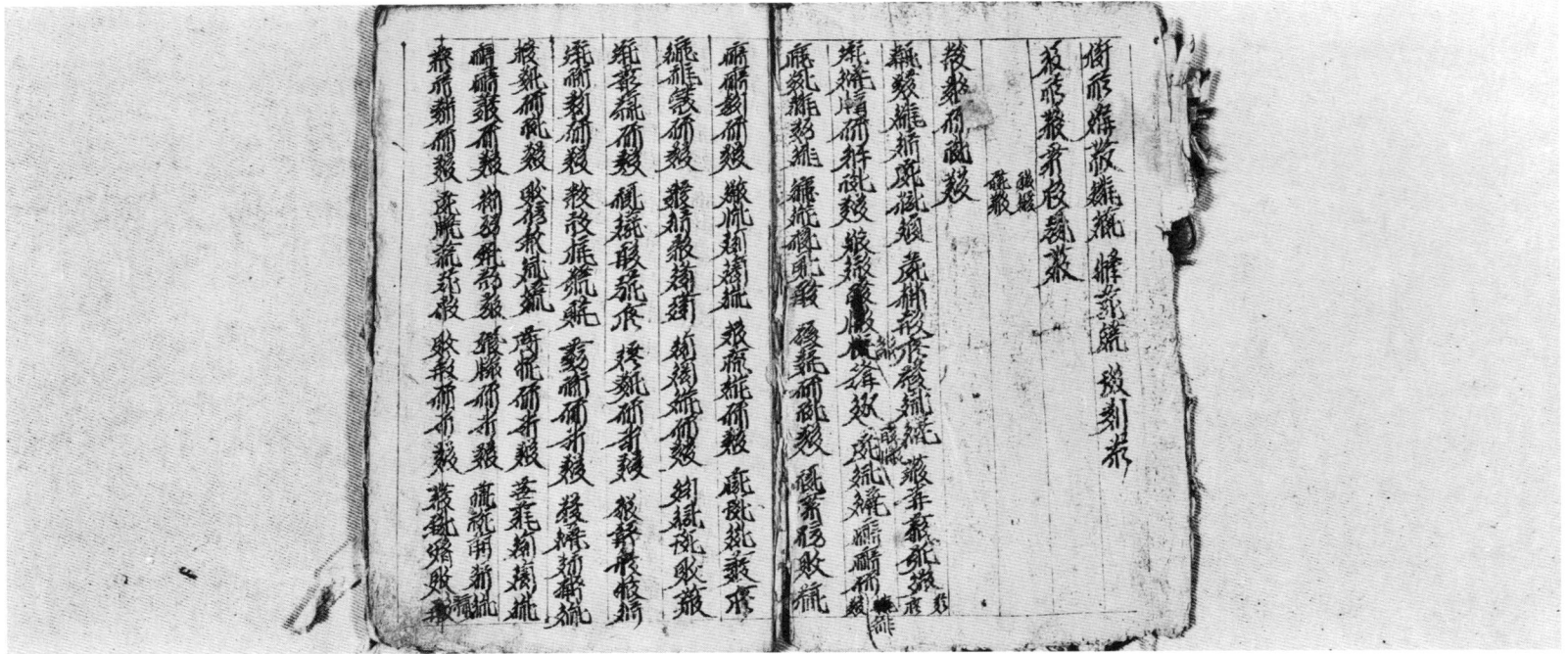

俄 **Инв**.No.711　大寒林經　　　(35-3)

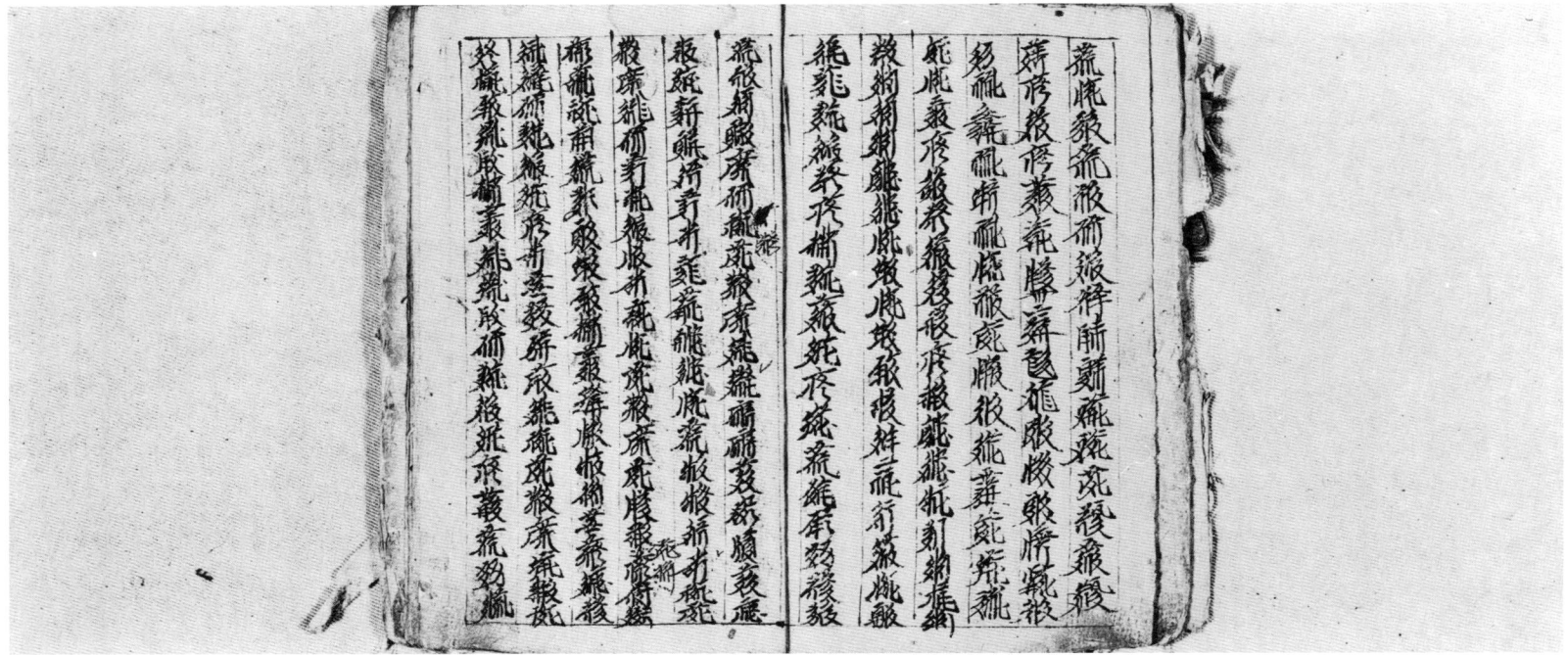

俄 **Инв**.No.711　大寒林經　　　(35-4)

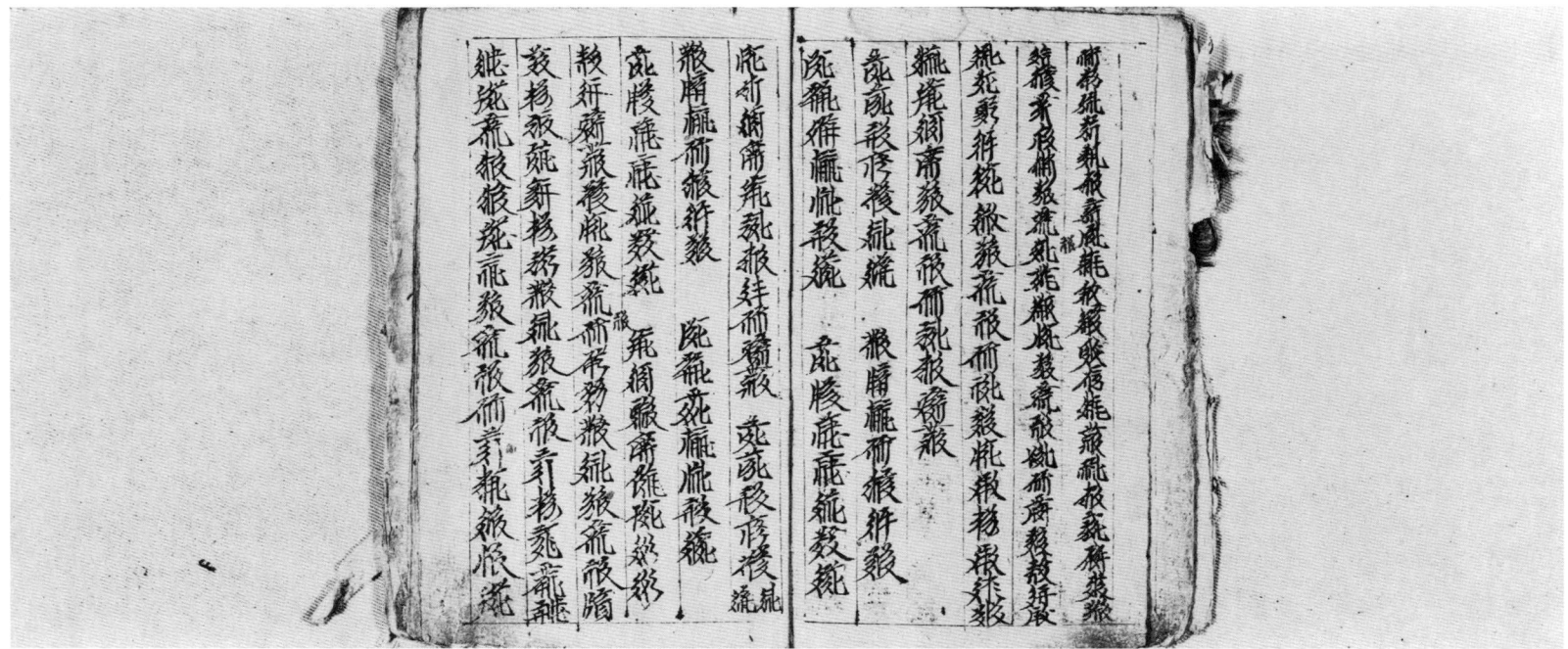

俄 **Инв**.No.711　大寒林經　　　(35-5)

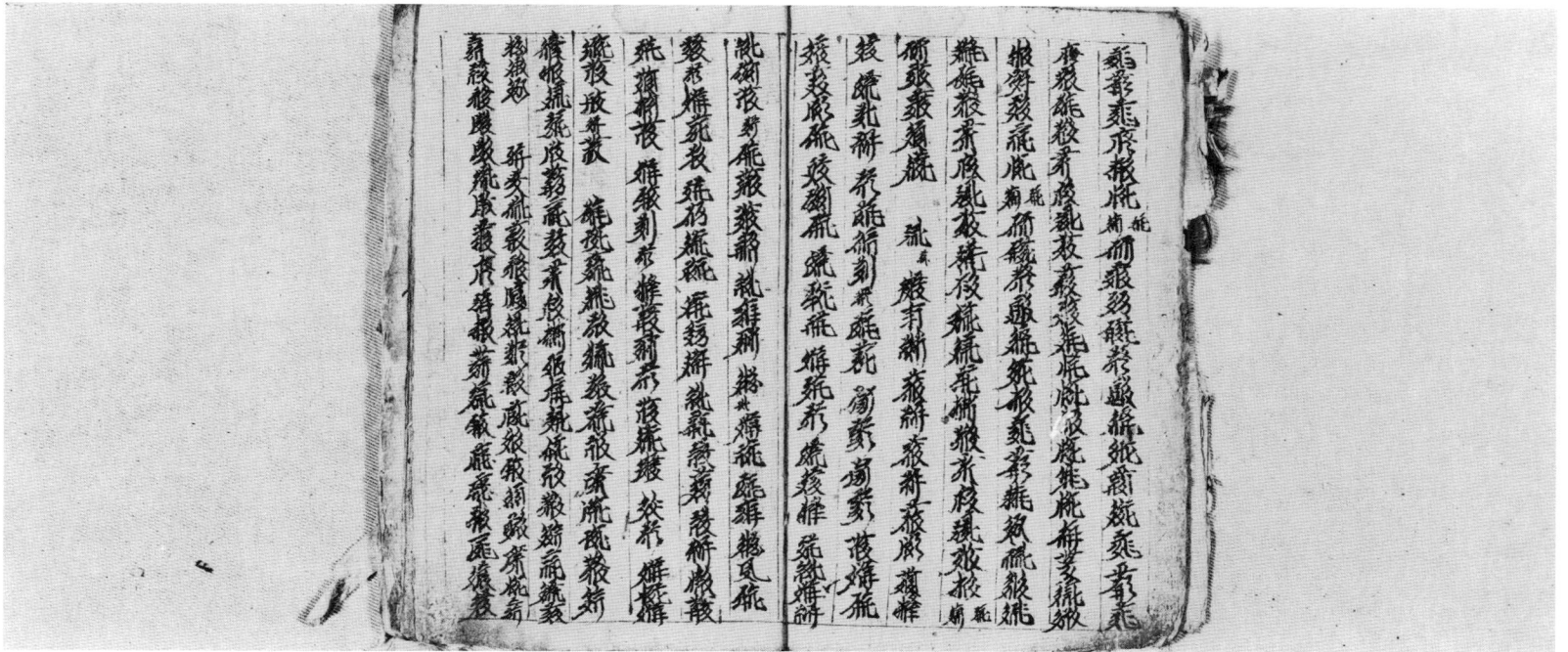

俄 Инв.No.711　大寒林經　　　(35-6)

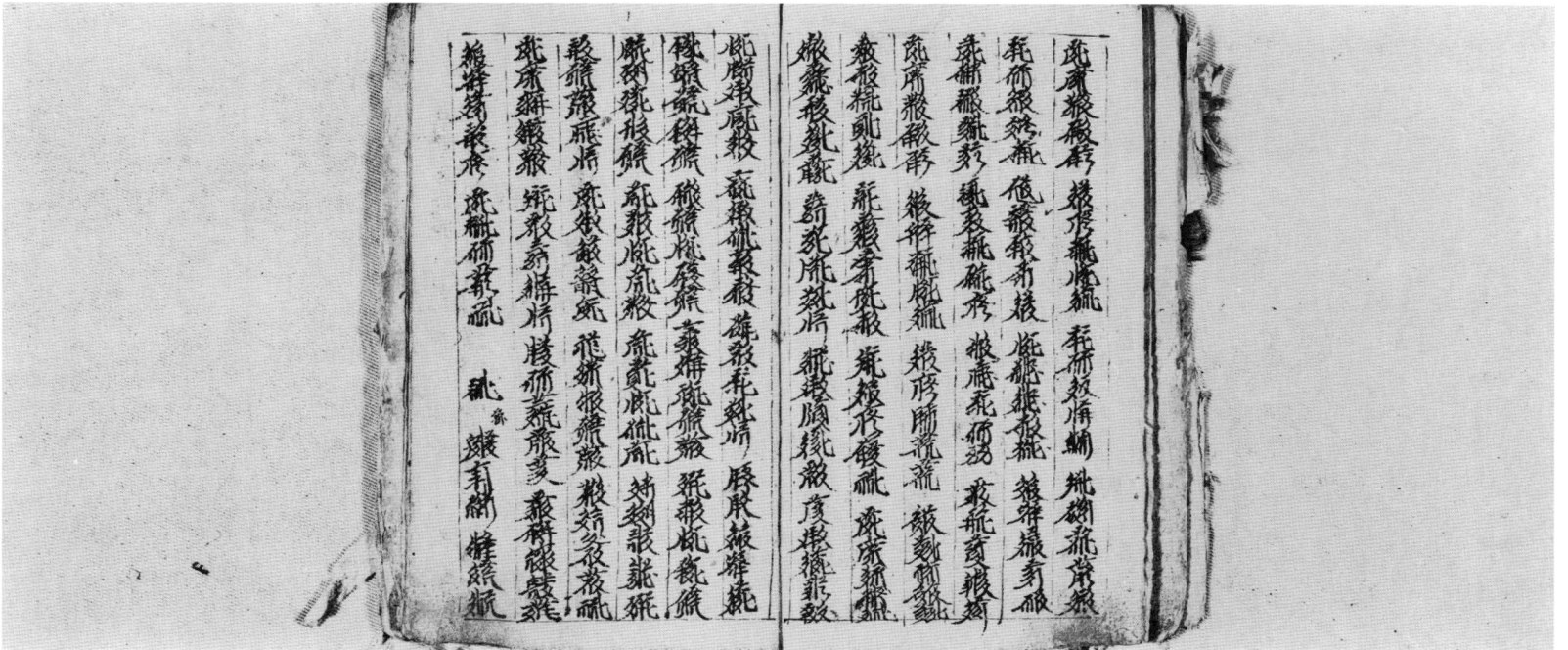

俄 Инв.No.711　大寒林經　　　(35-7)

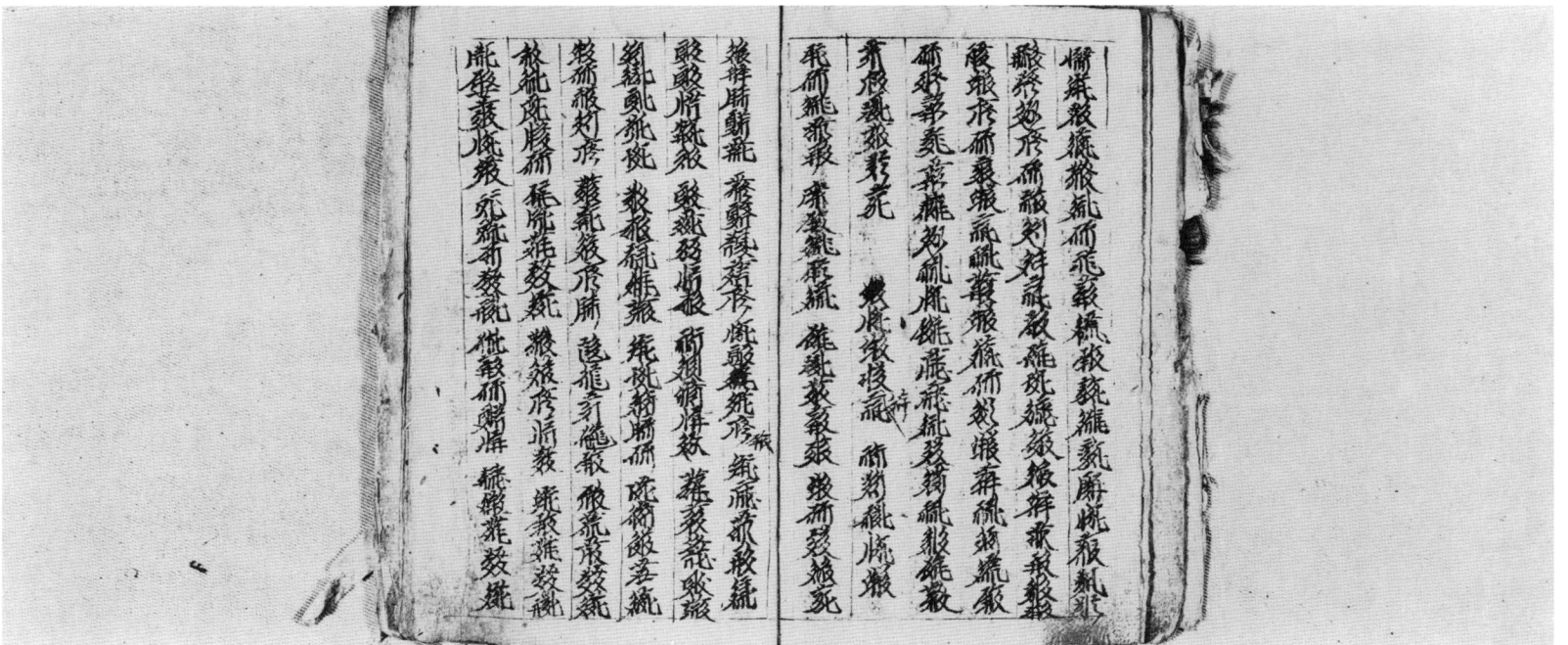

俄 Инв.No.711　大寒林經　　　(35-8)

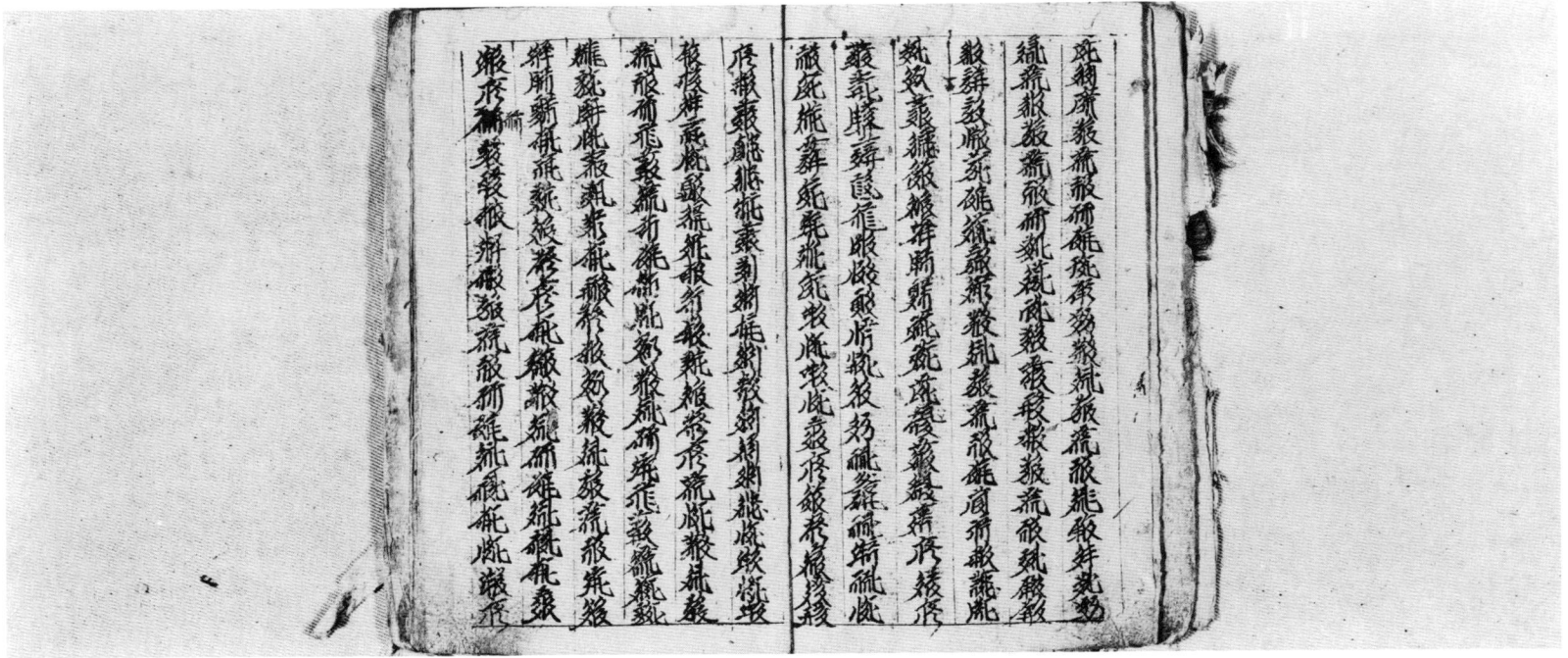

俄 **И**нв.No.711　大寒林經　　　(35-9)

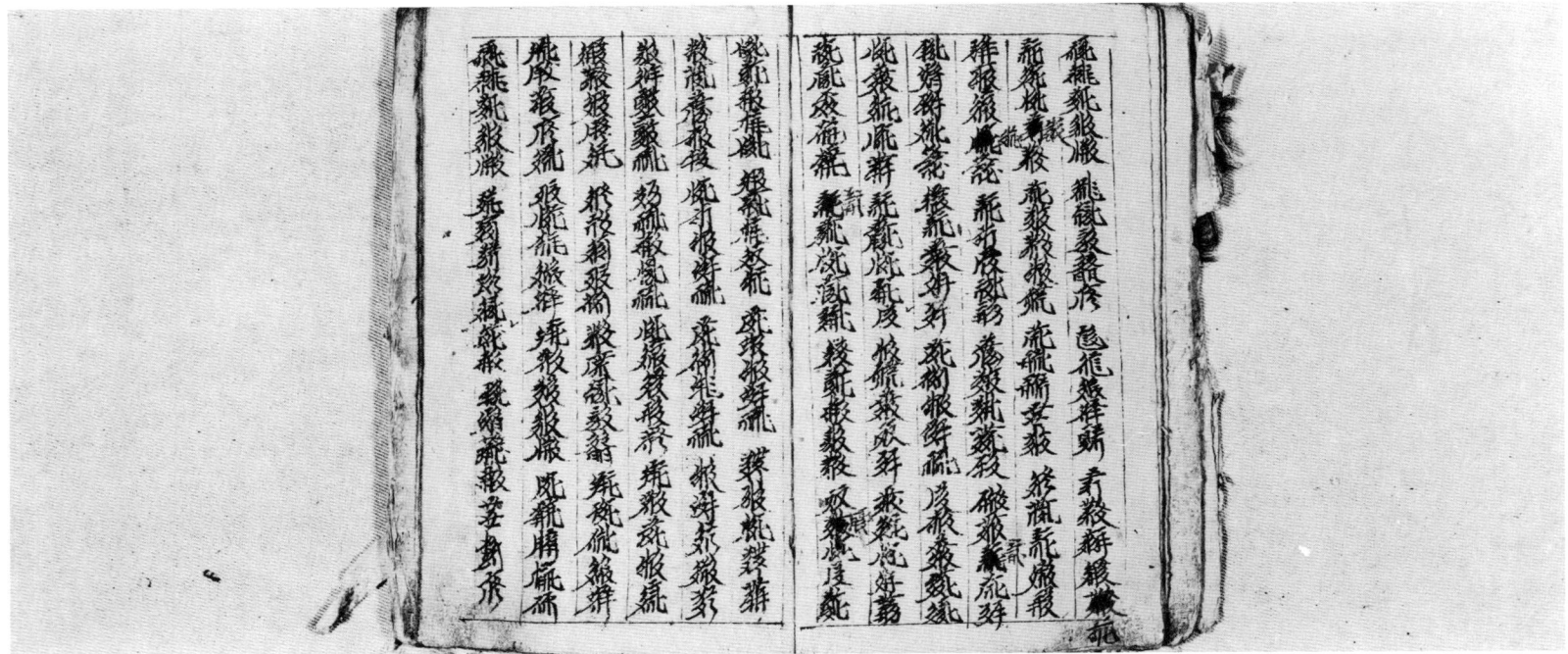

俄 **И**нв.No.711　大寒林經　　　(35-10)

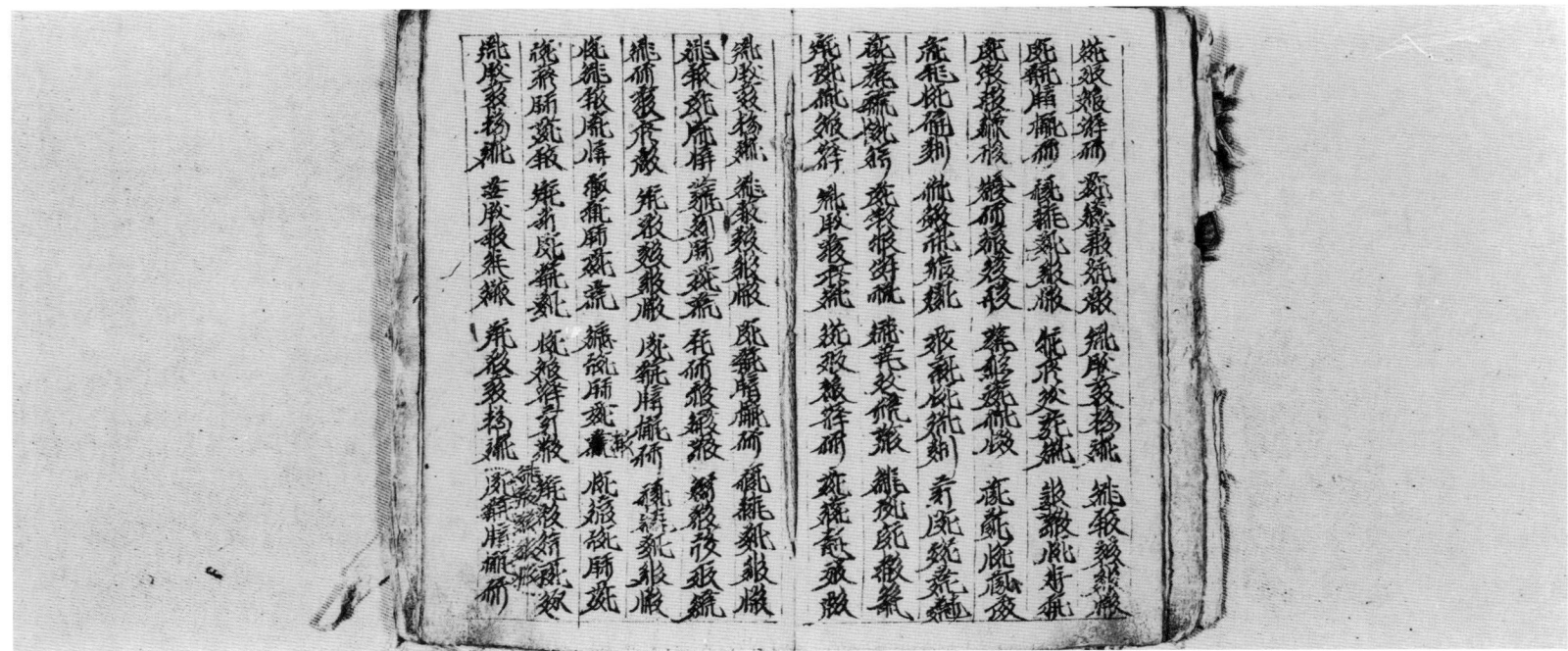

俄 **И**нв.No.711　大寒林經　　　(35-11)

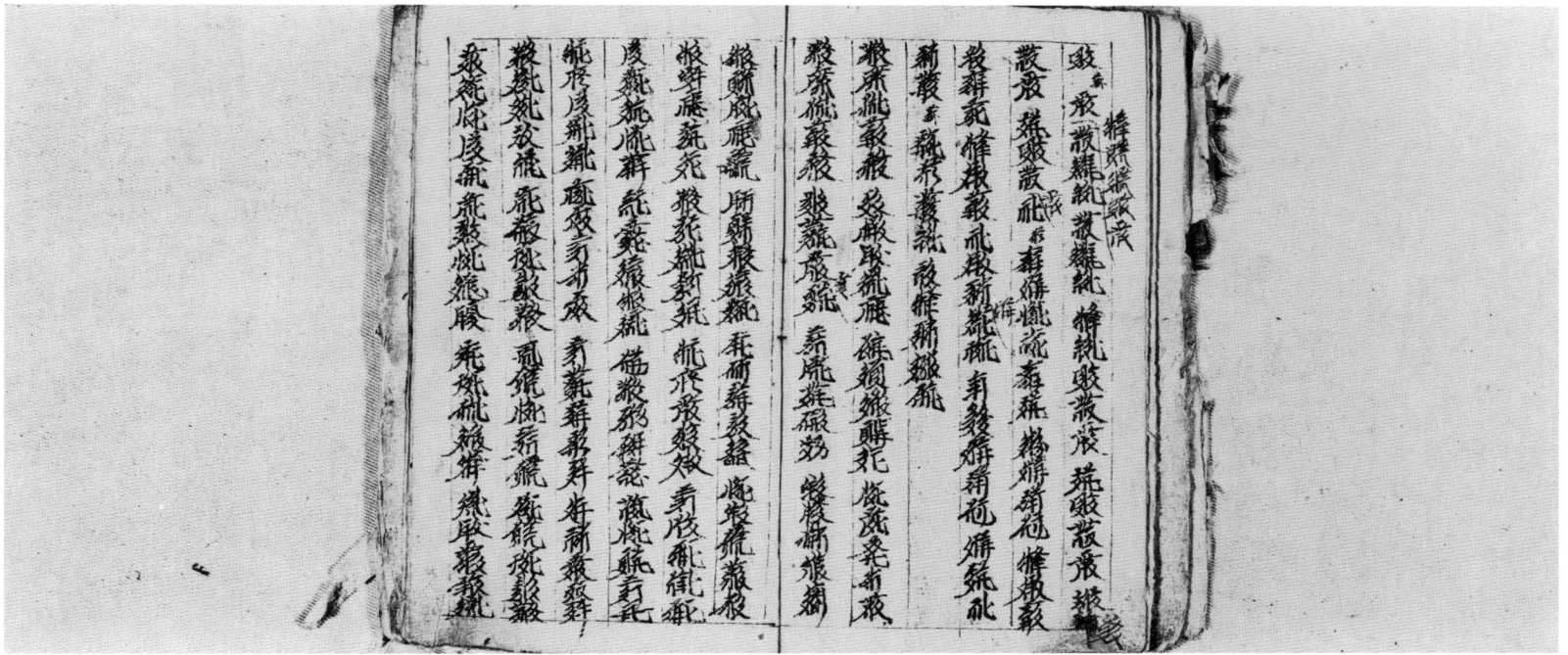

俄 **И**нв.No.711　　大寒林經　　　(35-12)

俄 **И**нв.No.711　　大寒林經　　　(35-13)

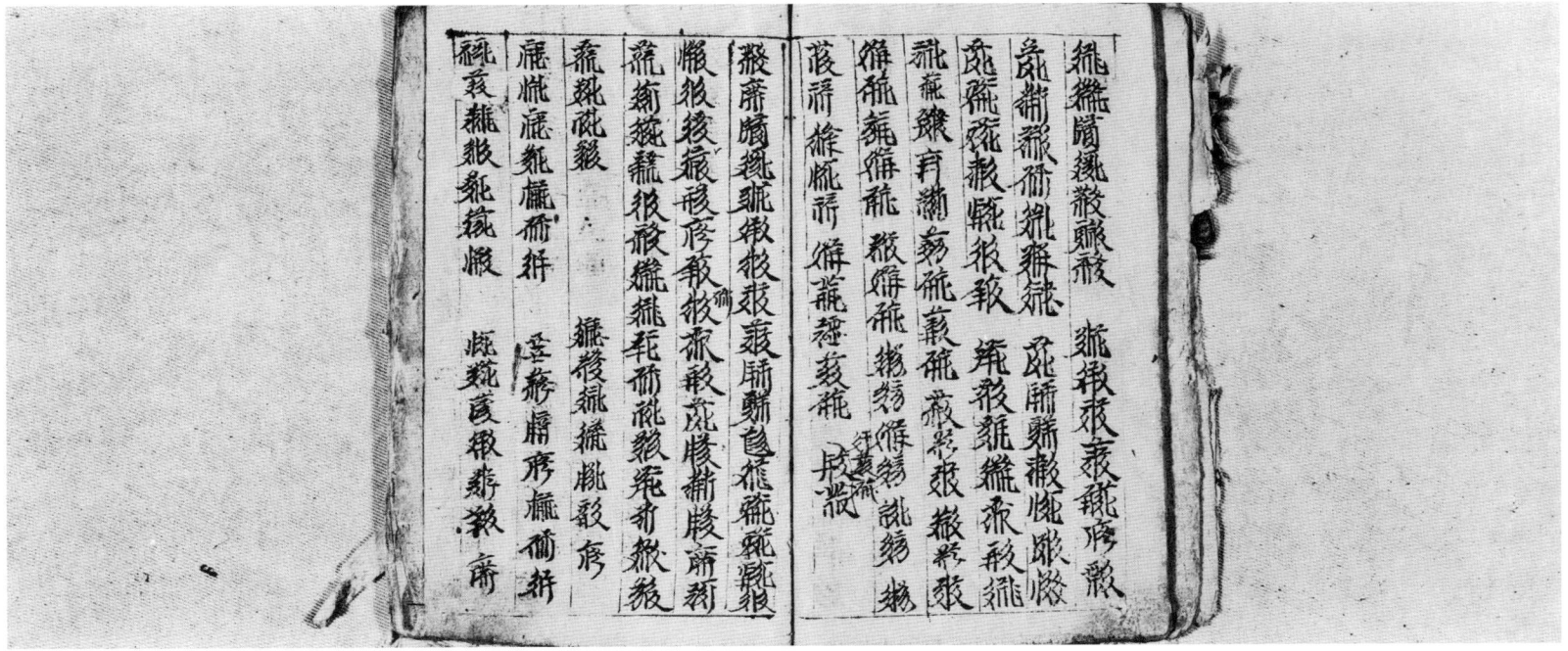

俄 **И**нв.No.711　　大寒林經　　　(35-14)

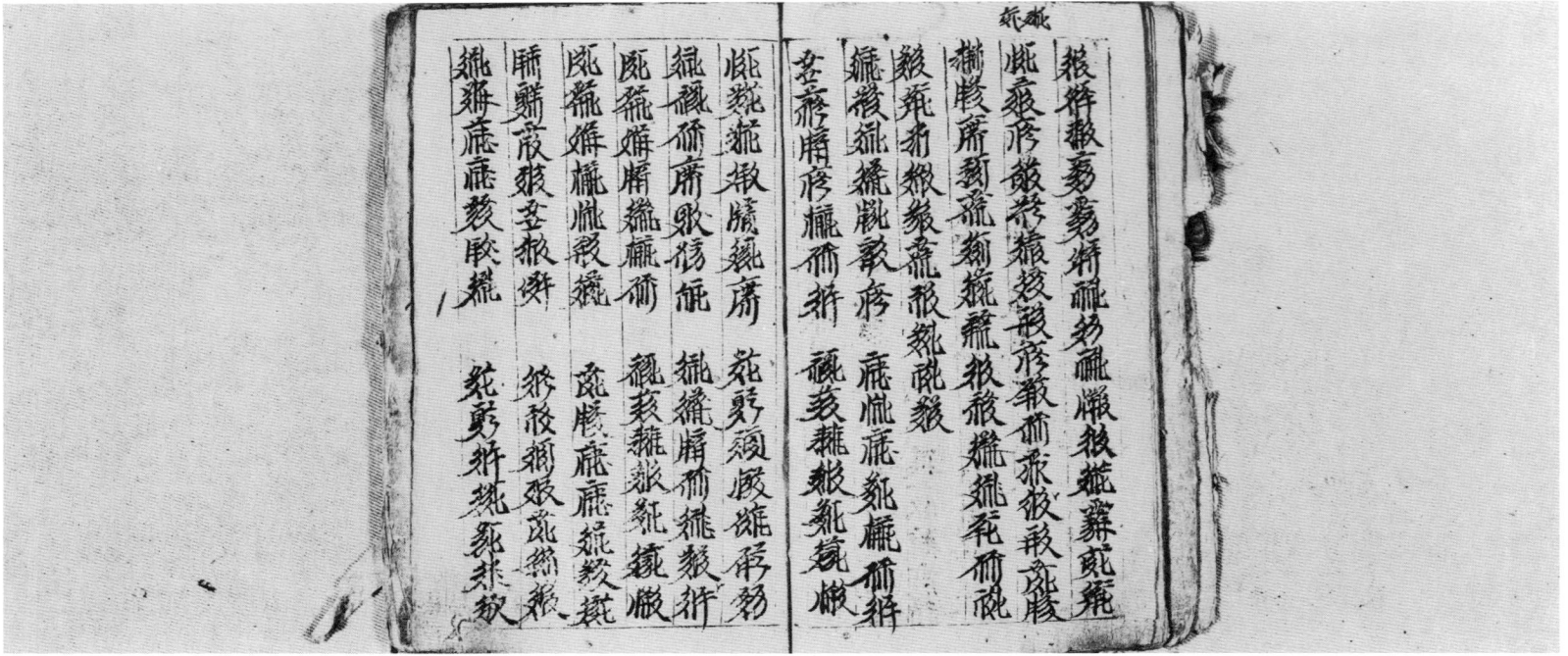

俄 Инв.No.711　大寒林經　　　（35-15）

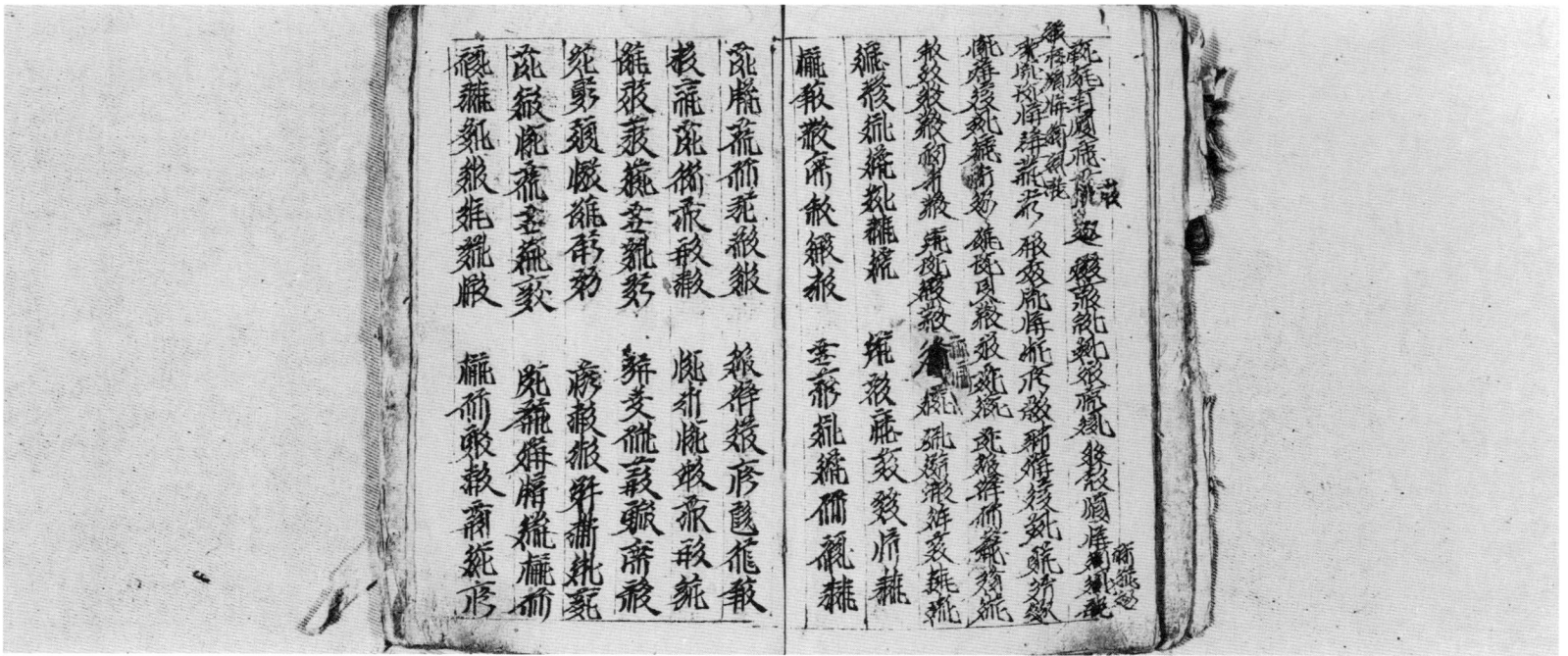

俄 Инв.No.711　大寒林經　　　（35-16）

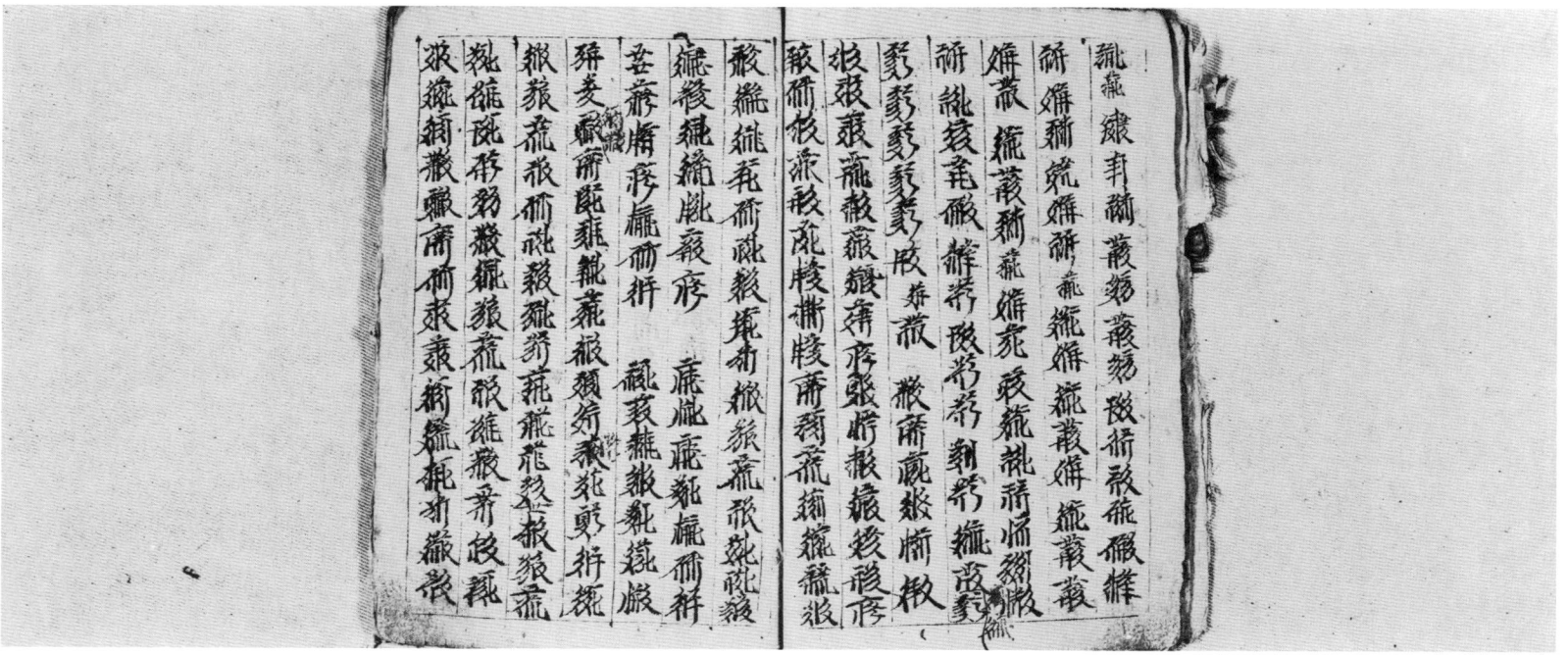

俄 Инв.No.711　大寒林經　　　（35-17）

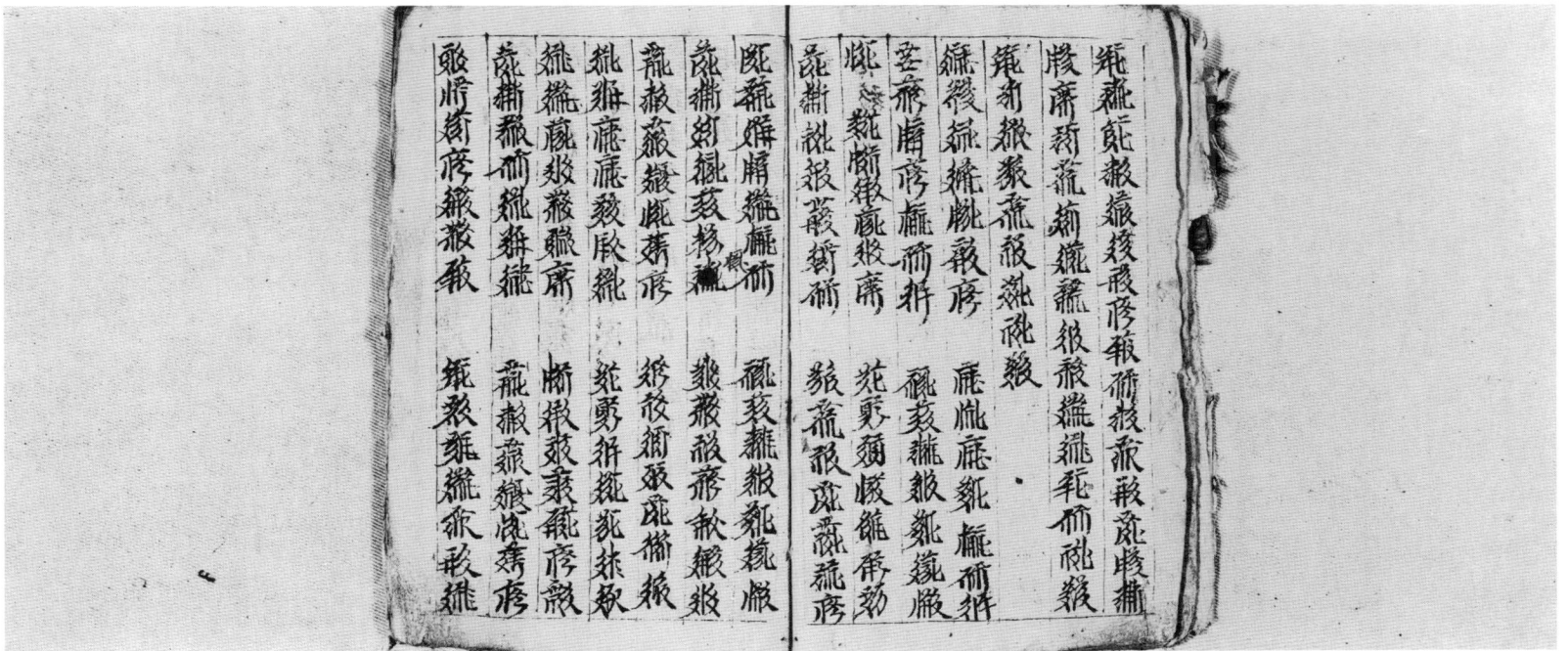

俄 **И**нв.No.711　大寒林經　　　(35-18)

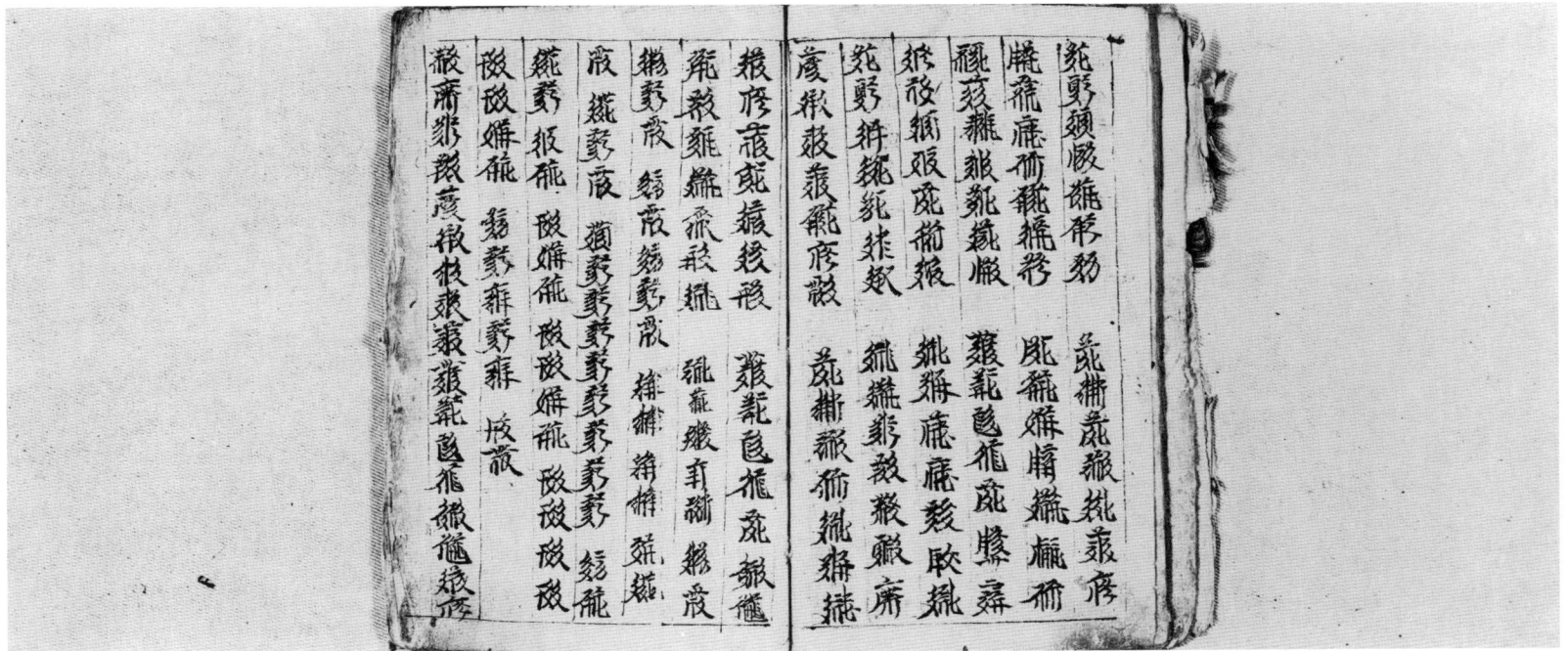

俄 **И**нв.No.711　大寒林經　　　(35-19)

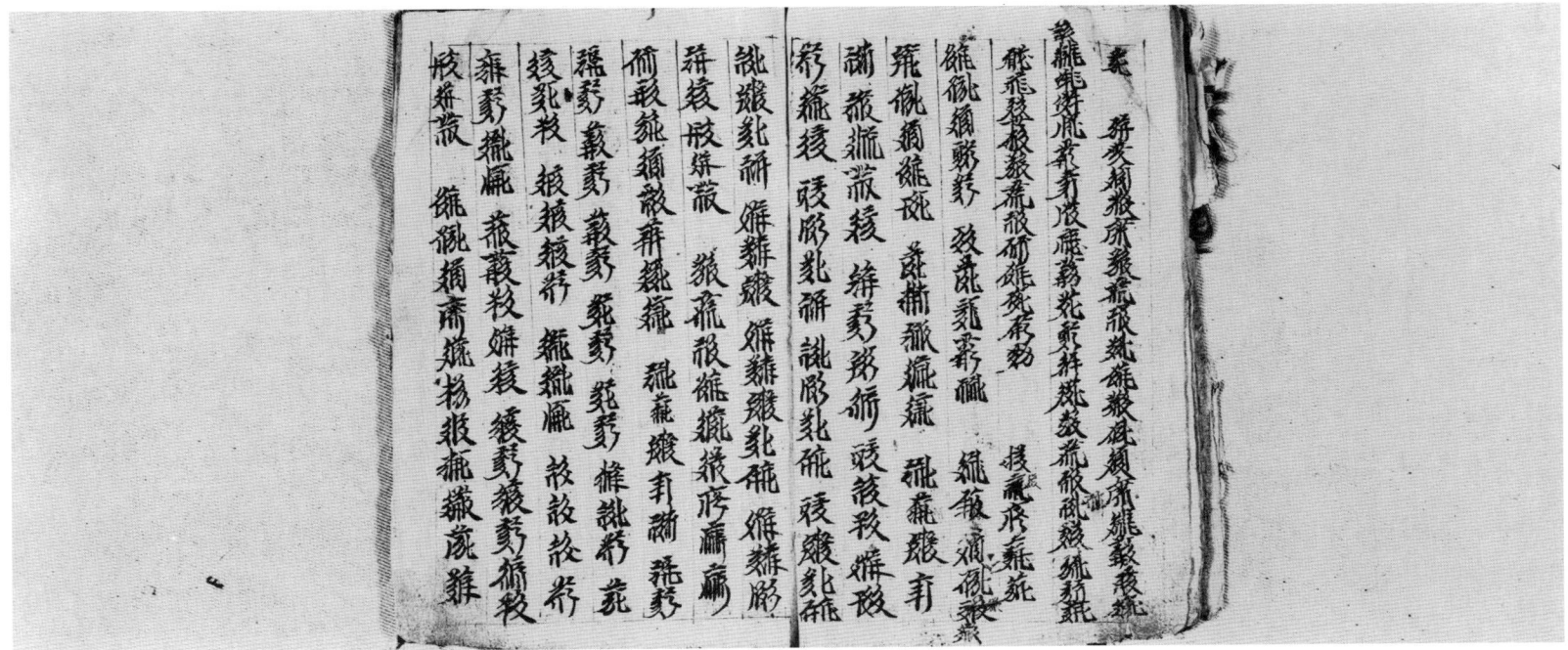

俄 **И**нв.No.711　大寒林經　　　(35-20)

俄Инв.No.711　大寒林經　　(35-21)

俄Инв.No.711　大寒林經　　(35-22)

俄Инв.No.711　大寒林經　　(35-23)

俄 **Инв**.No.711　　大寒林經　　(35-24)

俄 **Инв**.No.711　　大寒林經　　(35-25)

俄 **Инв**.No.711　　大寒林經　　(35-26)

俄Инв.No.711　大寒林經　　　(35-27)

俄Инв.No.711　大寒林經　　　(35-28)

俄Инв.No.711　大寒林經　　　(35-29)

俄 Инв.No.711　大寒林經　　　(35-30)

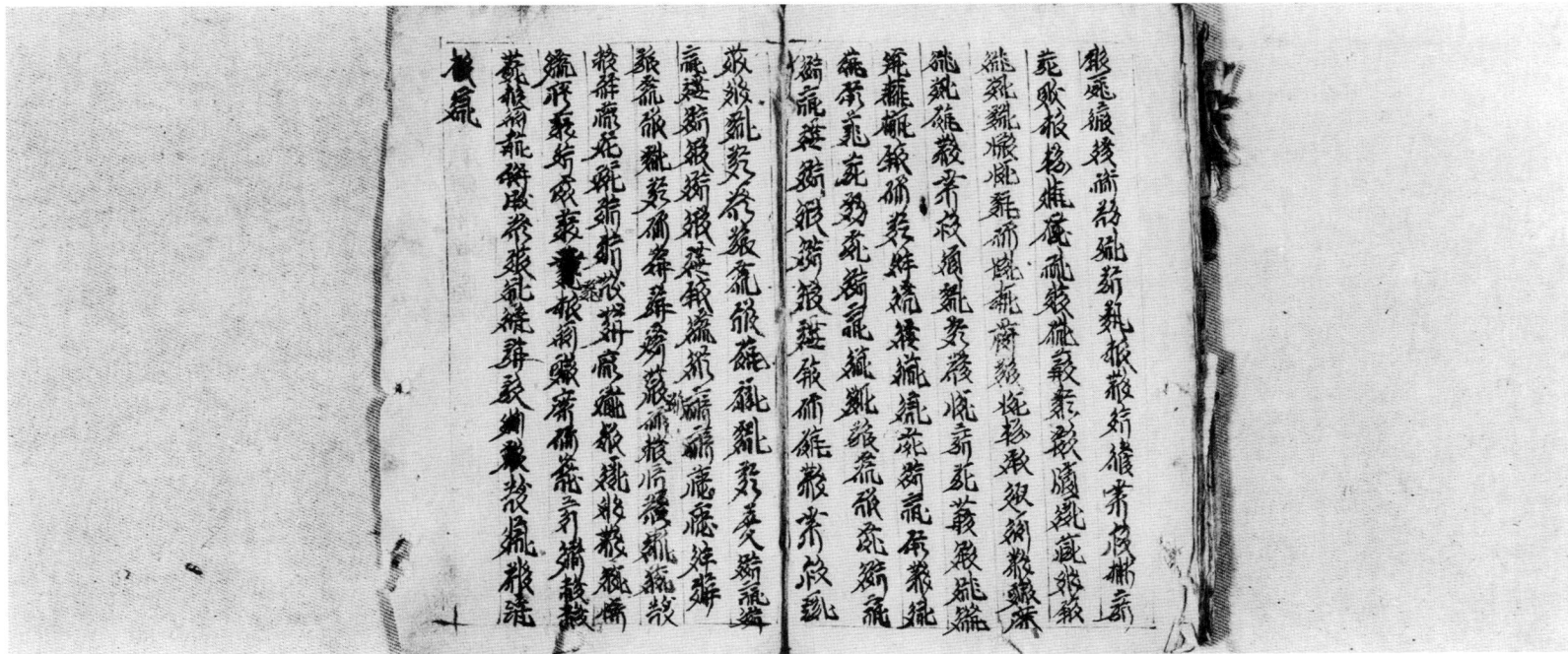

俄 Инв.No.711　大寒林經　　　(35-31)

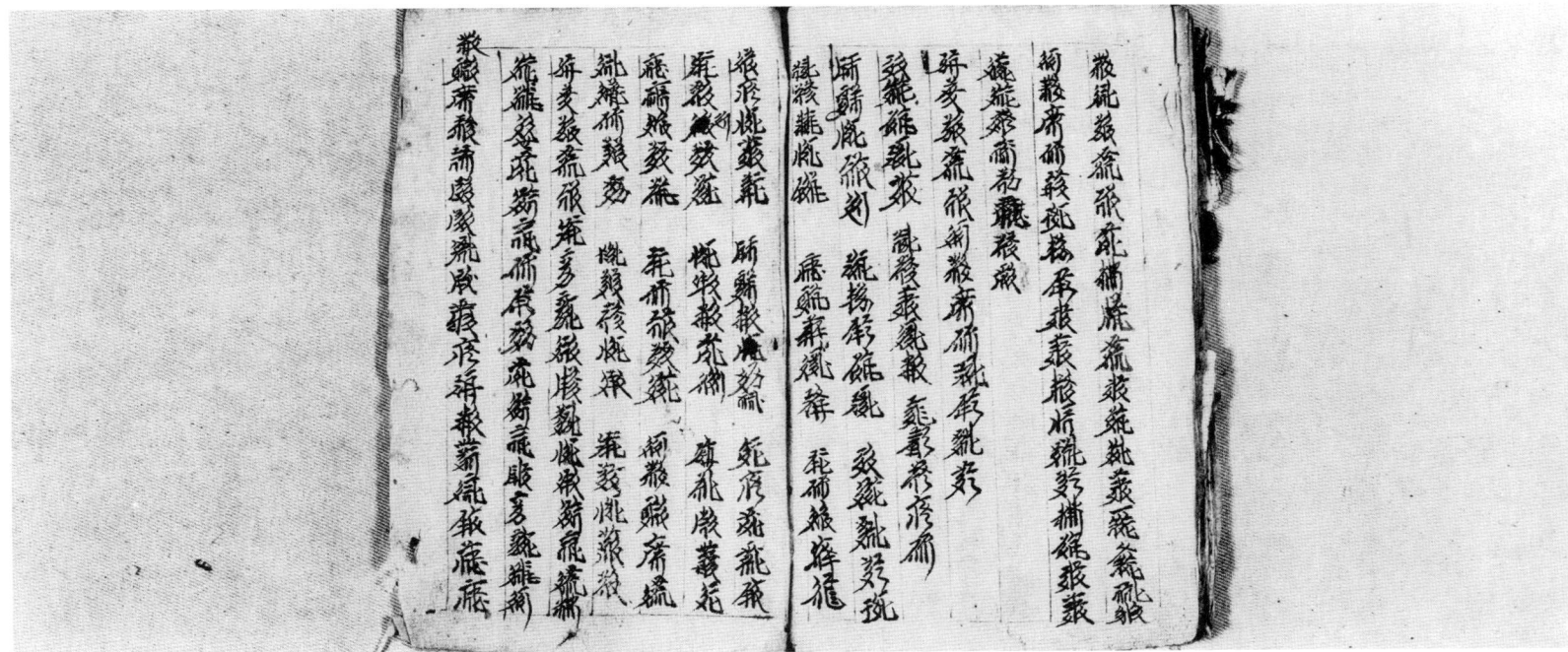

俄 Инв.No.711　大寒林經　　　(35-32)

俄 **Инв**.No.711　大寒林經　　(35-33)

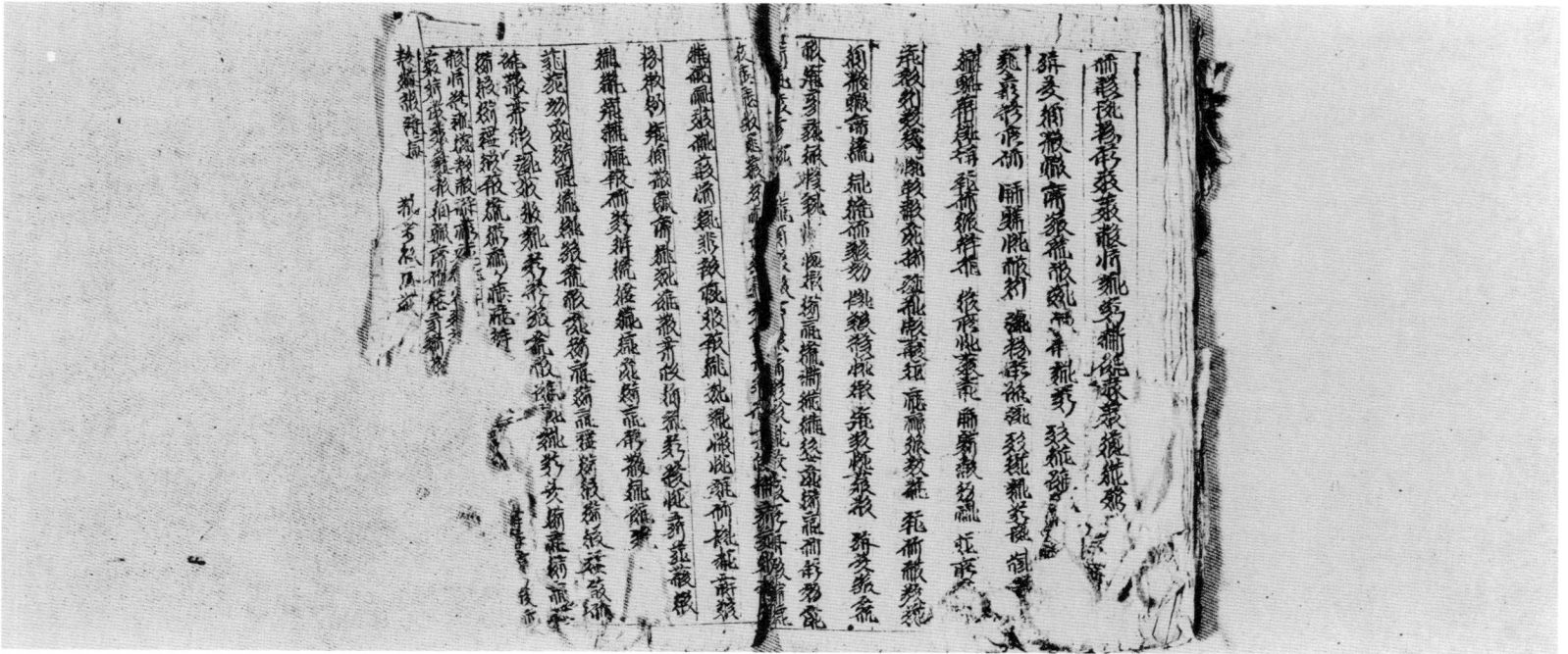

俄 **Инв**.No.711　大寒林經　　(35-34)

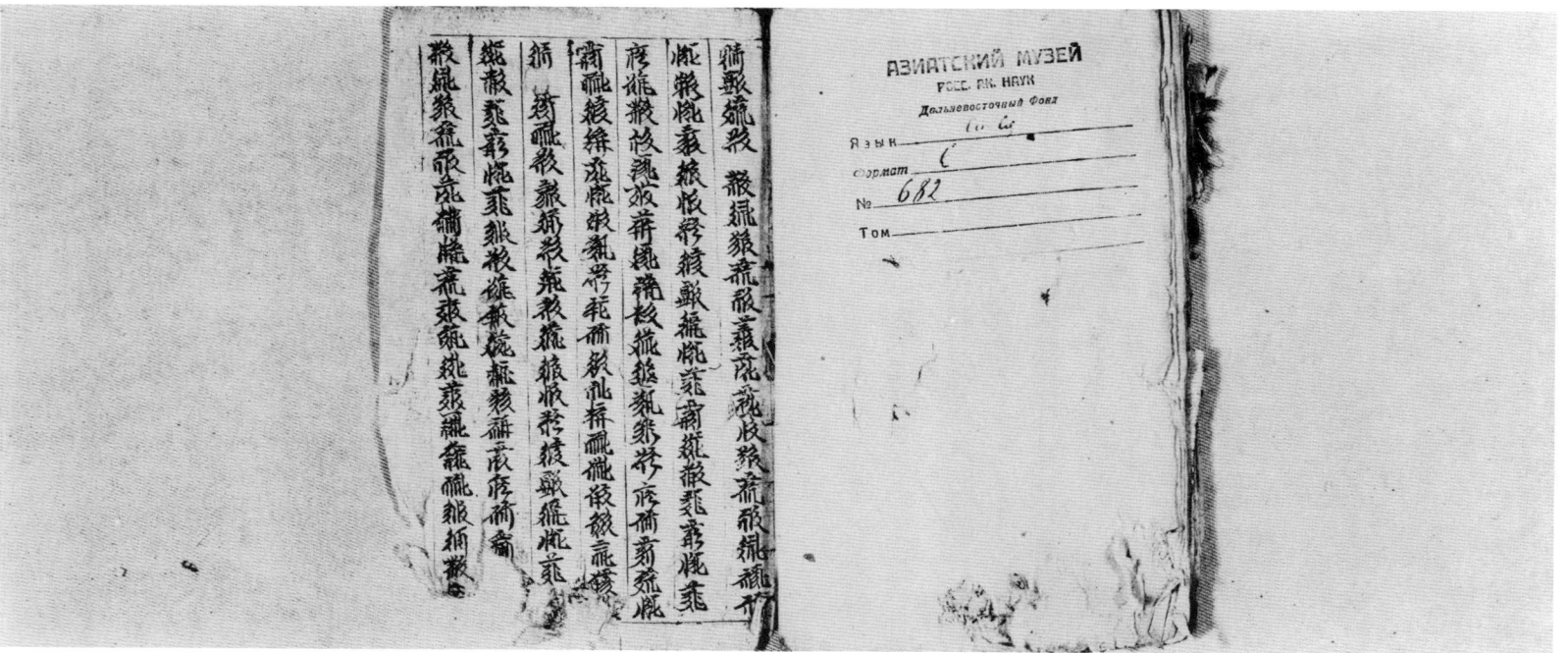

俄 **Инв**.No.711　大寒林經　　(35-35)

俄 **И**нв.No.917　大寒林經　　　(9-1)

俄 **И**нв.No.917　大寒林經　　　(9-2)

俄 **И**нв.No.917　大寒林經　　　(9-3)

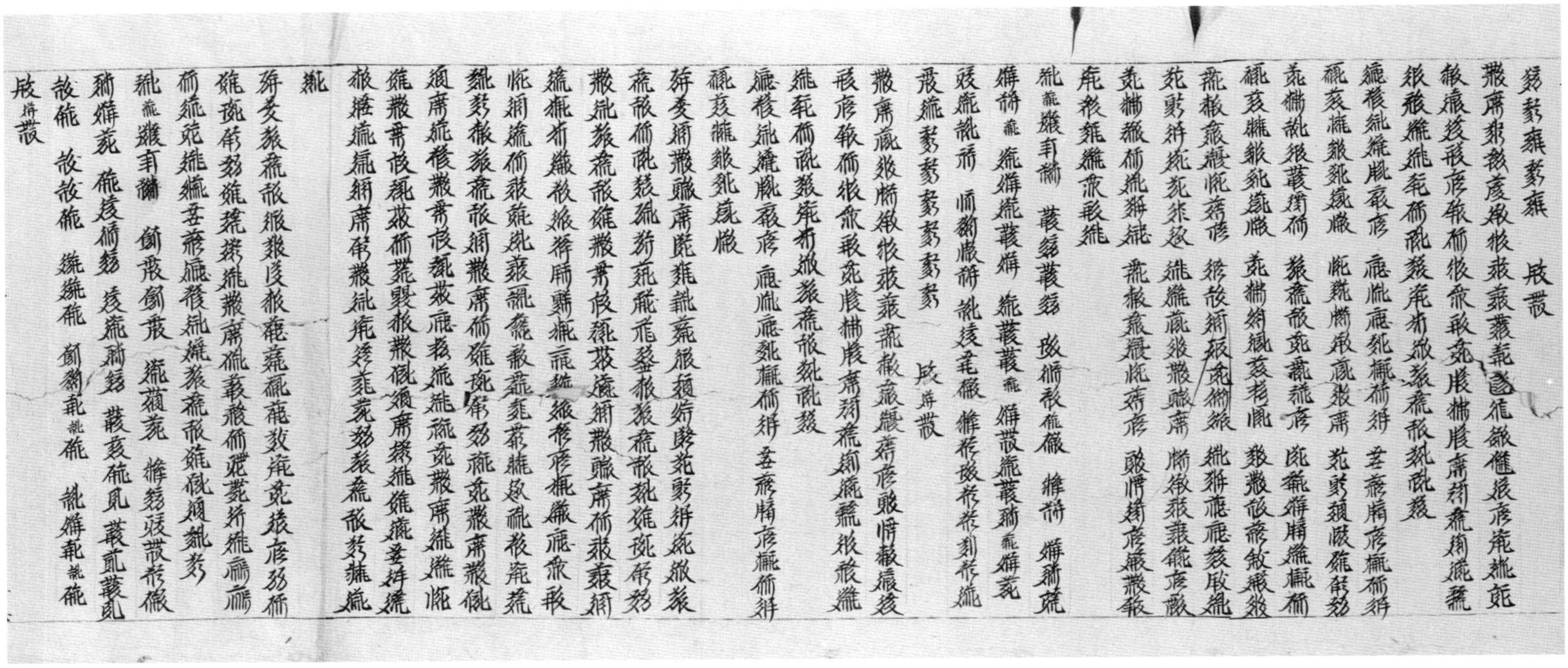

俄 Инв.No.917　大寒林經　(9–4)

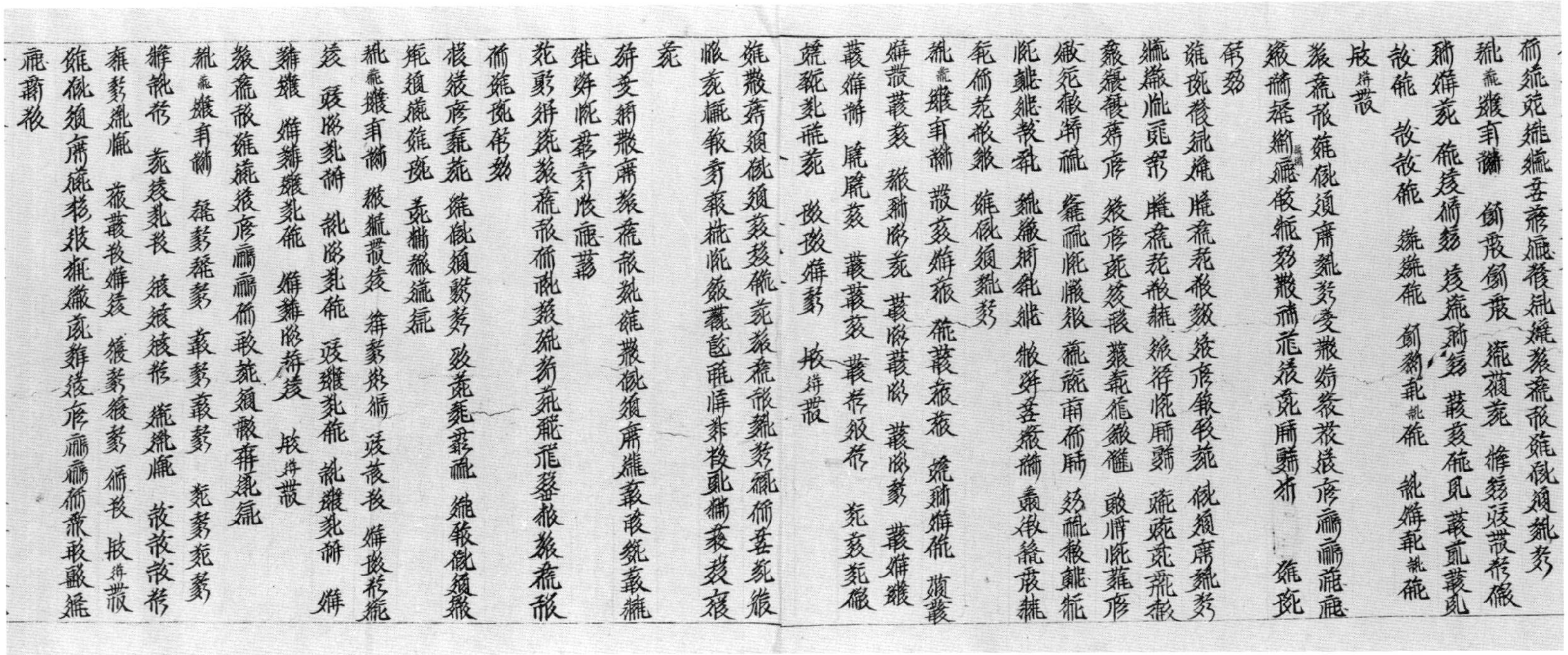

俄 Инв.No.917　大寒林經　(9–5)

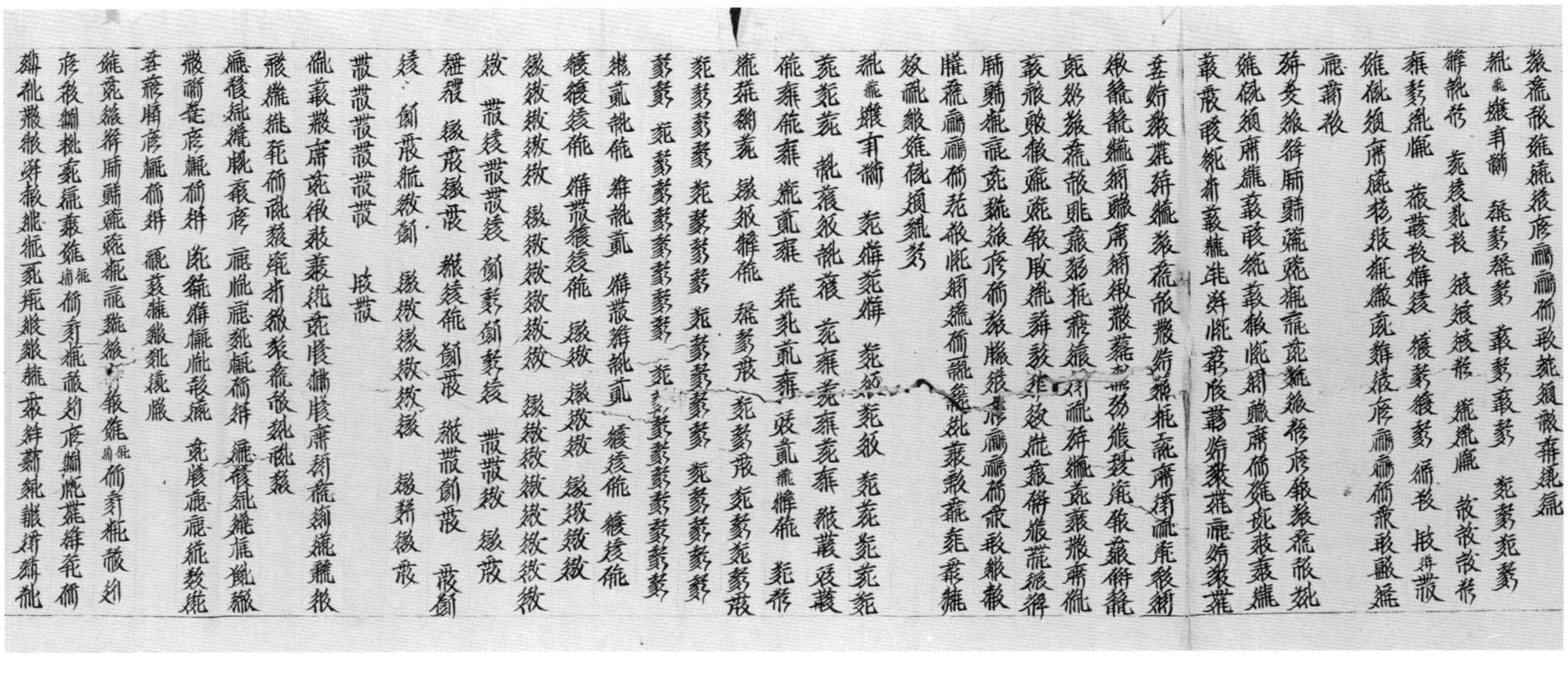

俄 Инв.No.917　大寒林經　(9–6)

俄Инв.No.917　大寒林經　　　(9-7)

俄Инв.No.917　大寒林經　　　(9-8)

俄Инв.No.917　大寒林經　　　(9-9)

俄Инв.No.2649　大寒林經　　　(2-1)

俄Инв.No.2649　大寒林經　　　(2-2)

俄Инв.No.2649V　印章

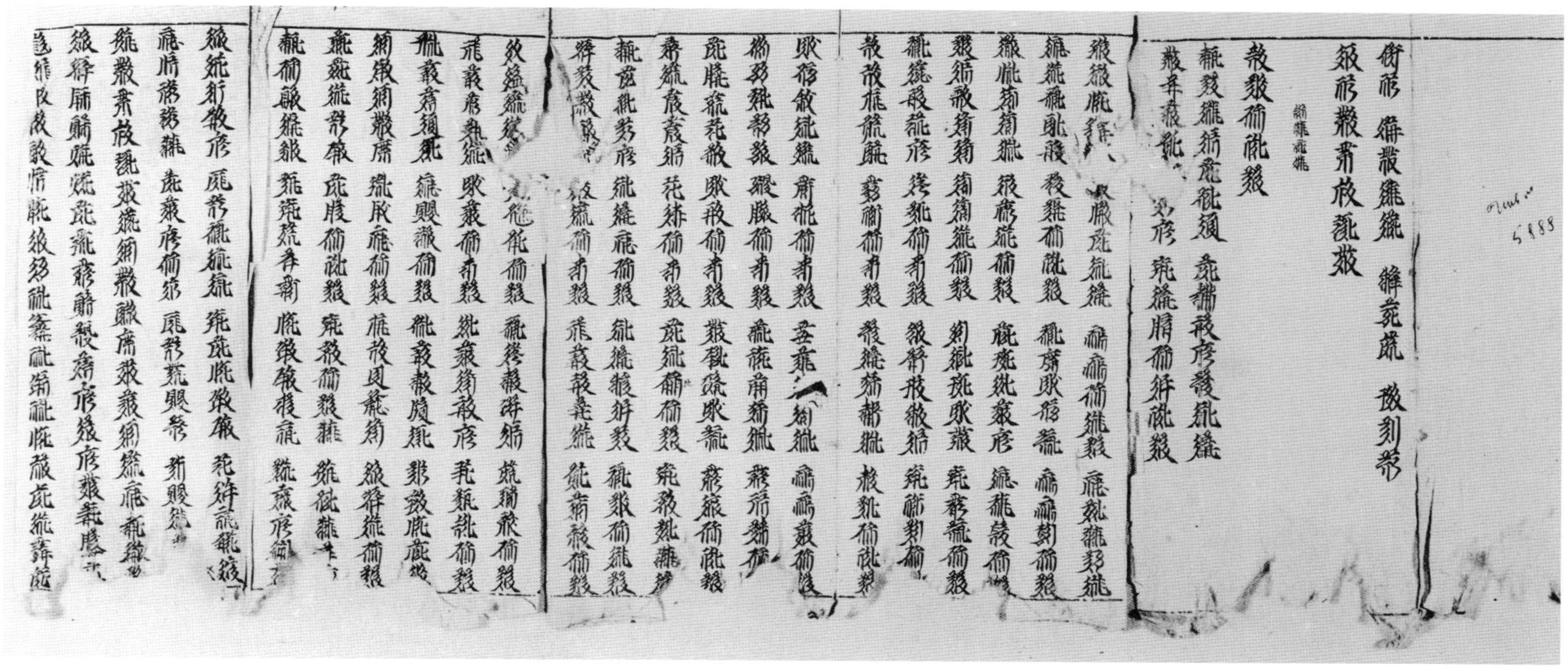

俄 Инв.No.5888 大寒林經

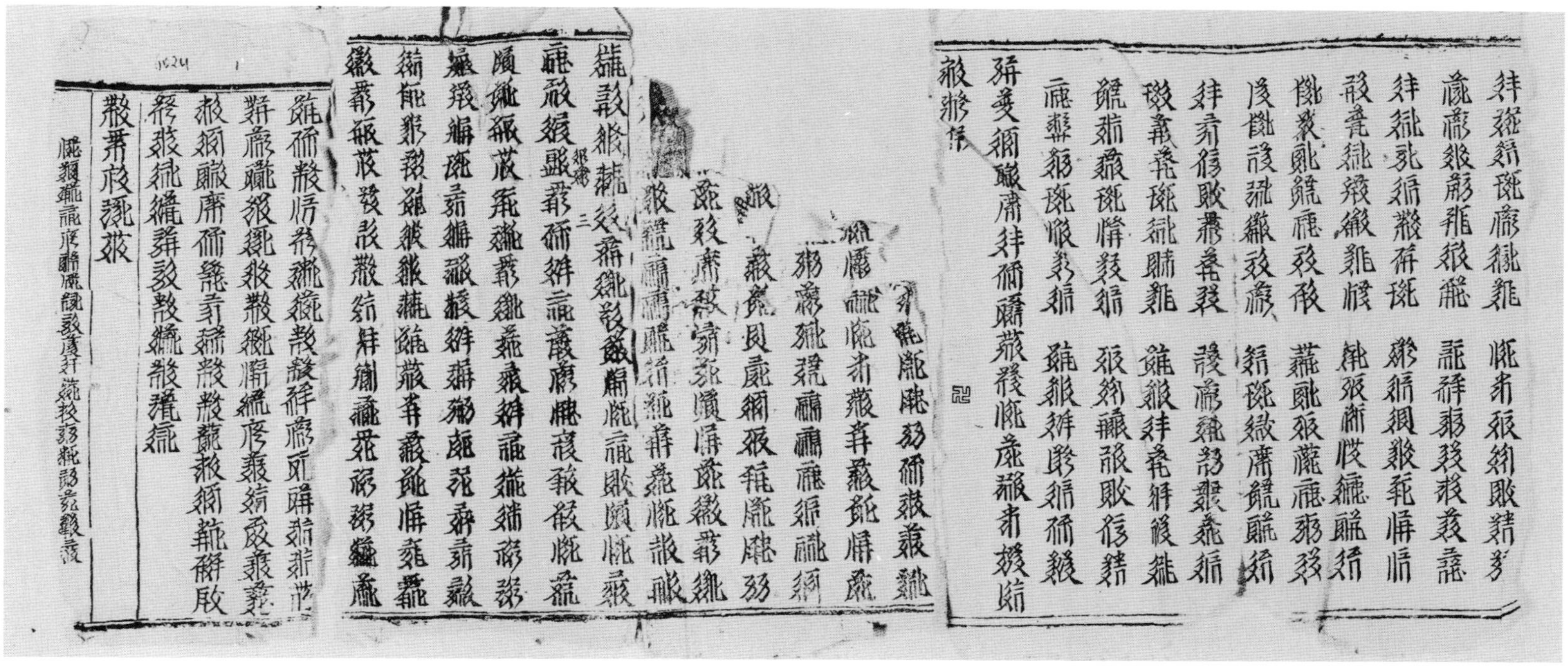

俄 Инв.No.6024 大寒林經

俄 **И**нв.No.6446　　大寒林經　　　　(2-1)

俄 **И**нв.No.6446　　大寒林經　　　　(2-2)

俄**И**нв.No.6691　　大寒林經

俄**И**нв.No.24　　聖大明母王隨求皆得經上卷　　　　(4-1)

俄**И**нв.No.24　　聖大明母王隨求皆得經上卷　　　　(4-2)

295

俄 **И**нв.No.24　聖大明母王隨求皆得經上卷　　　(4-3)

俄 **И**нв.No.24　聖大明母王隨求皆得經上卷　　　(4-4)

俄 **И**нв.No.28　聖大明母王隨求皆得經上卷

俄 Инв.No.3343　聖大明母王隨求皆得經上卷　　　(4-1)

俄 Инв.No.3343　聖大明母王隨求皆得經上卷　　　(4-2)

俄 Инв.No.3343　聖大明母王隨求皆得經上卷　　　(4-3)

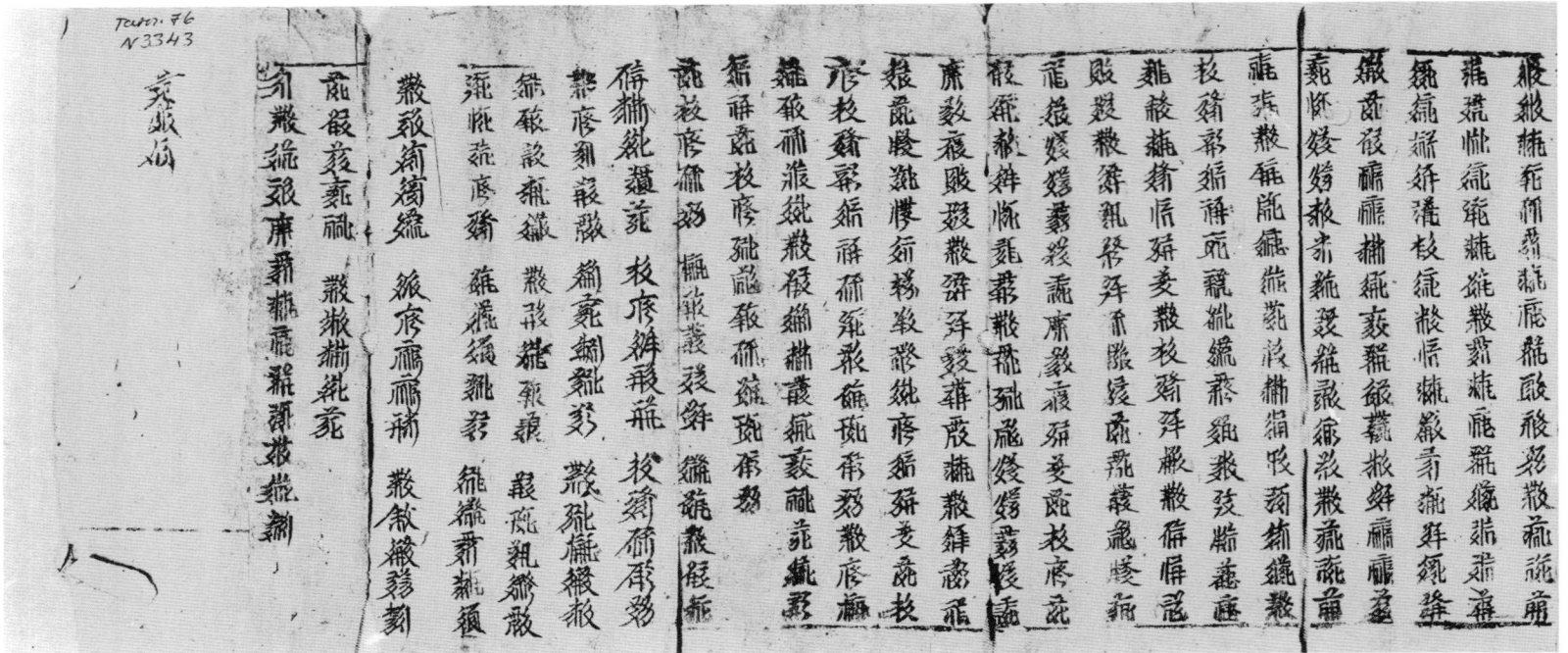

俄 **И**нв.No.3343　聖大明母王隨求皆得經上卷　　　（4-4）

俄 **И**нв.No.712　聖大明母王隨求皆得經上卷（封套）

俄 **И**нв.No.712　聖大明母王隨求皆得經上卷　　　（19-1）

俄 Инв.No.712　聖大明母王隨求皆得經上卷　　　(19-2)

俄 Инв.No.712　聖大明母王隨求皆得經上卷　　　(19-3)

俄 Инв.No.712　聖大明母王隨求皆得經上卷　　　(19-4)

俄Инв.No.712　聖大明母王隨求皆得經上卷　　　　(19-5)

俄Инв.No.712　聖大明母王隨求皆得經上卷　　　　(19-6)

俄Инв.No.712　聖大明母王隨求皆得經上卷　　　　(19-7)

俄 **И**нв.No.712　聖大明母王隨求皆得經上卷　　　(19-8)

俄 **И**нв.No.712　聖大明母王隨求皆得經上卷　　　(19-9)

俄 **И**нв.No.712　聖大明母王隨求皆得經上卷　　　(19-10)

俄 **И**нв.No.712　聖大明母王隨求皆得經上卷　　　(19-11)

俄 **И**нв.No.712　聖大明母王隨求皆得經上卷　　　(19-12)

俄 **И**нв.No.712　聖大明母王隨求皆得經上卷　　　(19-13)

俄 Инв.No.712　聖大明母王隨求皆得經上卷　　　(19-14)

俄 Инв.No.712　聖大明母王隨求皆得經上卷　　　(19-15)

俄 Инв.No.712　聖大明母王隨求皆得經上卷　　　(19-16)

俄 **И**нв.No.712　聖大明母王隨求皆得經上卷　　　　(19-17)

俄 **И**нв.No.712　聖大明母王隨求皆得經上卷　　　　(19-18)

俄 **И**нв.No.712　聖大明母王隨求皆得經上卷　　　　(19-19)

俄 **И**нв.No.740　聖大明母王隨求皆得經上卷　　　　(6-1)

俄 **И**нв.No.740　聖大明母王隨求皆得經上卷　　　　(6-2)

俄 **И**нв.No.740　聖大明母王隨求皆得經上卷　　　　(6-3)

俄Инв.No.740　聖大明母王隨求皆得經上卷　　　　　(6-4)

俄Инв.No.740　聖大明母王隨求皆得經上卷　　　　　(6-5)

俄Инв.No.740　聖大明母王隨求皆得經上卷　　　　　(6-6)

俄 Инв.No.3342　聖大明母王隨求皆得經上卷　　　(18-1)

俄 Инв.No.3342　聖大明母王隨求皆得經上卷　　　(18-2)

俄 Инв.No.3342　聖大明母王隨求皆得經上卷　　　(18-3)

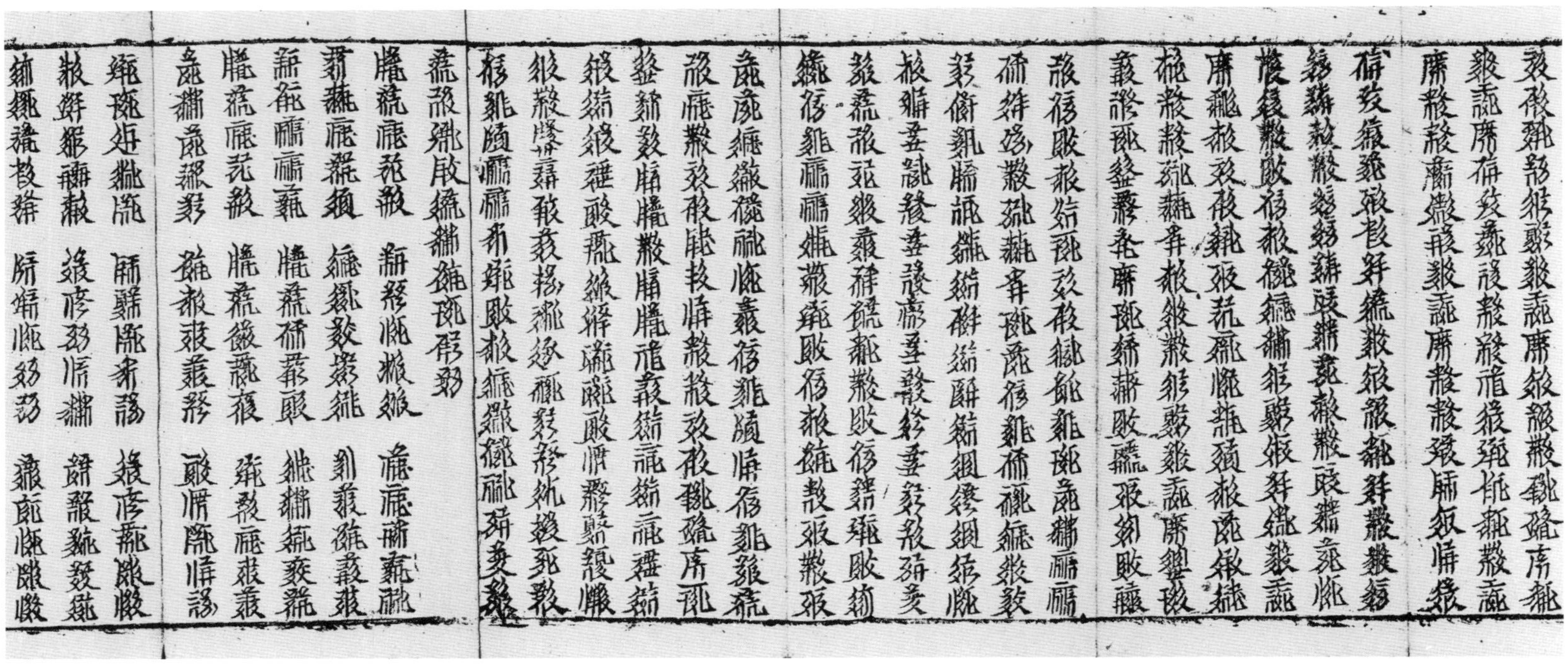

俄 Инв.No.3342　聖大明母王隨求皆得經上卷　(18–4)

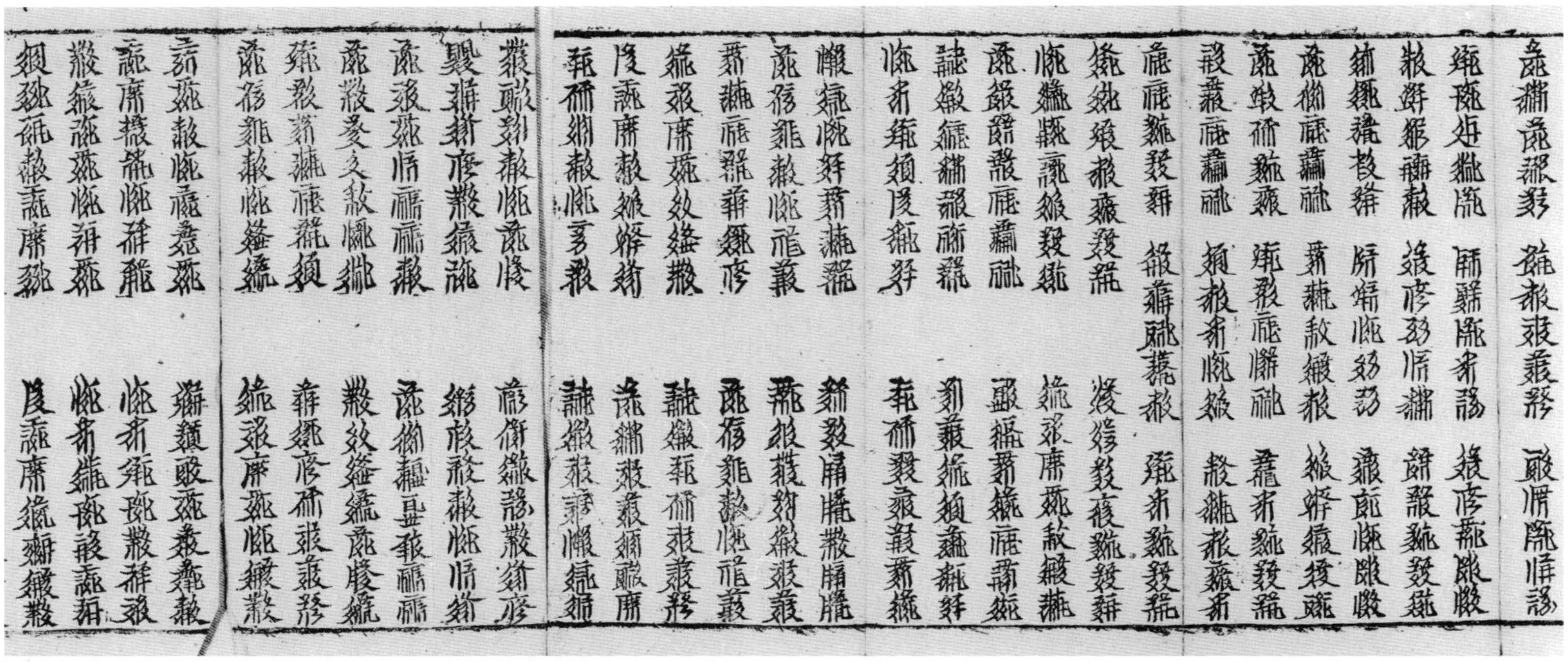

俄 Инв.No.3342　聖大明母王隨求皆得經上卷　(18–5)

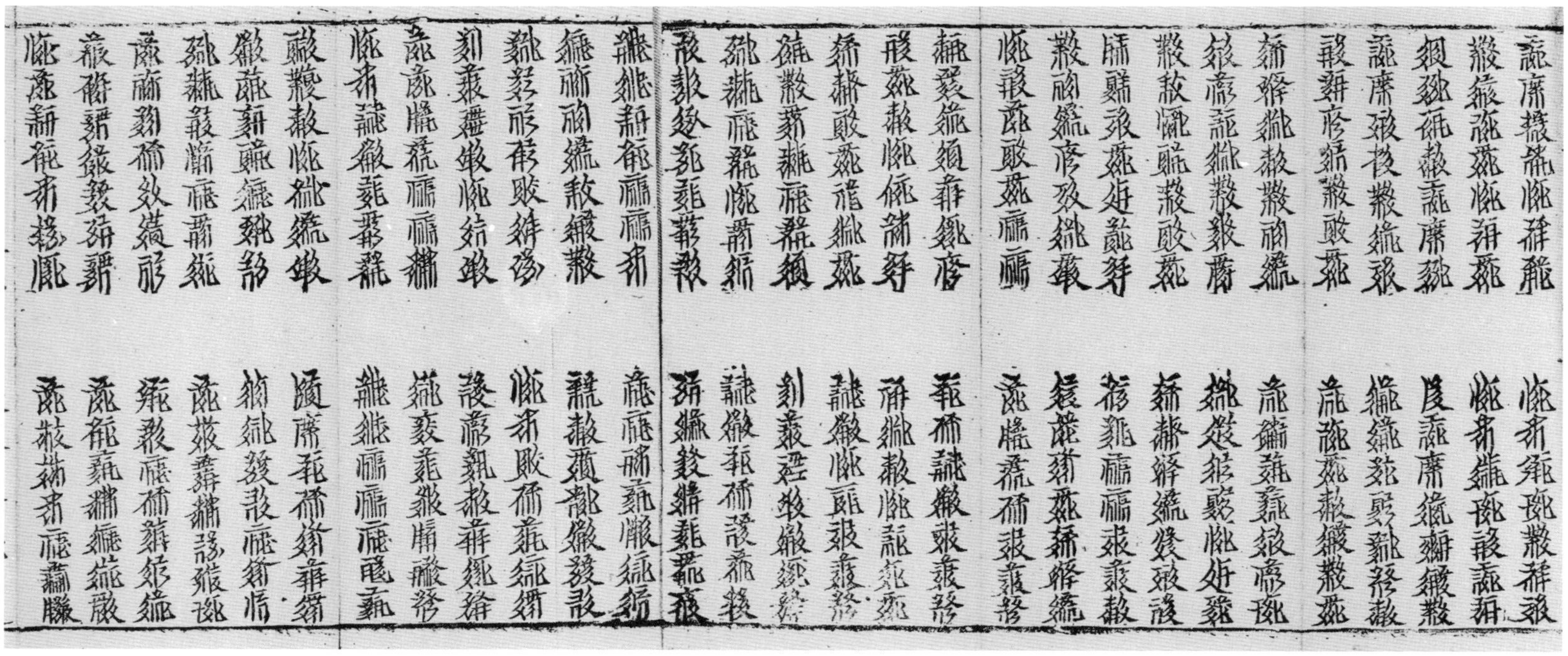

俄 Инв.No.3342　聖大明母王隨求皆得經上卷　(18–6)

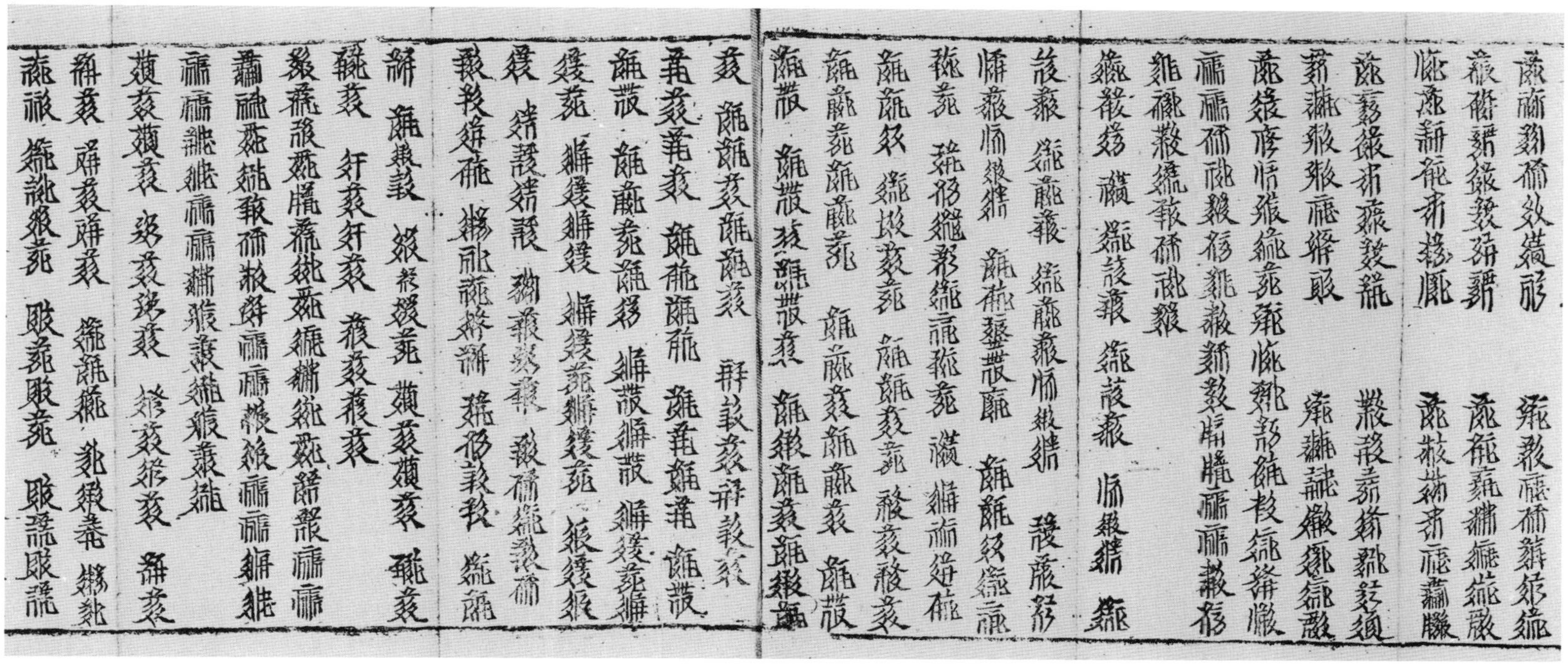

俄 Инв.No.3342　聖大明母王隨求皆得經上卷　　(18-7)

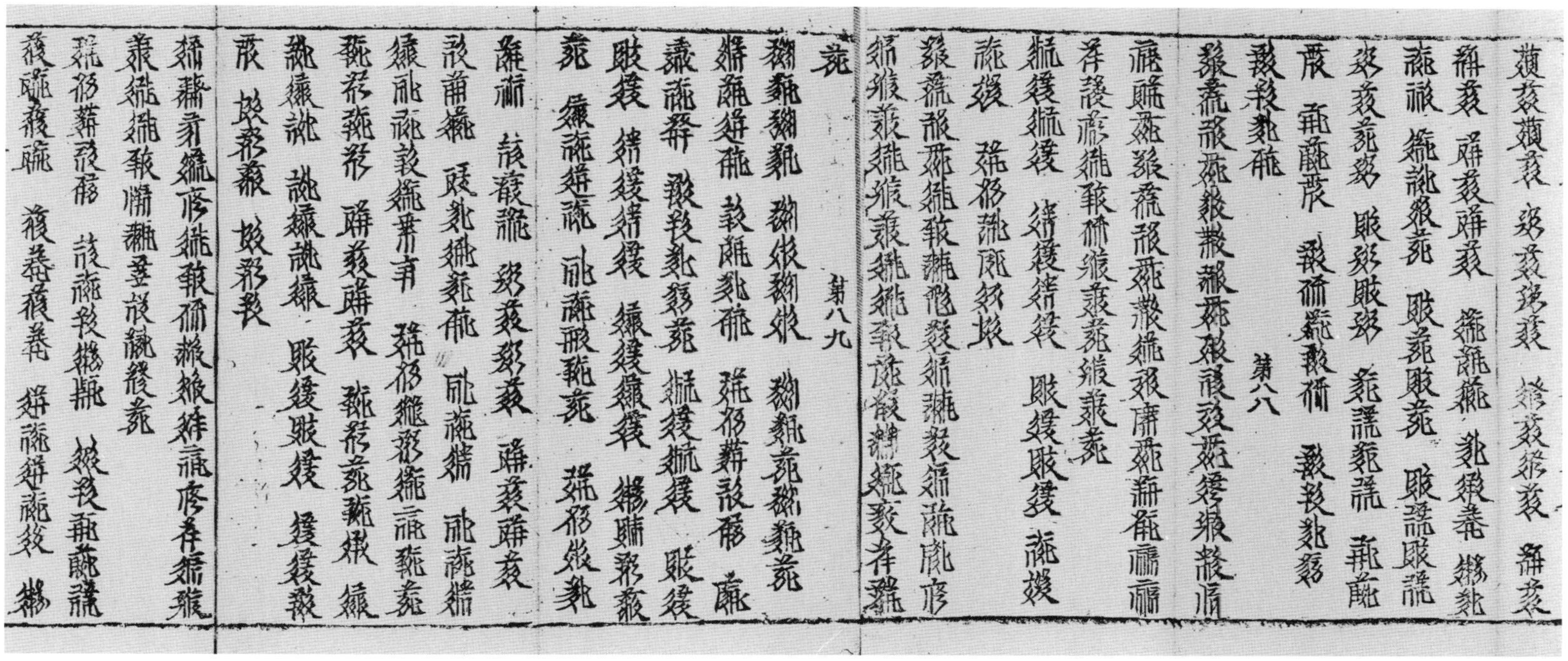

俄 Инв.No.3342　聖大明母王隨求皆得經上卷　　(18-8)

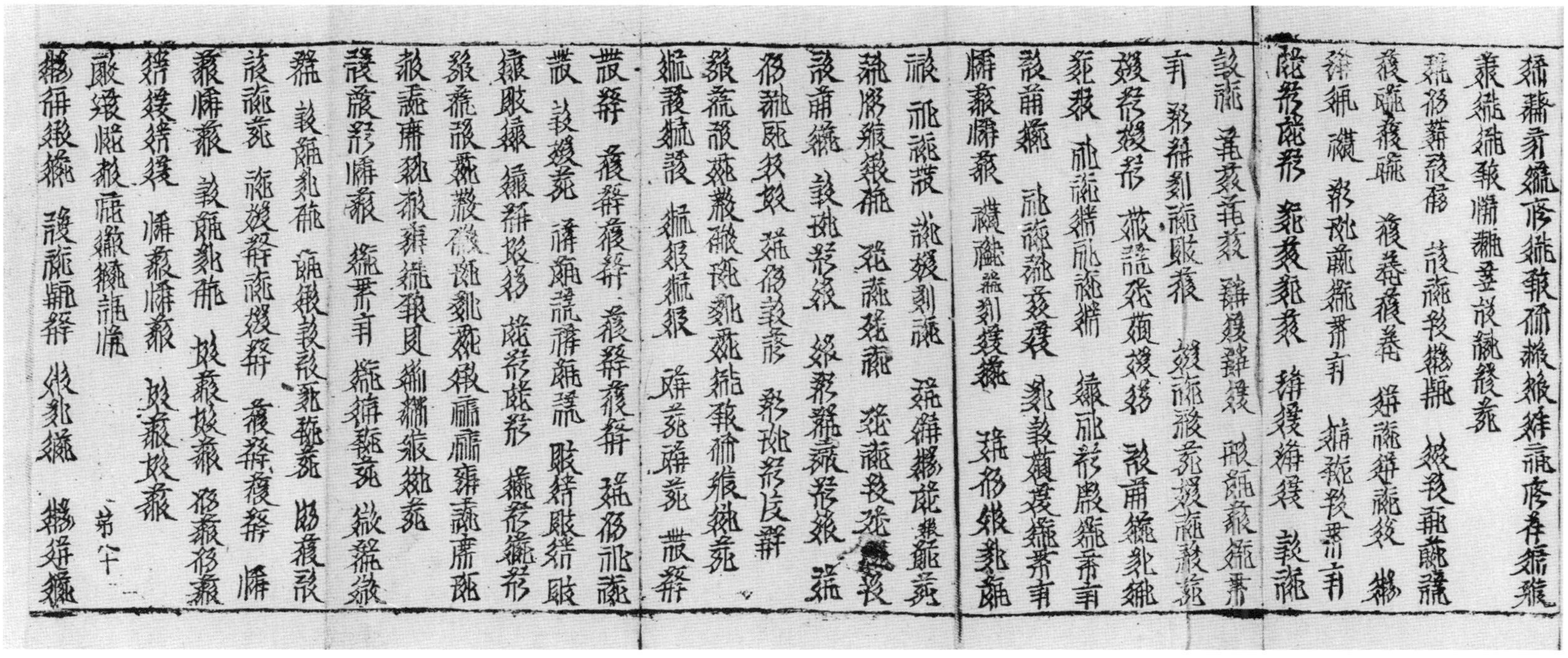

俄 Инв.No.3342　聖大明母王隨求皆得經上卷　　(18-9)

俄 Инв.No.3342　聖大明母王隨求皆得經上卷　　　(18-10)

俄 Инв.No.3342　聖大明母王隨求皆得經上卷　　　(18-11)

俄 Инв.No.3342　聖大明母王隨求皆得經上卷　　　(18-12)

俄Инв.No.3342　聖大明母王隨求皆得經上卷　　　（18-13）

俄Инв.No.3342　聖大明母王隨求皆得經上卷　　　（18-14）

俄Инв.No.3342　聖大明母王隨求皆得經上卷　　　（18-15）

俄 Инв.No.3342　聖大明母王隨求皆得經上卷　　　(18-16)

俄 Инв.No.3342　聖大明母王隨求皆得經上卷　　　(18-17)

俄 Инв.No.3342　聖大明母王隨求皆得經上卷　　　(18-18)

俄 Инв.No.6404　聖大明母王隨求皆得經上卷　　　(7-1)

俄 Инв.No.6404　聖大明母王隨求皆得經上卷　　　(7-2)

俄 Инв.No.6404　聖大明母王隨求皆得經上卷　　　(7-3)

俄 Инв.No.6404　　聖大明母王隨求皆得經上卷　　　　(7-4)

俄 Инв.No.6404　　聖大明母王隨求皆得經上卷　　　　(7-5)

俄 Инв.No.6404　　聖大明母王隨求皆得經上卷　　　　(7-6)

俄 Инв.No.6404　聖大明母王隨求皆得經上卷　　　(7-7)

俄 Инв.No.7233　聖大明母王隨求皆得經上卷　　　(2-1)

俄 Инв.No.7233　聖大明母王隨求皆得經上卷　　　(2-2)

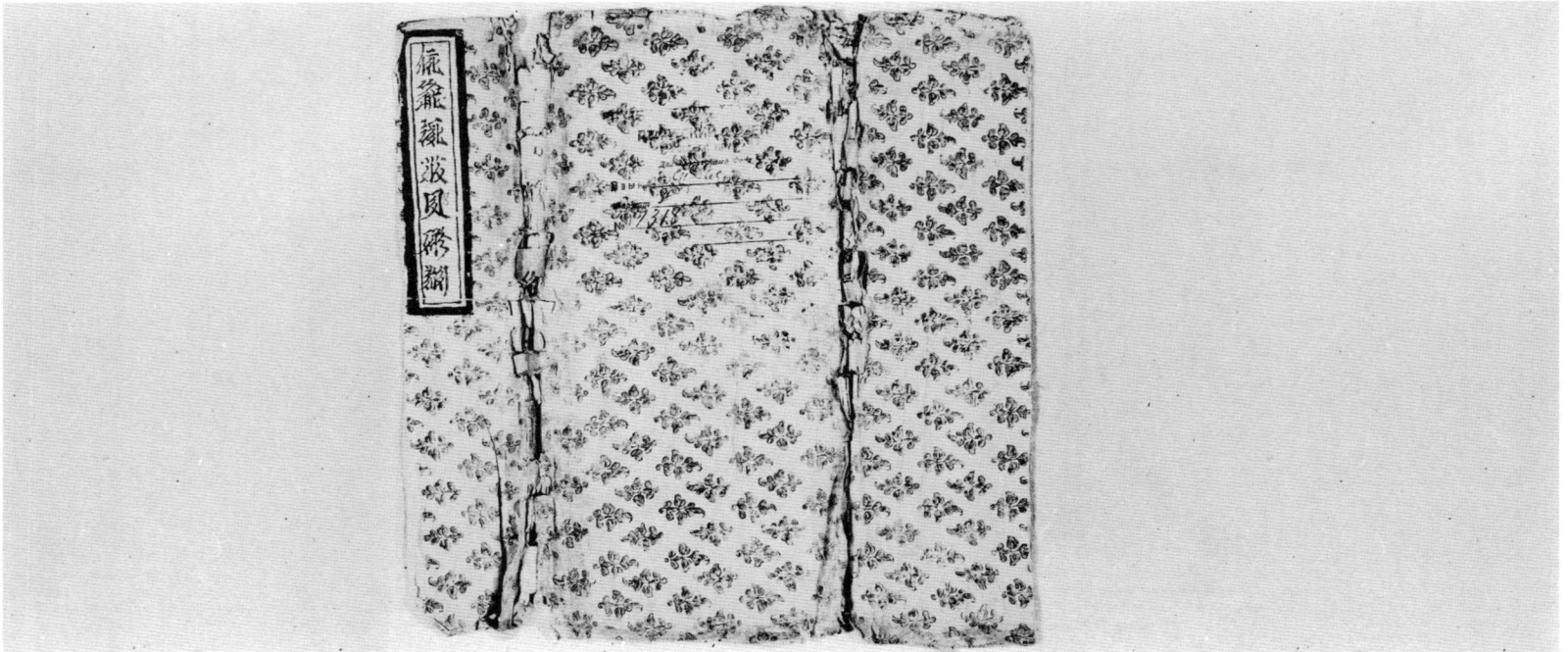

俄 ИнB.No.30 聖大明母王隨求皆得經上卷第八（封套）

俄 ИнB.No.30 聖大明母王隨求皆得經上卷第八 （12-1）

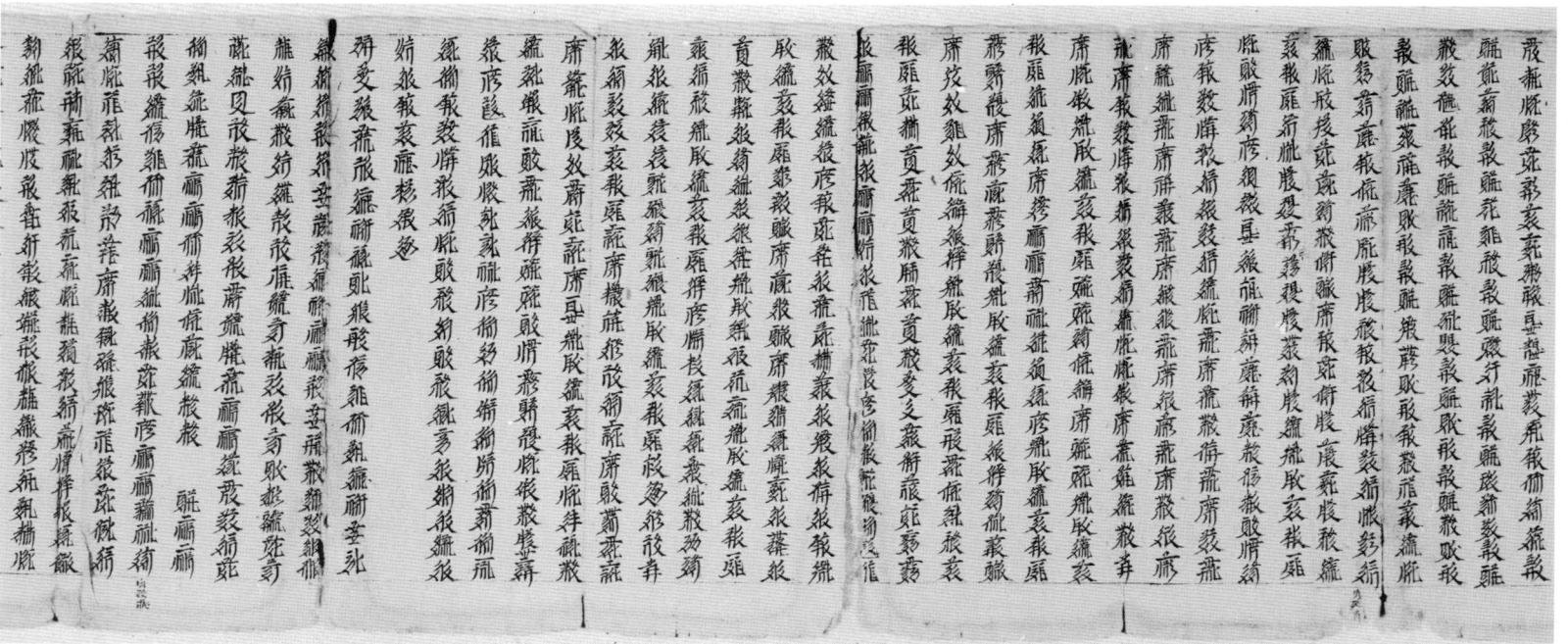

俄 ИнB.No.30 聖大明母王隨求皆得經上卷第八 （12-2）

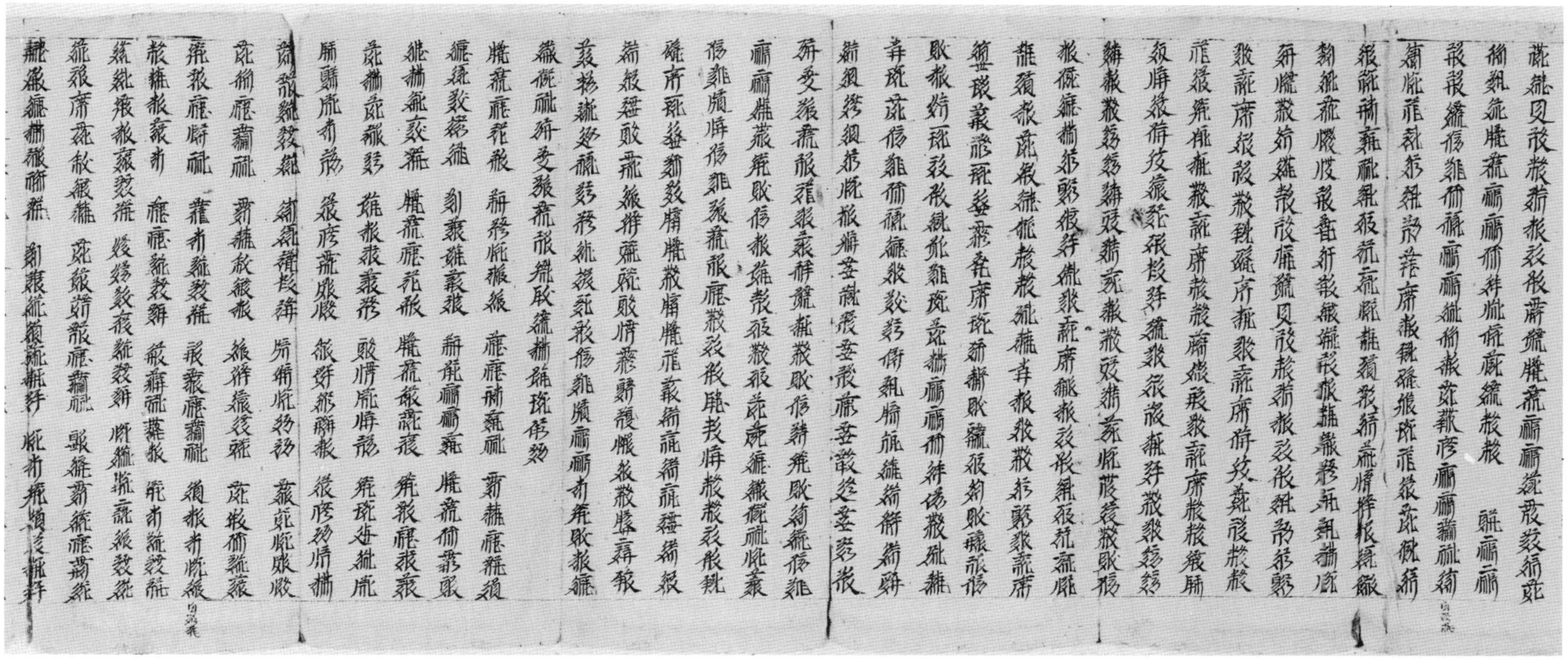

俄 Инв.No.30　聖大明母王隨求皆得經上卷第八　(12-3)

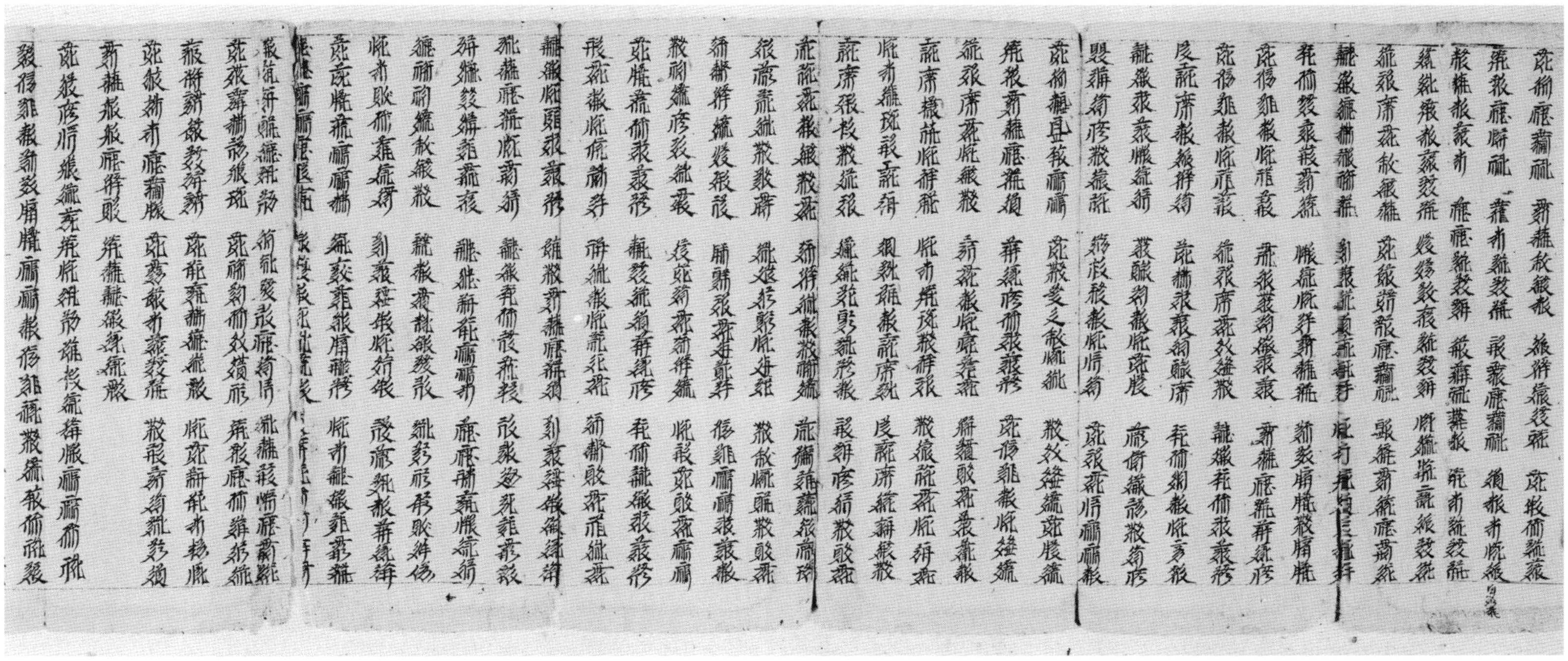

俄 Инв.No.30　聖大明母王隨求皆得經上卷第八　(12-4)

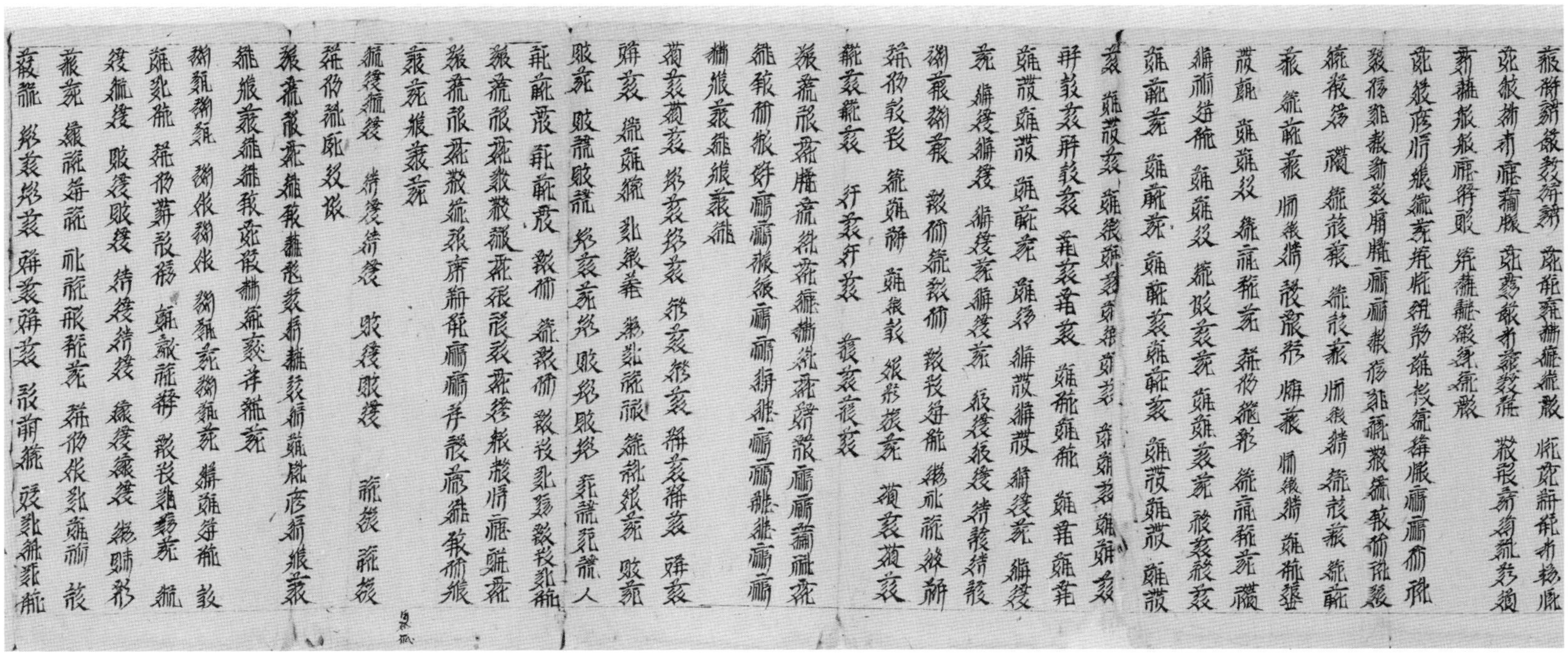

俄 Инв.No.30　聖大明母王隨求皆得經上卷第八　(12-5)

俄 **И**нв.No.30　聖大明母王隨求皆得經上卷第八　　　(12-6)

俄 **И**нв.No.30　聖大明母王隨求皆得經上卷第八　　　(12-7)

俄 **И**нв.No.30　聖大明母王隨求皆得經上卷第八　　　(12-8)

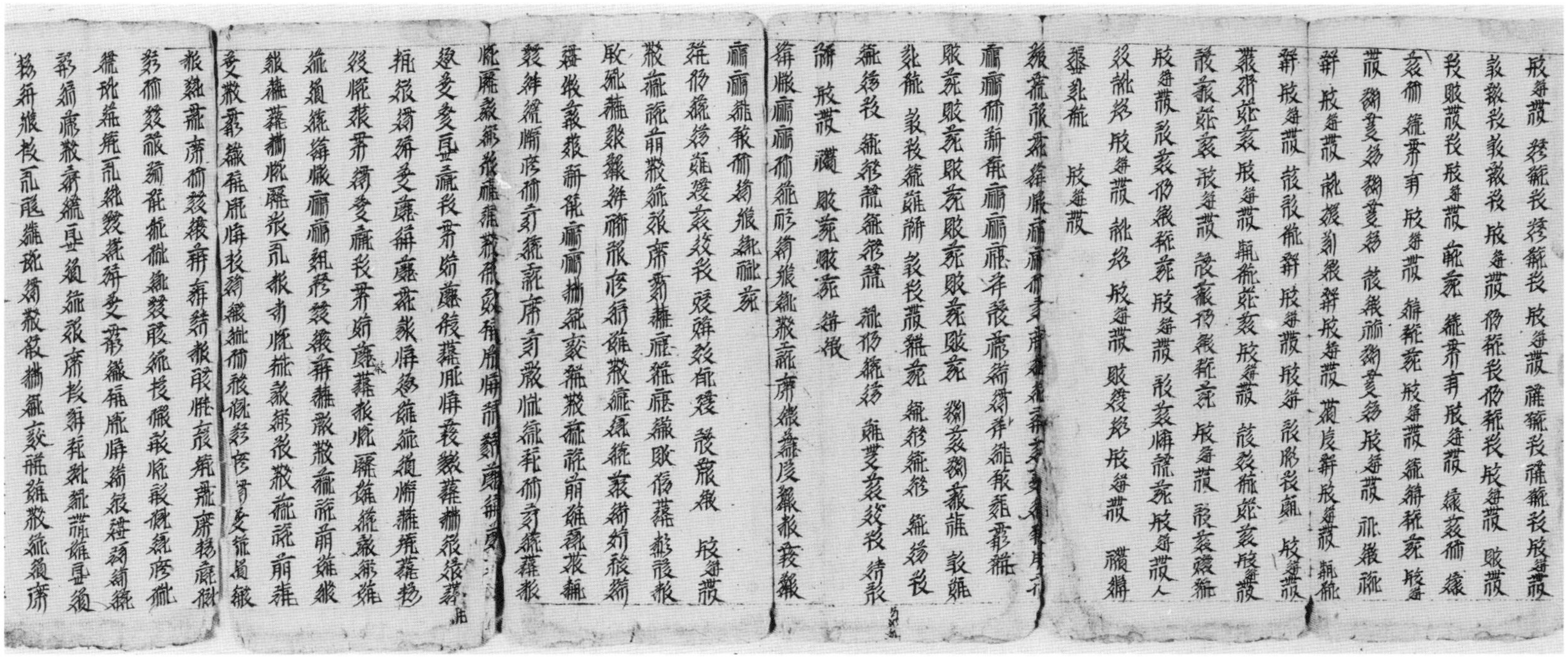

俄 Инв.No.30　聖大明母王隨求皆得經上卷第八　(12–9)

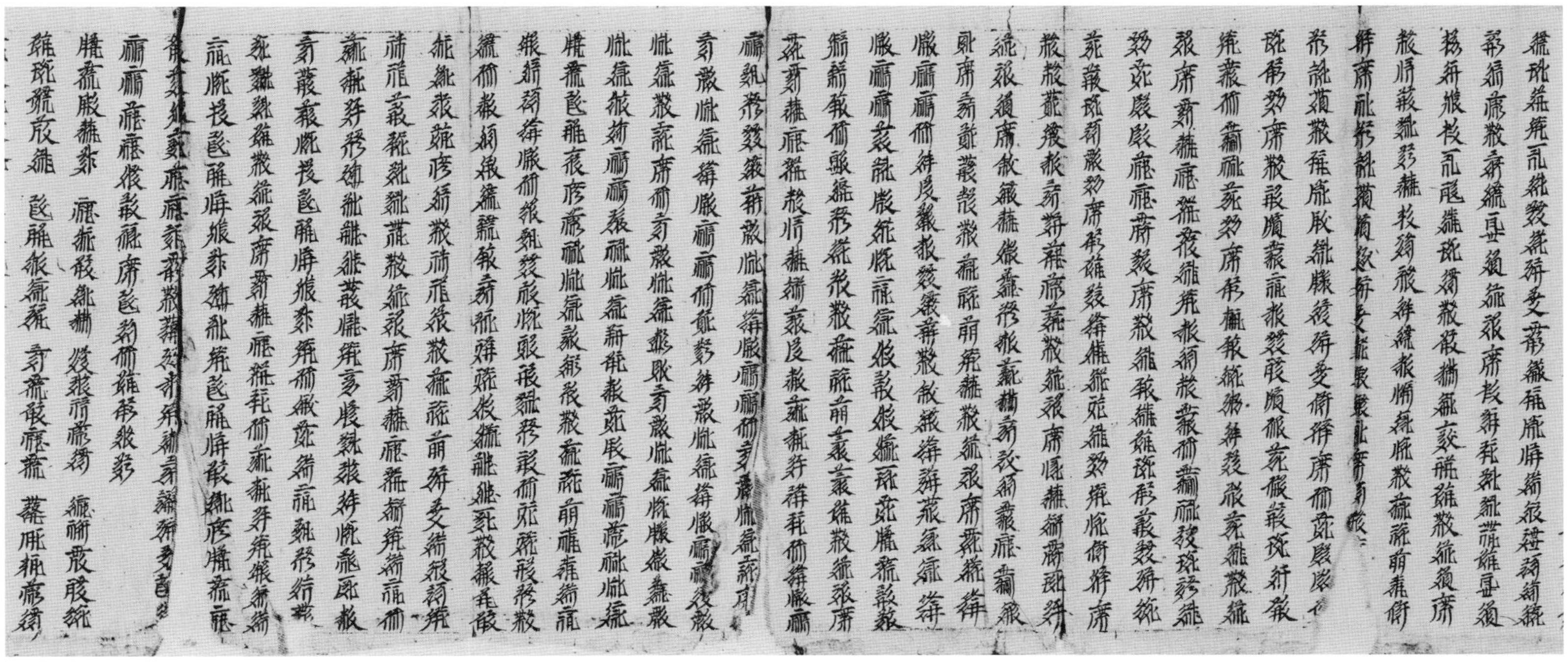

俄 Инв.No.30　聖大明母王隨求皆得經上卷第八　(12–10)

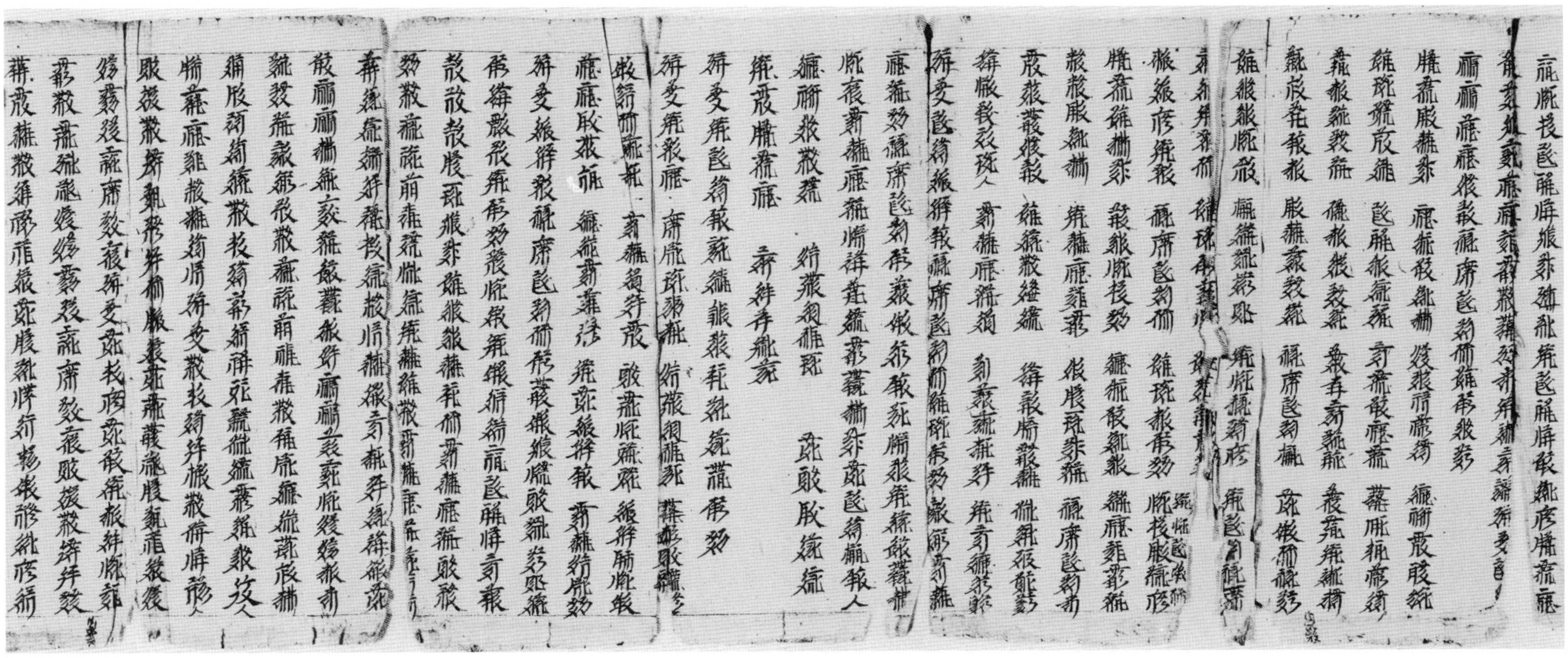

俄 Инв.No.30　聖大明母王隨求皆得經上卷第八　(12–11)

俄 Инв.No.30　聖大明母王隨求皆得經上卷第八　　　(12-12)

俄 Инв.No.5757　10.聖大明母王隨求皆得經上卷　　(19-1)

俄 Инв.No.5757　10.聖大明母王隨求皆得經上卷　　(19-2)

俄 **И**нв.No.5757　　10.聖大明母王隨求皆得經上卷　　　（19-3）

俄 **И**нв.No.5757　　10.聖大明母王隨求皆得經上卷　　　（19-4）

俄 **И**нв.No.5757　　10.聖大明母王隨求皆得經上卷　　　（19-5）

俄 Инв.No.5757　10.聖大明母王隨求皆得經上卷　　　(19-6)

俄 Инв.No.5757　10.聖大明母王隨求皆得經上卷　　　(19-7)

俄 Инв.No.5757　10.聖大明母王隨求皆得經上卷　　　(19-8)

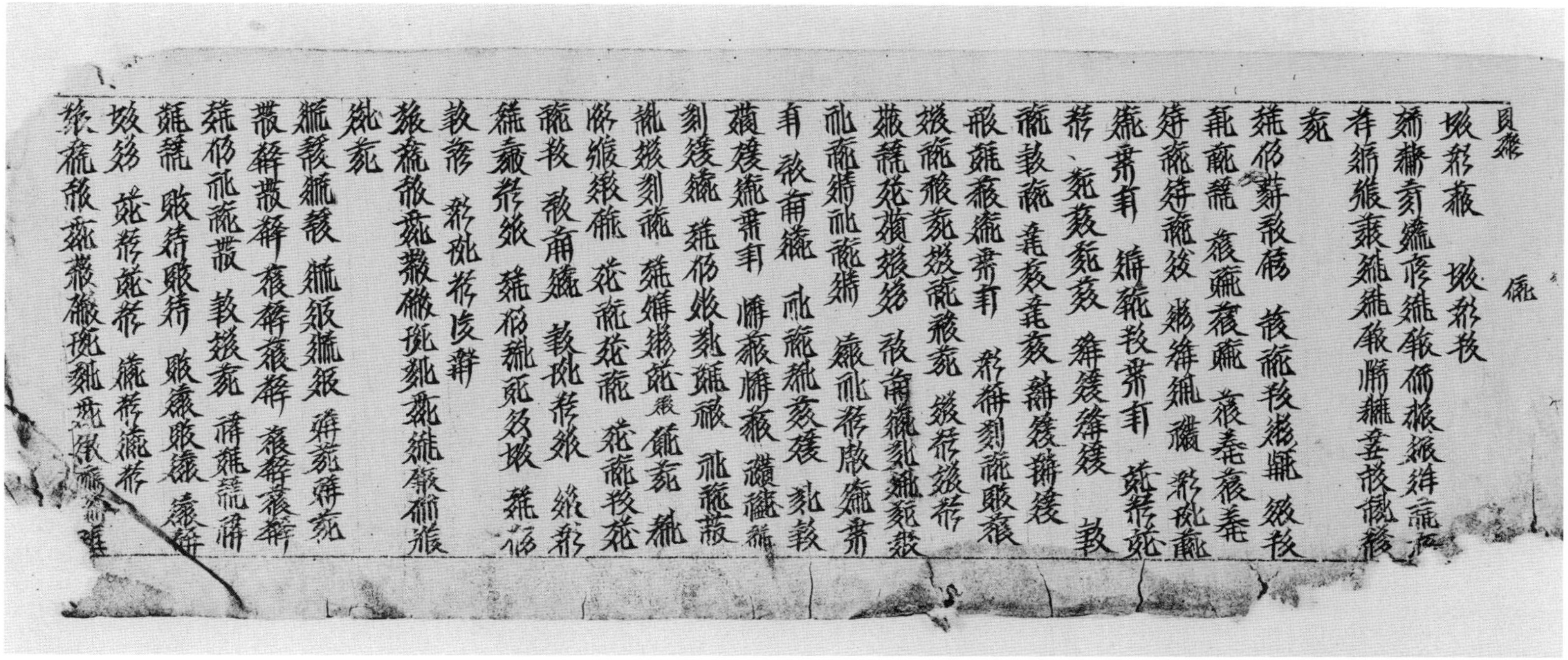

俄 Инв.No.5757　10.聖大明母王隨求皆得經上卷　(19–9)

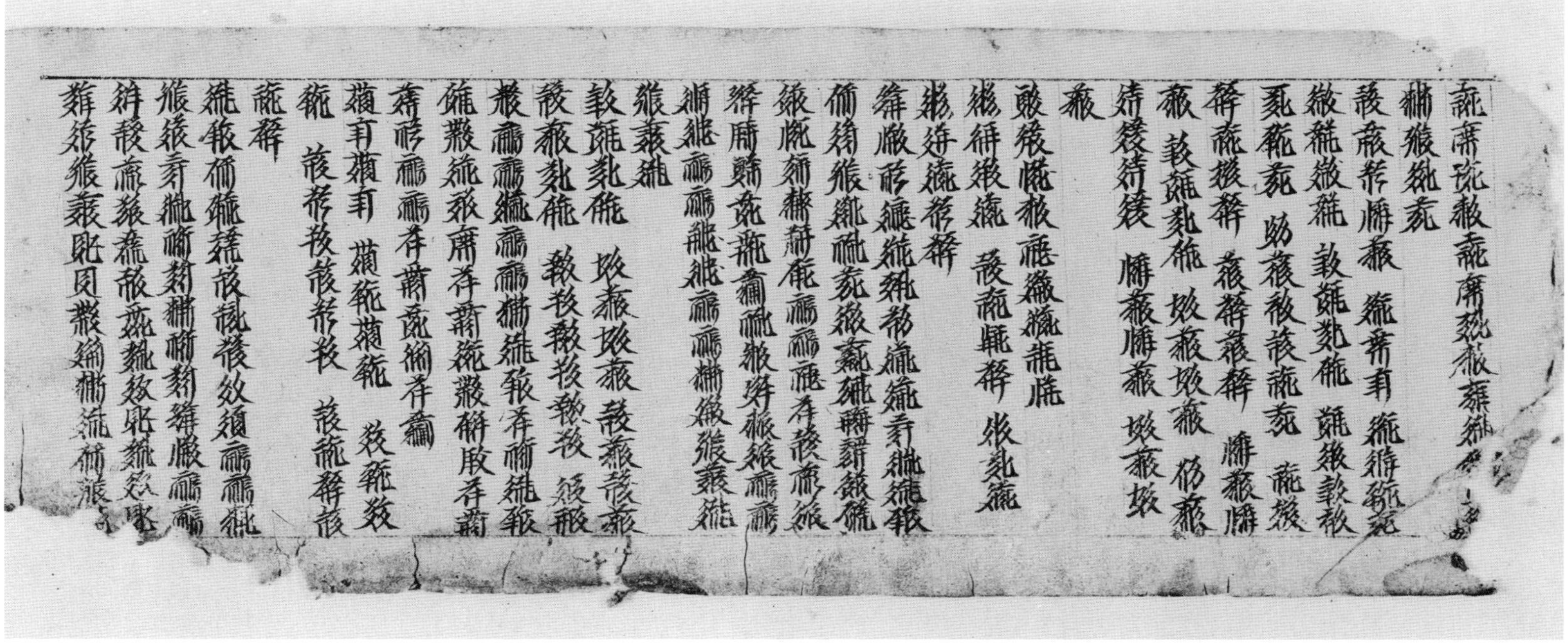

俄 Инв.No.5757　10.聖大明母王隨求皆得經上卷　(19–10)

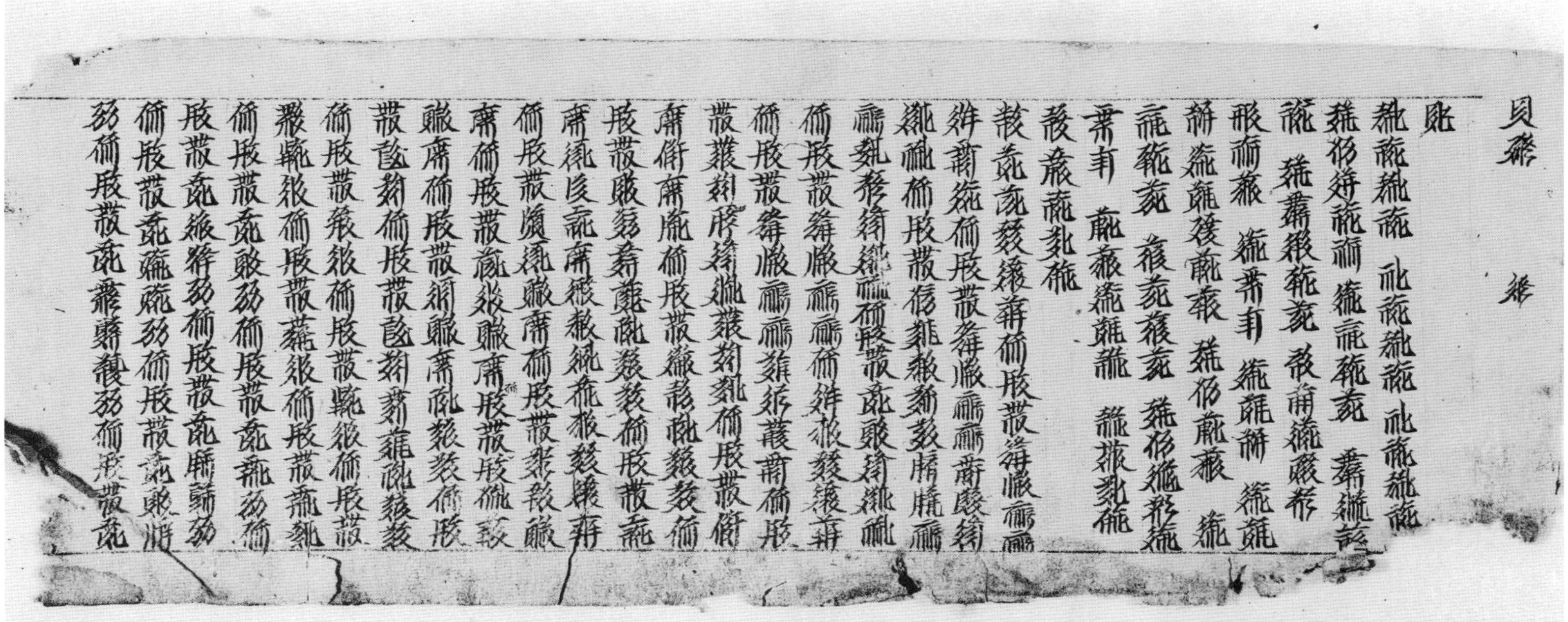

俄 Инв.No.5757　10.聖大明母王隨求皆得經上卷　(19–11)

俄 **И**нв.No.5757　　10.聖大明母王隨求皆得經上卷　　　（19-12）

俄 **И**нв.No.5757　　10.聖大明母王隨求皆得經上卷　　　（19-13）

俄 **И**нв.No.5757　　10.聖大明母王隨求皆得經上卷　　　（19-14）

俄 **И**нв.No.5757　　10.聖大明母王隨求皆得經上卷　　　(19-15)

俄 **И**нв.No.5757　　10.聖大明母王隨求皆得經上卷　　　(19-16)

俄 **И**нв.No.5757　　10.聖大明母王隨求皆得經上卷　　　(19-17)

俄 **Инв**.No.5757 　10.聖大明母王隨求皆得經上卷 　　　(19-18)

俄 **Инв**.No.5757 　10.聖大明母王隨求皆得經上卷 　　　(19-19)

俄 **Инв**.No.5757 　11.聖大明母王隨求皆得經下卷 　　　(20-1)

俄 Инв.No.5757　11.聖大明母王隨求皆得經下卷　(20–2)

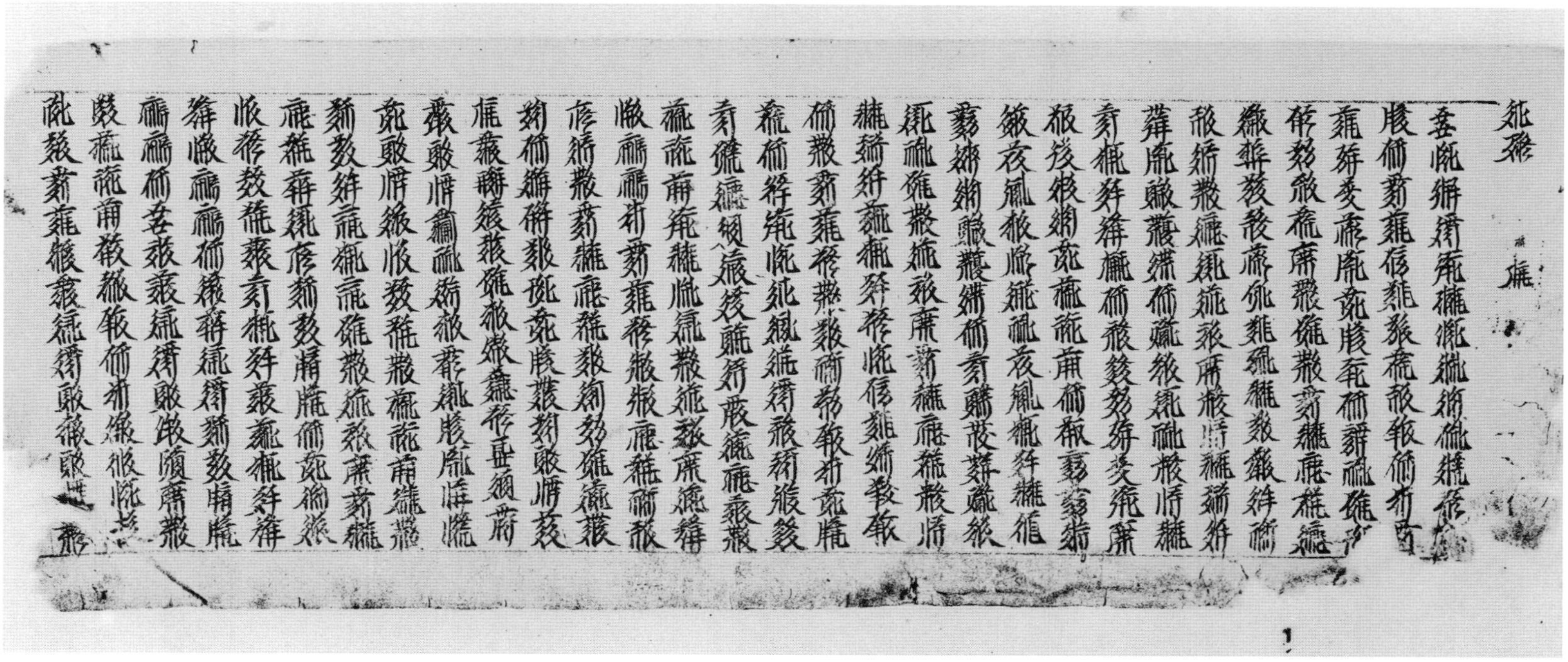

俄 Инв.No.5757　11.聖大明母王隨求皆得經下卷　(20–3)

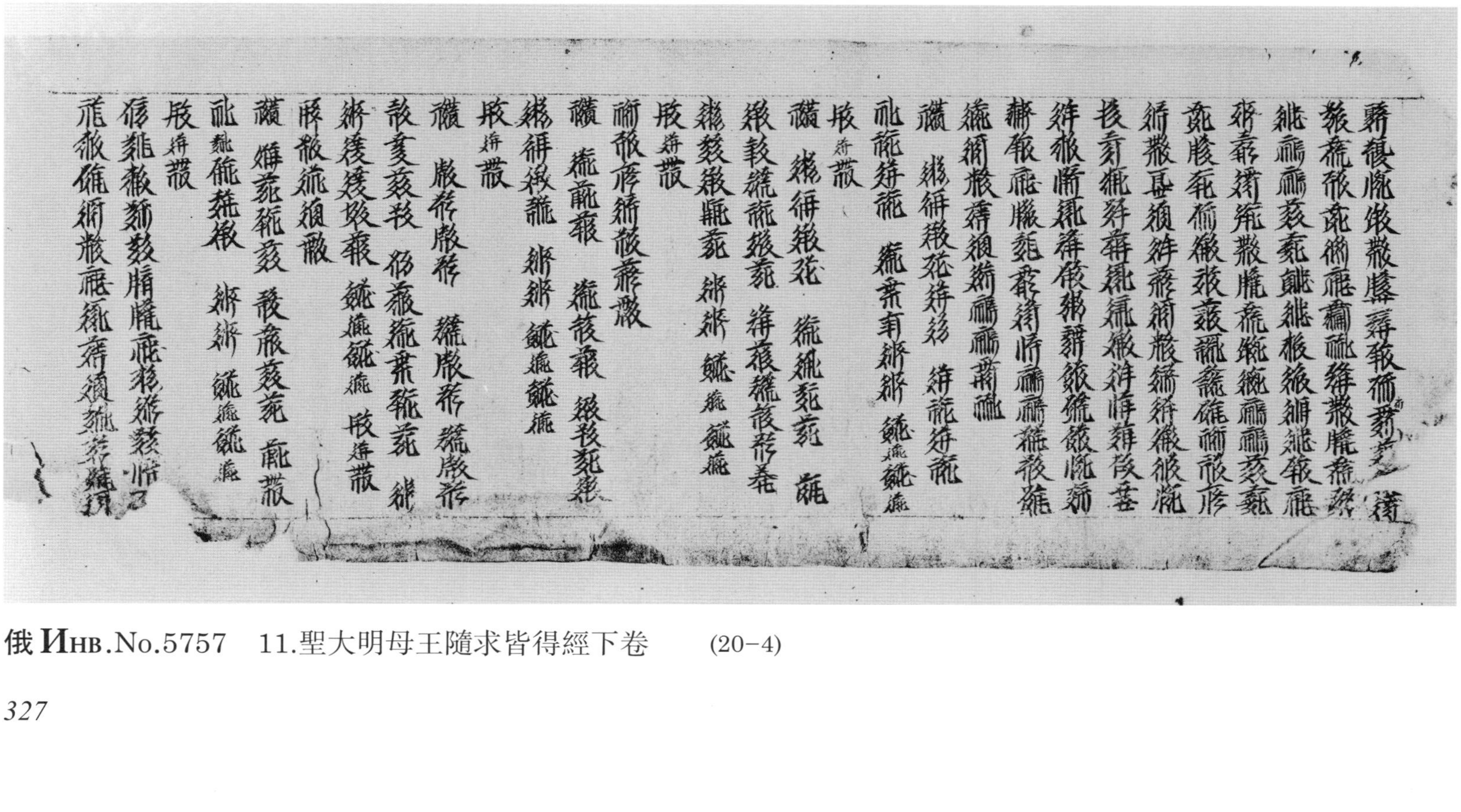

俄 Инв.No.5757　11.聖大明母王隨求皆得經下卷　(20–4)

俄 Инв.No.5757　11.聖大明母王隨求皆得經下卷　(20–5)

俄 Инв.No.5757　11.聖大明母王隨求皆得經下卷　(20–6)

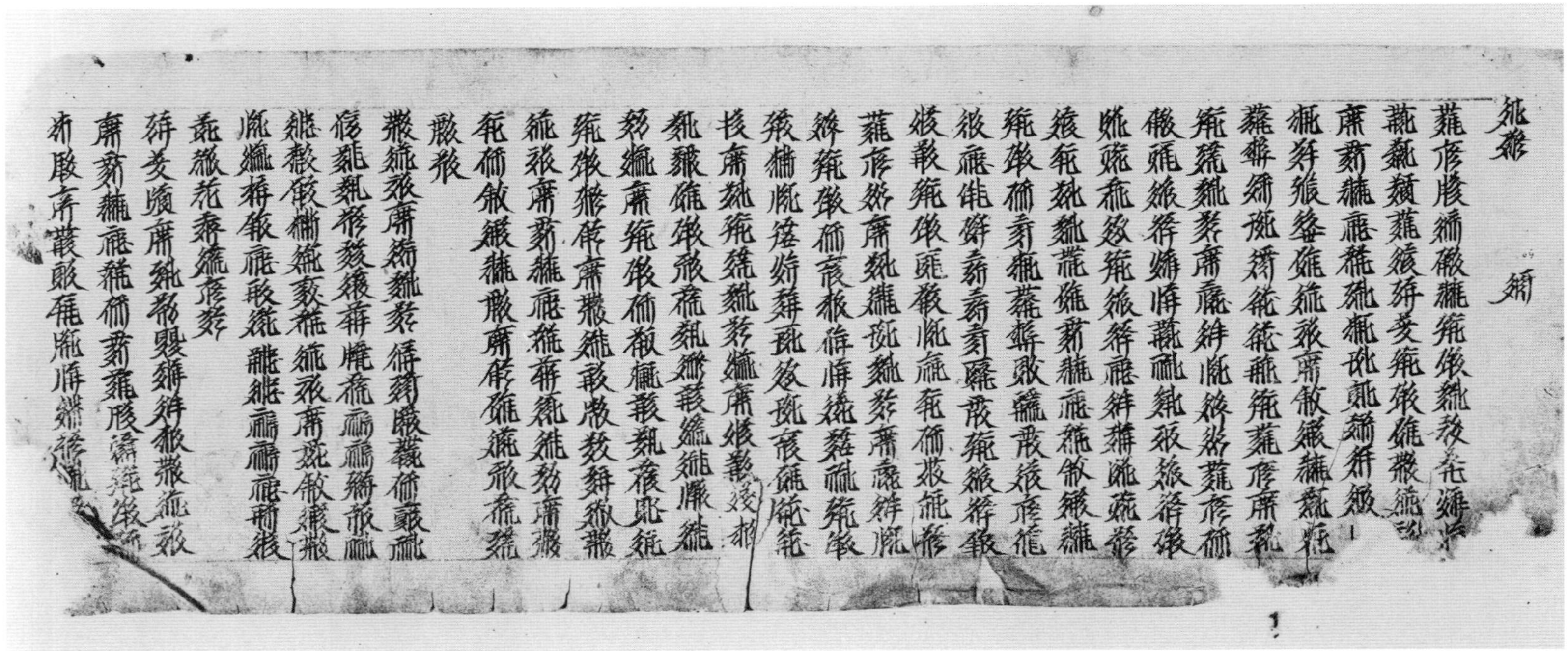

俄 Инв.No.5757　11.聖大明母王隨求皆得經下卷　(20–7)

俄 **Инв.No.**5757　11.聖大明母王隨求皆得經下卷　　(20-8)

俄 **Инв.No.**5757　11.聖大明母王隨求皆得經下卷　　(20-9)

俄 **Инв.No.**5757　11.聖大明母王隨求皆得經下卷　　(20-10)

俄 **И**нв.No.5757　11.聖大明母王隨求皆得經下卷　　　(20-11)

俄 **И**нв.No.5757　11.聖大明母王隨求皆得經下卷　　　(20-12)

俄 **И**нв.No.5757　11.聖大明母王隨求皆得經下卷　　　(20-13)

俄 Инв.No.5757　11.聖大明母王隨求皆得經下卷　　　　（20-14）

俄 Инв.No.5757　11.聖大明母王隨求皆得經下卷　　　　（20-15）

俄 Инв.No.5757　11.聖大明母王隨求皆得經下卷　　　　（20-16）

俄**И**нв.No.5757　11.聖大明母王隨求皆得經下卷　(20-17)

俄**И**нв.No.5757　11.聖大明母王隨求皆得經下卷　(20-18)

俄**И**нв.No.5757　11.聖大明母王隨求皆得經下卷　(20-19)

俄 **И**нв.No.5757　11.聖大明母王隨求皆得經下卷　　(20-20)

俄 **И**нв.No.31　聖大明母王隨求皆得經下卷　　(20-1)

俄 **И**нв.No.31　聖大明母王隨求皆得經下卷　　(20-2)

俄**И**нв.No.31　聖大明母王隨求皆得經下卷　　　　（20-3）

俄**И**нв.No.31　聖大明母王隨求皆得經下卷　　　　（20-4）

俄**И**нв.No.31　聖大明母王隨求皆得經下卷　　　　（20-5）

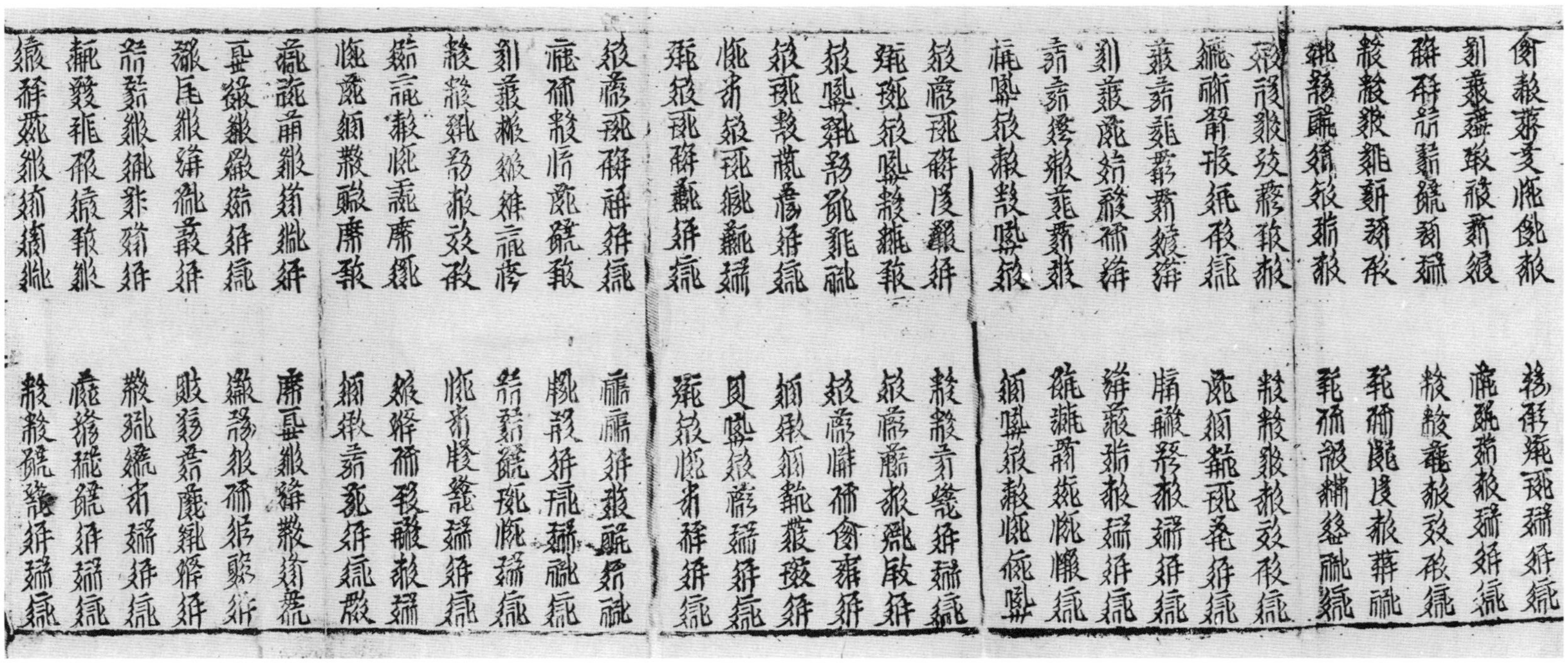

俄 Инв.No.31　聖大明母王隨求皆得經下卷　(20–9)

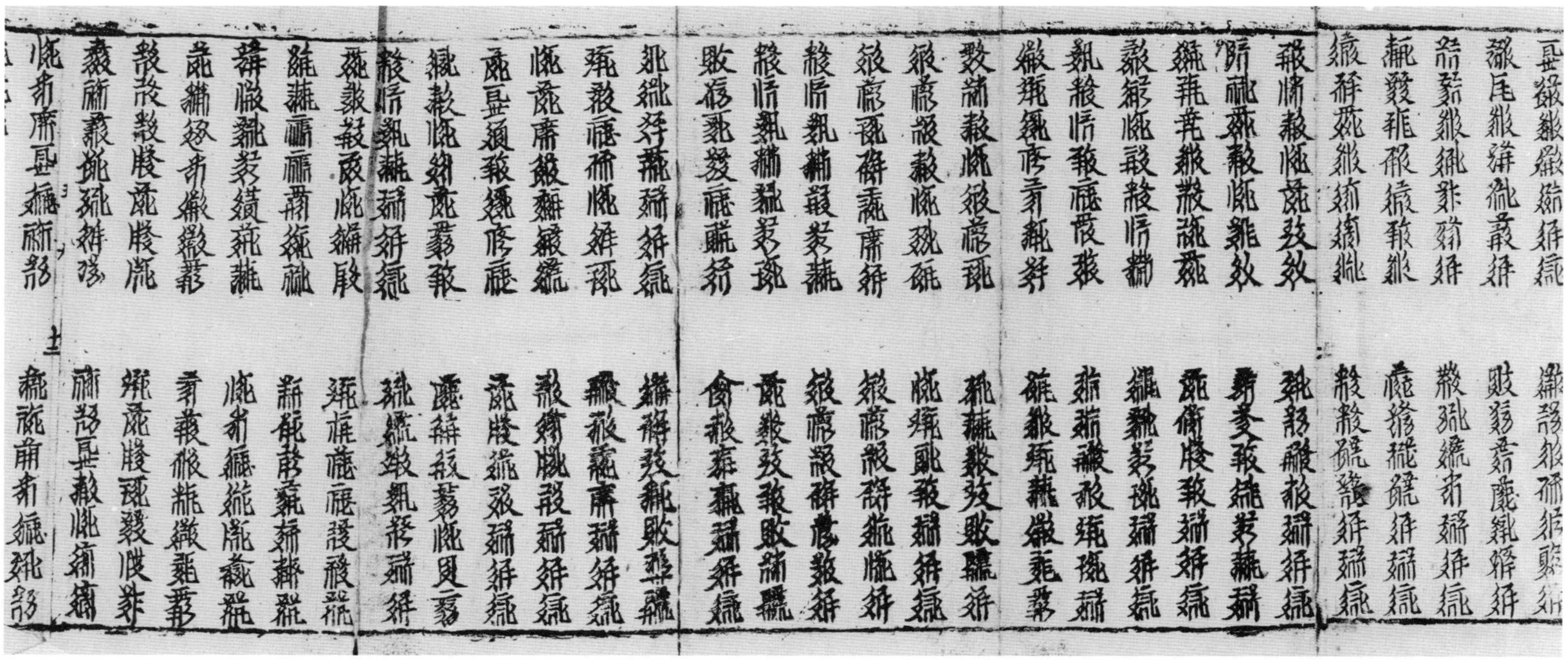

俄 Инв.No.31　聖大明母王隨求皆得經下卷　(20–10)

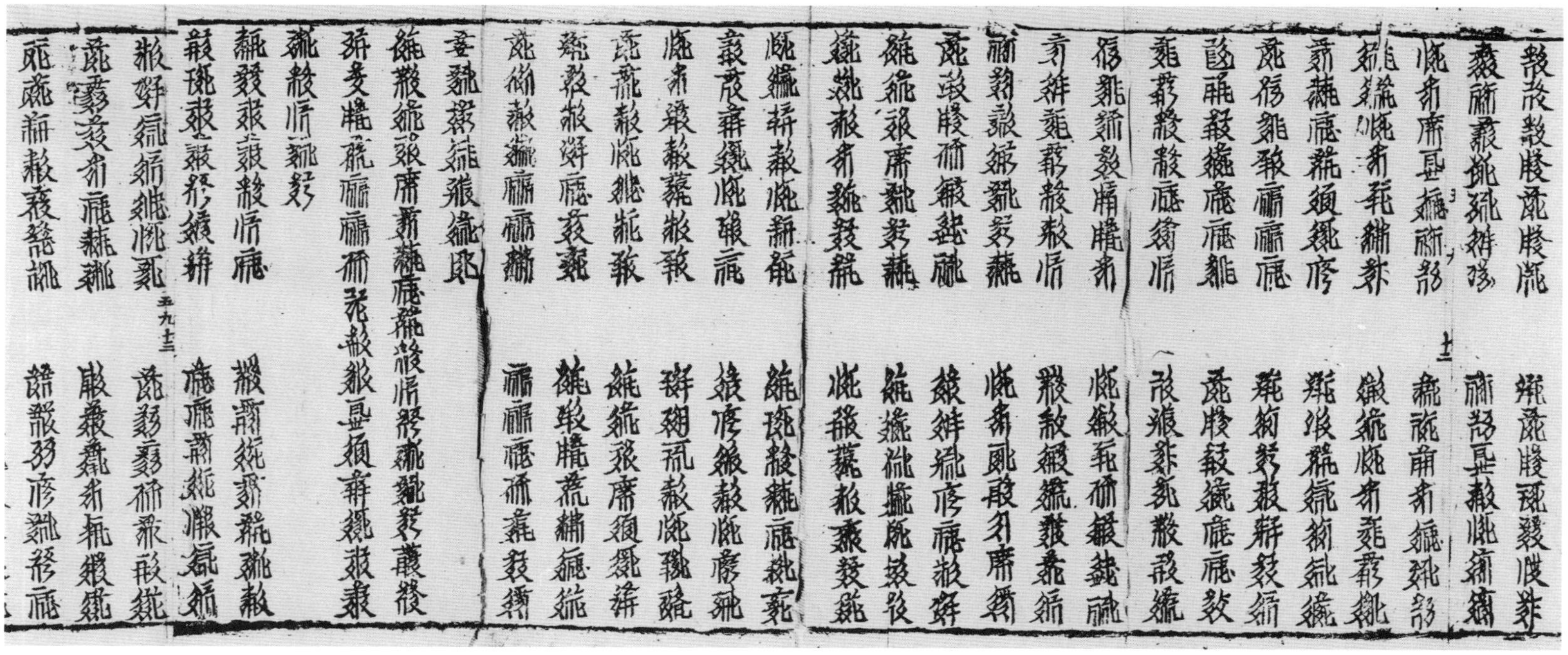

俄 Инв.No.31　聖大明母王隨求皆得經下卷　(20–11)

俄 Инв.No.31　聖大明母王隨求皆得經下卷　　　　　(20-12)

俄 Инв.No.31　聖大明母王隨求皆得經下卷　　　　　(20-13)

俄 Инв.No.31　聖大明母王隨求皆得經下卷　　　　　(20-14)

俄 Инв.No.31　聖大明母王隨求皆得經下卷　　　　(20-15)

俄 Инв.No.31　聖大明母王隨求皆得經下卷　　　　(20-16)

俄 Инв.No.31　聖大明母王隨求皆得經下卷　　　　(20-17)

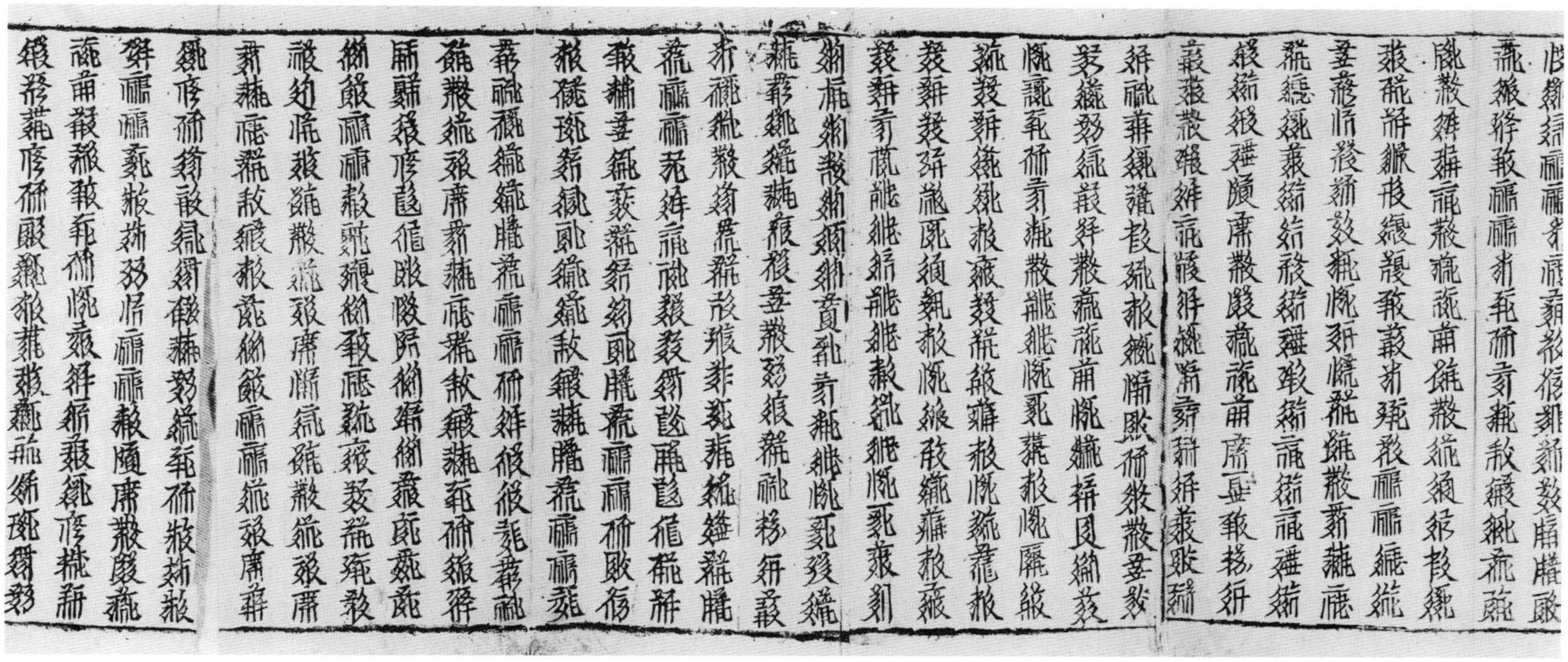

俄 Инв.No.31　聖大明母王隨求皆得經下卷　(20–18)

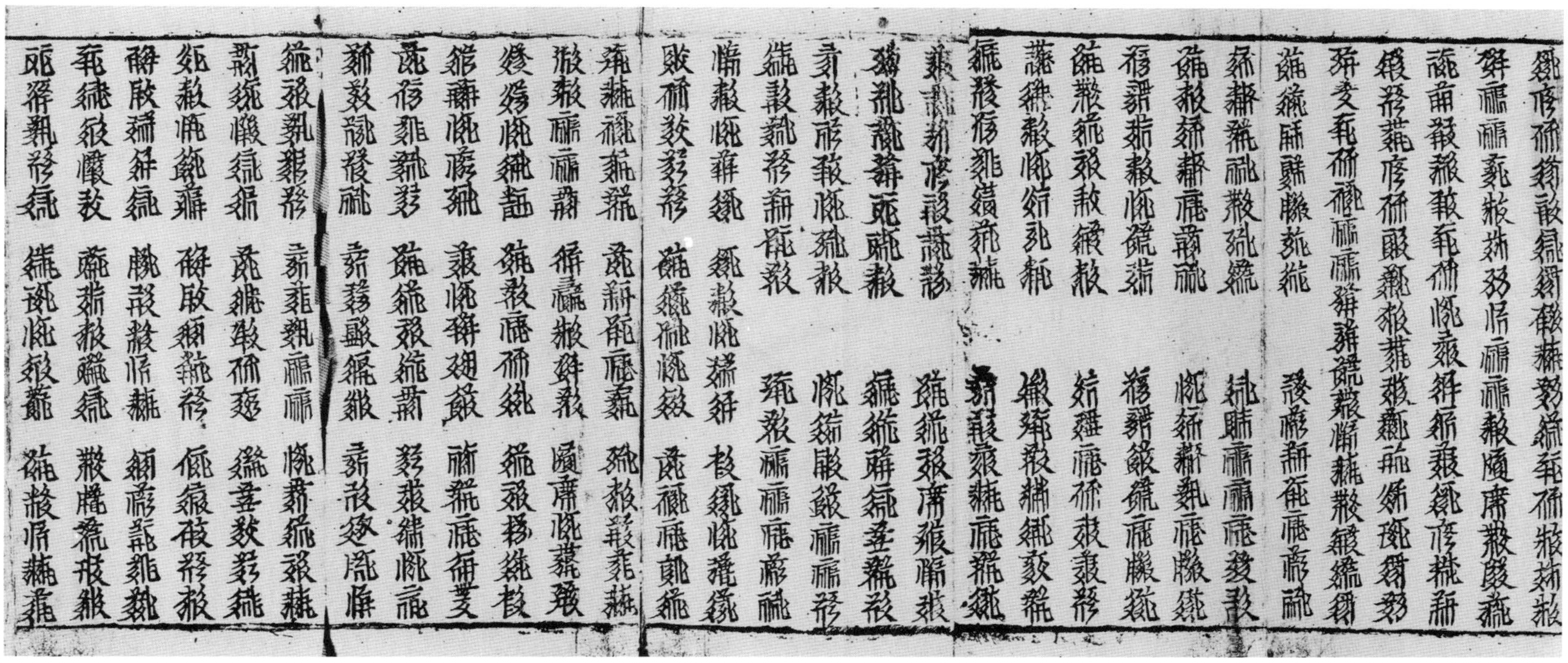

俄 Инв.No.31　聖大明母王隨求皆得經下卷　(20–19)

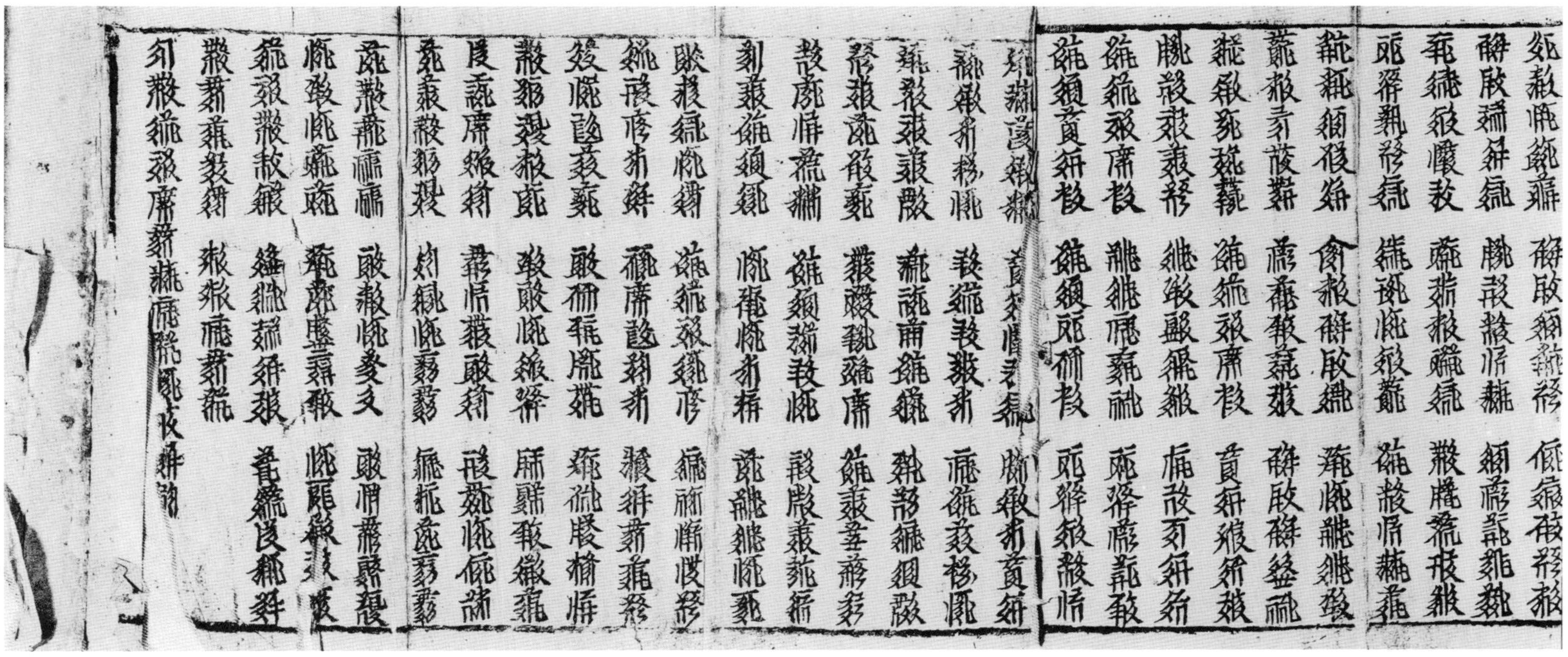

俄 Инв.No.31　聖大明母王隨求皆得經下卷　(20–20)

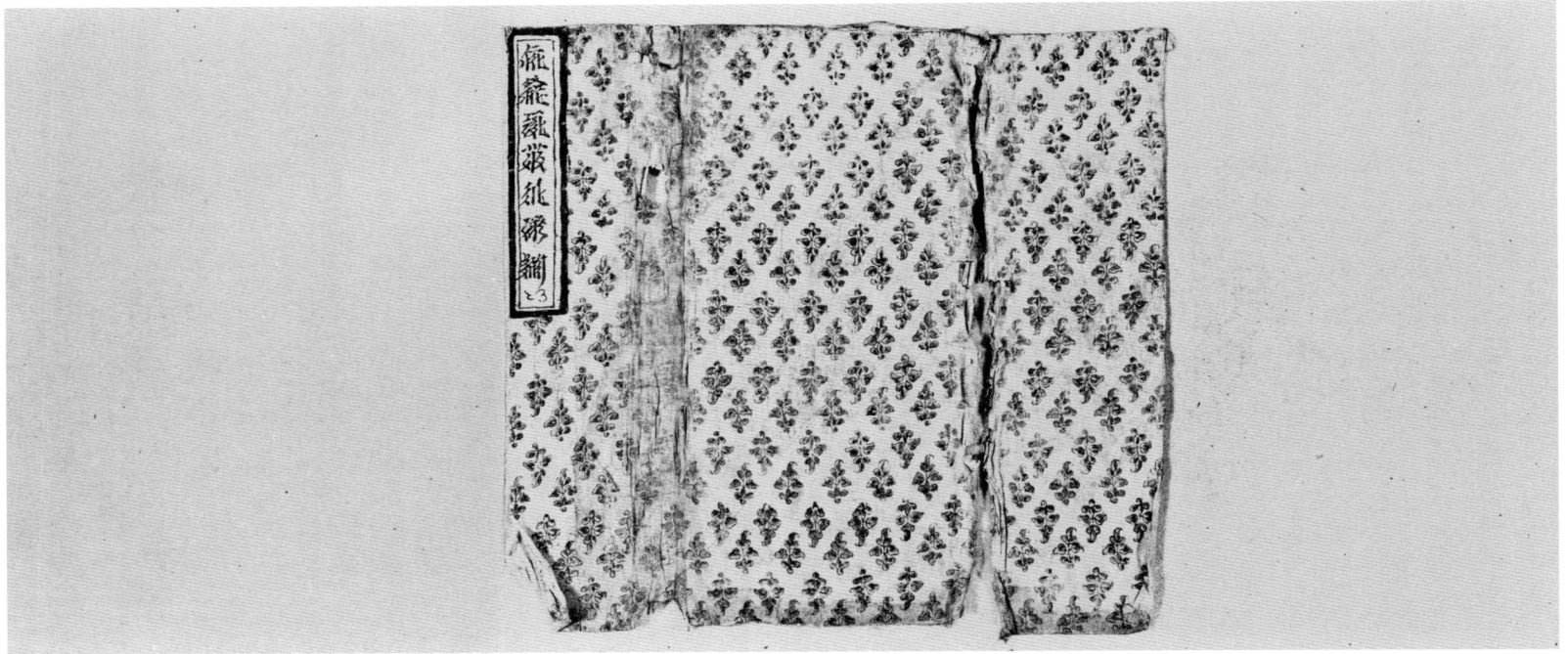

俄 **И**нв.No.561　聖大明母王隨求皆得經下卷第九（封套）

俄 **И**нв.No.561　聖大明母王隨求皆得經下卷第九　　　（12-1）

俄 **И**нв.No.561　聖大明母王隨求皆得經下卷第九　　　（12-2）

俄 Инв.No.561　聖大明母王隨求皆得經下卷第九　　　(12-3)

俄 Инв.No.561　聖大明母王隨求皆得經下卷第九　　　(12-4)

俄 Инв.No.561　聖大明母王隨求皆得經下卷第九　　　(12-5)

俄 **И**нв.No.561　聖大明母王隨求皆得經下卷第九　　　(12-6)

俄 **И**нв.No.561　聖大明母王隨求皆得經下卷第九　　　(12-7)

俄 **И**нв.No.561　聖大明母王隨求皆得經下卷第九　　　(12-8)

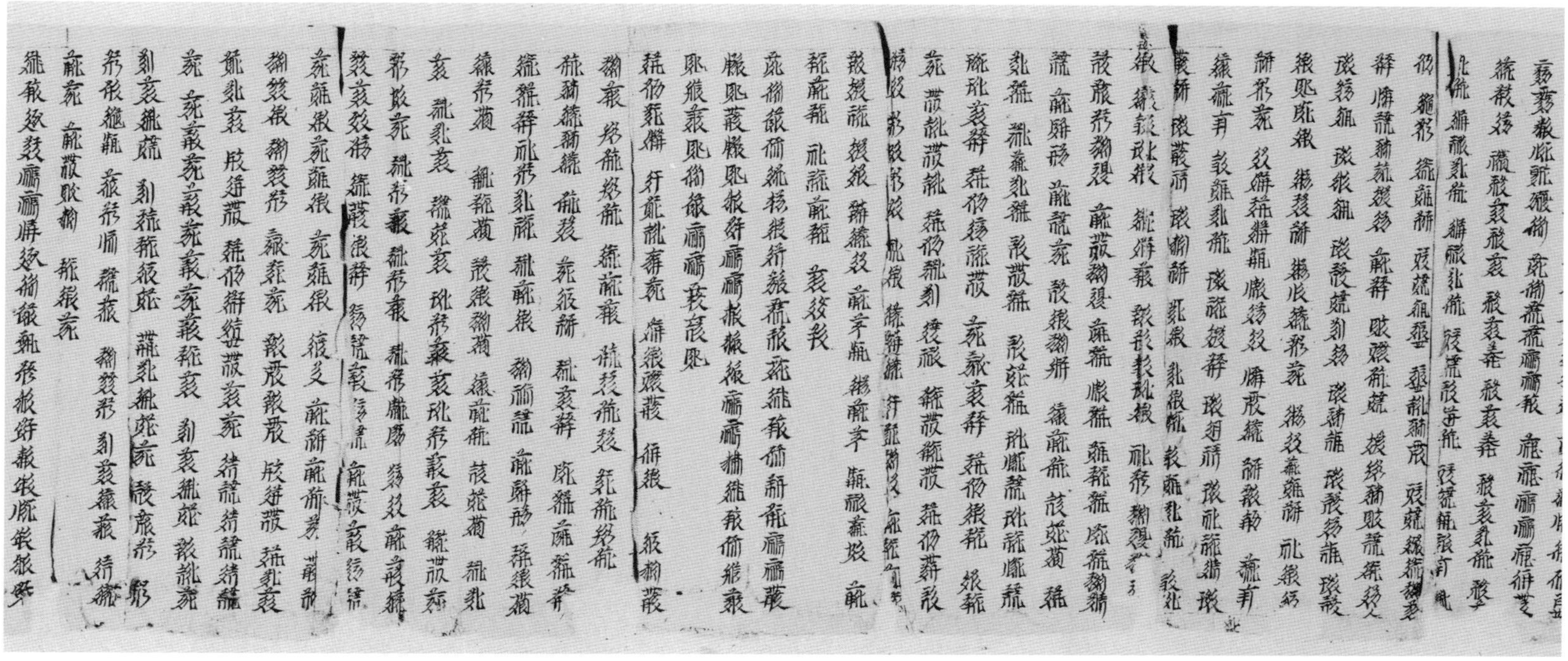

俄 Инв.No.561　聖大明母王隨求皆得經下卷第九　(12–9)

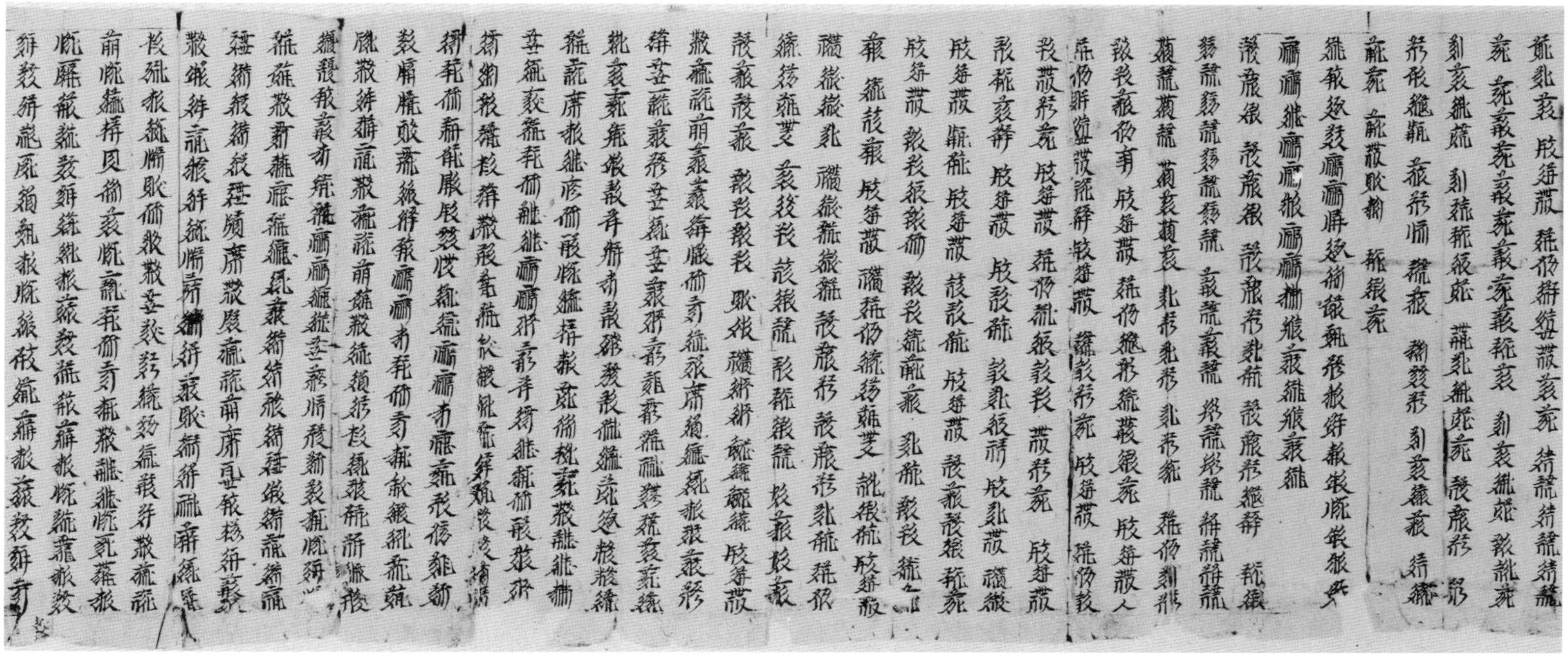

俄 Инв.No.561　聖大明母王隨求皆得經下卷第九　(12–10)

俄 Инв.No.561　聖大明母王隨求皆得經下卷第九　(12–11)

俄 **Инв**.No.561　聖大明母王隨求皆得經下卷第九　　(12-12)

俄 **Инв**.No.3347　聖大明母王隨求皆得經下卷

俄 **Инв**.No.6286　聖大明母王隨求皆得經下卷等

俄 **И**нв.No.7987　聖大明母王隨求皆得經下卷

俄 **И**нв.No.2735　大密咒受持經卷首

俄 **И**нв.No.744　大密咒受持經　　　(9-1)

345

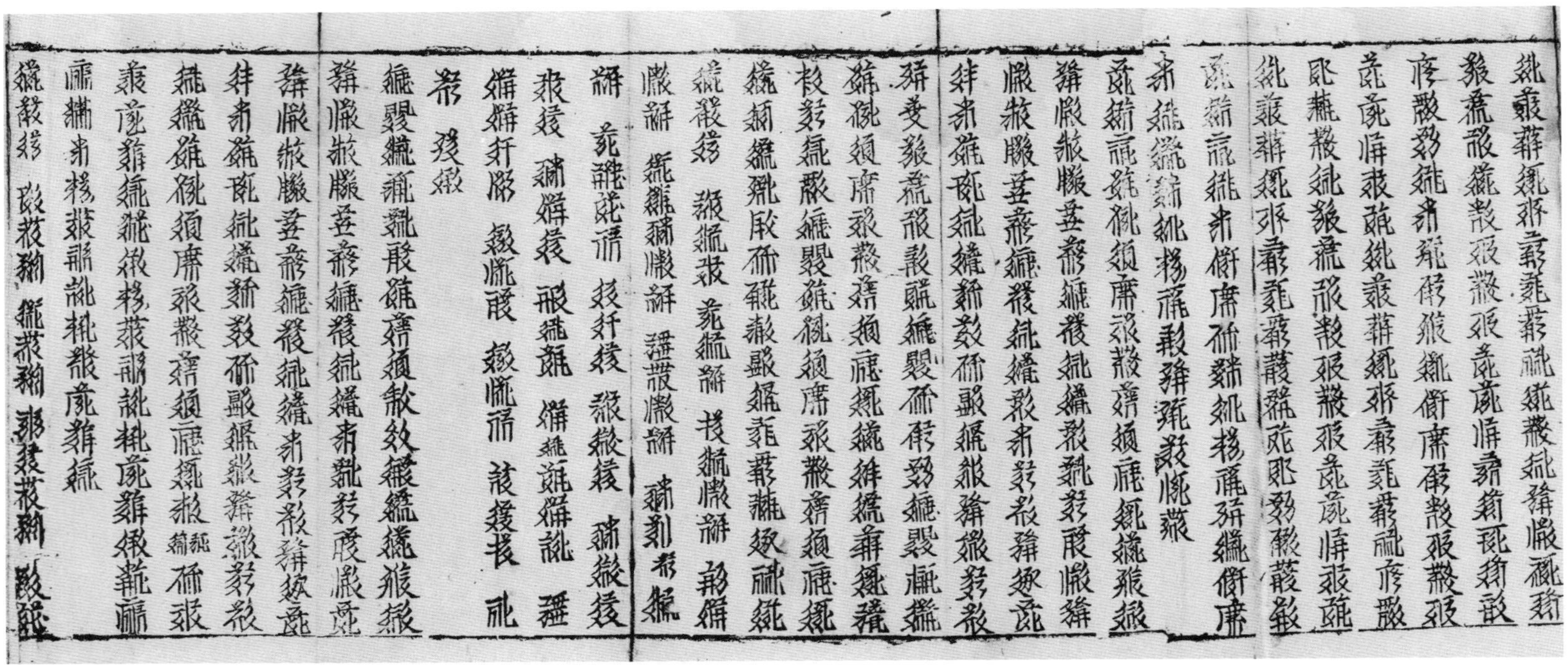

俄 Инв.No.744 大密咒受持經 (9-2)

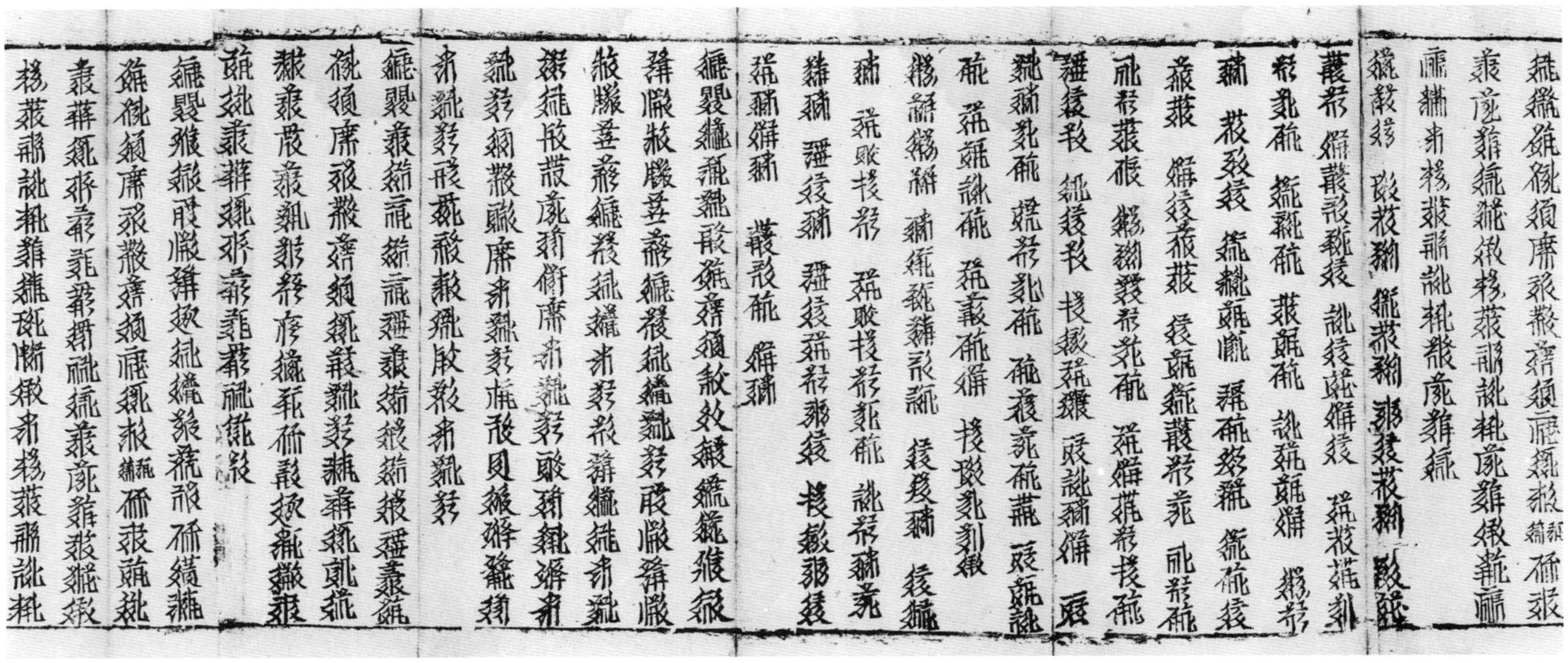

俄 Инв.No.744 大密咒受持經 (9-3)

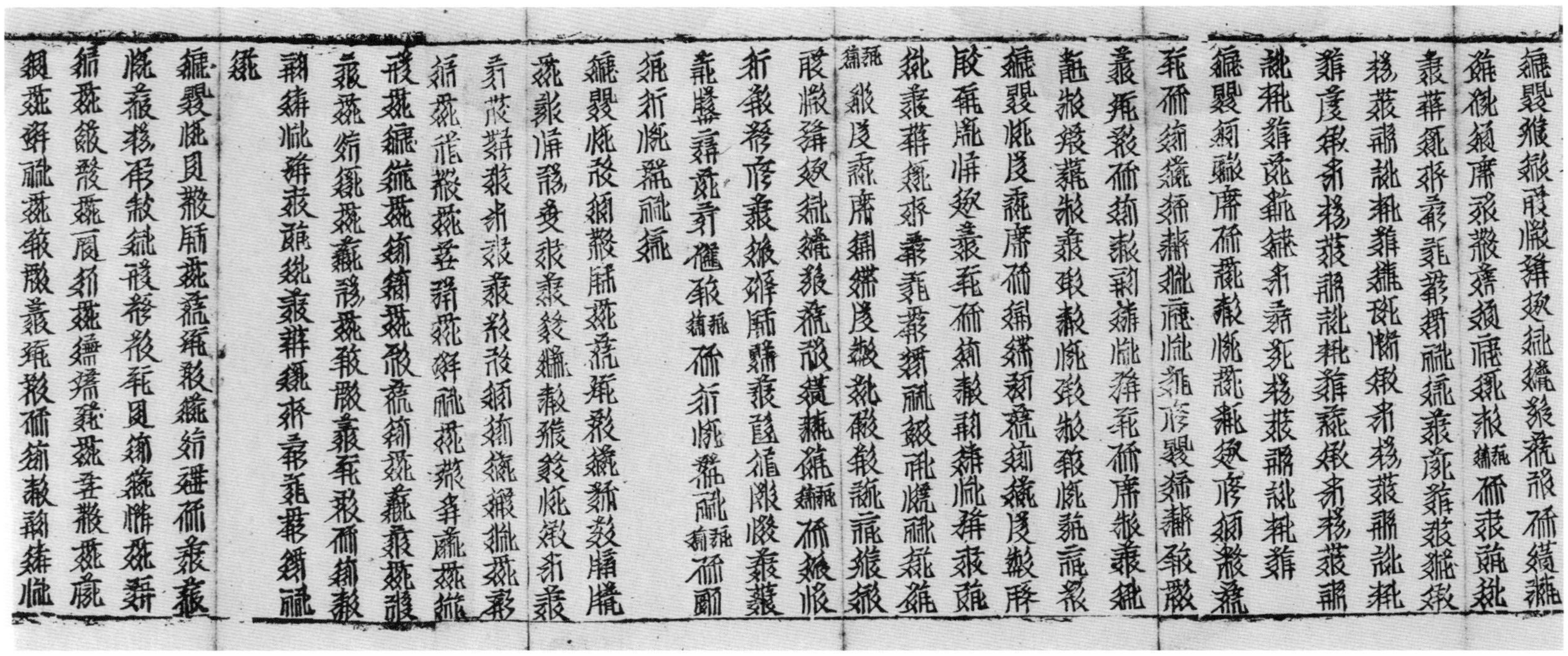

俄 Инв.No.744 大密咒受持經 (9-4)

俄 **И**нв.No.744 　大密咒受持經 　　　(9-5)

俄 **И**нв.No.744 　大密咒受持經 　　　(9-6)

俄 **И**нв.No.744 　大密咒受持經 　　　(9-7)

俄Инв.No.744　　大密咒受持經　　　(9-8)

俄Инв.No.744　　大密咒受持經　　　(9-9)

俄Инв.No.3334　　大密咒受持經　　　(2-1)

俄 Инв.No.3334　大密咒受持經　　　　(2-2)

俄 Инв.No.3888　大密咒受持經

俄 Инв.No.4013　大密咒受持經等

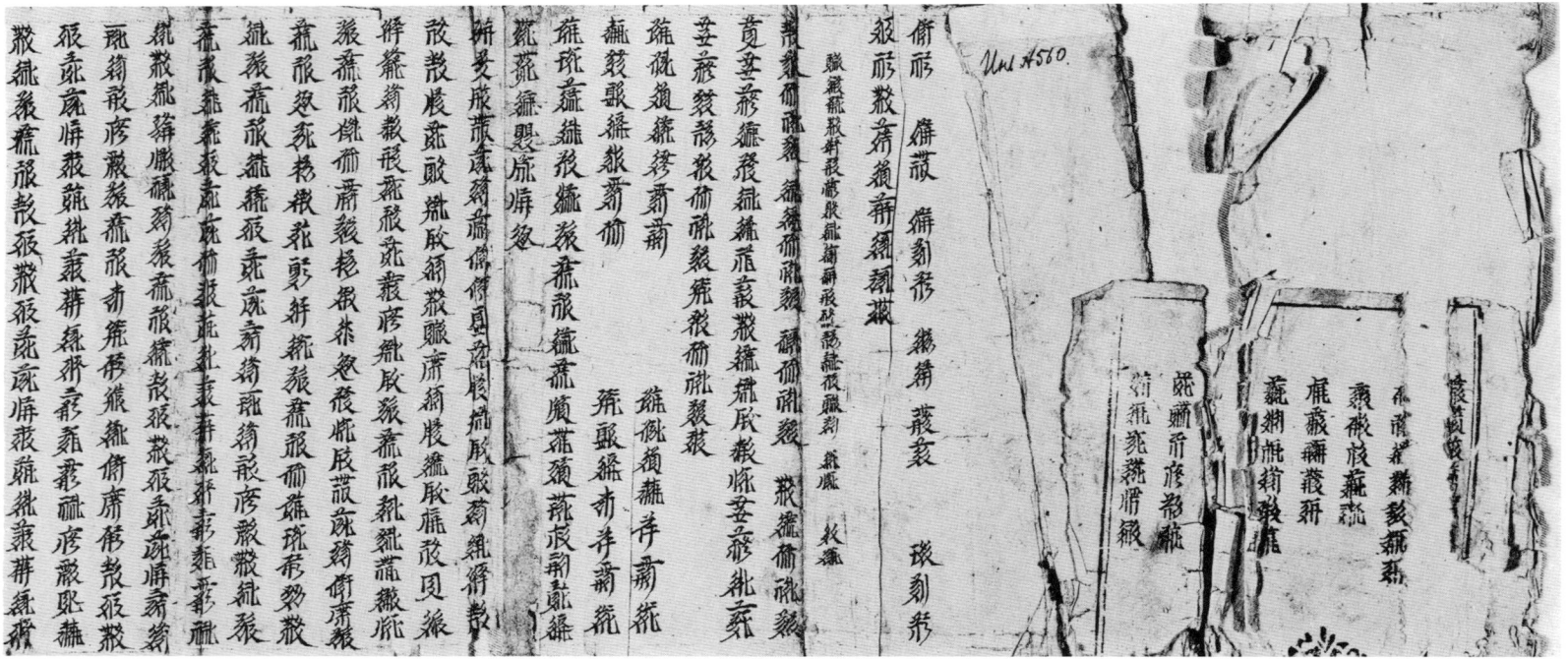

俄 Инв.No.560　大密咒受持經　　　(8-1)

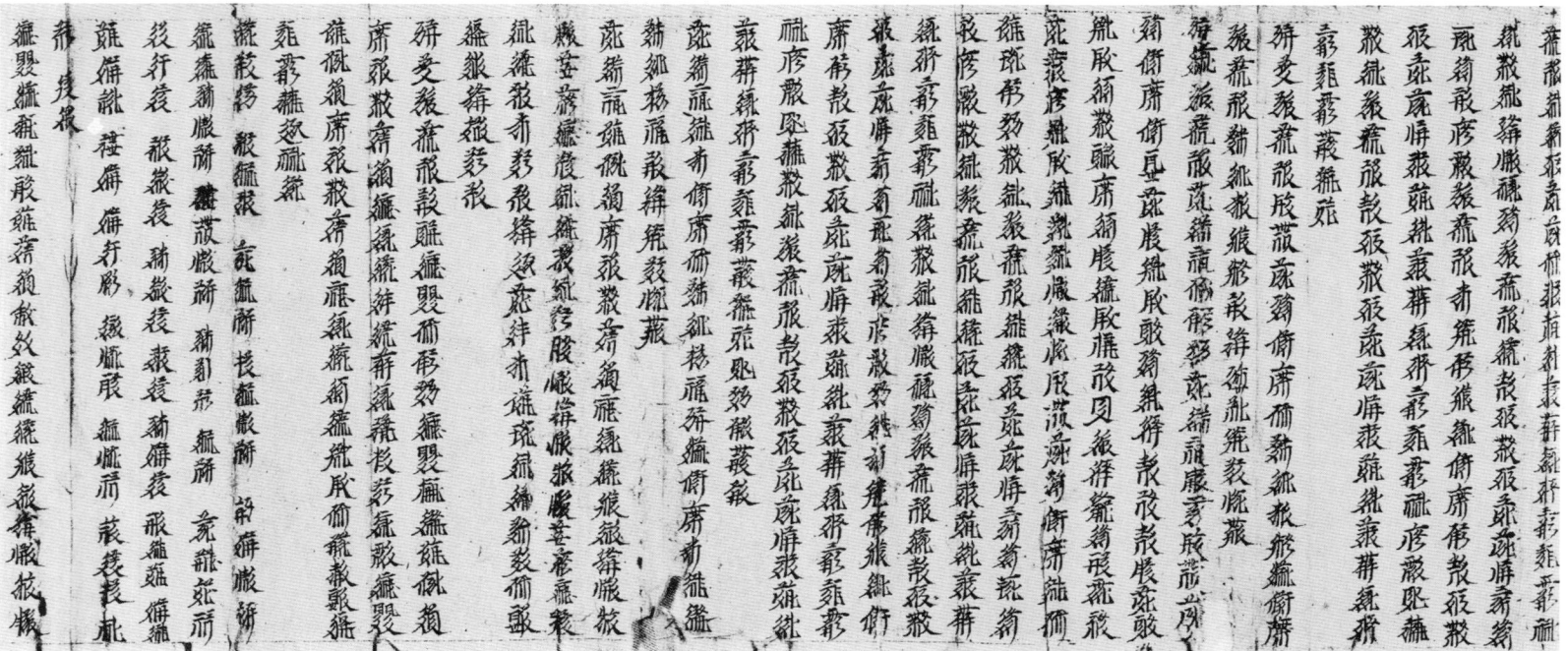

俄 Инв.No.560　大密咒受持經　　　(8-2)

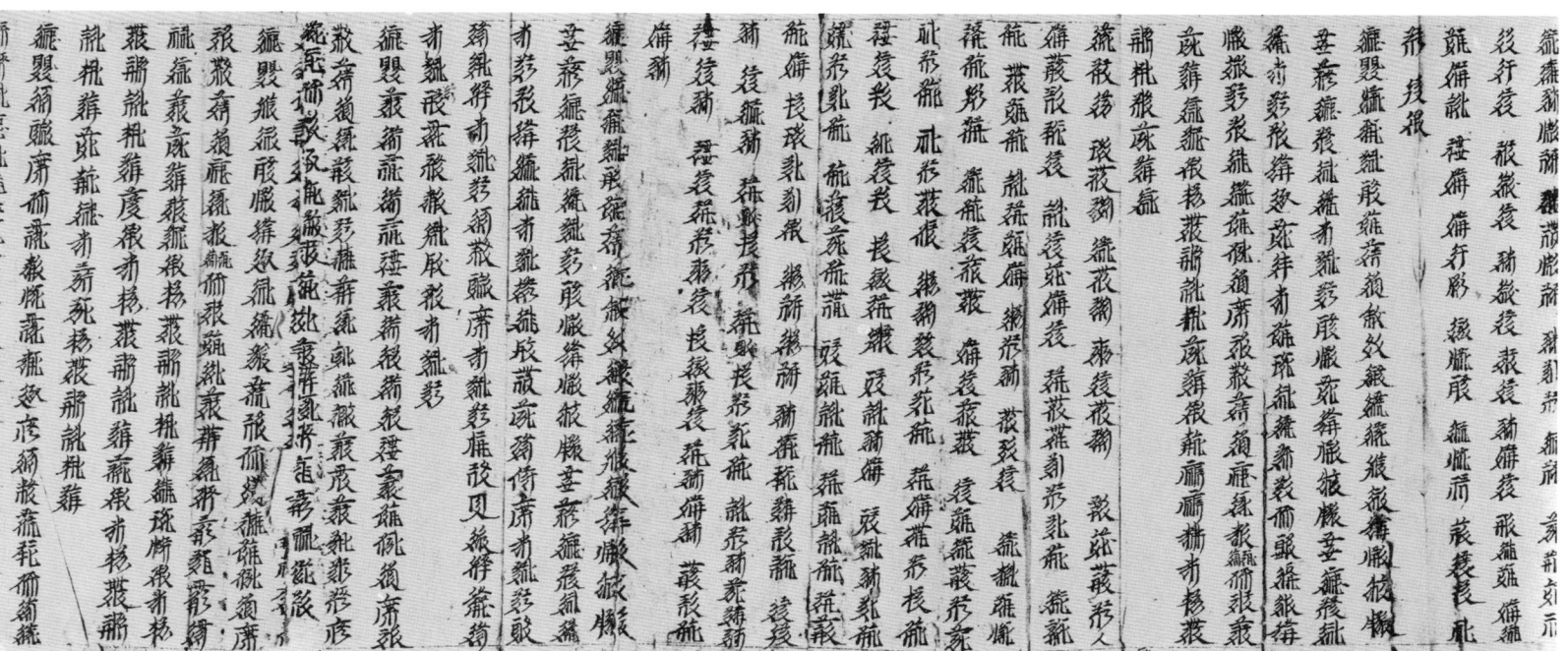

俄 Инв.No.560　大密咒受持經　　　(8-3)

俄 **Инв**.No.560　大密咒受持經　(8–4)

俄 **Инв**.No.560　大密咒受持經　(8–5)

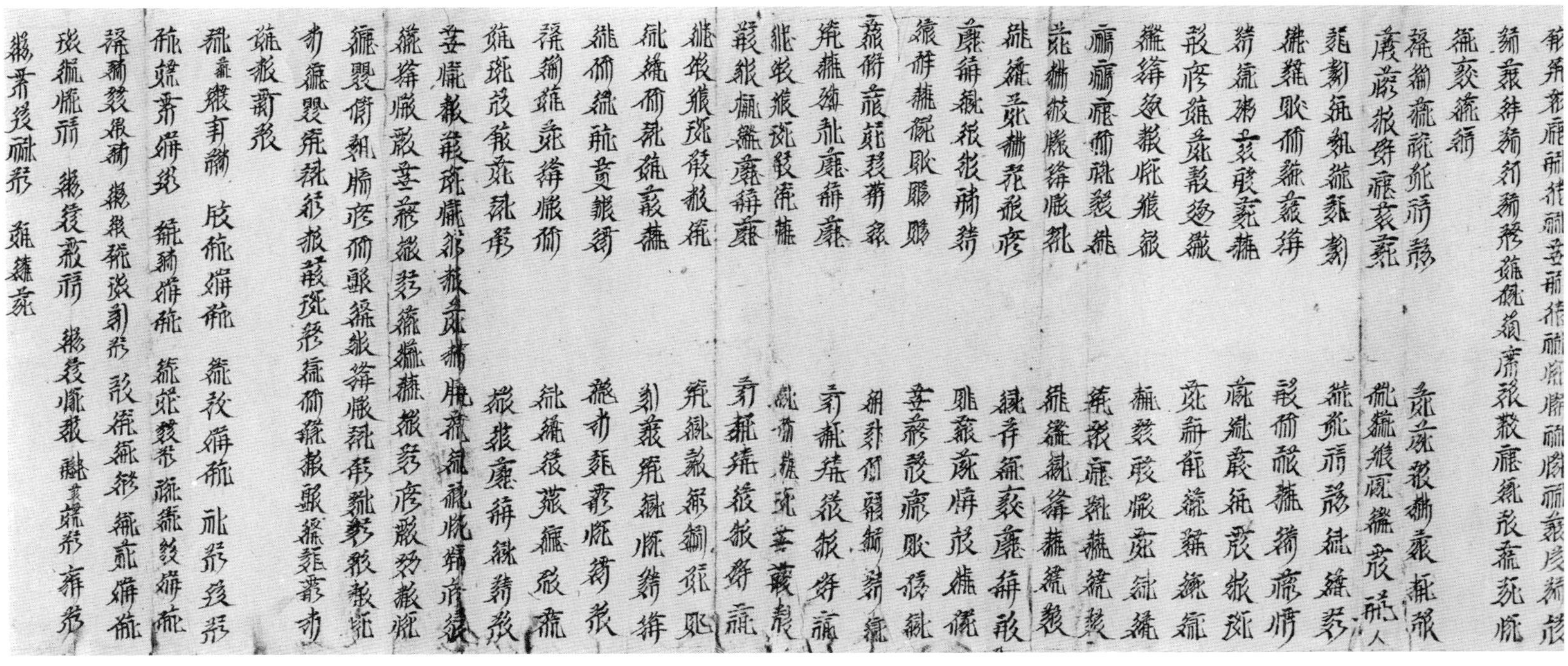

俄 **Инв**.No.560　大密咒受持經　(8–6)

俄 Инв.No.560　大密咒受持經　　　(8-7)

俄 Инв.No.560　大密咒受持經　　　(8-8)

俄 Инв.No.2499　大密咒受持經等　　(6-1)

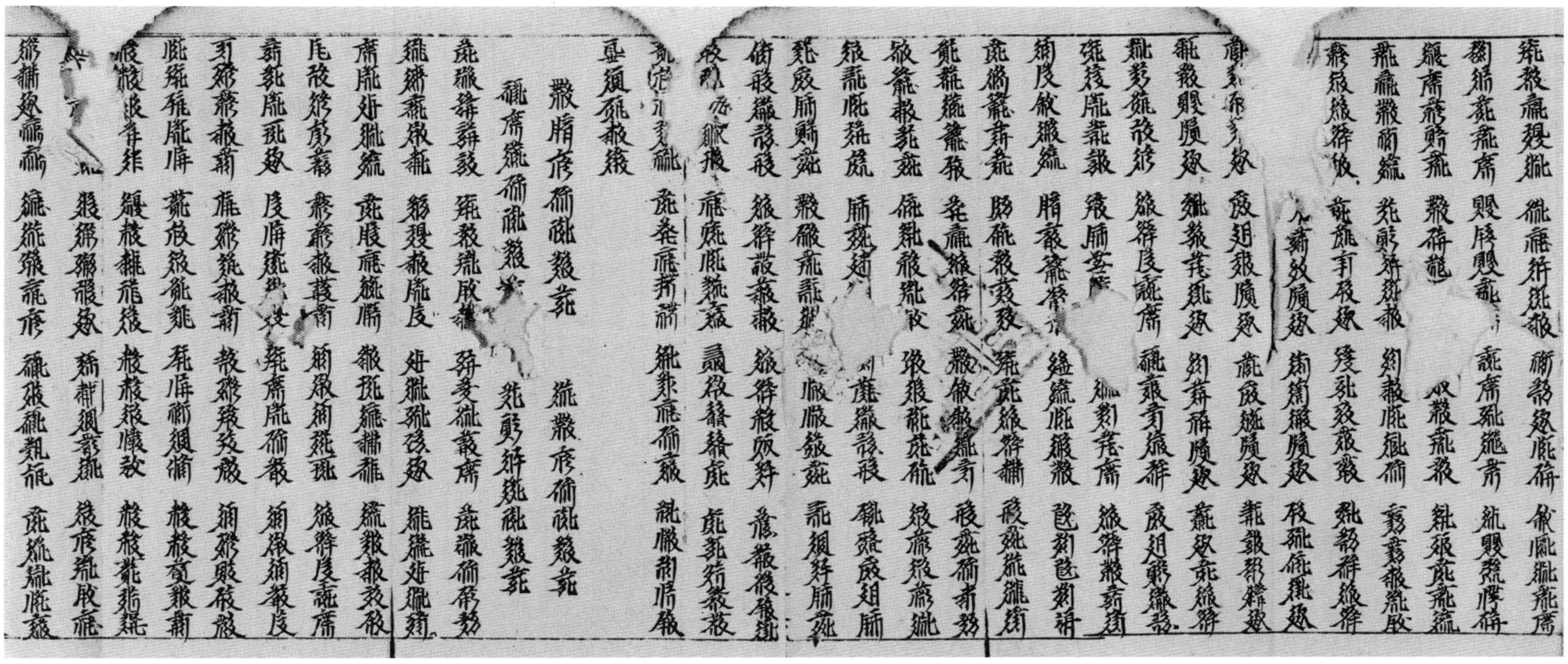

俄 Инв.No.2499　大密咒受持經等　(6–2)

俄 Инв.No.2499　大密咒受持經等　(6–3)

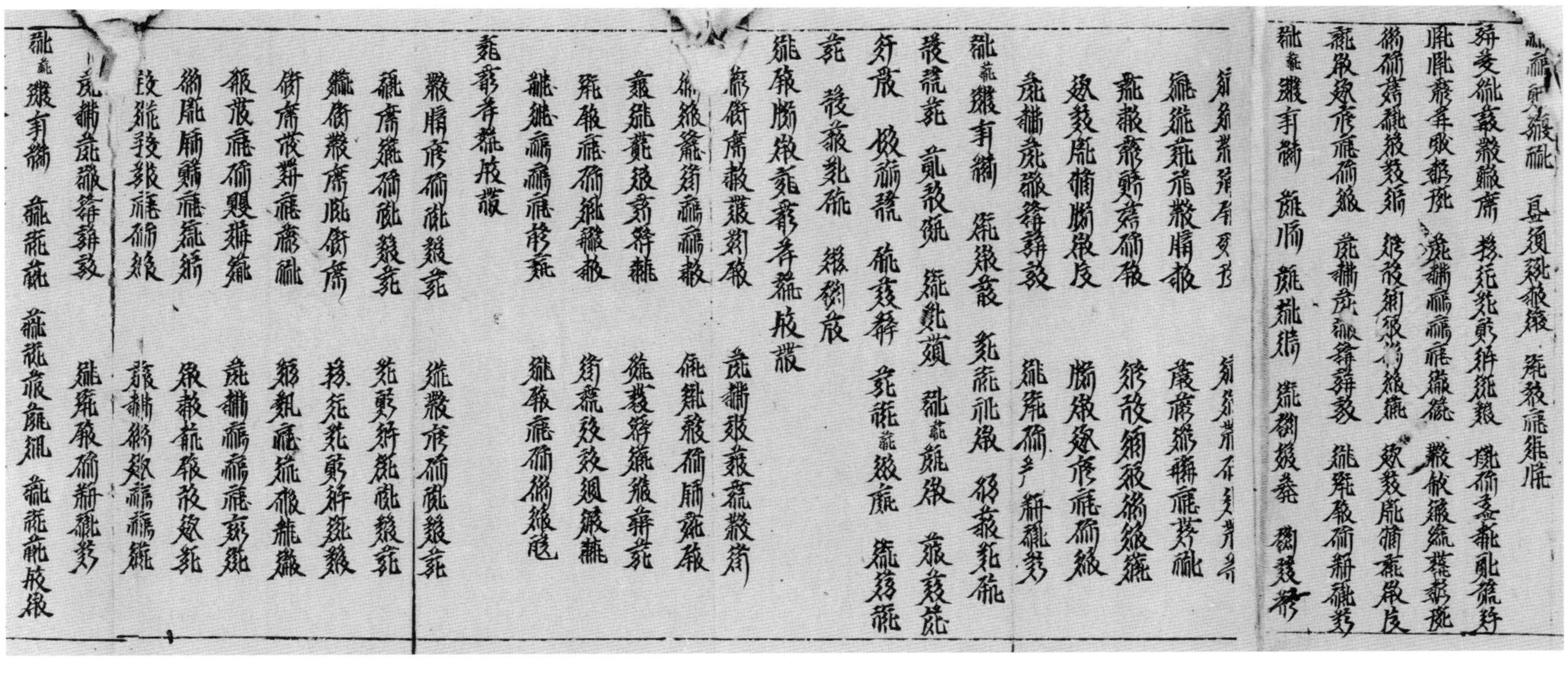

俄 Инв.No.2499　大密咒受持經等　(6–4)

俄 **И**нв.No.2499　　大密咒受持經等　　　　(6-5)

俄 **И**нв.No.2499　　大密咒受持經等　　　　(6-6)

俄 **И**нв.No.5840　　大密咒受持經

俄 ИнВ.No.6849　　大密咒受持經

俄 ИнВ.No.7987a　　誦佛名下卷等　　　(3-1)

俄 ИнВ.No.7987a　　誦佛名下卷等　　　(3-2)

俄 Инв.No.7987a　誦佛名下卷等　　(3-3)